本书为贵州省高校人文社科研究基地重点招标〔...〕
研究"和贵州大学人才项目"传统与跨越：贵州民族〔...〕
果；也是国家社科项目"西南民族人口文化研究"的成果组成部分

传统与跨越
——贵州民族人口文化研究

杨军昌 著

知识产权出版社
全国百佳图书出版单位

内容提要

《传统与跨越——贵州民族人口文化研究》由绪论、贵州民族人口婚姻家庭文化、生育文化、性别文化、素质文化、迁移流动文化、老年人口文化、死亡与丧葬文化、生态文化、法律文化与贵州民族人口文化的时代变迁、人口文化发展思索等部分组成。是在人口学、历史学、民族学、经济学、文化人类学等学科理论与方法指导下，在大量文献与实证调查资料基础上撰写而成。较为系统地反映了贵州民族人口文化的历史特点、内容形式、传承变迁、价值功能与未来走向。主题清晰，结构谨然，资料翔实，文图并茂，论从据出，是系统研究民族人口文化和建构民族人口文化内容体系的拓荒之作。对于科学合理利用民族传统文化促进民族地区人口均衡发展、推进和谐民族人口文化软实力建设，实现民族人口与经济社会资源环境协调发展和可持续发展具有较高的理论意义与实践价值。

责任编辑：王辉　　　　　责任出版：刘译文

图书在版编目(CIP)数据

传统与跨越：贵州民族人口文化研究/杨军昌著. —北京：知识产权出版社，2012.6
ISBN 978-7-5130-1160-0

Ⅰ.①传… Ⅱ.①杨… Ⅲ.①少数民族—民族文化—研究—贵州省 Ⅳ.①K280.73

中国版本图书馆 CIP 数据核字(2012)第 039194 号

传统与跨越——贵州民族人口文化研究
CHUANTONG YU KUAYUE GUIZHOU MINZU RENKOU WENHUA YANJIU

杨军昌　著

出版发行	知识产权出版社有限责任公司		
社　　址	北京市海淀区马甸南村1号	邮　　编	100088
网　　址	http://www.ipph.cn	责编传真	010-82000860 转 8353
发行电话	010-82000893 82000860 转 8101	传　　真	010-82000893
责编电话	010-82000860-8381	责编邮箱	wanghui@cnipr.com
印　　刷	北京科信印刷有限公司	经　　销	新华书店及相关销售网点
开　　本	787 mm×1092 mm 1/16	印　　张	20.375
版　　次	2013年12月第1版	印　　次	2013年12月第1次印刷
字　　数	310 千字	定　　价	58.00 元

ISBN 978-7-5130-1160-0

出版权专有　侵权必究

如有印装质量问题，本社负责调换。

前　言

1998年联合国教科文组织通过的《文化政策促进发展行动计划》指出："发展可以最终以文化概念来定义，文化的繁荣是发展的最终目标。"曾任新加坡总理、国务资政和内阁资政的李光耀在2007年曾撰文指出，"文化是中国最大的发展力量"，"中国现在最大的发展力就是文化力，中国应该通过自身文化重新复兴，来显示国家的实力。"党的十七大报告高度肯定："当今时代，文化越来越成为民族凝聚力和创造力的重要源泉，越来越成为综合国力竞争的重要因素，丰富精神文化生活越来越成为我国人民的热切愿望。"同时强调在新的时期，"要坚持社会主义先进文化前进方向，兴起社会主义文化建设新高潮，激发全民族文化创造活力，提高国家软实力。"

中国人口的发展历来与社会文化的发展有着相互影响的内在联系。人口文化是人类在改造自然、改造社会、改造人类自我过程中获得的精神成果和文化成果。人口文化作为一种概念被提出来并作为一项社会事业来建设，是通过我国几十年人口计生工作经验的总结，亦即认识到，要做好中国的人口与计划生育工作，依靠正确的政策与法规，加强政府对工作的领导，以引导规范人们的生育行为是一方面；而开展文化宣传活动，教育人们转变思想观念，促进人们积极支持和自觉参与人口与计划生育工作，促进人的全面发展，实现以人为本，则是问题的另一方面，而且是一个十分重要的方面。因而"对人口问题的认识，应将其视野与角度置于'文化'这一更加广阔的领域加以考察和研究，才能得出更加符合实际的、正确而全面的结论，并因此有助于工作的开展。人口文化在"文化越来越成为综合国力竞争的重要因素"，"是综合国力重要标志"的全新时代里，日益显示出它前所未有的特殊地位和作用。

对贵州民族人口文化进行研究既源于社会主义文化软实力建设快速推进、与中国人口文化事业不断发展的时代背景，又起于贵州民族人口文化的历史久远、内容丰富与影响重大,还系于贵州民族人口与经济社会资源环境协调可持续发展的地情特点与民族人口问题的统筹解决。无疑,研究的目的是致力于从人们的道德观念、心理、行为方式、生活方式和文明强度上为统筹、全面解决贵州民族人口发展问题提供基础素材与智慧借鉴,为新时期贵州民族人口文化建设、人口与计生工作的向前迈进提供理论支撑与对策参考。

由于贵州民族人口文化范畴所涉及的民族多,时间跨度长,内容广泛,多样性特征突出,以及各民族经济社会发展不平衡的历史与现实,同时又由于在研究上注重宏观与微观、深度与广度、传统与现代的结合并重,研究过程中无疑面临着较多的问题和难点。为此,根据相关理论和地情实际,在研究中,主要集中于文化与民族人口文化的相关理论、贵州民族人口文化、贵州民族人口文化的时代变迁与发展展望三大方面来展开,具体研究内容由绪论、婚姻家庭文化、人口生育文化、人口性别文化、人口素质文化、人口迁移流动文化、人口老年文化、人口死亡与丧葬文化、人口生态文化、人口法律文化、人口文化的时代变迁、人口文化发展思索等12部分组成。内容整合了伴随人口生育、成长、迁移流动、老年高年长寿、死亡这一生命历程的文化事像,与人口再生产密不可分的婚姻、家庭、亲属、继嗣、伦理、习俗、财产继承等制度性的规范和行为,人口、人类发展与资源环境、法律规制相互作用互为影响的观念意识及其行动调适。这一内容体系,突破了当前人口文化研究多囿于生育文化研究的局限,可视为对人口文化研究体系拓展、建构的实质性探讨。

在研究过程中,始终坚持辩证唯物主义和历史唯物主义方法论的指导,重点运用了民族学、人口学、文化学的理论与方法,尽可能做到宏观与微观、理论与实证、静态与动态、定量与定性、历史与比较等方法并重,并在研究中注重了"五个结合"的视野渗入,即民族人口文化与社会主义文化相结合、民族人口文化研究与人口与计划生育工作相结合、民族人口文化与民族传统优秀文化相结合、民族人口文化与物质文化研究相结合、民族人口文化研究与学科建设相结合。书稿力求系统地展示贵州民族人口文化的基本内容、价值作用、变迁特点,显现贵州民族人口文化原生性、民族性、山地性、宗教性、制度性、创新性等特征风貌,阐述贵州民族人口文化变迁的模式特征及其影响。在此基础上,提出了"和谐人口文化"是贵州民族人口文化的发展方向和根本目标的观点,并对其内涵及其建设路径进行了较为系统的思考与论述。

该成果是笔者主持的贵州省教育厅高等学校人文社会科学研究基地重点招标

课题"贵州民族人口文化问题研究"、贵州大学人才项目"传统与跨越:贵州民族人口文化研究"等研究报告基础上的综合性论述,也是笔者主持的国家社科项目"西南民族人口文化研究(10XRKOOI)"的成果重要组成部分。在这些项目研究的4年余时日里,笔者多次深入贵州民族地区进行调研,收集与积累了较丰的文献与实证资料,获得了不少民族地区理论与实务工作者的指导与支持,同时在研究过程吸收、借鉴了不少前贤、俊学的相关研究面世文字与图片成果,又在研究中得到了贵州大学、贵州民族大学、黔南民族师范学院、凯里学院、兴义民族师范学院洪明勇、李斌、石开忠、钟昭会、杨应旭、廖艳、吴家引、陆桂林、彭德乔、龙跃俊、李永贤、李致江、周贤润、常岚、周梅、华骅、洪辉、韩旸等专家学者、研究生的帮助与协助。尤其要感激的是贵州著名图像人类学学者、贵州大学李小毛先生多次陪同我到民族地区调查采访,书中的绝大部分插图即为小毛先生的劳作与无私提供。可以说,呈现于读者手上的这份成果凝聚了许多人的心血、智慧与艰辛劳动,在此谨一并致以深深的谢意!

贵州民族人口文化积淀久远,内涵丰富,形式多姿,表现复杂,作用多元,全方位地影响着贵州民族人口的发展进程。尽管研究力求贵州民族人口文化的全面性,力求展现贵州民族人口文化的特色与价值,但成果在总体把握、理论抽象上与其客观的实情肯定存在着距离,挂一漏万的现象在论述的多个方面都有体现,还存在着资料选择易者众、事实叙事有余而理论升华不足等问题。可以肯定地说,贵州民族人口文化的研究尚有很多方面诸如内涵、体系、变迁、前景、价值、功能等,有待深入地分析和研究,笔者在此仅是作了初步的铺垫性工作,诚恳地期盼有更多的有识之士和专家学者参与到该领域的研究中来,以共同促进民族人口文化的研究工作,发展民族人口文化事业,推进民族地区社会主义和谐社会建设进程,促进民族地区人的全面发展和人口与经济社会资源环境协调可持续发展。笔者更真诚地希望这一初步研究成果能得到识者、读者们的批评指正,不吝赐教,以助于在今后的相关研究中笔者更有方向、更有信心、更有成绩、更有贡献。

著者

2012 年 12 月于花溪

目 录

第一章 绪 论 1
第一节 文化与人口文化 3
　一、文化 3
　二、人口与文化的关系 7
　三、人口文化 10
第二节 贵州民族人口文化研究现状与主要内容 13
　一、研究现状 13
　二、研究主要内容 15
第三节 贵州民族人口文化研究对象及其意义 16
　一、研究对象 16
　二、研究意义 17

第二章 贵州民族人口婚姻家庭文化 20
第一节 婚姻制度 20
　一、族内婚制 21
　二、家支外婚制 22
　三、姑舅表婚 23
　四、包办婚姻与转房 25
第二节 婚姻礼仪 26
　一、恋爱 26
　二、说亲 29
　三、定亲与婚嫁 31

1

四、回门 ……………………………………………………………… 34
　第三节　传统婚俗拾偶 ………………………………………………… 35
　　一、抢亲 ……………………………………………………………… 35
　　二、不落夫家 ………………………………………………………… 36
　　三、凿壁谈婚 ………………………………………………………… 37
　　四、回车马神 ………………………………………………………… 37
　　五、射背牌 …………………………………………………………… 39
　第四节　家庭组织与家族继嗣 ………………………………………… 41
　　一、家庭组织 ………………………………………………………… 41
　　二、家族继嗣 ………………………………………………………… 45

第三章　贵州民族人口生育文化 …………………………………… 50
　第一节　生殖崇拜 ……………………………………………………… 50
　　一、女性崇拜 ………………………………………………………… 51
　　二、性事崇拜 ………………………………………………………… 54
　　三、性器崇拜 ………………………………………………………… 56
　第二节　生育观念 ……………………………………………………… 59
　　一、性别选择 ………………………………………………………… 59
　　二、数量选择 ………………………………………………………… 62
　第三节　生育习俗 ……………………………………………………… 66
　　一、求子习俗 ………………………………………………………… 66
　　二、怀孕习俗 ………………………………………………………… 71
　　三、产后习俗 ………………………………………………………… 73
　　四、命名与连名 ……………………………………………………… 78
　　五、成年礼仪 ………………………………………………………… 82

第四章　贵州民族人口性别文化 …………………………………… 87
　第一节　人口性别文化的含义 ………………………………………… 87
　　一、性别文化与人口性别文化 ……………………………………… 87
　　二、人口性别文化、人口文化和性别文化的关系 ………………… 88
　第二节　贵州民族传统人口性别文化 ………………………………… 89

一、重男轻女特征的人口性别文化 ·············· 90
　　二、贵州民族传统人口性别文化的合理成分 ········ 94
第三节　贵州民族人口性别文化的近代变迁 ············ 96
　　一、近代贵州少数民族人口性别文化变迁的动因 ······ 97
　　二、近代贵州少数民族人口性别文化变迁的表现 ······ 99
第四节　贵州民族人口性别文化的状态评价 ············ 101
　　一、推进贵州民族人口性别文化现代变迁的动因分析 ··· 101
　　二、贵州民族人口性别文化的状态评价——群众生育意愿调查 ··· 103
第五节　贵州民族人口性别文化对人口发展的影响 ········ 106
　　一、对人口性别结构的影响 ················ 106
　　二、对人口数量与质量的影响 ··············· 108

第五章　贵州民族人口素质文化 ················ 110
第一节　人口素质概述 ····················· 110
　　一、人口素质的内涵 ··················· 110
　　二、人口素质的外延 ··················· 111
第二节　贵州民族人口身体素质 ················ 113
　　一、婚育、居住环境与身体素质 ·············· 113
　　二、民族传统体育文化与身体素质 ············· 116
第三节　贵州民族人口科学文化素质 ·············· 119
　　一、家庭抚养——社会角色的塑造 ············· 119
　　二、民族教育——科学文化素质获取的场域 ········· 121
　　三、民族人口科学文化构成 ················ 124
　　四、"地方性知识"与人口传统文化素质 ·········· 127
第四节　贵州民族人口思想道德素质 ·············· 129
　　一、贵州民族人口思想道德素质内涵主流 ·········· 129
　　二、贵州民族人口思想道德素质的局限性及其原因 ····· 134

第六章　贵州民族人口迁移流动文化 ·············· 137
第一节　贵州民族人口迁移流动的背景与动因分析 ········ 137
　　一、迁移流动背景条件 ·················· 137

二、迁移流动因由 ································· 138
　第二节　历史上的贵州民族人口迁移 ···················· 139
　　一、迁徙史迹 ····································· 139
　　二、迁移流动后果 ································· 143
　第三节　贵州民族人口迁移流动中的文化事象 ············ 145
　　一、贵州民族人口迁移流动观念 ····················· 145
　　二、贵州民族人口迁移流动中的文化事象 ············· 147

第七章　贵州民族老年人口文化 　152
第一节　敬老孝老 　152
　　一、家庭、社会生活中的敬老孝老 ··················· 153
　　二、制度行为中的敬老孝老 ························· 155
　　三、敬老孝老节庆习俗 ····························· 157
　　四、口头文学传播的敬老孝老 ······················· 163
第二节　老年健康文化 　164
　　一、民族生活中的文化事象与老年健康 ··············· 164
　　二、民族老年人口健康现状存在问题 ················· 167
第三节　长寿文化 　170
　　一、长寿文化的内涵及其喻意 ······················· 170
　　二、贵州民族高龄人口状况及特征分析 ··············· 172
　　三、贵州民族高龄人口折射出的长寿文化内涵 ········· 176
　　四、贵州民族长寿文化发掘保护与开发弘扬路径 ······· 180

第八章　贵州民族人口死亡与丧葬文化 　184
第一节　生死观与丧葬文化渊源 　184
　　一、生死观 ······································· 184
　　二、丧葬文化渊源 ································· 186
第二节　贵州少数民族的丧葬类别 　189
第三节　贵州少数民族丧葬礼仪 　196
　　一、丧葬礼仪 ····································· 196
　　二、丧葬礼仪的社会文化功能 ······················· 204

第四节　丧葬文化的流变及趋向 ·········· 205

第九章　贵州民族人口生态文化 ·········· 208
第一节　相关概念及其关系 ·········· 208
一、生态、生态文化、人口生态文化 ·········· 208
二、人口与生态环境的关系 ·········· 211
第二节　贵州民族人口生态文化的演进 ·········· 212
第三节　贵州民族人口生态文化内涵 ·········· 214
一、观念层面的人口生态文化 ·········· 214
二、制度层面的人口生态文化 ·········· 216
三、物质层面的人口生态文化 ·········· 219
第四节　贵州民族人口生态文化价值 ·········· 222

第十章　贵州民族人口法律文化 ·········· 227
第一节　人口法律文化的定义与结构 ·········· 227
一、人口法律文化的定义 ·········· 227
二、人口法律文化的结构 ·········· 228
第二节　贵州民族传统人口法律文化 ·········· 230
一、人口再生产的婚姻家庭法律文化 ·········· 230
二、人口数量法律文化 ·········· 240
三、人口质量法律文化 ·········· 243
四、人口协调法律文化 ·········· 246
五、人与自然协调法律文化 ·········· 248
第三节　贵州民族现代人口法律文化 ·········· 250
一、贵州民族人口与计划生育当代政策和法律法规 ·········· 250
二、当代传统民族人口法律文化失调的文化因素分析 ·········· 257
三、新时期贵州民族人口法律文化建设 ·········· 261

第十一章　贵州民族人口文化的时代变迁 ·········· 264
第一节　贵州民族人口文化的时代变迁 ·········· 264
一、贵州民族人口文化变迁的原因 ·········· 264

二、贵州民族人口文化变迁的模式 265
　　三、贵州民族人口文化变迁中值得注意的问题 272
　第二节　贵州民族人口文化的建设实践及其反思 278
　　一、建设实践与作用 278
　　二、问题反思 282

第十二章　贵州民族人口文化的发展思索 286
　第一节　贵州民族人口文化特点与当前人口文化建设实践困境 286
　　一、贵州民族人口文化特点 286
　　二、当前贵州民族人口文化建设实践困境 289
　第二节　贵州民族人口文化发展方向及其意义价值 292
　　一、贵州民族人口文化发展方向——和谐人口文化 292
　　二、意义价值 298
　第三节　贵州民族和谐人口文化建设的路径与动力 301
　　一、和谐人口文化建设的指导思想与基本原则 301
　　二、和谐人口文化建设的路径与动力 302

参考文献 309

第一章 绪 论

2006年12月17日,党中央颁布的《关于全面加强人口和计划生育工作统筹解决人口问题的决定》提出:要不断丰富和发展中国特色统筹解决人口问题的思路、内涵和途径,要全面贯彻落实科学发展观,优先投资于人的全面发展。这标志着"十一五"时期,我国的人口和计划生育工作已从降低生育水平的第一阶段,经由稳定低生育水平的第二阶段,进入了统筹解决人口问题、促进人的全面发展的新阶段。在新的历史时期,建设社会主义新型人口文化,为人口计生工作创造良好的人口文化环境,统筹解决人口问题、促进人的全面发展,无疑对丰富和发展我国统筹解决人口问题的思路、内涵和途径具有积极的现实意义。

中国人口的发展历来与社会文化的发展有着相互影响的内在联系。人口文化作为一种概念被提出来并作为一项社会事业来建设,是通过我国几十年人口计生工作经验的总结,人们开始认识到,要做好中国的人口与计划生育工作,依靠正确的政策与法规,加强政府对工作的领导,以引导规范人们的生育行为是一方面;而开展文化宣传活动,教育人们转变思想观念,促进人们积极支持和自觉参与人口与计划生育工作,则是问题的另一方面,而且是一个十分重要的方面。因而,"对人口问题的认识,应将其视野与角度置于'文化'这一更加广阔的领域加以考察和研究,才能得出更加符合实际的、正确而全面的结论,并因此有助于工作的开展;人口问题的解决,一方面要依靠正确的政策和严格的法规规范人们的生育行为;另一方面要推动人们思想观念的转变,提高人们参与的自觉性。"[①]人口文化建设是20世纪90年代以来随着我国人口计生工作思路、工作方式的转变而提出和发展的,其背后的理念与人口文化观念的转变有着密切联系。1991年,党中央提出以宣传教育为主、避孕为主、经常性工作为主的"三为主"方针,把农村扶贫与计划生育结合起来,在增强贫困地区致富能力的同时严格控制人口增长。1993年,全国农村计划生育优质服务工作试点展开,农村计划生育服务网络逐渐完善。同时,在全国推行农村计划生育"三结合",即把农村计生工作与发展经济相结合,与帮助农民致富奔小康相结合,与建设文明幸福家庭结合——的经验。在此背景下,中华人口文化促进会由民政部批准,于1993年2月

---

① 田雪原.人口文化通论[M].北京:中国人口出版社,2004:220.

成立,并以江泽民同志"发展人口文化事业、促进社会文明进步"的题词为宗旨,将我国人口文化作为一项社会建设事业正式启动。"中国人口文化促进会"成立以来,围绕人口计划生育工作开展了大量活动,如创办了"中国人口文化奖",推出了一批寓教于乐的艺术精品;多次组织人口文化博览会,开展男性健康宣传教育项目试点;21世纪以来,蓬勃发展的"农村人口文化大院"建设通过多种形式,在倡导新型人口文化上发挥了积极作用。在理论建设上,由于国内人口文化研究起步较晚,对人口文化的概念、对象、内涵与外延、学科体系等都处于百花齐放、百家争鸣、各执己见、莫衷一是之状。但近年来,对于人口文化的研究已是势头喜人,方兴未艾。

20世纪90年代中后期,计划生育工作实行"两个转变",即由就计划生育抓计划生育向与经济社会发展紧密结合,采取综合措施解决人口问题转变;由以社会制约为主向逐步建立利益导向与社会制约相结合,宣传教育、综合服务、科学管理相统一的机制转变。"两个转变"充分体现了以人为本的工作理念,并产生了积极的影响。随着人口与计划生育管理与服务水平的全面提升,大力发展人口文化事业必然摆在人们的观念与实践的前沿。2007年6月,全国人大常委会副委员长彭珮云在建设社会主义新农村与发展人口文化事业研讨班上,要求"各级党政领导和人口计划生育部门要更加重视发展人口文化事业",要充分发挥人口文化在统筹解决人口问题中的作用。对于一项新兴事业的人口文化研究,国家计生委领导强调其还处在初创阶段,需要社会新的交叉学科,要形成成熟的理论体系,既需要较长时期的人口文化实践积累,也需要众多理论工作者较长时期的潜心研究"[①]。

此外,中国人口文化促进会分别于1996、1999年编辑出版了《人口文化论》和《人口文化论集》,创办了《人口文化通讯》季刊;大批研究论文,在对人口文化的内涵和外延的定位及人口文化学的构建上提出了诸多建议主张和理论框架;人口文化专著也相继问世,如王夫棠与周毅合著的《人口文化与西部可持续发展》(2001)开创了人口文化实证研究的先河,此外还有如田雪原的《人口文化通论》(2004)、萧君和《论人口文化与人口文艺》(2004)等专著相继问世。经过一大批热心于人口文化事业的艺术家、科学家以及计划生育者十多年的努力,人口文化目前已成为我国社会主义先进文化的组成部分,也是维护我国新时期人口安全,促进社会主义和谐社会构建的重要内容。

---

① 张维庆.大力发展人口文化事业提高出生人口素质[J].中国新闻网,2003-11-19.

第一节 文化与人口文化

一、文化

文化是当今社会最引人注目的词汇之一。"文化"的英文为 Culture，来源于拉丁文，本义为土地的开垦及植物的栽培，后来引申为对人的身体和精神的发展与培育，特别是艺术和道德的培养，进而广泛指称人们的生活方式、思维方式，以及人们在征服自然和自我发展中创造的物质财富与精神财富。美国文化人类学家克罗伯等在1952年对1871年到1952年期间有关西方的文化学概念进行搜罗，得到关于文化的定义有164种之多。克罗伯等认为：文化是由外显的和内隐的行为模式所构成；这种行为模式通过象征符号而获得和传递；文化代表了人类群体的显著成就，包括它在人造器物中的体现；文化的核心部分是传统（即历史地获得和选择的）观念，尤其是它所带的价值；文化体系一方面可以看做是活动的产物，另一方面则是进一步活动的决定因素。美国学者克鲁洪从文化本身和与人类生活之间具体关系的层面对文化的内涵有一个描述："文化存在于思想、情感和反应的各种业已模式化的方式中，通过各种符号可以获得并传播它，另外，文化构成人类群体各有特色的成就，这些成就包括它们制造物的各种具体形式；文化基本核心由两部分组成，一是传统的思想；一是与它们有关的价值。"[1]英国学者马林诺夫斯基则更加倾向于对文化本质的解释。他认为："文化史包括一套工具及一套风俗——人体的或心灵的特性，它们都是直接或间接地满足人类的需要。"[2]英国学者爱德华·泰勒第一个科学完整地提出了文化的定义，这也是任何一个研究文化和与之相关学科的人都经常引用的文化经典概念之一。他在1865年出版的《关于人类早期历史和文明发展的研究》一书中，对"文化"的概念进行了初步的界说；在《原始文化》中，他又做了进一步的修改和补充，提出了完整的定义："所谓文化或文明，乃是包括知识、信仰、艺术、道德、法律、习惯以及其他人类作为社会成员而获得的种种能力、习性在内的一种复合整体。"[3]

自古以来，我国就有不同层面和程度的对文化的研究。从字源上说，"文"和"化"在三千年前的卜辞中就已经出现。"文"本义为花纹或文理。《易·系辞下》

---

[1] 克鲁洪等.文化与个人[M].高佳等译.杭州：浙江人民出版社，1986.
[2] 马林诺夫斯基.文化论[M].费孝通等译.中国民间文艺出版社，1987.
[3] 泰勒.原始文化[M].顾晓明译.杭州：浙江人民出版社，1987.

称:"物相杂,故曰文。"《礼记·乐记》中又称:"五色成文而不乱。"后来引申为包括语言文字在内的各种象征符号,进而具体化为文物典籍、礼乐制度、文采装饰、人文修养等。"化"字,甲骨文像两人一正一反,表示一个事物的两个方面,本义为造化、生成、改易。《易·系辞下》曰:"男女构精,万物化生。"《说文》曰:"化,教行也。"引申为变化、教化。古书中最早把文、化二字放在同一句子的文献是《周易》,其《贲卦·像传》说:"观夫人文,以化成天下。"后来,文化二字的合成词义有文治和教化之义。汉代刘向《说苑·指武》说:"凡武之兴,为不服也;文化不改,然后加诛。"晋代《补亡诗》也说:"文化内辑,武功外悠。"其义有如文化不到的地方为蛮夷之地,未接受教化的民众为化外之民,统治者对内施以文化,对外也以文化之,对拒以文化之地,则以武服。我国历来对"文化"的解释和探讨主要方面是一种宏观上的对人生和文化在社会生活中价值的总结。但另一方面,文化又被狭义地认为是为一般知识和精神成果的总和。

我国近现代学者也历来重视文化方面的研究。当代学者梁漱溟的文化观是对文化内涵和外延的综合性概括。他说:"所谓文化不过是一个民族生活的种种方面。总括起来,不外三个方面:(1)精神生活方面,如宗教、哲学、艺术等是;(2)社会生活方面,如社会组织、伦理习惯、政治制度及经济关系是;(3)物质生活方面,如饮食起居种种享用,人类对于自然界求生存的各种是。"[①]陈序经的观点又是在更加宏观的角度上提出来的。他认为,文化不外是人类为着适应自然现象或自然环境而努力于利用这些自然现象或自然环境的结果[②]。张汝伦有一个类似的观点认为:"文化可以说是人与自然界、人与世界全部复杂关系种种表现形式的总和。"[③]相对于这些宏观文化观而言,后期的观点则转向对文化内涵方面比较具体的研究。杨宪邦的文化概念中明显体现了文化的社会属性。他认为:"文化是一个社会历史范畴,是指人类创造社会历史的发展水平、程度和质量的状态。文化的主体是社会的人,客体是整个世界。所谓文化不是不受人的影响而自然形成的自然物,而是人在社会实践过程中认识、掌握和改造客观世界的一切物质活动和精神活动及其创造和保存的一切物质财富、精神和社会制度的发展水平、程度和质量的总和整体,它是一个有机的系统。因此,文化结构可以简单地分为互相有着内在联系的两个层面,即物质文化和精神文化。"[④]《辞海》认为,文化有广义和狭义之分,从广义上说,指人类社会历史实践过程中所获得的物质、精神的生产能力和创造的物

---

① 梁漱溟. 东西文化及其哲学[M]. 北京:商务印书馆,1999.
② 陈序经. 文化学概观[M]. 北京:中国人民人民出版社,2005.
③ 张汝伦. 文化研究三议[J]. 复旦大学学报,1986(3).
④ 杨宪邦. 对中国传统文化的在评价[J]. 传统文化与现代化. 中国人民大学出版社,1987.

质、精神财富的总和;狭义指精神生产能力和精神产品,包括一切社会意识形式:自然科学、技术科学、社会意识形态。有时又专指教育、科学、文学、艺术、卫生、体育等方面的知识与设施。作为一种历史现象,文化的发展有历史的继承性;在阶级社会中又具有阶级性,同时也具有民族性、地域性。不同民族、不同地域的文化又形成了人类文化的多样性,作为社会意识形态的文化,是一定社会的政治和经济的反映,同时也给予一定社会的政治和经济以巨大的影响①。

刘作翔通过对各种文化概念的分析,归纳出内涵不同的三种文化观:"(1)广义文化观。这种观点认为,文化是指人类社会历史实践过程中所创造的物质财富与精神财富的总和。用文化学术语来讲,就是物质文化与精神文化的总和。(2)中义文化观。这种观点认为,文化是人类在长期的历史实践过程中所创造的精神财富的总和。具体来讲,就是指社会的意识形态,以及与之相适应的制度和组织。这种中义文化观注重的是人类创造的精神财富,或曰精神文化,剔除了物质文化作为文化的构成要素。爱德华.泰勒给文化的定义就是典型代表。(3)狭义文化观。这种观点认为:"文化是指社会的意识形态或社会的观念形态。"②张岱年更加具体地指出:"所谓文化包含哲学、宗教、科学、技术、文学、艺术以及社会心理、民间风俗等。在这中间,又可析为三个层次。社会心理、民间习俗属于最低层次;哲学宗教属于最高层次,科学技术、文学艺术属于中间层次。"③

笔者认为,人类之所以区别于动物,笼统说乃是人类的"生活"和"生存"有着自己特有的社会属性的形式或方式,这种形式或方式形成了人类的"文化"。由于人类的生存方式或形式丰富多彩,文化的产生又直接来源于生产生活,这就决定了文化有着多样性,从而对文化概念的阐释必然有着多义性。这种文化阐释的多义性实际上是文化概念理解的层面各异所致,但这种多元化的理解在一定程度上又是文化内涵的全部。从这个角度上讲,著名学者司马云杰也曾有过一个精简的表述,他认为:"文化作为一种复杂的社会现象,要认识它,自然应该有科学的理论和方法。但由于方法论的不科学、不统一,对文化概念所引起的纷争也是令人难以想象的。历史学派常常把文化看做是社会的遗产,或者传统的行为方式的全部总结;心理学派则往往把文化视为主体心理在历史荧幕上的总印象,或者是满足个人心理动机所选择的行为模式;结构功能主义者强调文化是由各种要素或文化特征构成的稳定体系;而发生论者则分辩说文化是社会互动及不同个人交互影响的产品;有的人偏重文化观念的作用,把文化定义为观念之流,或观念联结丛;有的人则倾

---

① 辞海编辑委员会.辞海[M].上海:上海辞书出版社,1999.
② 刘作翔.法律文化理论[M].北京:商务印书馆,2001.
③ 张岱年.文化体用简析[J].文化与哲学.教育科学出版社,1988.

向文化的社会规范的价值,把文化定义为不同人类群体的生活方式,或者共同遵守的行为模式。如此等,不同的角度,有不同的文化定义。"[1]

综合看来,各国学者都从各自的立场和不同的角度给文化的概念赋予不同的内涵,虽说观点各异,众说纷纭,但文化定义的多样性反映出学者从不同的切入角度、不同的学术习惯、不同的历史文化背景对文化的界定。笔者认为,文化是人类在发展过程中创造、继承和发展的关于人与自然界、人与社会、人与人之间种种复杂关系的有形和无形的成果总和。文化的主体是人,客体是客观世界,核心是价值观念和思想规范,表现形式包括物质、精神、制度、行为等层面的成果。这一定义主要是基于如下几个方面的考虑:首先,文化的内容涉及方方面面,非常宽广,如果仅用现象描述、历史反推、主体立意等方式恐难穷尽文化的外延;其次,文化本身与人类这一主体紧密联系,文化即人化,文化的创造、传播、继承、利用、创新等都是人类在自己生存和发展中的各种活动的缩影,即人类发展的过程就是文化的创造和发展的过程,离开了人的因素而客观存在的其他东西就不是文化,文化的概念不能离开人类的主体性和特殊性;再次,文化和文明是两个不同的概念,文明是文化中的合理、科学、优秀的成分,而文化中绝不可免地存在糟粕和腐朽的内容,因此,从内容的性质上讲,文化的定义应是有着对精华与糟粕、正面与反面、动态与静态内容的客观包括;最后,文化发展与人类历史发展相伴随,也处于一个自我不断变迁和发展的过程中。在这一过程中,各种因素、各种关系彼此作用,互相影响,不仅使文化获得新的元素,富有新的内容,得到新的发展,而且也使文化在这一关系过程中的内容更加丰富,形态也更加多样。即是说,对文化的认识需要有发展的、联系的视角和观点,否则,对文化的认识和理解就难免偏颇。

这里要强调的是,从研究的角度看,人们不可能也没有必要对文化概念形成一个统一的认识。只要在全面了解各个领域文化研究的成就的基础上,把握住文化的本质特征和精神内涵,人们完全可以根据研究问题的性质和研究的需要来界定义文化。因为其本身不仅仅是一个学术概念的旷日持久、多方纠结的认定争论问题,而更是文化由于其内涵与外延的深邃与广阔、内容与形态的丰富与多样而使得人们对文化的研究视野、把握的研究重点、实现的研究目的各有侧重、各有方向、各有期待。因而,对文化概念定义的学者无计,各有一说现象的形成无疑自然而又属情理之事。虽然,人们希望对文化有一个权威的、为学界所认同或者为大多数学者所认同的概念表述,以利研究的进行和深入,但除了上述因素外,学者的生活环境、文化背景、学科素养、人生观、价值观、世界观的差异,公认的概念的产生难免有待时日,还需要学者们的艰辛劳动与共同努力,但不能因之而对文化的研究产生影

---

[1] 司马云杰.社会文化学[M].济南:山东大学出版社,1987.

响,应在尊重、理解、帮助、支持的理念下对待他者的各方面、各层次的文化研究。

二、人口与文化的关系

英国人类学家泰勒的《人类学——人及其文化研究》一书,在考察了人类文明发展史后指出,人是文化的动物。这一论断非常精辟,因为文化使生物学意义的人进化为社会学意义的人,从而区别于一般的动物而成为"万物之灵长"[①]。即是说,每一个人一生下来就被抛进特定的文化之中,他如果不承认这种文化,就难以成为"人"。美国著名心理学家马塞拉教授的一番解释使我们更加清楚了文化与人类的关系,他在名著《文化与自我》中指出:"文化是人类行为的主要决定因素之一,文化同自然环境一起代表着塑造着人类行为模式的两种主要的'外部'来源。这两种外部来源的影响作用又同生理与心理的两种'内部'来源交互作用,从而构成人类行为的基本的决定因素。"[②]德国哲学家、文化哲学创始人卡西尔在其著作《人论》中也提出,人是符号的动物,文化是符号的形式,人类活动本质上是一种"符号"或"象征"活动,在此过程中,人建立起人之为人的"主体性",并构成一个文化的世界[③]。我国著名社会学家费孝通早年也曾经说过,早起的人们在洒扫庭院、一言一行的寻常应对中都有着文化的投影。也即在什么场合下,文化已替我们安排好了。行为时最不注意的,也就是最深入的文化体现[④]。

上述材料从不同的角度表明,一个国家、一个地区、一个民族的文化对人口的发展持续地产生作用。如果在此有必要举例说明的话,信手拈来即可成类成堆,比如,我国传统上愿意多生孩子,并且愿意要男孩,主要是受农业传统文化的影响;社会生活中浓烈的敬老孝老行为,主要是受传统孝文化和长寿文化的影响;在西南民族人口中传承的传统体育、音乐、舞蹈,主要是与山地文化有联系;贵州侗、苗等族中的树崇拜、水崇拜、动物崇拜、土地崇拜主要是受传统生计文化的影响。而在一些西方国家,比如,爱尔兰妇女主张晚婚,主要是受婚俗的影响;不少国家适婚人群不婚或晚婚而不育、少育、晚育,主要是受现代文化的影响。在某种意义上,"人口发展是文化发展的投影。有什么样的文化自觉与文化环境,就会有什么样的发展动力和发展远景。过去、现在和将来的人口发展都离不开文化促进。"[⑤]可以说,文化对人类的影响是巨大而且深远的。

把"文化"与"人口"结合在一起,有必要对人、人类、人口等概念进行交待并予

---

① 爱德华·泰勒.人类学——人及其文化研究[M].连树声译.桂林:广西师范大学出版社,2004.
② 马塞拉.文化与自我[M].南京:江苏文艺出版社,1989.
③ 卡西尔.人论[M].甘阳译.上海:上海译文出版社,2004.
④ 费孝通. 美国与美国人[M]. 生活·读书·新知三联书店,1985.
⑤ 穆光宗.论人口发展的文化促进[J].中国延安干部学院学报,2010(6).

以区别。《现代汉语词典》解释说,人类是"人的总称",人则是"能够制造工具并使用工具进行劳动的高等动物"①。马克思说:"人是一切社会关系的总和。"②这里,人、人类完全是抽象的概念,没有数量的含义和具体所指群体,是相对于自然界其他物种的"类"。人口,在西方最早是一个统计学的概念,代表人类群体在定量方面的属性,是一个有关数量或者规模的概念,具体指"居住在地球上某个地区(区域、国家、省、市、县等)的人的总和,包括数量、质量、构成、分布、迁移和发展等多种因素,是一切社会存在和发展的前提。③ 人口不仅具有规模(size)特点,还具有结构(structure)和发展(development)特性,是一个有机的复杂的整体。

人口范畴既有生物属性又有社会属性,但其本质属性是社会属性。人口数量规模与变动,归根结底受制于当时的社会生产力水平和生产关系的性质。同时,一定数量的人口总是由具有一定素质的人群组成,人口数量和质量在一定意义上是不可分割的历史的辩证的统一体。人口质量也受社会经济发展水平的制约,它随社会发展尤其是生产力由低级到高级的发展逐步提高。除数量、质量外,人口还有构成的规定性,包括性别、年龄等自然构成、地域分布和各种社会经济文化构成,也有从生育、成长、迁移、死亡、转变等过程和规律,及其与其他因素诸如自然、制度、法律、习俗等关系和联系,也即人口发展受着文化的深深影响。人口本质上是生物属性和社会属性的统一体,反映的是一切社会关系的总和。

当然,人口是由个人组成的,没有具体的个体的人,也就谈不上人口。而个人又总是这样那样地是某一群落中的成员,是依存于一定人口集团或社会群体的。"人口"与"人类"这两个概念,在某些特殊的场合可以是同义的,如"人口与环境"、"人口与资源"等,指的便是人类与环境、资源之间的关系。但通常情况下,"人口"通常是作为集合群体而不是作为"类"的含义来使用。

人是文化的生物,人与文化的关系息息相关。从上述分析可知,在某种意义上也可以说人口是文化的产物,人口发展也是文化发展的一种表现,甚至有什么样的文化发展,可能也预示着有怎样的人口发展。

远古时期人类的高生育率与生殖崇拜文化有着莫大关系。赵国华认为,人类文明恰恰是在生殖崇拜中诞生的;生殖崇拜是一种文化,而且是原始社会人类的主要精神文化,甚至也是上古早期的主要精神文化④。甚至可以说,璀璨多姿、多元一体的中国文化其活水源头之一就是生殖崇拜的观念和仪式。迄今为止,在中国

---

① 中国社会科学院语言研究所词典编辑室.现代汉语词典[M].北京:商务印书馆,1999:1061,1063.
② 马克思,恩格斯.马克思恩格斯全集:第3卷[M].北京:人民出版社,2008.
③ 辞海编辑委员会.辞海:缩印本[M].上海:上海辞书出版社,2002:1395.
④ 赵国华.生殖崇拜文化论[M].北京:中国社会科学出版社,1990:389.

文化的深层结构中,仍然隐伏着强烈的生殖崇拜精神。对生育的普遍信仰和追求早已成为中国人最基本的价值观念,生育成了当然的人生使命。在传统文化的架构中——譬如在典型的村落文化中,不育往往会招来强大的舆论压力乃至骂名和恶名,因为生育早已是传统文化发出的一道指令。

生殖崇拜观念对中国文化、中国人口的深刻影响似乎从一开始就证明了人口与文化的血脉相连。生殖崇拜是人类祖先从弱小走向壮大的文化动力。在变幻莫测、时而狂暴时而宁静的大自然面前,人类总是那么弱小,生存总是那么艰难,弱肉强食、适者生存的自然法则使人类明白,人力可搏天力,但要足够强大。就在这时,生育的神圣和伟大被凸显出来了,女性因为生育价值的被肯定而登上了历史舞台,由此也就有了开天辟地的母系社会。在这一社会阶段中,极度落后的生产力加之人力的寡薄,使得人类祖先的生存环境显得格外恶劣,人类"种的繁衍"时刻面临挑战,婴儿存活率极低,而成人的平均寿命也就30岁左右。在原始墓葬中,经常会发现死者多是儿童,成年人也大多只活了二三十岁,生命就似风中的落叶转瞬即逝。在这种情况下,生存的竞争就变成了生殖的竞争。极其残酷的生存条件使得原始先民对生存的渴望、对种的繁衍的追求甚至超过了物质生产的意义。这样,人类如痴如醉地通过各种方式来讴歌生育、崇拜女性也就是必然的了。

文化发展的每一步都是人类自身利益驱动的结果,是人类为了寻求更强大的自我、更强大的生产力、更强大的战斗力,以及更好地控制和占有生存资料所作出的精神努力。可以说,文化是生存需要的产儿。

精神的力量可转化为物质的力量——在这个意义上,似乎可以断言:文化是一种特殊形态的生产力;而物质的力量反过来又可以改善人类的精神品质,这就是文化先于文明而后又被文明涵化的过程。社会生产力的发展有着不可思议的力量,它可以推促文化的变迁,紧跟其后的则是人口的变化。人类学家克莱德·克拉考曾指出:"无论我们是否意识到每个人从生到死每时每刻都受到文化的控制,文化不断迫使我们服从一定的行为模式。"[①]文化因素是借助于社会化塑造人们的思维方式和认识结构而作用于认识的,文化因素对认识具有驱动作用,并能指导、规范人们的行为。正因为如此,人们越来越按照经过社会化规范的价值观念选择进行人口再生产的活动。如今人类次第实现的低生育率与人们崇尚个性解放、实现自我价值的现代文化脱不了干系。家本位生育决策向个人本位生育决策的演进可以说是生育现代化具有实质性意义的一个过程。

钟敬文在《关于文化建设问题的一点建议》中写到:"凡人类(具体点说,是各族、各部落的乃至各氏族)在经营社会生活过程中,为了生存和发展的需要,人为地

---

① [美]尹恩·罗伯逊现代西方社会学[M].郑州:河南人民出版社,1988.

创造、传承和享用的东西,大都是属于文化范围。它既有物质的东西(如衣、食、住、工具及一切器物),也有精神的东西(如语言、文学、艺术、道德、哲学、宗教、风俗等),当然还有那些为取得生活物质的活动(如打猎、农耕、匠作等)和为延续人种而存在的家族结构以及其他各种社会组织"。① 这里,钟敬文从特定的视野将物质生产、精神生产和"为延续人种而存在的家族结构及其他各种社会组织"的人口生产三者的成果都纳入"大文化"的外延之中。而这三种文化的关系,如同"三种生产"一样,也是相互联系、相互影响和相互作用的。

按照马克思主义的观点,人口是社会生活的主体,同时也应是文化的主体,无论是物质文化或是精神文化,都是由具有一定的文化素质的人所创造出来的成果。人口生产如同物质生产和精神生产一样,是一种社会的、历史的现象,不是单单由自然的、本能的、生理的属性所决定,而是与一定的社会和时代的文化紧密相连的。人类发展史表明,人类的"人口"增长与人类社会文明的不断发达和生产力的不断进步密切相关,与社会文化密切相关。

三、人口文化

人口文化的研究,是人口再生产发展的需要,是人类社会文明进步的必然,也是新时期统筹解决人口问题的需要。自20世纪80年代以后,我国的人口科学进入了快速发展的时期。1993年,中国人口文化促进会成立并正式提出"人口文化"概念,其目的"就是要在更高层次上从人们的道德观念、心理、行为方式、生活方式和文明强度上解决人口问题。②"但人口文化不是"人口"与"文化"的人为的、机械的、简单的相加和拼凑,而是人口与文化在各自发展历程中自然的、必然的、规律性的、内在本质的结合。然而,由于对文化的解释和理解,特别是由于人口与文化应如何结合,在理解上存在诸多不同看法,人口文化的定义在表述上也自然存在着分歧:

一是从大人口文化的观念出发,认为应从宏观、整体上得到统一,在实践和发展的相互联系上为人口文化定位:"人口文化是人类在人口方面认识和改造世界的方式和能力,以及他们在人口方面认识和改造世界的过程中获得的精神成果"。基于人口文化发展的阶段性,现阶段中国的社会主义人口文化"就是以马克思列宁主义为指导,以爱国主义、集体主义、社会主义为主旋律,在人口方面树立正确的认识和改造社会、认识和改造自然、认识和改造自我的理论观点、思想体系、知识、经验、

---

① 钟敬文.关于文化建设问题的一点建议[C]//话说民间文化.北京:人民日报出版社,1990:45.
② 王夫棠.在全国婚育新风进万家活动汇报会上的发言[J].人口文化,2000(2).

法规制度、风俗习惯、道德规范、文学艺术、社会心理等精神成果"①。

二是将"人口文化"区分为广义和狭义两种。涂途认为，作为"人口创造的精神结晶"的人口文化，其狭义的概念"是由人口生产直接派生的直属直系的人口文化系列，是人口文化的核心，包括性文化、婚姻文化、生育文化、家庭文化、老年文化、人口变迁文化、丧葬文化，这些文化因素，从多方面长期影响和制约着整个人类自身的生存、繁衍、发展、进化和升华，与物质文化与精神文化相互协调、互补互辅，共同推动和促进人类社会的进步和发展。广义的人口文化是与物质文化和精神文化联姻、嫁接的旁支旁系的分系统和分支，包括各种人口文化的传统、制度、机构、产业等"②。有学者基于对人口文化规定的特定性和范围，进而认为"人口文化是指人类在自己生命的生产中所创造的物质文化和精神文化的总和。人口物质文化是指人类为了自身的繁衍和生存创造的科学、技术的过程……人口精神文化是指在生育和死亡以及相关的婚嫁、抚育等问题上的观点、信仰、风俗、习惯及行为方式的总和"③。也正是在这一明确而又特定的意义上，有学者提出，人口文化从广义上讲，乃"是人类在繁衍、生存和发展中所创造的物质文明和精神文明的总和。从狭义上讲是指人类对自身生产、抚育后代、婚姻家庭和这方面的婚育观、道德观、价值观、人生观和世界观等方面的意识形态系统，以及与之相适应的上层建筑"④。与上述看法相似，有学者将"人口文化"概括为"就是研究属于'人口'范围内的'文化'"，认为人口文化不同于人类文化（即一般的文化）"人口文化比人类文化反映的内容要窄得多，它包含在人类文化中，是人类文化的一个组成部分。"⑤

三是不少学者强调在对文化准确定位的前提下，"将'人口文化'与文化相互作用和渗透，抽象出人口活动的本质特征"。相对于上述两种表述而言，笔者认为这种定义具有"人口自身"文化或狭义人口文化的性质。代表性观点有如田雪原认为，"人口文化"作为一种特定概念，"反映的是人口活动，包括出生、死亡、迁移等人口变动，年龄、性别、地区、城乡等人口结构，婚姻、家庭等人口特征演变活动发生、发展规律在文化上的体现，是这些人口活动表现出的本质文化特征。""'人口文化'不是人口的现象描述，而是对人口现象的一种本质的抽象，一种文化上的观念意义上的抽象"，同时也是"意识形态以及政策、法律、宗教等上层建筑中的一种

---

① 余飘.论开拓人口文化与增强综合国力[C]//中国人口文化促进会.人口文化论集.中国人口出版社，1999.
② 涂途."人口文化"面面观[J].山西师大学报：社会科学版，2005(3).
③ 李新建.对人口文化的理论内涵和人口文化学体系的理解与讨论[C]//中国人口文化促进会.人口文化论集.中国人口出版社，1999.
④ 曹景椿.试论计划生育与人口文化[C]//中国人口文化促进会.中国人口出版社，1999.
⑤ 路遇.论人口文化[C]//中国人口文化促进会.人口文化论集.中国人口出版社，1999.

形态"①。还有学者更加简洁明了地提出,人口文化"主要是指人类在婚育繁衍方面形成的观念、风俗、习惯、制度和道德","人口文化就是关于人口繁衍的文化"②。

笔者认为,人口文化是指人口再生产过程中,人口系统内部的变动及其与外部诸因素的相互联系和作用而形成的观念意识、伦理道德、制度习俗和行为规范。是人类在改造自然、改造社会、改造人类自我过程中获得的文化成果③。

对于上述人口文化定义的内涵,结合学界已有论述,笔者在此做以下几个方面的归纳:首先,人口文化是社会政治和经济的反映,是人类社会文明进步的必然产物。"人口文化"以提高人的素质为核心,关注人的自身生产、生存环境、生活质量与和谐发展,是促进社会文明进步的"文化力"。它随着社会经济的发展而发展,随着社会制度、生存环境的变化而变化,既具有历史的延续性,又不会停滞、僵化于不变的模式之中。在人类生命的全过程以及人们求生存、求发展,改造生存环境,提高自身素质和生活质量的能力中都蕴涵着诸多的人口文化现象,包含着鲜活的人口文化因子。

其次,人口文化既包括与人口变动密切相关的性别文化、婚姻文化、家庭文化、生育文化、养育文化、流动迁移文化、养老文化和死亡文化,又涵盖与人口发展去之不能的,与制度、习俗、法律规制、生态环境等因素的交互关系与观念行为。内容丰富,影响深远。

再次,人口文化是一个具有地域性和民族性的概念,在世界范围内带有普遍性和共同性。但由于它与某一国度、某一地区、某一民族的风俗、习惯、心理、文化传统、自然和社会等具体条件的不同,各个国家、各个地区、各个民族之间的人口文化又呈现出差异性与特殊性。

第四,人口文化的内涵是由社会政治、经济所决定,反过来又给社会政治经济以巨大影响。中华民族有几千年的文明史,有大量优秀的人口文化资源。进入社会主义尤其是改革开放时期以来,随着物质文明和精神文明的发展,我国人口文化实践和理论建设积累了丰厚的经验。批判地吸收古代和外国人口文化思想遗产中一切有益的成分,继承和发扬我们民族人口文化的优良传统,认真总结新中国成立以来人口文化建设方面的经验教训,对于促进新时期人口文化繁荣发展意义重大。

第五,人口文化重在建设,和谐人口文化是社会主义和谐文化的重要组成部分。人口文化建设旨在通过文化的先导作用,促进人口自身数量、素质、结构、分布

---

① 田雪原.关于人口文化[C]//中国人口文化促进会.人口文化论.大象出版社,1996.
② 杨魁孚.关于有中国特色社会主义人口文化的粗浅思考[C]//中国人口文化促进会.人口文化论.大象出版社,1996.
③ 杨军昌.文化、人口文化与民族人口研究刍论[J].西北人口,2008(6).

等要素的协调发展,促进人口与经济、社会、资源环境的协调和可持续发展,促进人的全面发展、家庭和谐幸福和社会进步和谐。

第二节 贵州民族人口文化研究现状与主要内容

一、研究现状

贵州是一个多民族省份,2000年第五次全国人口普查显示,贵州共有49个民族成分,少数民族成分个数仅次于云南和新疆,居全国第三位。世居的少数民族有苗族、布依族、侗族、土家族、彝族、仡佬族、水族、回族、白族、瑶族、壮族、畲族、毛南族、蒙古族、仫佬族、满族、羌族等17个,总人口达1333.96万人,占贵州总人口的37.85%,与1990年"四普"相比,少数民族人口占全省总人口的比重上升了3.14%。2005年1%人口抽样调查显示贵州"总人口中,汉族人口为2273万人,占总人口的61.02%;各少数民族人口为1452万人,占总人口的38.98%。与"五普"相比,汉族人口增加了82万人,增长了3.74%;各少数民族人口增加了118万人,增长了8.85%"。又据"六普"资料,2010年11月1日零时,贵州常住人口为3474.65万人,与"五普"相比,常住人口减少50.12万人,减少1.42%,年平均递减0.14%。全省常住人口中,各少数民族人口为1255万人,占36.11%。各少数民族人口减少788025人,较"五普"下降2.24%。[①] 全国56个民族中,除塔吉克族和乌孜别克族外在贵州均有分布。各少数民族常住人口中,数量排前5位的依次为苗族、布依族、土家族、侗族和彝族,这5种民族占少数民族人口总量的82.09%。其中,苗族397万人,布依族251万人,土家族144万人,侗族143万人,彝族83万人。少数民族人口总量在全国排第四位,比重排第五位。普查显示,全国少数民族人口总量为11379万人,贵州占全国的11.03%。按数量多少排序,全省1255万少数民族依次分布在黔东南、铜仁、黔南、毕节、黔西南、安顺、六盘水、贵阳和遵义。其中:黔东南州273万人,铜仁地区(现为铜仁市)人口217万人,黔南州180万人,毕节地区(现为毕节市)172万人,黔西南州111万人,安顺市83万人,六盘水市74万人,贵阳市73万人,遵义市72万人[②]。

---

① 2010年"六普"统计,时贵州净流出省外人口共719万人,占贵州户籍人口总数4189万人的16.95%。其中,少数民族人口326万人,占外流总人口的45.35%,比省内常住人口中少数民族人口比重高9.24个百分点。贵州少数民族人口普查比例下降原因主在于此。
② 方正伟.贵州"人口普查系列分析报告"出炉——贵州少数民族人口全国排第4[N].金黔在线-贵州都市报,2011-11-09-17.

从地理位置上来看,贵州地处祖国西南的云贵高原,东部与湖南接壤,南部与广西交界,西部与云南毗邻,北部与四川、重庆市相连。贵州行政区域面积17.6万平方千米,全省民族自治地方共辖46个县(市、区),占全省87个县(市、区、特区)的52.87%。民族自治地方面积97626平方千米,占全省面积的55.4%,实行区域自治的民族有苗族、布依族、侗族、土家族、仡佬族、水族、回族等8个民族。此外,还建立了254个民族乡。全省环境优美,气候适中,素有"公园省"之称,是适宜人类生存繁衍的优良环境。而特有的地理位置和地形地貌,使贵州高原在历史发展过程中成为古代民族交汇的大走廊和民族集结地。

从历史上来看,贵州是西南古代氐羌、百濮、百越、苗瑶四大族系族际的联结点。少数民族是贵州早期开辟的先驱者,明代随着贵州建省,卫所屯田及征战讨伐,中原及汉族移民逐渐增加,并随时间的流逝形成了民族交错杂居和局部聚居的分布格局。各民族在贵州这块神奇的土地上,共同创造了贵州的历史,创造了璀璨多姿的文化和文明。

对于贵州民族人口研究的成果,笔者在《改革开放以来的贵州人口研究状况述论》一文中做了两个阶段的收集,即在2000年以前,"代表性的成果有:《贵州少数民族人口发展和民族繁荣问题》(张天路,1983)、《镇宁、关岭布依族苗族自治县人口调查纪实》(北京经济学院人口所,1987)、《民族人口与民族繁荣——关岭布依族苗族自治县调查小记》(韦民,1989)、《彝族人口状况初探》(吴文,1982)、《试论贵州少数民族人口问题》(张正东,1982)、《贵州待识民族人口的初步分析》(吴安华,1992)、《试析影响少数民族生育的文化基因——以贵州少数民族为例》(杨宗贵,1994)、《贵州少数民族人口和经济发展的宏观认识和思考》(任录,1996)、《贵州省少数民族人口展望》(王朝科,1997)、《鉴村侗族人口长期保持恒定数量探析》(石开忠,1997)等"。2000年以后,"主要文章有:《苗族人口的历史变迁及其发展趋势分析》(石伶亚,2002)、《布依族的人口分布》(阿伍,2003)、《贵州少数民族人口结构变动对养老保险的影响》(钟立灿,2004)、《贵州省少数民族地方人口素质研究》(谢红梅,2004)、《贵州少数民族地区ABO新生儿溶血症》(潘钦瑞,2005)、《贵州少数民族人口增长及其地区差异研究》(李旭东,2006)、《贵州少数民族人口状况及其发展变化分析》(万力,2009)、《贵州民族地区人口文化素质与劳动力就业》(李国和,2009)、《贵州未识别民族人口的分布特点和历史成因》(严其岩,2009)等"。研究课题上,有国家社科课题"从五次人口普查看少数民族的发展"(石开忠,2001~2005)、"西南民族地区出生性别比失调问题研究"(杨军昌,2005~2009)、"人口生殖健康的影响因素与促进战略问题研究——少数民族人口生殖健康研究"(陆卫群,2006~2009)、"西南民族人口文化研究"(杨军昌,2010~2012)等;省部级课题上,有"贵州民族地区的人口与可持续发展问题"(杨军昌,

2002~2003)、"贵州少数民族地区的城乡统筹发展问题研究基于人口学、社会学、发展学的综合思考"(杨军昌,2004~2005)、"第五次人口普查贵州省各民族人口状况分析"(石开忠,2006)、"贵州民族地区出生性别比失调问题调查研究"(2005~2007)、"贵州少数民族地区农村放弃"二孩生育权"现象研究"(徐静,2009)等[①]。

民族人口文化即是少数民族和民族地区各民族人口再生产过程中内部关系变动及其与外部诸因素的联系和相互作用而形成的制度、观念和行为。从目前对贵州民族人口文化的研究来看,还未出现全面、系统、深入的研究,但针对贵州各少数民族或某一少数民族的特定文化现象研究的著作、论文、调研报告比较丰富。其中,专著有《中国苗学》《苗族文化研究》《布依族文化研究》《无形的链接——贵州少数民族文化传统与现代化》《贵州少数民族人口发展问题研究》《贵州少数民族风情》《中国水族文化研究》《中国地方志民俗资料汇编-西南卷》等;研究论文更是数不胜数,例如《论彝族传统道德价值观的更新和发展》(王路平,2000)、《浅析道真仡佬族"哭嫁"民族的民族社会伦理道德教育功能》(田小岫,2002)、《浅谈布依族神话和民间故事中的哲学思想》(王鸣明,2001)、《生育文化依存的文化框架》(李澍卿,2004)《少数民族传统文化中积极的文化精神与文化主张》(索晓霞,2003)等;调查报告主要有《侗寨占里实行计划生育的绩效与启示》(杨军昌,2001)《岜沙苗族社区的环境与人文》(杨军昌,2001)、《鉴村侗族计划生育的社会机制与方法》(石开忠,2001)等,此外,部分地方县志如《台江县志》《长顺县志》《黎平县志》《从江县志》《天柱县志》《三都水族自治县志》等都有人口文化的相关阐述。这些专著、论文、调研报告内容都十分翔实,对各个少数民族的政治、经济、论文、历史的研究都十分全面系统,可谓"少数民族百科全书",这些研究将对本课题研究提供文献检索和参考借鉴。

二、研究主要内容

贵州民族人口文化研究的内容十分丰富,结合贵州民族地区实际和人口文化概念内涵的规定,其研究内容有如下几个方面:一是人口生育文化,包括生育文化的含义,生殖崇拜(女性崇拜、性交崇拜、性器崇拜)、求子习俗、婚姻习俗、生育习俗(怀孕习俗、产后习俗、养育习俗)生育观;二是婚姻家庭文化,包括婚姻制度,婚姻礼仪、传统婚俗、家庭组织与家庭继嗣;三是人口生育文化,包括生殖崇拜、生育观念、生育习俗;四是人口性别文化,包括传统人口性别文化、人口性别文化的近代

---

① 杨军昌. 改革开放以来的贵州人口研究状况述论[C]//杨军昌,蒥继志. 人口·社会·法制研究(2010年卷). 北京:知识产权出版社,2011.

变迁、人口性别文化的状态评价、人口性别文化对人口发展的影响；五是人口素质文化，包括民族人口身体素质、人口文化科学素质、人口思想道德素质；六是人口迁移流动文化，包括迁移背景、迁移史迹、迁移文化；七是人口老年文化，包括敬老孝老、老年健康与长寿；八是人口死亡与丧葬文化，包括生死观与丧葬文化渊源、丧葬类别、丧葬礼仪、丧葬流变与趋向；九是人口生态文化，包括生态与人口的关系、人口生态文化的内涵与价值、人口生态文化特征、人口生态文化演进；十是人口法律文化，包括人口法律文化的概念和结构、贵州民族人口法律文化内容、现代化语境下贵州民族人口法律文化的发展前景；十一是人口文化的时代变迁，包括变迁原因、变迁模式、变迁影响与反思；十二是人口文化发展思索，包括人口文化特点、人口文化发展方向与路径动力。此外，还包括对贵州民族人口文化发展功能意义及其反思、合理与继承、消极与扬弃、碰撞与发展等问题的探讨和思索等。

第三节　贵州民族人口文化研究对象及其意义

一、研究对象

毛泽东同志从矛盾论的角度具体地指出："科学研究的区分，就是依据科学对象所具有的特殊矛盾性。因此，对于某一现象领域所特有的某一矛盾的研究，就是构成某一门科学的对象。"[①]"人口文化"是"人口"与"文化"交叉、结合、统一过程中形成的新概念，是一种具有特定范围、特定性质和特定含义（意义）的文化，其研究对象和范围是与"人口"相关的文化领域（问题），而并非一般意义上的（任何）文化，诸如人情文化、人食文化、人居文化、人境文化、人类文化等。"人口文化"的独特个性和品性，就在于它的最终目的是从文化的视野和角度来审视、探索、研究和解决人口问题。具体地说，就是要在唯物辩证法和唯物史观的理论与方法指导下，紧紧围绕人口再生产这个中心，并将它放在文化背景的坐标上，从与其相关的各个方面、不同（各个）层次、多个（各个）角度以及与其他因素间的关系和联系，认识、研究人类改造客观世界和人类自身生产之间交互作用的关系、特点、方式、规范的形成因素和互动机制，以及人口文化形态理论的孕育、承继、传播、变迁、发展的创造过程、运行方式和演绎规律，从而形成人口再生产，以及与人口相关的物质生产过程的理想运行状态。人口在人类生活、社会结构、经济关系、自然环境、文化意识等多个层面有着特殊地位和独特个性，因而人口文化的研究对象根本上也具有不

---

① 毛泽东. 毛泽东选集：第一卷[M]. 北京：人民出版社，2003：284.

同层次的范畴。据此,笔者在此具体地将人口文化研究对象概括为客观对象(实践对象)和理论对象(逻辑对象)两个主要方面。

客观对象,或者说人口文化的实践研究对象,是指那些在整个人口生产和物质生产实践过程中形成的人口文化孕育与生产、传播与变迁、继承与借取、创造与整合的各种特定规律。从人口文化研究的客观对象内涵上又可具体分为一般对象和专门对象两个不同层次:一般对象指人口文化形成中的物质基础、观念背景、社会关系、意识规范等根本条件,人口文化界定中的结构模式、本质属性、理论框架、功能特征等逻辑体系,人口文化发展的孕育基因、继承传递、创造更新、演绎变迁、整合发展的运动轨迹;人口文化物质基础和形态、民族心理和意志、社会结构关系、生态环境、规范律令等文化元素,人口文化的认识与实践、积淀与创造、解构与组构、哺育与反哺的动态过程;专门的研究对象就是探索在不同历史、地理环境、社会制度和经济模式下产生和发展变迁的人口文化现象及其特殊规律,具体内容包括在文化背景下与人口生产过程有关的自然和社会关系、文化内容和形态、社会经济发展互寓同构的文化辐辏力和文化源泉、文化互化和文化整合的态势,不同历史时期在一定社会经济环境条件下人口生产的方式所蕴涵的人口文化意识和人口文化结构,纵向的不同层面的人口文化事业在文化结丛、文化因子的组合上具有的统一性和差异性;横向上在特定民族、社区、阶层、群体及家庭中不同人口文化认识和人口文化趋向,功能上对人口自身和社会作用表现出的优劣利弊、促进抑制、优化淘汰、交替反复等所反映出的客观现实。

理论对象,或者说逻辑对象是从人类活动与两种生产之间的本质联系出发考察人口文化的文化逻辑和理论价值。物质生产与人口生产两者相互依存、相互制约、互为条件、互为目的,共同构成了人口和社会经济赖以存在与发展的前提和基础,而人始终是两种生产的核心,同时人也是所有文化现象的核心,因此,人口文化研究不能局限在人口本身的文化范畴,而是要以一种人文的态度来研究整个文化背景作为人口文化土壤的人的思想、行为、价值观念和社会物质生产之间的根本联系,通过协调人的创造力、自然界的辐辏力、社会的生产力、人类的文化力之间的逻辑关系,挖掘人口在文化范畴内之于社会的最优价值并最终实现人的全面发展。

二、研究意义

新中国成立六十余年来,中共贵州省委、贵州省人民政府及民族自治地方认真贯彻落实党的民族政策,围绕团结、稳定、进步这个主题,大力发展民族地区政治、经济和文化,巩固和发展平等、团结、互助的社会主义新型民族关系,民族自治地区经济不断得到发展,社会各项事业取得了显著的成绩。但由于历史、社会、自然等各方面的原因,尽管民族自治地区社会经济发生了翻天覆地的变化,但与非民族自治地方相比,人口与可持续发展面临着更为紧迫和严峻的挑战,这突出表现在民族人口数量增长过快,经济发展缓慢总量过小,人口素质普遍偏低,人口经济环境压力大,农村人口比重大,贫困人口数量多且返贫现象突出,生态环境问题越益严重,可持续发展意识较弱,民族文化资源保护与开发的两难困惑,可持续发展的法律环境问题较多等方面。

一定的文化影响一定社会的政治和经济。从文化的角度分析贵州民族自治地区人口与发展中存在的问题及障碍因素,寻析社会经济发展与人口发展的关系及其规律,探求实现人口与可持续发展和各民族共同发展繁荣的途径及对策就显得重要而紧迫。具体来讲,研究贵州民族人口文化具有下列理论与实践意义:

其一,有利于全面系统地反映贵州少数民族特有的人口文化。贵州是一个多民族省份,对各民族的研究也十分丰富完善,美中不足之处就是没有全面、系统地介绍、研究少数民族的人口文化。因此本研究不仅可以填补此空白,更有利于系统全面地发掘少数民族传统人口文化资源。

人口文化——簸箕画

其二,有利于贵州人口和计划生育工作的开展。贵州少数民族有优秀的传统文化,有些文化直接反映了民族人口有关婚姻家庭、生育养育、性别观念、流动变迁、养老孝老、死亡丧葬等内容,且其中不乏合理成分。通过研究这些人口文化,采取批判继承的态度,有利于人们人口观念与人口行为的转变,新时期的人口发展与人口计生工作营造良好的环境。

其三,有利于贵州全面小康建设的实现。小康建设是一个多维指标,不仅有经济方面的指标,也有文化、教育方面的指标。贵州少数民族地区经济社会与人的全面发展,人民生活质量、幸福指数的全面提高,对贵州全面小康建设的实现有着重要的影响。贵州少数民族人口文化研究的成果,在为社会主义先进文化建设注入新鲜活力的同时,有助于推动贵州全面小康建设的实现进程。

其四,有利于贵州的人口安全。人口安全是当前人口学界讨论比较热烈的话题,是国家安全的基础和重要组成部分。其中,人口性别比不平衡或失调是人口安全的不稳定因素之一。而最近统计数据均表明,贵州尤其是贵州民族地区出生性别比失调,究其原因是多方面的,但人们的传统人口文化中"重男轻女"的落后观念是造成该现象的最根本原因。因此只有消除少数民族中这种"重男轻女"的性别文化及其产生机制、影响因素并采取相应对策,才能从根本上抑制性别比的偏高问题,为贵州的人口安全创造良好的氛围。

其五,有利于贵州民族地区的人口与资源、环境、经济和社会的可持续发展。可持续发展是人类的必然选择,同时也是人类在遭受到自己过度向自然索取的惩罚后所做的无奈选择。但贵州少数民族中,由于禁忌、传说、习俗等原因的作用,形成了朴素的人与自然的和谐观,人口与资源环境的持续观、适度观,内涵丰富,价值突出,影响重大。对这些人口文化思想的研究和继承发扬,无疑有利于民族地区的可持续发展。

其六,有利于贵州民族人口文化本身的创新发展。发展民族人口文化,继承是基础是前提,没有对民族文化的发掘整理和系统研究,没有对其深入的了解和认识,就难以在新的时代环境对其继承,特别是对其中优秀的、科学的成分亦即精华的继承和发扬。民族人口文化只有继承得好、保护得好,才有发展可言,也才能为民族人口文化的创新提供坚实的前提。创新是民族人口文化生存和发展的基础和生命力,民族人口文化只有随着民族人口发展的步伐而不断赋有新的内质,在与其他文化交流中而不断吸收合理的、科学的成分并融入自己的肌体中,才能体现时代精神,才能实现民族人口文化自我的创新发展。

第二章　贵州民族人口婚姻家庭文化

　　家庭是以婚姻、血缘关系为纽带的社会生活组织形式,是最重要的社会细胞。家庭一般是由婚姻开始的。而婚姻通常是男女之间依照社会风俗或法律规定结为夫妻关系的一种社会制度。婚姻是家庭的基础和纽带,家庭是婚姻的组织形式。家庭自婚姻始,没有婚姻就没有家庭。婚姻是合法生育的前提,是人类自身生产的社会组织形式,家庭则是人口再生产的基本单位。由于婚姻仅意味着夫妻关系,家庭既包括夫妻关系,又包括由夫妻关系发展起来的父母子女关系和其他亲属关系,因而家庭文化与婚姻文化不可分割但又各自具有相对的独立性。但由于婚姻与家庭对人口再生产的关系特别密切,因而婚姻文化与家庭文化共同形成为人口文化的重要组成部分。贵州民族文化的多样性决定了民族人口婚姻家庭文化的丰富性,对其阐述,是为必须。

第一节　婚姻制度

　　婚姻制度是指一定社会中以两性和血缘关系为特征的婚姻状态。恩格斯和美国人类学家摩尔根对此进行深入的调查研究后认为,婚姻制度是在不断发展中的社会现象。它是一定的社会经济制度的产物,随着物质文明的进步及人类社会的发展,婚姻形式也经历了种种变异,在人类发展的历史上婚姻制度及由此产生的家庭制度经历了不同形态的发展过程。

　　尽管贵州少数民族种类多,婚姻礼仪形式繁杂而多样,从而使其所表现的文化现象丰富并别具特色,但从婚姻制度上来讲,贵州各民族婚姻普遍实行一夫一妻制。除汉族外,联姻的范围多在同一民族内部的同一支系进行,严禁同宗族者婚配,一般是异姓通婚,违者一般要受到习惯法的处罚,婚姻缔结主要有包办婚姻和自主婚姻两种形式。婚姻的缔结以往大都局限在一定的范围内,如民族内婚、姑舅表婚、姨表不婚等,超出该范围的两性关系或婚姻关系往往被视为不符合社会规范,从而遭到唾骂与歧视。由于民族多,分布广,居住零散,因而婚姻习俗地区差异较大,在此不可能一一赘述。尽管如此,贵州各少数民族的婚姻在若干主要方面基本一致,如一夫一妻、同宗(同姓)不婚、舅权制约、自由恋爱、自主婚配等。在几千年封建文化的影响下,贵州许多民族实行严格的本族内婚、家支外婚、姑舅表婚等,即使是在现代化如此发展的今天,在贵州一些偏远的少数民族地区,旧习惯法的婚姻陋习依然残存,并在一定程度上得到成员的认可与信守。

一、族内婚制

《辞海》释曰:族内婚制,是"以一定集团范围内选择配偶为特征。在原始社会,通常指部落内婚制,即部落内若干氏族之间通婚;而氏族内禁止通婚。在阶级社会,内婚制的通婚范围除与血缘有关外,还和民族、宗教、等级、阶级有关。有的民族不与外族通婚;有的宗教,只在教徒内通婚;有的古代民族和近代民族则实行同等级或同阶级内部通婚。"[1]

这里,族内婚制主要是指通婚范围只限于本民族内部,表明不同民族之间不予通婚或鲜有通婚现象。以黔西北彝族为例,黔西北彝族传统上很少与外民族通婚,而且同姓不婚,部分不同自称的彝族人之间也不通婚,如"青彝"、"红彝"均在各自内部通婚;彝族人认为自己的血统最纯洁、最优秀,加之历史上封建统治者所采取的民族隔离、民族歧视政策,逐渐使彝族人对其他民族尤其是汉族产生了敌对或排斥的态度。与其他民族通婚者,为习惯法所不容,为本族人所不齿,同等级的其他家支认为其血统不纯而从此不愿与之结婚,因此与外族通婚无异于自降等级。

"鼓社"是贵州一些苗族地区社会组织形式,按其规定,同"鼓社"是兄弟姐妹,不能通婚,违者将受到惩罚。同时民间也禁止姨表通婚,通常不同支系也不婚配。除此之外,"议榔"(苗族习惯法)在婚姻上也明确规定,同姓不准结婚,"议榔"词唱到:"同宗鼓社的女子是兄妹,不能婚配;亲姨表兄妹也如同亲兄妹,不准婚配。违者罚以白水牛。"据说过去曾有过通婚,但婚后夫妻常不和睦,且多病、聋、瞎、不生育等,故以后就不再通婚,并成为一种禁忌。

在社会交往中,苗族生动地把其他"鼓社"称为"穿他们家衣服的",把本"鼓社"称为"穿我们家衣服的",并把以服饰相区别的"鼓社"内婚称为"让衣服开亲"。陌生男女,集市相遇,服饰成为确认能否求偶的第一标志。在多个民族或本民族多个鼓社共度的传统节日里,后生们的择偶也总是严格地按照姑娘们所穿服饰来划分泾渭,对穿"他们家衣服的"异性,通常不作为考虑婚嫁的对象。

在黔南的瑶族社会,其习惯法——油锅制就规定同一"油锅"的人,都是一个父系祖先传下的子孙,同辈的人都是兄弟姐妹,按照氏族外婚的原则,绝对禁止通婚。因此,婚姻关系只能在不同的"油锅"之间缔结。例如,凡与其他民族通婚、本民族其他支系通婚、同一"油锅"通婚或姨表通婚者,家族内的人都不认他,实际上

---

[1] 辞海编辑委员会.辞海[M].上海:上海辞书出版社,2007:1221.

是开除族籍;不准重婚、不得纳妾,违者杀牲,同样是全家的人都不认他。一般不允许随便离婚,若要离异,办酒请族老评议。

二、家支外婚制

家支外婚即氏族外婚。家支外婚制是原始社会的一种婚姻规法,其特点是禁止同一家支内部通婚。家支是源自同一祖先的血缘集团,在贵州民族地方有的叫"房族",有的叫"宗族"。由于人口的增多,大家族分裂成许多小家族,这些小家族就叫家支。按辈分来说,家支内部同辈之间均为"兄弟姐妹",家支内部成员之间严禁通婚,婚姻只能在不同的家支之间缔结。大的家支必须通过祭祖分支仪式,分裂为不同的家支后方可通婚。否则,同一家支的成员即使长期散居各地,历经十几代甚至数十代,血缘关系已经极为疏远,在传统观念上仍然属于兄弟姐妹,相互之间通婚或发生两性关系,被视为是邪恶的乱伦行为,在旧时根据习惯法,男女双方甚至要被处死。

家支外婚制,也即同族不婚或同宗不婚,是贵州少数民族普遍奉行的戒律。但在历史发展进程中,家支的人口发展快慢不一,家支的规模也就有大有小。家支外婚制的严格遵行,就难免给聚族而居的大家支的婚配造成困难,因此,由寨老、族长、毕摩(巫师)等主持的有利于婚配的制度调整便得以进行。除直接的家支以大分小外,尚有以下几种变革:

一是破一为二,拆戚改亲。在黔东南州居住密度较大的地方,除采取把一个宗族分成两个宗族以实现就近开亲的愿望外,另一做法就是把宗族的一部分归附于另一姓,改姓开亲。如凯里市凯棠苗族,顾姓宗族人口发展快,王姓宗族人口发展慢,经商议,将部分顾姓改为王姓,从而协调婚配比例,实现"开亲在寨内,结戚在村中,牛角才长长,子孙代代昌"之愿。

二是倒栽枫树,划地开亲。三都县廷排境内有一株600龄的石枫,它是当地水族的婚界。历史上,当地水族同宗同姓的小寨发展成大寨,又扩展为若干大寨小寨,致使恪守同宗不婚的人们在方圆几十里内难以婚配。族长在族人的提议下,举行倒栽枫树仪式以求示苍天,树活则以此划界上下双方可联姻婚嫁。这一成活至今并高耸如云的枫树已达600余年,树上下双方的水族人家已由此开婚至今。

三是使用"第二性",同姓开亲。所谓"第二性"即指姓氏之外,还有第二种姓氏,女性外嫁同姓(非同宗)可以另姓婚配。如都匀市富溪乡的坪寨及岩寨均为布依族罗姓寨子,坪寨女嫁岩寨男则易姓"李",岩寨女嫁坪寨男则易姓"于"两寨赖有第二性能谈婚论嫁,世代联姻。侗族历史上因与前述水族的同样原因,经款会议定,革除了同姓不婚古俗,推行"破姓开婚",以致侗族地区"隔匹山可做礼性,隔条河可开姻亲。寨头讨寨脚不犯罪,寨脚嫁寨头不罚银"。

四是"破姓开亲"。过去,侗族村寨坚守"同姓不婚"的规条,由于通婚圈限制在一两个固定的群体之间,对人们近距离结合往往造成不便,成为人口增殖的障碍。侗族《九十九公合款》载"我们总论姓氏结婚。三十天路程找女子,七十天路程寻郎婿,带肉肉生蛆,包饭饭变馊"反映了这一现象。为改变现状,清雍正八年(1730年),黔东南州的黎榕从三县和广西三江、龙胜、湖南通道等县共90寨共同制定《九十九公合款》,规定"同寨同姓可开亲。隔匹山做礼性,隔条河可结亲;寨头讨寨脚不犯罪,寨脚讨寨头不罚银;男喜哪处娶哪处,女爱嫁哪门嫁哪门"①。"破性开亲"实现了婚姻的自由缔结,促进了人口的变动增殖。

需要说明的是,"家支外婚"与"同姓不婚"不完全相同。在贵州民族地区,同姓往往出于"传统的虚谎"。历史上,"东苗在贵筑、修文、龙里、清镇及广顺各属,有族无姓。"②如今天苗族的汉姓,多始于清政府在"开辟苗疆"后出于造户籍、征赋税的需要而强行"赐予"的,同姓不等于同宗,婚姻不为所限。③

三、姑舅表婚

所谓"姑舅表婚"就是姑与舅的子女互为婚配,这是一种近亲婚配方式。中国几千年古代社会,不少民族中一直认为,姑舅联姻是"亲上加亲",可以使本族的财产不外流。过去,贵州许多民族通行"姑舅表婚",如苗族、侗族、瑶族、布依族、毛南族、彝族、白族、回族、土家族、畲族等。"姑舅表婚"的基本形式有交错姑舅表婚(即舅舅的独生子可以优先娶姑家的女儿,而姑家的儿子也可以优先娶舅家的女儿,双方机会均等,又都是表亲内婚)、单向舅表婚(即姑家的儿子可以优先娶舅家女儿为妻,而舅家的儿子却不能娶姑家的女子)、单向姑表婚(即舅家的儿子有优先娶姑家女儿为妻的权利)姑舅表婚是亚血缘婚的遗留形式。

在贵州苗族、侗族中,以姑家女儿嫁舅家儿子为多,称为"还娘头",又称"姑舅表单方优先婚"。而舅家女儿嫁姑家儿子,称为"侄女赶姑妈"。"姑舅表单方优先婚"是由苗族、侗族的财产继承制度决定的,为了保证嫁出的姑姑带走的家族财产不外流,必须要求姑姑的女儿再带回来。在姑舅表婚中,如果舅家没有合适的对象,姑家女要外嫁,需送给舅舅一笔"舅爷钱"。在苗、侗社区,舅舅享有较高的权力,苗族民间有"天上雷公最大,地上舅舅最大"之说即是。如外甥的婚事、祭祀祖先、母亲亡故等,均须与舅舅商量后方能办理;家中增添人丁,也先要向舅舅报喜。

---

① 贵州侗学会.侗学研究[M].贵阳:贵州民族出版社,1998:150.
② (清)李宗坊.黔记[M].清刻本.
③ 以上"变革"内容,参自李黔滨、杨庭硕,唐文元.贵州民族民俗概览[M].贵阳:贵州人民出版社,2006.

对于"姑舅表婚",古代文献也有较多的记载,如清田雯《黔书》曰:侗族"婚姻先外家,不则卜他族"①。清李宗坊在《黔记》中说:苗族"姑之女必适舅之子,聘礼不能措则取偿于子孙。倘外氏无相当子孙抑或无子,姑女必重贿于舅,谓之'外孙钱',其女方许婚配。若无钱贿赂舅舅,终身不敢嫁也。"②清方亨咸的《苗俗纪闻》载:苗族"父母不受聘,聘归舅氏,云'还娘钱'。如女多,以一嫁舅家,舅则不复取聘矣。"③等。

在苗族的姑舅表婚中,有一种形式"你姜"。"你姜"是苗语音译,意为"拜亲戚钱",是姑姑的女儿出嫁后由甥女婿按一定程序献给妻子的舅舅的一笔钱。它是"单方面姑舅表优先婚制"在特定历史条件下的产物,又是苗族男女青年特别是近现代苗族女青年赎取婚姻自由的手段。苗族"你姜"有"大姜"和"小姜"之分,"大姜"主要是献给妻子舅舅的财礼,"小姜"则是酬谢参加议定"你姜"的双方理老、寨老和长者的程仪。当代苗族的"你姜"用人民币支付,数额有五六十元到三五百元不等,视女方首饰多寡和男方经济实力而定。从江的加鸠、加勉和榕江八开地区的苗族没有"你姜",但新妇过门后,男家必须以一头或三五头牛作为聘礼,女方以数目大体相等的猪回赠。于此,史书有苗族"聘以牛酒"的记载。

贵州彝谚曰:"姑家的女儿是舅家的媳妇,姑家娶舅家的女儿也不费力。"因此姑家有女成人谈嫁,也要先征求舅家的意见,看舅家表哥、表弟有无迎娶的意向,如有,则其他求婚者一律无缘。如姑家女儿因外貌等原因嫁不出去,则舅家表哥、表弟义不容辞,必须将其娶回家。

水族社会也有"姑舅表婚"习俗,水族情歌道:"表哥表妹正好恋,表妹不要表哥钱;田坎上边起牛圈,肥水不流外人田。"姑家的姑娘特别是长女,必须嫁给舅舅家的长子,所谓"舅爷要外甥,哼都不敢哼"。女儿想外嫁必须请求舅爷"开恩",而娶到这个姑娘的人必须给舅爷家送"脸面钱"。榕江平永等地在定亲宴席上还要订婚后生子的事情,席间女方代表说:"姑娘到你们家,若生女孩要先给舅家的男孩;若生男孩,结婚时要送舅一只连尾巴的猪后腿。"男方代表立即应承,并说:"只要你们要就好啰!"现在,"姑舅表婚"和舅权虽然已不如以前流行,但仍然在一定程度上影响着人们的择偶、婚配和一些行为规范。

其他一些民族也同样在实行一夫一妻制下,有"姑舅表婚"之俗。如土家族将姑舅表婚称为"还骨种",有些土家族地区有"姑家女伸手取,舅家要隔河叫"之说。

与"姑舅表婚"相对的是,姨表兄弟姐妹之间禁止通婚。如在贵州的部分彝族

---

① (清)田雯.黔书[M].北京:商务印书馆,1936.
② (清)李宗坊.黔记[M].
③ (清)方亨咸.苗俗纪闻[M].霞举堂刊本.

的观念里,姨表兄弟姐妹虽不属于同一家支,但却是"没有住在一起的兄弟姐妹",对其的称谓也与亲兄弟相同,因此相互间的通婚被严格禁止。其他人对姨表兄弟姐妹甚至不能开过分的玩笑,否则将被视为极大的侮辱,可能会引起严重的事件。苗、侗等族在实行"姑舅表婚"的同时,也有部分实行"姨表不婚"婚制,姨表兄妹间严格禁止通婚。

姑舅表婚原因主要是"亲上加亲"和"财富不外流"的观念,但它的盛行,自然也带来了一定的不良后果,其中,最为突出的就是人口素质的降低和婚姻舅权的至上以及由此而来的婚姻负担的加重,因此,在清乾隆年间,苗、侗等族便自觉倡导并推行了一系列的婚俗改革。其中,今锦屏县文斗的婚俗改革碑就是历史的印证。立于文斗的清乾隆五十六年婚俗改革碑,碑文反对姑舅表婚,禁止近亲结婚,反对强迫婚姻,禁止勒索财物,反对铺张浪费,提倡勤俭办婚,反对女方亡故娘家追回嫁妆,反对喜新厌旧夺人妻室等。该碑引起国内处专家学者的高度关注,被称为"西南少数民族地区古代婚姻法"的婚俗改革第一碑。

四、包办婚姻与转房

包办婚姻是指第三者(包括父、母)违反婚姻自主的原则,包办他人婚姻的违法行为,又称不自主婚。其主要形式有定娃娃亲等。包办婚姻随着私有制和"一夫一妻制"的确立而产生,长期盛行于奴隶制和封建制社会,并往往和买卖婚姻相联系。恩格斯说:"在整个古代,婚姻的缔结都是由父母包办,当事人则安心顺从。古代所仅有的那一点夫妇之爱,并不是主观的爱好,而是客观的义务,不是婚姻的基础,而是婚姻的附加物"[①]。贵州许多少数民族都实行过较为严格的包办婚姻。"父母之命"、"媒妁之言"是婚姻成立的要件,包办子女、卑幼的婚事是父母、尊长的特权。娃娃亲是包办婚姻的一种,而且在一些少数民族地方历史上形成了缔结"娃娃亲"的习俗。很多家庭的父辈在子女年幼时便为其订婚,订婚时男方要向女方支付一大笔聘金,以此时为婚约成立,不得悔婚。结婚后,除非一方有重大过失,一般不得离婚。任何一方提出悔婚或离婚的,将被视为对本家族的侮辱,因此必须向对方支付高额的赔偿金。如果另一方不同意或对支付金不满意的,家族就会出面纠集大批成员前来闹事、械斗,直至问题的解决得到双方的认可。新中国成立后,包办婚姻渐行渐少。

转房婚是指丈夫有变故,妻子转嫁给丈夫之兄弟的婚姻形式,主要有四种类型:(1)兄早死,嫂尚年轻或已有子女,而弟弟已长大,却苦于家贫仍未娶妻,于是,父母或亲友乃说合叔嫂成婚,俗称"叔嫂婚"、"嫂就叔"、"小叔就兄嫂";(2)长兄

[①] 马克思,恩格斯.马克思恩格斯全集:第3卷[M].北京:人民出版社,2008.

定亲未婚先夭,男家征得女家同意,改由弟弟顶替,迎娶未婚之女为妇。(3)父母为兄聘婚,兄不受。而其弟有意,且女方认可,便转嫁与其弟;(4)长兄亡妇,弟媳丧夫,鳏寡两相将就,重新组合。转房婚又称"收继婚"、"续婚"、"换亲"等。也可叫"寡妇内嫁制"。转房婚产生于对偶婚过渡到一夫一妻之后,其形成有两个根源:其一,它是"夫兄弟婚"、"妻姊妹婚"这种族内群婚、共夫共妻群婚的历史残存形式;其二,它是财产继承人转移的变异形式。买卖婚姻的出现,使女人成了丈夫财产的一部分,因而丈夫死后,丈夫的亲属有权转移她的婚姻关系。转房,既继承和维护了原有的亲族系统,使死者子女和死者财产不致外流,又维持了原有两个家族间的和睦关系。转房婚在贵州许多民族都有存在,其中以兄死嫂嫁其弟、弟死媳嫁其兄为主要形式,举两例为示:

黔西北彝族妇女在丈夫死亡后,再婚受到严格的限制,尤其是妻子仍在生育年龄,无子女或子女尚幼的情况下,必须转房给死者的同胞兄弟等平辈,特殊情况下还可以转房至死者的晚辈或长辈近亲属。对此,彝族谚语中有形象的描述:"兄死弟在,牛死圈在。"

黔东南加宜苗族丈夫去世后,只要亡夫兄或弟没有妻子,寡妇可以转房给他们其中一人,但转房要双方同意认可。一旦决定转房,男方还要送给女方舅舅一头牛或一定钱物,向舅舅家赔礼。亡夫兄弟已有配偶,则由寡妇自行改嫁。寡妇改嫁前,一般都回娘家暂住,回娘家居住也即表明与亡夫家脱离关系,公婆对其改嫁不能进行干预。改嫁时,新夫给的彩礼由女方娘家支配。如留有子女,而原夫家又无力抚养,可随母改嫁,男孩长大后,再回生父家,继承其父的财产。

第二节 婚姻礼仪

在婚仪和婚俗上,贵州境内各个民族同中有异,异中有同,形形色色,绚丽多彩,形成一套独特的婚姻文化,并随着历史的发展愈显得丰富多彩。这里,特对各个民族基本一致的婚姻习俗——恋爱、说亲、订婚、结婚等作简要的阐述。

一、恋爱

贵州少数民族能歌善舞,青年人长到十五六岁即可参加传统节日或集会以谈情说爱、选择配偶的社交活动。一般每年春节、三月三、四月八、六月六、姊妹节等节日,青年男女通过对情歌、跳芦笙等活动自由择偶恋爱。各个民族对谈情说爱的方式有不同的叫法,苗族叫"游方"、"坐妹"、"玩表"、"踩月亮",黎平、榕江、从江等地的侗族人把谈情说爱叫做"走姑娘"、"玩姑娘"、"走寨"、"走聚堂"、"坐夜歌",布依族则叫"赶表"等,各种谈情说爱方式的基本内涵大致相同。恋爱之后,随着感情的日渐加深,双方均将恋爱之事告知各自的父母,父母如若同意,则由男方派人到女方家提亲,然后商议其他结婚事宜,按传统仪式缔结婚约。兹简要介绍贵州部分少数民族恋爱习俗如下:

（一）"游方"

"游方"是黔东南苗族青年恋爱的主要方式。"游方"又称"友方",有的又称"摇马郎",苗族小伙子和姑娘们往往通过这种活动结识朋友、物色对象或倾吐爱情。为了选择一个称心如意的终身伴侣,有的小伙子往往要跋山涉水到十几里、几十里甚至上百里的村寨去游方。

游方一般是在农闲季节(如从秋收结束到第二年插秧前等)、传统节日(如苗年、吃新节、芦笙节、斗牛节、爬坡节、翻鼓节、闹春节、对歌节等)和赶场天进行。在苗寨游方,一般都有固定的"游方场"、"游方坡"或"游方坪"。还可选在离村寨较远的河岸、桥头、田间或花木丛生、风景宜人的山谷去进行游方活动。但都得按照苗家的规矩,青年男女游方的地点必须在公开的地方进行。为了参加游方,姑娘们身穿盛装,头戴银饰,发插鲜花,颈套银项,手戴银镯,以此来显示自己的富有和才艺,表现自己美丽的容貌和身姿,以吸引小伙子的爱慕。男

苗族游方

女青年在游方中相识,之后经过对唱情歌和单独接触增进彼此的了解,直到确定恋爱关系。

（二）"踩月亮"

在威宁彝族回族自治县的苗族男女青年中,流传着一种传统的恋爱方式——"踩月亮"。"踩月亮"就是每当清风明月时,小伙子们便拿着芦笙或木叶走出家门,三三两两地来到山坡或高地上,趁着皎洁的月光,吹起动听的芦笙、木叶。优美动听的乐曲呼唤着寨内的姑娘出来赏月,颇有点"月上柳梢头,人约黄昏后"的味道。小伙子的芦笙或木叶吹过三遍之后,仍不见姑娘的面,就说明姑娘已有对象或不喜欢这位小伙子,小伙子也不必再吹,若再吹则被认为不礼貌。随乐曲呼唤而来的姑娘,则通过对歌与小伙们交谈并寻觅意中人。意中人间的感情通过对歌来诉

说,爱慕之情通过对歌来倾吐,并随着"踩月亮"次数的增多而逐渐加深。等到二人情意相通时,便互赠礼物表示定情。一般来说,小伙子送给姑娘的礼物是木梳、口弦或银器之类,姑娘回赠的是自己亲手织绣的花布带等。"踩月亮"与黔东南的"游方"大同小异。

(三)"背背带织锦"

这是织金一带苗族男女青年的传情形式。每年花坡场上,苗族女青年背着背带织锦到花场。背带上绣着的美丽图案,表明自己未选定对象。小伙子从背带上刺绣出的图案、颜色、式样等工艺来衡量姑娘是否手巧。男女青年在花坡场上互相对歌、谈心。经过一段时间的相互往来,彼此都中意对方,双方可选定吉日缔结婚姻。贵阳、平坝一带苗族的"牵羊"、黔西北苗族的"抢发髻"、松桃一带苗族的"掐手传情"等所体现出的恋爱方式近同此俗。

(四)"榔梢"

"榔梢",布依语是会朋友的意思。这个社交活动不只限于未婚男女,已婚者也可参加。"榔梢"活动对未婚者来说是初恋,对"已婚"青年来说,如果他(她)对父母包办的婚事满意,那只是来炫耀唱歌的才能;反之,则表示对包办婚姻的反抗。"榔梢"通常在赶场天进行,身着艳装的姑娘和小伙各站一边,互相物色意中人。相中者便请媒介者转意牵线。媒介者俗称"银雀",多半是男方的姊妹。如果小伙相中了某个姑娘,"银雀"就带着礼物"飞"到女方身旁,先唱一首歌:"我替兄弟传情意,这块蓝靛送给你,他望这蓝靛染出色,他盼这蓝靛发出光……"等。如姑娘不同意则回歌谢绝;如若称心则回眸一笑,男女双双便可走出人群,上山对歌。对歌内容,除唱情歌外,还唱苦歌、告状歌和逃婚歌等。通过"榔梢"活动,小伙子用歌表达自己的情感,姑娘则用对歌来吐露自己的意愿。

(五)"行歌坐月"

"行歌坐月"又称"行歌坐夜",侗语的意思就是"月下对歌交流感情"。由于活动内容以唱歌、对歌为主,所以才以行歌为名;又因为是在夜晚进行,才有坐夜之称。行歌坐月是侗族男女青年唱歌交往相识并谈情说爱的一种习俗。侗族青年男女从十五六岁起,便常在相对固定的场所聚集集中"谈情唱歌"。这种男女交往活动,婚前人人皆可参与。姑娘们或纺织、或绣花、或做鞋,小伙子们则弹着琵琶,拉着牛腿琴,与姑娘们低声对歌吟唱,互诉衷情。每当夜深人静,歌声清晰,音韵悠扬,琵琶铮铮,如蝉鸣幽谷。"行歌坐月"中,有时"腊汉"(男青年)买来白砂糖煮稀饭或杀鸡、鸭吃"宵夜"。如有情投意合者则悄悄互递信物,诸如手镯、戒指、头巾、彩带、荷包等。在此过程中,青年人从相识到相知,有的从中找到了自己的意中人,订下终身。

除以上习俗外,贵州的许多节俗,如麻江跳月节、黄平踩亲节、凯里舟溪芦笙节、麻江畲族等郎会、榕江茅人节、镇远报京播种节、台江姊妹节、镇宁布依族"榔梢"、从江秋千节、三穗赶歌场、黎平月也、兴义查白歌节等,既是民族文化传承的重要载体和场域,同时又是未婚青年男女谈情说爱的重要节日,在民族婚恋文化中,有着重要的地位和影响。因各节俗均有文章发表,专著出版予以介绍,本书不再赘述。

姊妹节上的苗家女

二、说亲

说亲也称"提亲"。贵州少数民族中,男子一般在十四五岁后,无论是自由恋爱还是父母包办,都要开始"说亲"这一过程。男女青年经过恋爱找到意中人后,便由父母请人到女方家说亲,这即是少数民族地区所讲究的"明媒正娶"。媒人多由男方的长辈担当,或由夫妇双全,子女双全而又善于言谈者担当。初到女方家,媒人一般都要随身带些礼物,如糖、酒、烟等以示礼仪。如果女方家对婚事有意,就会热情招待来者,接受礼品;反之,则会冷淡对待,甚至避而不见,或干脆直接拒绝。遇到这种情况,媒人可能就不会再次提亲。有时,女方家即使对男方家的提亲中意,也要故意让媒人多跑几次,以显示自家姑娘的尊贵——这就是所谓"多求则贵,少求则贱"。经过媒人多次说合,若双方父母均感到满意,就开始商议下一步的其他结婚事宜。

在贵州的苗族中,有"提亲找花带"之说。苗族人家按照乡俗要选定媒人前去说亲,媒人带上礼品到了女方家门口时,要说"我来你家找花带"。这时,女方家通常要以"四言八句"与媒人对言对唱,并从中得以了解说亲人家的条件环境、说亲人家后生的品貌德行。如果女方家同意这门亲事,女子的弟兄就会每人送一根花带系在媒人腰间,以示媒人大功告成。

黔东北一带土家族、侗族媒人前去说亲时,必须带上一把大红雨伞。雨伞是红纸圆形,象征吉祥、圆满的结果,因而,无论天晴或下雨,路途近与远,哪怕是在本村寨提亲,都要带上。第一次提亲时要带上红书一封和一定礼品,叫下头书(也称谎书)。如女方家退回书单,不收聘礼,说明不同意开亲;反之,则为同意,并约定日子,请媒人下第二封书(也称荒书)。凡女方家的堂公伯叔、主要亲属没有意见,乐意收下聘礼,说明这门亲事正式成立。之后,男方家要择日请媒人下第三封书(也叫烧香),同时要带上肘子、衣服、手镯等礼物。女方家要在堂屋香火前烧纸告知先祖前辈结亲一事并发红书由媒人带回。此后,双方不得反悔亲事,结婚事宜便纳入议程。

贵阳、安顺一带仡佬族青年男女,往往是在节日的歌场中结识并通过对歌的方式恋爱。如情投意合,女方就用山歌让对方回家告知其父母请媒人提亲,女方则回家告知父母或托请同伴转告可能的说亲之事,父母随即注意或打听男方的家庭、人品等情况。男方家请的媒公前去提亲时,一般要带上葫芦酒两瓶、大公鸡一只、大小糍粑各一个、碗口粑九个、猪肉一刀。媒人到女方家后,只与女方父母闲谈家常乡事,闭口不谈亲事。到告辞时,方说"你家煮着酒,等我二回来喝"。相隔一段时间,媒人带上相同礼物再去,直到第三次去女方家时,如女方父母仍不接收礼物,则表示不同意这门亲事。如果收下礼物,在告辞时对媒人说"慢慢来,我会有酒给你喝的",暗示同意考虑这门亲事。之后,女方家要请家族中有威望者和本寨寨老吃饭。如果女方家同意这门亲事,就会将男方家带来说亲的公鸡杀了做菜,如果不同意,就要杀自家的母鸡宴请媒人和寨邻。贵州境内的部分彝族、土家族、布依族、瑶族、水族多有类似说亲过程。

这里有必要交代黔西北彝族的问清"喽益"之俗。黔西北彝族在男婚女嫁之初,首先要了解对方的"喽益",而汉姓相同与否则不影响双方婚姻的缔结。因为"喽益"是某一家庭的根源、祖籍,是盘认家支的依据。各家支都有自己的"喽益","喽益"相同的就是同一家支,不同的就不是同一家支。同一"喽益"者以族人相认或相处,不行通婚;不同"喽益"者以婚亲关系相认或相处,按习俗可行通婚。因此,彝族在谈婚论嫁时,先要相互盘问"喽益",只要"喽益"不同,即不同宗同源,就可以通婚,如果"喽益"相同,即使汉姓不同,也不能通婚。这是因为彝族人的汉姓起源较晚,是明太祖朱元璋赐奢香夫人之子"陇弟"姓"安"而产生彝族的第一个汉姓"安"姓以来,彝族各家支才逐渐有了自己的汉姓。那时取汉姓,一般具有任意性,没有规律性可循。有的是取彝族的第一个字的谐音为汉姓,有的是取汉意译音为汉姓,有的随继父取姓的。由于彝族民间取汉姓具有任意性和无规律可循,因此就出现了一家支多姓制和多家支一姓制,例如,安、苏、禄、杨、李、陇、陈姓是一家,他们本来同宗同源,但是他们各居一地,各自任意取了一个汉姓,形成了一家支多姓制。相同汉姓者不一定同宗,而不同汉姓者也不一定同宗。盘问"娄益"是彝族青年谈婚论嫁必须经过的第一步,这为彝族地区重要的制度性习俗[①]。

---

① 安定江.黔西北彝族婚俗:谈婚[C]//贵州省计划生育协会.关雎.贵阳:贵州民族出版社,2012:74.

三、定亲与婚嫁

定亲也称订婚,要择吉日进行。贵州各个少数民族也有不同的叫法:清水江一带的苗族称为"放话酒";贵州黔西北一带的彝族、仡佬族称为"吃允口酒";平坝县的仡佬族叫"鸡卦酒",道真仡佬族习俗则叫"放话礼",下"聘书";黔东南等地的苗族称为"杀鸡看眼睛";贵州西部等地的苗族则称为"看鸡卦"。如此等等,不一而足。

苗族定亲有一个仪式,意同汉族的"看八字",以测定男女双方命相的相生相克,名曰"打鸡卦"。定亲时,男方家挑选一两个人随媒人带着礼物前往女方家。女方家人检查男方家带来的大公鸡后,由鬼师念经,请鸡来分辨姻缘。然后,将双方监督杀死的鸡煮熟,并给在场的人审看,如鸡眼双睁或双闭,则认为"八字"相合,婚事吉利;若一只眼睁一只眼闭,则视为不吉,婚事可能会告吹,需要"解"。如果双方不计较鸡卦的结果,也同样按仪式缔结婚约。彝、仡佬等族也有"打鸡卦"之俗。

黔东南侗族打算办婚事的当年,男家在农历八月十五给女方家送礼时,要向女方父母索要姑娘的年庚八字,请阴阳先生据之测定婚期,并用红纸写好,由男方父母亲自送到女方家磋商,如女家无异议则各自开始筹办婚事。锦屏侗族讨八字习俗则更为复杂,有讨"小八字"和"大八字"之分。

乌蒙山彝族订婚有"吃允口酒"习俗。新中国成立前,绝大部分的婚姻都是包办婚姻,都必须请媒人去提亲。媒人到女方家介绍男方情况,女方父母满意了,答应两家开亲,这被称为女方"允口"。此后,男方请媒人和儿子背上一壶酒到女方家去吃酒,亦即吃插香"允口酒"。女方父母喝了男方送来的"允口酒",就算订了孩子的婚姻大事,并喻意信守诺言,不允变卦。该俗今有遗存。

侗族婚俗

结婚是人生中的大事,在贵州民族社会就更为重视。结婚的年龄,多在十七、十八岁左右。为之,侗族《十二款约》第八款"治嫁娶"中即有专门规定——"女大当嫁,男大当婚。女满十七始嫁,男到十八才婚",早始较为盛行。男女结婚时,家人、亲朋好友都要前往祝贺和帮忙,俗称"吃喜酒"。一般整个结婚过程都非常热闹、隆重。结婚大致都经过以下几个程序:婚前一两天男方家要到女方家送礼,女方家要向男方家回礼,这种形式被称为"过大礼";且在结婚的前一夜,女方家通常也须杀猪办酒,宴请宾客,俗称"嫁女酒"。

此外,贵州大部分少数民族多有"哭嫁"的风俗,用出嫁的歌词来告别父母亲人,亲友们则以钱物相赠,称为"包礼"。哭嫁,就是姑娘在出嫁前两天和出嫁过程中,有边哭边唱的习俗。哭嫁在迎亲前开始,各地略有差异。哭嫁的内容丰富多彩,有的有许多较为固定的歌词,一般所唱内容都是关于感谢父母养育之恩之类,也可以根据当时的情况现编现唱,这在黔东北的土家族中较为普遍。

在石阡一带的侗族、仡佬族中,"哭嫁"俗称"哭妈妈娘"。始于正酒日零时后,由母亲开哭(俗称"开声")对女儿的难分难舍,告诫女儿到婆家后要孝敬公公婆婆,要尊敬丈夫,要勤劳节俭,要友好邻里,要守女人之道;而女儿则哭以对父母养育之恩的感激,对父母及家人的难以分别和牵挂。正酒(花阳酒)这天,女方家的长辈、同辈姐妹都要用哭声陪哭,一应一和,此伏彼起。"哭嫁"中诉及的诸如对父母养育操劳、出嫁后对老人生活照料的忧虑以及对刻骨铭心往事的追忆等等,往往会引发在场客人的情感共鸣,有的情不自禁参与"哭嫁"以了却已被牵动的心事情绪,"哭嫁"人数此时多有 3~5 人不等,时间往往长达半小时以上,在多次劝"休息"的场景中才告一段落。当地"哭嫁"没有固定的哭本哭词,全由心有所生、情有所感而发,是当地婚庆中最靓丽的环节之一,独具特色,文化内涵丰富,从一个侧面真实地反映了当地民族妇女的婚姻生活,对于研究少数民族生育文化有着重要的参考价值。

布依族婚俗

接亲是由新郎请媒人,押礼先生和十几个青年(包括自己的弟兄)去女方家迎接新娘。贵州仡佬族在一程序上比较特殊,一般由媒人和男方家至亲准备花轿到女方家迎接新娘,而新郎本身不亲往迎接。许多少数民族地区有设"歌卡"之俗,即迎亲队伍要唱答盘问方能通歌卡进入新娘家。女家祭祖后,即可发亲。而送亲队伍一般由新娘的女性长辈、姊妹、好友等组成。新娘抵达男家,男家大多请有阴阳先生在场,以便做法事为新娘驱邪。新娘入门时,男家直系亲属老少都要回避,意思是未进男家门,不是男家人,先见面今后会不和睦。新娘入洞房后,男家邀请两个能说会道的男子去女家拜望,称为报亲。

贵州少数民族婚嫁内容既有族与族之间的差异,也有同族不同支之间的区别,同时随着族际交往的密切和文化间互动与借鉴的增强,民族间婚嫁形式与内容的同质性成分在增加,这些无疑使得民族婚嫁呈现出五彩斑斓、丰富多姿、争奇斗艳之象,使得有限的篇幅无法满足丰富内容之表达。兹以仡佬族为例略加说明,仡佬族先民獠人在婚姻中有凿齿的习俗,今普定、镇宁仡佬族姑娘在出嫁前,将前额头剪短,用帕揩一下牙齿,似为古时凿齿的遗俗。此外仡佬族还有"把门枋"、"追姑娘"和"打湿亲"习俗。"把门枋"是新娘离家出嫁时,要双手紧紧地拉着门枋表示不肯离去。这时候,媒人就要过来强行拉开新娘的双手,牵着新娘离开娘家;"追姑娘"是姑娘出嫁前要放声号哭,唱"哭嫁歌"。出嫁前还要乘人不备而"逃跑",让嫁家婶娘嫂子等女亲戚把她找回来。之后要拜别娘家祖宗,姑娘的父亲要解开她衣领边的扣袢,表示出嫁了的闺女已不是本家氏族的成员而加入夫家氏族中去了。"打湿亲"则是在新娘娶进夫家之时,一跨进屋,就要用夫家准备好的清水洒向接亲的人,传

婚庆宴席

说这样可让清水淋去邪魔求个吉利。又如,各民族婚俗常有"闹新房"的婚庆仪式,而布依族"要荷包"闹新房形式则别具一格。结婚时节,布依族新娘新郎要备好"闹新房"的荷包。荷包为双色布料做成,装扮有彩色丝线绣成的花纹图案,大小如桃子,包口系有红绒线,包里装着白果(银杏)、花生和桂子,象征着祝贺新娘早生贵子。新娘入洞房的第一夜亮灯时,祝贺新婚的亲朋好友便来"闹新房""要荷包"。"要荷包"者男女不限,老少不拘,但都得唱《荷包歌》。一般是俩人一组齐唱或一主唱一帮腔,每组唱足12首《荷包歌》才能得到荷包。新娘"认歌不认人",对要荷包贺婚者的歌唱《荷包歌》完全按规定的要求严格对待,从内容到歌唱技巧都要认真地"审听",合格者才给荷包。得到荷包时,要唱一首《多谢歌》才能告别新房离去。每次的"要荷包"贺新婚,参加者少则数十人,多则上百人,唱《荷包歌》往往通宵达旦不停,似有"一夜荷包一夜歌"之誉。布依族"要荷包"婚庆活动,饱含着亲朋好友对新婚夫妇真情的祝福与祈祷,也是布衣族村寨里的歌师、歌手大显身手的良机。

四、回门

所谓"回门",是我国民间一种传统婚俗,系指男女结婚后,新郎携礼品随新娘返回娘家省亲,感谢女方父母养育之恩。回门不单在汉民族中流传,许多少数民族也一样盛行,但更讲究,花样更多,颇有奇趣。贵州少数民族结婚,很重视回门。回门当天,男女双方都要办酒席宴客,亲朋好友,尤其是至亲必来送礼贺喜。回门仪式结束,整个嫁娶过程才正式结束。

就回门时间来说,民族不同,习俗往往有别,礼仪也各自有异。贵州省威宁地区的苗族,则在婚后一两个月才回门,有的甚至要待到半年或一年后。此时,新郎陪新娘回娘家,需带活鸡、鸡蛋、炒面等礼物,去拜见岳父岳母,并在女方家住上几天方能返回。若新娘想多住些日子,新郎可先返家,待女方住满日子再去接回。

而礼俗最繁琐的,当推贵州省东南部的侗族。不仅婚礼要举行三天,而且要回门三次,才可一起生活。第一次是婚宴一结束,新娘就由女方送亲姐妹陪同回娘家。男方则要选吉日派伴娘,带礼物去女方家接回新娘,并在男方家住一晚;第二次,新娘回娘家后,伴娘又到女方家去接回,且在男方家住两晚;第三次,新娘又回娘家,新郎需表现宽容,让她在娘家多住十天半月,再由伴娘去接回。

而石阡、玉屏一带的侗族"回门"与相近地区汉族相似。结婚第三天,新娘偕新郎婚后第一次回娘家。新娘回门时婆家要同去一男一女两人作陪,作陪的一般是与新郎新娘同辈的,并带上一桌办结婚喜酒的主菜及糖、酒等,进屋出门都要放炮,娘家也放炮迎送。新娘回门要走出嫁时走的老路,不能走别的路,有"三天不走两条路"、"好女不走二路"的说法,即是情感专一、一夫到老的意思。新娘回门也是新女婿第一次上门拜见岳父岳母,并且还要一一拜见岳家诸亲长辈。岳父母家要设晚宴款待新女婿,新女婿入席上座,由女方家族尊长陪饮,非常隆重。一般新婚夫妇第一次回门在当日返回,不等夕阳西下,新妇夫妇必须告辞岳父母返程归家,返回时女方家要打发作陪的二人各一段布料做礼物。对路途较远当日确又返回不了的,可留住一晚。留住时,新郎新娘则不同宿一室。

在贵州民族地区,回门为婚事的最后一项仪式,有女儿不忘父母养育之恩赐、女婿感谢岳父母及新婚夫妇恩爱和美等意义。

第三节 传统婚俗拾偶

一、抢亲

抢亲是原始社会抢劫婚的遗俗。在贵州,尤其是少数民族地区,青年男女除了按传统仪式缔结良缘外,有的还实行抢婚,苗族称为"偷亲"或"抢亲",侗族称为"拐婚"或"逃婚",布依族称为"跑婚"。即男女青年在双方家长不知情的情况下,或者是男方家长知情的情况下,两人私下经过协商后,女方便将自己的衣裙、首饰、日常用品等带到约定的地点,男方则邀约本村寨的未婚好友到约定地点接姑娘回家中成亲。第二天,男方家再请善于言谈交际的亲戚到女家报信,并央求认亲。遇到这种事情,女方父母见生米煮成熟饭,只好无可奈何地答应这门亲事。第二种情形有时也出现在女方家事先不同意这门亲事的情况下,但小伙子照样私自将姑娘接回家中,之后再到女家赔礼道歉和补办婚礼。水族人行抢婚习俗,具体又有不同的情形,如在社交活动中某男子看上了某女子,并知道她尚未定亲,就先将姑娘哄到自己家里,或约好房族兄弟姐妹,将姑娘抢到自己家中关起来。然后再派几个姐妹去陪伴被抢来的姑娘并劝说姑娘认可亲事,或者自己亲自和姑娘谈话,若姑娘答应了,那么婚事就算成功;如果姑娘不答应,几天后就要让她回家,不能强迫结婚。也有的青年男女感情很好,但女方父母坚决不同意,在这种情况下,男女双方事先约好时间、地点,或女方在走亲访友时,男方约上本寨姐妹或自己的兄弟一起把姑娘抢过来。在水族社会生活中,抢婚是被认同的,被抢的姑娘(不管成婚与否)会被认为是个好姑娘,而她们自己也认为被抢是一件荣耀的事。

但在贵州的彝族地区,抢亲并不是随便抢。一般是在经占卜认为按传统程序结婚不吉利的情况,或者新娘已经许配给了别家,限于同一辈分有通婚资格的特别是有姑表亲等亲密关系的情况,才可以抢亲,而且一般事先已得到双方父母和家支的默许,否则将成为引起家支械斗的严重事件。

不可否认,"抢婚"难免存在背于习俗而实质为抢婚霸婚、违背妇女意愿的不法行为。比如,雷山县朗德20世纪90年代前发生"抢婚"3例,90年代后2例。其中,1992年该村青年陈某利用邻村女青年杨某到本村走亲戚之机,想把两人三年的"游方"经历变为结婚事实,就将她带至家中。由于杨某不从婚事,陈某家人就硬将陈某和杨某推进卧室,并将门锁上,随即操办了婚事。半个月后杨某逃出"洞房",遂以强奸罪状告陈某,陈某随即被绳之以法。① "抢婚"婚俗现已因妨害婚姻自由被依法取缔而逐渐消失,但案例中陈某家人等人的积极参与体现了旨在传宗接代、光宗耀祖的"抢婚"习俗真实价值。

二、不落夫家

"不落夫家",也叫"坐家",指新娘婚后在娘家居住。贵州的多数少数民族地区有此习俗。坐家时间长短不一,一两年至四五年,甚至十余年的均有。有些地区有"三年上,五年下"之说,即在娘家时间最少三年,至多五年。侗族新郎新娘新婚之时,新郎新娘不同房,新娘在婚礼后即回娘家,待逢年过节或农忙,或夫家有大事之时,才由夫家派人接回与新郎同房,但次日或事后即返回娘家,如此反复,直至怀孕后才常住夫家。仡佬族妇女在新婚后有不落夫家的习俗,具体在娘家住多久,时间长短不一,有的长达数年,有的则几个月。在榕江侗区,婚礼后新娘离开新郎家时,多悄悄在衣柜里放一些物品暗示新郎:若放围腰即暗示当年春节可接回,放衣服即次年可接,一样不留则是三五年后再接回。在不落夫家期间,新娘仍然可与做姑娘那样"行歌坐月",新郎也是如此。布依族也有不落夫家或坐家之俗。新娘在结婚当天或一天之后,由新郎家派人送回娘家不能与丈夫同房。此后,夫家遇农忙、红白喜事等大事,就由新郎的母亲或姊妹将新娘接回家。其间,新娘可与丈夫同房,每次住三五天,然后返回娘家,如此往返两三年,才常住夫家②。如新娘很快就怀孕,也可缩短住娘家时间。镇宁一带的布依族在新娘坐家一两年后,要举行"更考"仪式,多在八九月或三四月间举行。届时,夫家母亲、嫂嫂及亲戚中的两名女子,携带一只鸡和一顶"更考"(形似簸箕的女帽,以竹笋壳为架,青布包扎制成)悄悄来到新娘家,躲藏在隐蔽之处,乘新娘不备,突然将新娘抱住,将此"假壳"给她戴上。此后,新娘就需常住夫家了。戴假壳往往需要几次才能成功,在不落夫家的地区,往往对那些结婚不久就离开娘家与丈夫同住的女子极为鄙视。

贵州少数民族不落夫家习俗,一是推迟了妇女的初育年龄,对妇女的个人健康和下一代的人口素质都有好处;二是缩短了可能生育的时间和减少了子女的数量,对人口控制有着一定的作用;三是在"不落夫家"期间,男女双方仍然可以参加寻偶社交活动,一旦选中另外的意中人,还可以实行退婚,提高了自由婚配、自由恋爱的比例,有利于婚姻的幸福美满。总之,该习俗缩短了可能生育的时间和减少了子

---

① 文新宇.苗族婚姻礼俗及其与婚姻法的冲突——贵州省黔东南州雷山县上朗德村苗族婚姻状况调查[EB/OL]中国西部经济法律网,2004-03-30.

② 1990年,联合国援华项目"少数民族人口调查"课题组对贵州罗甸、贞丰、册亨3县布依族4800名农村妇女的婚姻、生育行为做了入户问卷与田野调查,结论是"不落夫家"的平均年限为1.8年,其中55~65岁为2.3年,50~54岁为2.2年,20~24岁为1.1年,15~19岁为0.1年。

女的数量,对贵州许多少数民族的人口再生产特别是人口控制产生了一定的积极影响。

三、凿壁谈婚

"凿壁谈婚"是黔南荔波瑶麓一带瑶族的恋爱方式。自古瑶族女子降生,就受到厚待,父母要为她备办首饰妆奁,教她精习刺绣技艺。及笄,又为她准备单独的"寮房"。寮房以红杉木板围装而成,在临街一面的板壁上,凿开一个小孔,瑶族称为"K笛",汉语意为"谈婚洞"。在瑶寨谁家有无妙龄少女,只需看她家临街的壁板上有无凿开的小孔就能知道。按习俗,姑娘到了出嫁的年龄,父母就安排姑娘住进寮房。房内床头对准壁洞,看中姑娘的小伙,夜间便到"谈婚洞"前,用木棒将姑娘捅醒,若姑娘有意,便起身坐于床上与洞外小伙子细语轻歌,倾吐情思。如无意或已有意中人,姑娘则将木棍推出,失意的小伙便唱着祝福姑娘的歌谣怅然离开。若双方投缘互慕,姑娘便起床开门,把小伙及其同伴迎入堂屋,端上糯米饭和米酒招待。此后,意中人避开同伴,独自到"K笛"孔边与姑娘互换信物。经数月或一两年,双方感情成熟,遂缔结婚约,准备婚嫁。凿壁谈婚充满了神奇情调,洋溢着瑶家人的浪漫与温馨。

四、回车马神

"回车马神"是贵州民间婚俗中的祭祀仪式,指新娘从娘家坐轿或坐车来到夫家,要等道士敲锣打鼓做法事、打花鼓、唱花鼓戏、念神咒、跳神巫舞蹈、喷洒神水或神酒,杀鸡以鸡血向彩舆撒米,绕喜轿或喜车禳祈送回车马神,以避车马祸祟,使新郎新娘平安幸福。在仪式中,很多神灵成为祭祀对象,如白虎、姜太公、紫薇星君等。

今黔东北沿河、印江、江口、务川等县流行"回车观神"风俗且内容大体相同。以务川风俗为例:新娘坐花轿到夫家,"先生"早已在院坝中摆好挂有纸钱和装饰品的香案桌子,桌中摆家神牌位,牌位前是香烛供品,新娘花轿停在香案前,轿夫们站到香案后不能跑动。先生点燃香烛,挥舞法器,口念巫词"白虎神,坐堂神,保佑联姻两姓人,千年狐精你降服,百样鬼怪你收尽,女家宅神回家转,男家宅神坐堂前。出力的,引路的,看热闹的,各自都有安顿,切莫惹是生非。切莫祸害别人。……"念毕巫词后即向新娘来的方向拜三拜,向新郎家堂屋拜三拜,用大红公鸡鸡冠血点在家神牌位和纸钱上,然后把家神牌位和纸钱等烧掉,随即先生高喊"回神",把大红公鸡从轿顶扔过去,新郎亲人接着。然后搬开桌子香案等,用毛毡或竹席从轿门铺到堂屋,由子有福寿的婆婆当"牵客",把新娘从轿中扶出来,进屋拜堂正式成亲①。

贵州西部回车马神风俗有所不同。民国《兴义县志》载:"次第导行送至婿家,谓之摆对。扶舆则用童子二,至则婿家设香案于堂致祝。谓之退车马。然后行交拜、合卺礼。……"民国《毕节县志》载:"……迎娶至门,设香案,用巫祝一人。谓之退车马……"毕节回车马神风俗以纯洁二童子扶新娘从车驾中出来,道士在堂屋设香案,以巫术仪式驱逐车马神等不祥神煞,再进行其他仪式。

婚嫁中的唢呐队伍

与其他地方不同,黔东南州回车马神风俗祭祀紫薇星君。清光绪《古州厅志》载:"……至如新妇将迎至,主人于门外设香案,陈牲醴,祭告紫徽星君(书写牌位),谓之迎喜神(行三叩礼)。祝文曰:维年月日,致告于紫薇星君大神之前曰:日吉辰良,磬管锵锵,礼成亲迎,凤舞鸾翔。敬伏吉神,呵禁不祥。一切神煞,退避潜藏。门庭瑞霭,喜气洋洋。两姓合好,百世其昌。"

贵州南部回车马神风俗大同小异。黔南州《桑梓述闻》载:"……女家外或兄或弟内或嫂或姨,婿家皆舆马迎之,曰送亲。妇至,使星士向舆祝之,曰退喜神。合卺,曰交亲。必延诸母之有福寿者。……"②民国《独山县志》曰:"……临日,……妇至,舆且止外,将届入门,行退车马用香烛,执雄鸡一。向花舆前诵:娘家车马请回去,云云。此盖闻古礼反马名,不得其解,而臆造斯举也……"担心来自新郎父母家的车马神会对新娘新郎带来灾祸。驱逐对象明确,态度鲜明。

除贵州外,回车马神在中国西南四川、重庆、云南等地不少民族的结婚仪式中,都是重要的程序之一。该习俗有迷信成分,当移风易俗。但其作为婚礼民俗仪式,有着浓烈的民俗文化因子,是民间礼仪文明的重要组成部分,它长期为民众所传承,是天人合一、人神和谐相处、社会心理平衡的需求和展示。

---

① 冯先政.务川土家族的回车马神[C]// 贵州土家学研究会.贵州土家族研究:第4集.贵州民族出版社,2005.
② (清)傅玉书.桑梓述闻[M].贵州省图书馆,1963.

五、射背牌

"射背牌"为高坡苗族独特的婚俗文化。据《元史·本纪》载:"至元二十九年(1292年),正月丙午,从葛蛮安抚使宁子贤清,诏谕来附平伐、紫江、翁眼、皮陵、九堡等处诸洞猫蛮。""皮陵"即今高坡"批林"村,说明高坡苗族先民至少在元至元时就于高坡定居。高坡苗族同族同宗同姓不允许开亲,一般小孩两三岁时就因父母之命在联姻圈内定下了娃娃亲。但小孩长大后彼此可能会有与自己感情好的异性朋友,或因通过赶场、跳坡等活动与异性结识而有感情交流逐渐升华。无奈于娃娃亲在前,又迫于族规祖训的严厉与威慑,两情相悦相恋的男女不可能结为夫妻,因而借用古老的"射背牌"叙事而"了结"难以割舍的相爱之情。射背牌(一件女性上装的衣着饰物,呈条状,长1米左右,宽约60厘米,中间开岔,两端绣有特定图案,黑底白线或黄线,缀满银铂或海葩,穿戴时由头顶自上而下,分别罩于前胸和后背)之俗由此而来并延传至今。

高坡苗族射背牌的古老叙事为:地玉和地莉是一对相爱的苗家青年男女,他们感情至深,却因为父母之命不能缔结婚缘,成为夫妻。于是,他们向父母和族人提出了"阳间不能婚、阴间结夫妻"的要求,并要求双方父母和全部族人到场,通过射背牌仪式,缔结阴间婚姻,即"结阴亲"。父母同族人被他们的爱情所感动,同意了他们提出的这种既不悖父母之命,又能了结双方情愫的做法。自此,射背牌为所有不能成婚的恋人所效仿。

射背牌一般在四月八举行。四月八前13天,姑娘以射背牌的名义请姐妹陪伴到后生家聚会,并送后生一双银耳环作为射背牌的礼物,双方伙伴亲友聚于男方寨上,吹芦笙,唱歌,通宵达旦尽欢。唱歌内容丰富,背牌歌、桌凳歌、碗筷歌、酒肉歌、答谢歌具有;四月八前3天,后生要制作好弩和箭;前1天,姑娘须把一条用旧的背牌给后生做试靶,同时赠送花手帕、花领牌。四月八当天早餐过后,即在高坡场射背牌。活动由寨主主持,靶版放在指定的位置上,寨主宣布射背牌开始,男女分向天空各放3箭,以示对天发誓。而后,后生瞄准自己情人亲自刺绣的背牌放3箭,姑娘对着自己恋人的连衣裙左下方(穿在身上,用手撑开左下角)放3箭,表示今生不能成一家,来世再来做夫妻。仪式毕,姑娘把亲自刺绣的黄背牌赠予后生,后生将割下左下裙一块给姑娘,同时姑娘将手绣的两块手帕、两带花领牌由自己和后生各执一块,相约谁先死,谁就拿着花手帕、花领牌到阴间污水河边的路口上等待另一方,要手帕和花领牌都对和,两人才能手牵手渡过九道污水河,以后转生还做结发夫妻。射背牌的结束,即为欢快的芦笙舞的开始。当天下午,后生家要宴请女方的叔伯兄弟及姊妹们。第二天,女方回敬男方三斗两升糯米饭。第三天,男方回敬女方一对银耳环,作为还背牌礼。背牌和银耳环在男女将来去世后要与男女分别随葬,以各自作为凭证到阴间与友相会。射背牌之后,男女之间的感情便自然减退,以后不再往来,并各自娶来嫁往,不再牵连。

高坡苗族射背牌是一种特殊的民俗文化,是华夏婚俗文化中绝无仅有的独特模式。射背牌仪式佐证了苗族"来世婚,结阴亲"的独特婚姻习俗,是高坡苗族基于情感、责任、道德之上进行男女择配的制度性安排,是有情人各安其分、回归现实的社会规范在制度上的体现。虽然该习俗是因青年男女对父母指定婚姻不满而又不能反抗,同家庭达

高坡苗族射背牌

成的妥协产物,表示的对婚姻的无奈——今生不能成一家,来世再来做夫妻,但以此仪式见证爱情,表达了男女彼此间的"两情相守",实质成了执著爱情者的精神慰藉。自20世纪80年代以后,射背牌的习俗虽然渐渐消退,但作为一种民族文化在当今却得到了良好的传承和高度重视。

《礼记·婚义》上说:"婚姻者,合二姓之好,上以事宗庙,下以继后世。"这里很明确地表现了婚姻的目的:婚姻不是男女双方爱情的结晶,而是为了规范生育行为。生育的目的就是使家族香火不断,后继有人。婚姻礼仪作为婚姻的外在表现形式,其整个过程都不可避免地蕴涵着人口增殖的愿望,尽管现在贵州各个民族已处于传统婚姻礼仪与新型婚姻礼仪相结合的阶段,但由于贵州许多少数民族地区依然处于以小农经济为主的阶段,经济、文化发展较为落后,这不可避免地导致了其婚姻目的的经济性和实用性,各个民族增加人口的欲望依然清晰可见:首先,结婚是为了增加人口尤其是增加男性人口,从而得以增加家庭劳动人手。人多劳动力就多,创造的财富就多,有利于家庭经济的发展;其次,娶妻生子是为了养儿防老、养老送终的需要。小农经济下,家庭是相对独立的经济单位,赡养功能完全由家庭承担。结婚生育后代,是免除老来无所依靠的最佳选择;再次,娶妻生子,家庭财产后继有人。结婚生子使家庭财产得以继承,以免流落他人之手。

同时,婚姻是组成家庭的纽带。女人和男人结合产生新的一代人,是人种延续的自然行为,正如恩格斯在《家庭、私有制和国家的起源》中所说:"生产本身有两种:一方面是生活资料即食物、衣服、住房以及为此所必需的工具的生产;另一方面是人类自身的生产,即种的蕃衍。"娶妻生子在贵州各民族的婚姻礼仪中都得到了反映,如举行婚礼时要吃枣子、花生、红鸡蛋,其含义是早生儿子、多子多福;又如,请已生男育女的妇女当接亲婆和送亲婆,这意味着将来新娘和她们一样,子女双

全,这在贵州少数民族中相当普遍。生育与不生育,生男或生女对于已婚妇女来说,是决定其在家庭地位的至关重要的问题。人丁兴旺、传宗接代的思想渗透在整个婚姻当中。丈夫可以把不生育的妻子赶出门外,而不管这种不育是由女方或男方造成,其责任一概推给女方。在贵州,一些少数民族有恋爱的生活而无婚姻的自主,爱情和婚姻是被分割的,他们结合而生儿育女不是爱情的结晶,仅仅是婚姻的目的。当然,随着贵州少数民族经济状况的不断改善,人口科学文化素质的不断提高,对自己传统文化扬弃与创新的不断自觉,贵州民族婚姻文化必然会在保持自身特色的基础上,发生系列形式与内容的变迁,而且这种变迁的趋向必然是有利于各少数民族爱情的甜蜜、婚姻的自由、家庭的稳定、代际的和谐、人和自然协调可持续发展的文化创新与文化自觉。

情歌对唱

第四节　家庭组织与家族继嗣

一、家庭组织

家庭是构成社会的基本单位。在文化人类学中,家庭是指共同生产、共同消费、共同居住的一群人,其内部由血缘、婚姻或收养等关系构成。家庭的职能主要有三:首先,维持一家人的生计;其次,维持家族的延续与扩大,即生儿育女;最后,制约、调整家庭内部成员的行为,保持成员之间的感情融洽,使家庭成员与整个社会产生物质生活与精神生活的相依性。家庭的类型,大致有两种分法:一是以世代划分的类型,即几代同堂的家庭;二是文化人类学通常用的概念分类,如核心家庭、扩大家庭、主干家庭等。所谓核心家庭,是指由一对夫妇与其未婚子女构成的家庭,家庭成员间的关系通过婚姻、出生、抚育而维系;扩大家庭是在核心家庭的基础上发展而来,它包含两个或两个以上的核心家庭,凭借血缘纽带把三代至四代以上层次的家庭成员联结起来,共同组成的一个庞大家庭团体;主干家庭是指扩大与核心家庭中间的一种过渡形态家庭,由父母与一对已婚子女和未婚子女组成,随着家庭成员出生、婚嫁、分家、死亡等因素的出现,它有可能向扩大家庭或核心家庭两极发展。但主干家庭也可以是一种稳定存在的家庭形态。总之,家庭是社会的细胞,是以婚姻为基础,以血缘为纽带而建立起来的社会生活的最基本的组织。从古至今,世界各国各地,都存在着不同形式、不同性质的家庭,家庭是人类社会最普遍的社会制度。

贵州各少数民族的家庭组织有其特殊的文化背景,尤其受汉文化的影响深刻。家庭实行一夫一妻制,以父系为中心,以家族制为基础,强调对血缘关系的重视,讲等级、讲父子、尊卑长幼,一切围绕着家庭利益。家庭成员以两代或三代同住者居多,儿子成年结婚以后,多与父母分居另立门户。父母则与幼子或其中喜爱的儿子一起生活。分户时,财产均在儿子中平均分配,但需为父母留下"养老田"。"养老田"由负责照料父母的儿子耕种或兄弟轮流耕种,收入归父母,父母死后共同安葬。女儿没有家庭财产的继承权,有的地方对未嫁女儿也分极少量的田产,供其生活开支。家庭中,父母以身作则,示范民族的行为规范,教给子女们生产和生活的技能。其中,儿子的生产技能和社会知识的传授多由父亲担当,女儿的则由母亲承担,是为"男儿不教父之过,女儿不教母之惰,少儿不教终惹祸"。在民族社会生活中,也往往通过一些活动,如祭祀、节日、婚丧嫁娶等,对孩子进行民族传统习俗和道德规范的教育,使他们渐渐获得社会知识,熟悉社会责任和义务。正如《酒礼话》中所说:"年轻人们,生九男,育七女……懂得的道理赛四方,水路搭船不翻底,陆路遇坑不陷身。"要求子女精通父辈的道理,熟悉祖辈的风俗。

布依族家庭中,父亲是家长,负责管理家庭经济和支配家庭成员,母亲可以参与建议,但决定权在父亲,形成了依靠父亲的家庭观念,妇女的地位相对较低。女儿无家庭财产继承权,招婿入赘可继承女方父母的财产,但多数地区不盛行招赘。入赘女婿必须尽赡养岳父母的义务,参加女方家族的一切活动。但入赘女婿地位不高,往往被当做外人看待。故无嗣人家,多由亲侄子赡养老人,继承香火。一般长子住长房,长房传下来的子孙,都当正统家族看待,族谱也多由长房保存。在许多布依族村寨,长房中年纪较大且又正直无私者,多被推为寨老。村内大事、纠纷或对外活动,都由寨老们决策。寨老只能在男性长者中产生,妇女则无此殊荣。布依族家庭多团结和睦,父母有抚养教育子女的义务,子女有照顾父母的职责。家中请客,须请老人坐上席。分家居住的孩子,平时做上好饭菜,也要安排小孩先给老人送去品尝。出嫁的姑娘,每逢节日须带酒、糖等礼品回娘家供祖。尊老爱幼是布依族家庭的传统美德。由于布依族家庭是依靠父亲的父系家庭,男子地位较妇女高,重男轻女的传统习俗使农村对男孩的生养重于女孩。

水族家庭成员在生产劳动中,分工与职责明确,一般是男耕女织。而栽插与收割则是男女共同负担;谷物加工、酿酒、炊事、喂养畜牲、纺织及照管儿女几乎都是妇女承担;十来岁的儿女带弟妹、放牲口或上学读书;女孩还要从小兼学纺织、织布及刺绣等。在对外社交、家内重大问题和经济开支上多由丈夫做主。家长对儿女礼仪教育非常重视,七八岁至十来岁时就让儿女进入社交场合,逐步熟悉唱歌、对歌及人情世故处理。因此,父母对子女的权利和义务是绝对的,儿女对父母的裁决也是绝对服从的,如婚姻问题、穿着问题。总之,在水族家庭中,男子汉着意地勤奋耕作,以增加家庭物质财富,担负着社会的纵向和横向的联系和继承家业;妇女执著地操持家务,以满足家庭成员的衣着、食宿需要。男耕女织、男主外女主内的分工秩序与习俗在侗、土家、仡佬、白、满等族中也普遍存在。

贵州的壮族与广西的壮族不同,广西的壮族兄弟成家后多分开另住,住址也自由选定,并由小儿子继承财产并抚养双亲;而贵州壮族则以大家庭居住为主,即使家庭人口再多,住房拥挤,也仅在原屋基左右增修房子。家庭分解,一般在下列情况下出现:其一是原屋基左右已无地盘增修房屋,家长便同意在原屋的前后或适当的地方另起房子,新起房屋的经费、材料、人力等由全家共同负担,房屋修好后再分家,财产分配由家长决定,兄弟间很少出现争夺财产的情况;其二是父母双亡后,兄弟要分家,便出现一个家庭一分为几的情况。壮族进入贵州已有五百多年或更早,家庭在不断分解后,便出现一村一寨都是同姓同宗的一个大家族的局面。总之,壮族社会中,若父母在世,多是大家庭居住的格局,又因民风淳朴,尊老爱幼久成风尚,家庭关系融洽和睦。但贵州的壮族社会,依然存在着重男轻女的观念,妇女在家庭中的地位往往决定于是生男或是生女。女子因迟早要外嫁,在家庭中的地位最低,没有遗产继承权和财产分配权。

苗族实行一夫一妻制,但新中国成立前也有少数一夫多妻现象。家庭中夫妻地位基本平等,凡家内重大事情如较大的财产变动、子女婚事等,均互相商量,妻妾地位平等。苗族多是小家庭,儿子结婚生育后自立门户,成员一般不出三代。有些人家,待所有兄弟结婚后才分家。不管哪种分家方法,财产都由父母事先平分与儿子。有些地方对尚未成年的儿子,会适当多分一点财产,以作来日成家时的开支。父母死后的安葬及未婚姑娘的出嫁费用,由随父母共家的儿子承担。财产继承上,只有儿子有继承权,无子的由妻子继承,妻死后由丈夫的同胞兄弟平分。老而无子可收亲侄,家族中若无适当寄子人选,也可收养异姓儿辈,养子改养父之姓并有财产继承权。有女无子的,可招婿入赘,赘婿享有财产继承权。

瑶族家长中,丈夫是一家之主,支配着家庭成员的劳动、生活以及对外交往等一切权力。瑶族女孩子一般在七八岁便开始在母亲的指导下学习纺织、蜡染、绣花、操持家务等。瑶族认为"不怕没文化,就怕手脚差",生活贫困,需要女孩子帮助家长劳动;传统习俗也要求女孩子必须尽早学成生活技能,以挑起家庭的重担。瑶族女子一般在十四五岁时就开始进行社交,结识亲密程度不同的朋友并从中选择意中人,一般在20岁以前就已经结婚成家,在家庭中除了参加繁重的田间劳动外,几乎包干了煮饭、挑水、推磨等全部家务劳动,多在辛勤劳动中度过她们人生的大部分时光。解放后,瑶族妇女的家庭地位有了一定改善,但传统习俗的制约使得瑶族社会对女孩尚有较大程度的歧视,长期以来,瑶族女孩的入学率、巩固率、升学率均较低,同时出生人口性别比又相对较高,如"六普"时达124,这对瑶族的进步、繁荣十分不利。

贵州彝族的家庭是父权制家庭,其结构有核心家庭、支系家庭等,处在不同家庭结构中的妇女,其地位和作用各有区别,但男主外女主内传统分工均很明确。妇女的家庭地位主要体现在家庭的管理上,核心家庭中的妇女较为自由,处在与丈夫同等的地位上参与家庭事务。支系内的家庭妇女,因有年龄、辈分、义务的不同,而显示出地位和作用的不同。老年妇女即婆婆处在家庭中最高辈分上,故其名誉上的权力不仅大于处在媳妇地位上的妇女,而且大于除了与之结成夫妇关系的男性之外的所有男性,即大于她所有的儿子,因此,她有参与管理家务的权力。青年妇女即媳妇是家务中的主要劳动力,但其权力在婆婆和丈夫之下。由于婆媳共同处在家务的关系中,二者的地位和贡献是倒挂关系,即是"权力是婆婆的,活路是媳妇的",如果婆媳之间出现了矛盾,往往通过男性才能解决。

贵州仫佬族家庭关系比较牢固。改革开放以前,有的家庭成员可达一二十人。之后,多是儿子结婚不久便要另立门户。传统仫佬族家庭中,老人多同小儿子居住,大的儿子盖房造物,父母有帮助的责任。分家时的财产和土地,一般都由儿子继承,女儿无继承权。如户主年老无儿,则由女儿女婿赡养并继承产业。仫佬族无子嗣家庭可过继抱养。抱养子嗣一般在本家族的亲属中产生,辈分必须符合要求。如在这些亲属范围内无理想人选,则在族外选择。养子对养父母有生养死葬的义务,也有继承家产的权利。抱养子实行"三辈还宗",即在抱养子本人和抱养子的儿子均改姓名为收养者家的姓及辈分,到抱养子的孙子时可将其姓氏还原为原来的姓氏。

侗族家庭是以父系一夫一妻制为基础建立起来的,儿子长大结婚后就与父母分居,父母则与其中的一个儿子(主要是幼子)居住。在家庭中,父亲具有较高的地位和权威,安排生产劳动,参与家族大事的协商,妇女则掌管家中的经济主导权。家中的重大事情多为全家人商量决定,妇女的意见也受到一定的尊重。侗族虽然主要为父系继嗣制度,家庭财产主要由儿子继承,多子即实行平均分配。而女儿则有"棉花地"、盛装、首饰等继承权。无儿子家庭,女儿和上门女婿可继承财产。女儿一定财产继承权的享有,可能是由于在侗族地区,母权制至今还有较大影响的缘故。

由上可以看出,除汉族外,在贵州许多少数民族的家庭制度中,都有许多共同之处,即家庭中强调以男子为中心,充满了浓厚的夫权色彩。这种家庭制度的主要特点是以父权为中心的家族继承制,家庭以父子关系为中心,强调男主外女主内,妇女在家庭中地位低于男子。在家庭生活中,"不孝有三,无后为大"的思想根深蒂固,传宗接代、重男轻女、多子多福一直是家庭生育观的主流。家庭成员的组成以两代、三代者居多,分家时父母一般多与小儿子居住,俗称"父母傍幺儿"。

山里人家

从总体上来看,少数民族家庭结构呈现出的由大变小的趋势,这既与国家控制人口的政策相关,也与家庭成员追求独立发展的意识有一定联系。由于大家庭不断分裂成核心家庭或扩大的核心家庭(在两代人中出现了第二代的次核心),两老或单老家庭,也即空巢家庭的出现和不断增多成了必然的现象和趋势,这无疑又是民族社会必须认真面对的家庭问题和由此引发的空巢家庭老人生存、生活质量保障、家庭文化建设、社会公平正义等社会问题。

二、家族继嗣

众所周知,家庭和社会之间,还有一个单位就是家族。所谓家族,从狭义上说,是指血缘关系较近、经济联系密切但又不同居共炊共财的父系组织;从广义上说,不仅包括纵向的血缘关系的父族,还包括横向的以姻缘关系为主的母族和妻族。在传统中国,家族是指前者。家族既是一种社会组织,又是一种完备的文化系统。这个系统的内涵包含着家族至上、孝悌仁爱、家国一体、敬祖祭先为主要内容的家核心、家本位、家天下的观念意识。这种观念意识亦即家族主义精神,依赖封闭的、自给自足的小农经济而产生,伴随封建的政治制度和伦理观念而强化,跟随形形色色的家族活动和有关民风习俗而传播,成为中国封建文化的特殊精神和中国人重要的民族特性。

家族有很强的族化作用,使年青一代从心理上和文化上认同家族文化,并产生相应的人口行为,主要表现在:通过家庭教化、宗族教化——包含着礼教、文教、耕教等,潜移默化地使家族成员及其子女形成持久性的家族观念,遵守约定俗成的家族规范和习惯,并通过之对人口发展产生影响。虽然在家族主义精神影响范围缩

家族团圆饭

小、内容发生部分质变的今天,它对生育行为的影响远没有以前那么重要,但这并不意味着家族文化已退出历史舞台。实际上,在生育行为由自发状态转向有计划状态的过程中,以家族主义精神为核心的传统生育文化始终与现代生育文化存在着冲突。在家族势力比较严重的地区,这种冲突往往比较激烈,生育行为与现行生育政策矛盾甚大,就是在家族势力业已消除的城市地区,仍然可见家族主义精神影响的蛛丝马迹,存在着一些不能用经济原因解释的生育需求。事实证明,经过几十年的人口计生工作的开展,贵州民族人口再生产类型实现了历史性转变,进入了低生育水平时期,但同时面临着人口压力大、人口素质偏低、结构不合理等问题,尤其是老龄化日渐加重、出生人口性别比长期失调等问题凸显。在过去的人口问题分析框架中,通常包括经济、教育、政策、妇女地位、自然资源及地理环境等因素,尤其认为经济和教育对人口发展的影响最敏感、最具决定意义。但在某些人口特征的地区差异性上,经济与教育因素的解释往往是乏力的或难以充分说明的,而从特定的家族文化背景探讨民族人口发展问题,无疑是一个崭新的分析视角。于此,以侗族为例做如下简要分析。

(一)婚姻的对象选择

侗族的家族以血缘、地缘为纽带,以父系家庭为基础,结合成家族性的"补腊"组织。由于各地侗语称呼不同,侗族家族组织有多种名称。"斗"、"督"意为"我们",系共祖五代以上的血缘群体,几年或几十年举行一次祭祀活动,相当于汉族的家族。侗族习惯聚族而居,历史上古老的寨子开始时都是单一"补腊"居住的村寨,后随家族人口增扩,大"补腊"分裂成数个单一"补腊",或者源于外宗、外姓的嵌入、繁衍,村寨遂演变成多个"补腊"共居的情况。"补腊"成员居住在地缘上比较接近,多在村寨范围内,或空间距离较近的子、母寨范围内,组织的规模一般在三四十户家庭到一百多户不等。过小则不同宗、不同姓家庭联合组成一个"补腊",或小姓加入大姓"补腊"当中;过大则分拆成数个小"补腊"。同一"补腊"成员间,同辈分者皆为兄弟姐妹,彼此不能作为婚姻选择对象,更禁止发生婚姻关系,也就是说,婚姻缔结的对象不能是同一家族的成员,只能在"补腊"外的"补腊"中选择。虽然,侗族的姓氏与汉族地区作为家族标志之一的"姓"是有区别的,不具备"图腾"意义,只是一种方便区别的识别符号,但"补腊"内部禁止婚姻却与汉族家族制度约束的"同姓不婚"有相同的性质。因此,同宗同姓不婚,在一定程度上,对提高人口的身体素质有积极作用。

(二)家族的亲属称谓

亲属称谓与婚姻关系相适应,将血缘群体本位分为两大基本体系,即父系家族与母系家族。以"六洞"和"九洞"的侗语为例:"莽",是对曾祖父母及外曾祖父母的总称。高祖父母以上统称为"莽芒"或称"莽高",即远古祖宗之意。伯父、大姨父均称"甫老",伯母、大姨母均称"乃老"。叔父、小姨父均称"甫哦"、"甫温",叔母、小姨母均称"威"或"乃温"。大舅父、大姑父、岳父均称"龙",大舅母、大姑母、岳母均称"巴"。小舅父、小姑父、岳父(比自己父亲年幼者)均称"求",小舅母、小姑母、岳母(比自己母亲年幼者)均称"故"。妻之祖父同己之外祖父同称为"大",妻之祖母同己之外祖母同称为"德"。妻之父与己母的兄弟同称为"龙"或"求",妻之母与己父之姐妹同称为"巴"或"故"。兄弟姐妹、堂兄弟姐妹或舅表、姑表、姨表兄弟姐妹均以兄弟姐妹相称,其子女称"腊"或"腊款",也统统以己之子女相称。这种称谓形态,反映了两个通婚集团的关系:对自己的父亲和伯父、叔父和母亲的姐妹们的丈夫如大姨父、小姨父都称为"甫"、"甫老"、"甫哦"、"甫温",即父、大(姨、伯)父、小(姨、伯)、小(叔、姨)父之意;对自己的母亲和伯母、叔母、大姨母、小姨母称为"乃"、"乃老"、"威"、"乃温",即母、大(伯、姨)、小(叔、姨)父之意。这意味着,父之兄弟皆我之父,母之姐妹之夫也皆我之父,母之姐妹皆我之母,父之兄弟之妻也皆我之母。对大舅、大姑父、岳父(比自己父亲年长者)均称为"龙"。对小舅父、小姑父、岳父(比自己父亲年幼者)均称"求",把大舅母、大姑母、岳母(比自己母亲年幼者)称为"故",这表明,舅父、姑父、岳父均为我父亲的姐妹之夫,故舅父、姑父、岳父同称;舅母、姑母、岳母皆是我父亲的姐妹之夫,故舅母、姑母、岳母同称。这种亲属称谓,反映了氏族外婚制的两个通婚集团的历史痕迹,即姑舅表婚制度的历史成因,这在贵州许多少数民族的历史上都存在过,并仍然对当今民族社会的运行产生一定的影响。

(三)子女数量和性别选择

传统的家族文化是民族文化的重要组成部分,二者在生育问题上是完全一致的,在生育目的上表现为"房"文化,在生育时间上表现为早育文化,在生育数量上表现为多育文化,在生育子女的性别上表现为男性偏好文化。这些家族生育文化在漫长的传统社会里,已深深地积淀在人们最深层的心理意识之中,因而成为人口控制的弹性文化约束。因此,在另一方面,在很大程度上可以说,家族文化本身就是一种传统生育文化,是一种世俗化了的儒家文化,蕴涵着传统生育观念的实质。

以血缘和血亲关系为基础的家族共同体,是以"父之党为宗族"的男子在宗姓的继替、家族的传承、赡养老人等方面更是具有不可替代性。

侗族重视子嗣,尤其重视男性子嗣,早婚早育、多生多育的观念渗透到人们社会生活的诸多方面。在侗族人观念中,一些没有儿子的家庭处于不利的社会环境中,如与他人发生纠纷,别人总是以"断子绝孙"这样恶毒的语言予以攻击,并视为前世造孽,今世不得好报,即使家庭经济较好,环境优越,如若没有男孩,也被认为是家庭男主人"腰杆软了点";同样,在家族生活中的地位也总是低人一等。因此认为男孩越多越好,那是家庭有实力、家族兴旺、家庭发展的象征。没有儿女的家庭被认为是不完整的家庭,有女无儿的家庭是不完善的家庭。在家族共有财产的分配上,有儿子的家庭总是占有优势,而无儿子的家庭则处于劣势。与其他人发生利益冲突时,无儿子的家庭更是处于不利境地。在村寨中,一个家族的有势力与否,与儿子的多寡联系在一起,儿多力量大,人们在选择婚姻关系时,这是重要的参考背景之一。侗族正是在这种传统家族文化观念的支配下,非常实际地适应了经济和社会的环境,从而选择了自己的社会行为和人口行为——对男子和多子的尊重,尽管侗族社会存在着女性崇拜、尊重女性的文化因子和习俗,但客观存在着的上述生育观念和行为则长期顽固地存在着。

(四)家族的教育功能

在中国传统的礼治社会中,子不教,父之过,家族的教育功能是一种以家庭为主、族群为辅的方式,以族规、族约、族歌、祖训等传统宗族资料为基础,以道德人伦为核心,对家族成员进行教育。在古代的贵州,少数民族社区和汉族社区的道德教育历来是由家族来完成的,家族主义精神对民族社会教育有着重要的影响。

传统的族规是公众的行为规范,对维护社会的生产和生活秩序起过重要作用。侗族的族规有两种形式:一种是口耳传授的理词、款词,流传较广,寓教于歌词传诵之中;另一种是载于族谱中的族规、家训,在汉文化较高的侗族地区盛行。不论是口耳传承或成文的族规家训,其内容大体上有孝顺父母、勤俭耕读、讲究公德、严肃家风等。口耳相传形式,如在《父母耶歌》中有:"从小抚养,长大成人;母恩如天,

清水江畔侗族清代宗祠之一

不可忘情。"又如在《结婚唱词》中说的"在家,孝父母;在村,为公益;……长辈操心血,儿女智慧长"等。在各地族谱记载的族规家训中,受儒家封建礼教影响较深,很多是有关三纲五常的内容。侗族社会一方面吸收着汉文化的内容,同时又保留有侗族传统文化显现特点。如在黎(平)、从(江)、榕(江)侗族地区,"补腊"制度内涵中就没有祠堂、族谱等汉族家族文化的内容,但它依然有着家族文化的属性。侗族家族的教育功能主要表现在规范内部成员行为的功能,体现为族规的制定、修改与维护。每个"补腊"都有自己世代传承的不成文的族规条款,原则、内容大同小异,是民间社会习惯法的主要构成部分。族规对维护族外婚制,保护内部公私财产及财产继承、转移的权利,奉行群体互助、尊老爱幼、济贫扶弱,遵守长幼次序,参加公益活动,保护集体尊严、声誉等方面作了严格的规定,从个体的外部环境对"补腊"成员的行为做出约束,保障家族成员接受到有效的乡规民约的教育,使个人行为与社会行为尽量相吻合。在孩子成长的过程中,家族也十分重视孩子的品行教育、礼貌教育和性别教育。孩子刚学会认人,就要教他称呼老人,尊敬老人;稍懂事,要行拜见外公外婆礼,接受他们的训导;平时吃饭,也都要先请老人动筷;路遇寨人,要根据年龄、性别及与自己的关系礼貌问好,让路先行;饭桌上要讲规矩秩序,要请老人动筷先吃;家中有客人,不要上桌等。可以看出,侗族家族组织特别强调社会教育作用,重视为家族成员提供精神内涵和寄托。和侗族一样,贵州的其他少数民族聚居区几乎每一个家族组织都教育其族人恪守本族的传统美德,并以其所认可的儒家思想中的传统伦理观教育其族众,虽然传统家族组织中的封建等级观念和道德伦常色彩很浓,却也不乏一些中华民族的传统道德精华,这有利于整个少数民族聚居区的思想素质的提高。

由上可知,家族文化同样对人的出生、抚育、婚嫁等过程和行为具有塑造作用,从某种意义上说,特定民族的人口现状是特定文化因素形塑的结果。因此,将家族文化与民族人口发展结合起来既有助于人口文化研究的深入,又有助于促进人口文化的建设、发展。在历史的发展过程中,家庭或家族体制大体经过三个发展时期,即传统家庭和家族制度鼎盛、传统家庭和家族制度解体和现代家庭制度萌生、现代家庭制度发展巩固与家庭形式多种多样时期。家族主义精神也随这三个时期由盛到衰并趋于消亡。按照这一划分,贵州目前正处于第二个时期,家族主义精神的影响虽不如第一个时期那么严重,但仍有市场。正是基于这一点,我们在分析生育观念与人口行为时,不能忘却传统文化因素的影响,特别是不能漠视曾经深入人心的家族主义精神的影响。

第三章　贵州民族人口生育文化

关于生育,国际人口科学联盟编著的《人口学词典》解释为:"人口学对生育的研究,系考察同人类生育或再生产有关的某些现象","系指生育行为,而不是指生育能力"①。《辞海》有两种解释,其中之一便是"生长、养育"。"生"有"生长"、"出生"、"活"、"性"等12种含义;"育"有"生育"、"生存"、"培育"、"抚育"等含义②。笔者认为,生育文化中的"生育",不仅限于狭义的"生孩子",还应包括孩子的养育、教育方面的含义。人口生育文化则是人们在生育变动和发展过程中形成的观念、伦理、道德和行为规范,以及由这种意识形态变换的物化形态③。从生育文化的表现形式来看,它主要包括以下几个方面的内容:生殖崇拜、生育观念、婚姻与家庭和生育习俗等。

第一节　生殖崇拜

生殖崇拜是传统生育文化的源头。人类在发展初期,即对自然界和人类自身的各种现象无所了解,如对人从而何来,女性孕育是如何发生的,为什么会生孩子等诸多问题充满神秘感,又有对生的渴望、对死的恐惧和保护自己、扩大群体和延续种族的执着,因而不得不借助外在力量以凝聚群体,提高自我生存和发展的意识与能力,图腾和图腾崇拜于此便应运而生。而生殖崇拜是图腾中最重要的组成部分,是生育文化的重要内容之一。考古学家发现,女阴崇拜或女性崇拜几乎是一种世界性的文化现象。图腾崇拜的起源,是和母性崇拜分不开的,没有母性崇拜,便不会产生图腾崇拜。从这个意义上来说,图腾崇拜实际上就是生殖崇拜,它使人们形成了最初的生育信仰,形成了最初的生育认识。随着崇拜内容的不断丰富,生殖崇拜也由女性生殖向双性同体或性交崇拜、男性崇拜发展。

在贵州的少数民族地区,生殖崇拜留下的习俗与遗迹广泛存在于民间节日与

---

① 国际人口科学联盟编.人口学词典[M].北京:商务印书馆.1992:71-78.
② 辞海编辑委员会.辞海[M].上海:上海辞书出版社,2000:2085.
③ 田雪原.人口文化通论[M].北京:中国人口出版社,2004:28.

宗教生活中。无论是形式还是仪式、解释，生殖崇拜的内容都十分丰富，既有生殖力、性交形式，也有生殖器本体，还有与生殖器相关联的象征物，以及其他与生孕育关联的载体，不仅表现为古老、质朴的原始风貌，而且还涉及人们的思维方式、审美观念、民间文学创作、价值取向、经济活动等社会生产生活的诸多领域。其中，流传较广，影响较深的主要是与女性生殖崇拜有关的象征物及其本体，即女性崇拜、性交崇拜和性器崇拜。

一、女性崇拜

女性崇拜是先民把人类的生殖行为神化的一种观念，也就是对在分娩过程中的妇女的崇拜。原始先民见到从妇女腹中能生出一个新的生命，认为这里有一种神奇的力量，于是便对其顶礼膜拜。在图像和符号中，也有许多这方面的表现，如生殖偶像表现怀孕和生殖时的形态。贵州许多少数民族曾崇拜葫芦、蛙、鱼等许多动物或植物，这些都与女性崇拜有关，因为鱼象征女阴，蛙、葫芦的腹部鼓圆、生殖力强，是女性崇拜的形象化。从许多文献资料来看，女性崇拜几乎在贵州各个少数民族的发展史上都存在过，于是产生了女性崇拜的各种有趣的文化现象。

从远古时代开始，人们由于对生育现象不理解，因而产生了一系列针对人类自身生育、繁衍行为的崇拜及信仰仪式。随着时代的发展和人类认知能力的提高，生殖崇拜和生育信仰的内容、仪式过程与解释也越来越丰富。葫芦是民间最广泛的生殖器崇拜的象征，其研究资料也很丰富。葫芦有多种，其名偕音"福禄"。它本是吉祥物象，同时又是男根的形象。葫芦瓢本是舀水或盛籽用具，古代把匏瓜（瓢葫芦）剖成两半（因其体大）成为水瓢。同时它也是女阴的象征，破开来像女阴之两半。葫芦是伏羲和女娲的化身，是诞生中华民族的原始先民龙、虎两个部落的摇篮。贵州的许多少数民族都有关于人类起源于葫芦的神话传说，如苗、瑶、水、侗等，虽然情节各异，但都有一个共同的主题，即葫芦是造人的材料和避洪的工具。葫芦之所以与人类的起源发生联系，是有其物质基础和思想基础的。物质基础是指葫芦在人们日常生活中的用途是可做诸多用途的器具；思想基础是指原始初民的思维特点，即他们对客观事物的认识及把握往往凭借直接的感觉和印象，并随活动范围的扩大而不断丰富其感觉。在这种思维方式下，他们常常把在逻辑上毫不相关的事物联系起来，使它们之间存在着某种想当然的必然联系。葫芦生人的神话传说就是其中的一种表现。葫芦浑圆饱满而外形同孕妇高高隆起的腹部极为相似，而葫芦中空多子的内涵与女性孕育、生子产生了联想，从而先民不断推断出人源于葫芦的神话故事。如流传于黔东南苗族地区《张古老斗雷公》、《洪水滔天》、《兄妹结婚》三个内容大同小异的神话故事：人和雷公本来是两兄弟，之后为了争抢耕牛而发生了械斗，雷公多次败在人的手下，怒发洪水淹没人间，余下两兄妹藏于葫芦里脱险。洪水消退后,兄妹结为夫妻,从而得以繁衍人类。侗家同样崇拜葫芦,其缘由有二:一是葫芦是侗族祖神——姜央、良美兄妹避洪的工具。由于葫芦为舟使姜氏兄妹战胜弥天洪灾,保全性命,终结为夫妻,繁衍了侗族;二是崇它多子。

与葫芦一样,瓜类同样是女性崇拜的形象化。在贵州一些少数民族中,一些多子的瓜类也多被视为子嗣繁盛的象征,如南瓜等。都匀一些村寨的布依族在中秋节时,中老年妇女喜欢玩"送瓜添子"的游戏。是时,她们在长形南瓜上画上人脸,用西红柿和红辣椒做成男性的生殖器,然后用背带背到不育夫妇家,当走到门外时,大家七嘴八舌地高声喊道:"给你家送崽来啰!""恭喜你家得个胖娃娃啰!"有的还学婴儿啼哭。进屋后,就将"娃娃"放到床上,说些吉利话。主人家则连连表示感谢,并拿瓜子等果品热情招待。"送崽人"说笑一阵后就离去,以此来促使不育夫妇早生贵子。

与葫芦相似,蛙的肚腹和孕妇的腹部形态相似,都有浑圆而庞大的特征。从内涵上说,蛙产子繁多,有很强的繁殖力,所以蛙被许多少数民族的原始先民作为女性生殖的象征。对蛙的崇拜意在多子,即对女性的崇拜,是女性的标志,至今中医仍把女性的外生殖器官称为"蛤蟆口"。在一些民间工艺品中,蛙或蟾蜍图案把这种生殖崇拜表现得尤为突出。这类图案不仅在侗锦上,在铜鼓中也有。铜鼓是贵州许多少数民族历史上或现在仍在使用的一种器具,被水、苗等许多少数民族视为重要的神器。在一些铜鼓的纹饰中,累蛙或叠踞蛙非常突出。累蛙中有大蛙背小蛙,也有大蛙背中蛙,中蛙背小蛙的情形。这其中有两种含义:一种为交配蛙,一种为母蛙背负小蛙,两种情形都暗含着生殖的抽象意识,即将蛙的生殖力延伸到人的身上,以达到人口繁衍的期望。

和其他少数民族一样,生育信仰也在苗族社会普遍存在,他们对鸟、枫香树、蝴蝶、鱼、蛇的崇拜等,都包含了对女性生殖力崇拜的内涵。在黔东南的一些苗族地区,"吃鼓藏"的祭祖活动往往需要经历四年之久,且耗费较多。该项活动根据顺序大体可分为推选"鼓藏头"、接双鼓、翻单鼓、砍树做鼓、杀牛、杀猪、送鼓进岩洞等过程,其中每个过程又包含不同的环节,在这些环节中有的蕴涵着浓厚的生殖崇拜内涵,"爬坡翻鼓藏"是其中之一。该仪式多在本村寨的"游方"坡上举行。举行仪式前,每家先在家里杀鸡祭祖,之后再另备一条鱼、一个糯米粑和一个纸人,集中起来由家族中某个男子带到"游方"坡上。这一天,巫师也得准备许多纸和鱼,以及一篮子糯米粑拿到那里,以备与其他人交换。当村寨里的男女老少都集聚在坡上后,巫师开始主持祭祖仪式,祈求祖先保佑族人人丁兴旺,六畜平安。祭完之后,各家将带去的东西与巫师交换,然后又将这些东西带回。人们认为,通过这一仪式后,大家再把这些东西拿去祭祖,就会生儿育女,人丁兴旺。这里的鱼就包含着多子的寓意。

苗族的锦绣、剪纸、蜡染以及银装饰品等民间工艺品是苗族传统文化的一部分，是研究苗族历史、文化、习俗的重要实物资料。苗族的不少历史传说、崇拜意识、崇尚信仰和向往等在民间都是通过口头文字、工艺美术、歌舞、祭祀等形式来表现和传承的。繁衍是原始人类最基本的群体意识之一，它贯穿着人类发展历史的全过程，反映这种意识的即生殖崇拜，它的表现形式乃阴阳相交即雌雄（男女）结合。在苗族的锦绣、剪纸、蜡染以及银装饰品等民间工艺品中，我们也不难看到其记录着对生命及生殖的含义。苗族蜡染中比较常见的蝴蝶纹图案，其上蝴蝶千姿百态，既有写实的又有写意的，有抽象化的也有变形复合的，轻盈秀美。苗族喜爱蝴蝶，又因为蝴蝶产卵多，生殖繁衍能力强，常被赋予某种寓意和传说，《苗族古歌》就讲述了苗族起源与蝴蝶相关的故事：传说枫树化为蝴蝶妈妈，蝴蝶妈妈同水泡谈情说爱，生下12个鸡蛋，由脊鸟孵化，生出万物，其中一个蛋孵化出了人类，苗族的祖先姜央就在其内。这个传说影响深远，形成了苗族特有的一种文化意识，即对蝴蝶的热爱和崇拜，对祖先的热爱和崇拜，对生命、生殖的热爱和崇拜。鸟在苗族文化中，其内涵及审美意义是象征生殖和生命。在苗族图式的表现手法上，有些是如实模拟，给人看后能确指其名，如锦鸡、喜鹊、麻雀、燕子、斑鸠、鹦鹉、孔雀、鸳鸯等。而有的只是鸟形，但呼不出名。它们多有花草环绕，大都张开嘴，或昂首啼啭，或背靠背像吵架的样子，显得极为生动，类似人的生活写照。《苗族古歌》中谈到鸟孵化出了苗族的祖宗姜央，所以鸟对苗族是有恩的，鸟也象征着苗族的图腾形象，昭示着一种生命的起源和生殖的含义。

此外，鱼被作为女性崇拜的历史悠久，在出土的史前陶器、玉器中就出现了鱼纹。由于产卵多，其腹内多子，鱼纹的原始寓意象征生殖。在贵州的苗、侗、水、布依等稻作民族中，鱼也往往与女性生殖崇拜相联系。因为鱼（更准确地说是双鱼）的轮廓与女阴的轮廓相似。从内涵而言，鱼腹多子，繁殖能力非常强。鱼形符号是女性生殖器的象征，是女性生殖器的象征物，鱼纹上体现着女阴崇拜的内涵。苗族对鱼纹的理解却更多地保留了生殖崇拜的原始意识，如"子孙象征鱼籽一样多"的比喻在苗族民歌中屡有出现。在苗族的祭祀活动中，鱼是不可缺少的供品，其用意均在祈求子孙繁衍。在苗族的刺绣、剪纸、蜡染中出现的鱼纹大都躯体肥硕，有的大鱼腹内有小鱼，有的鱼腹内有鱼籽，有的索性将鱼鳞画作鱼崽似的繁密斑点，这些都传达出原始生殖崇拜的含义。而台江苗族人在新婚之时,第一件事就是由新娘和陪娘同新郎家的姊妹一起到田里捉鱼。吃饭时,由新娘先吃鱼,表示今后像鱼产卵那样地繁殖,多子多孙。

侗族是一个稻作民族,擅长种稻,精于养鱼、做鱼、吃鱼,鱼在侗族社会生活中还有特定的文化寓意,如待客、求亲、喜宴、婴儿三朝礼等,鱼都是不可缺少的食物之一,它有着"年年有余"和"期盼生育"之意。

与侗族一样,水族也是一个崇拜鱼的民族,一些学者也认为鱼是水族的"图腾"。在水族那里,鱼也受到特别的尊崇,敬祖宗、祭鬼神、待客、过节总以鱼为贵。新婚及起新房,需提装有两条小鱼的水罐至新房或屋基上去放置一会儿;亡人葬礼以鱼为主祭品;治丧祭仪中以送鱼类为贵;开墓穴常以活鱼抛于该地之后再开锄。从这些崇鱼习俗中我们可以看出水族人对生殖的期望,它曲折地反映着女性崇拜的内容。

在漫长的原始社会阶段,由于生产力极端低下,先民们对男女结合、生育等事情带有许多神秘色彩,而女性孕育生命的种种表现,使原始初民相信被神秘的力量所操纵,在对人口强烈追求和向往的驱动下,便对女性的生殖力产生了膜拜,并将这种膜拜扩及与之相关或类似的其他自然物。洞穴就是这种女性崇拜的表现之一。人们将洞穴视为人类的源发之所和女阴,向洞穴求子嗣,是因为洞穴幽深、中空,暗示着生殖、繁衍的含义。贵州少数民族崇拜洞穴的现象极为普遍,他们认为洞穴是神灵居住之地,是"出人洞",因此也多成为他们求子求福的对象,认为杀猪宰羊、焚香化纸祭拜,便可得到洞中神灵的帮助。不少崖间山洞,被当地民族视为女阴,不育妇女常去投石求子或焚香化钱求子。贵州台江县的南宫洞、印江县的朗溪洞、丹寨县的龙泉洞、石阡县的妈妈洞、大方县的"阿若谜"(打儿洞)等皆是如此。

二、性事崇拜

性事崇拜是将性交作为神化的一种观念。最初的性事崇拜与生殖无关,当时先民并不懂得性事与生育的必然联系,只是感到性事的快乐是他们在艰难生活中最容易得到的最大幸福和满足,但并不知道为什么通过性事产生了一种快感,认为有神力在起作用。而他们在长期的繁衍后代的过程中也认识到,只有性事才能孕育新的生命,并对此所产生的巨大魔力产生了膜拜心理,亦即性事崇拜。性事崇拜不仅反映在许多古老的文字、图像与文字上,也在舞蹈这一艺术形式中得到了体现,于是出现了各种性事崇拜的民俗现象。

苗族是一个能歌善舞的民族。从一些舞蹈动作中我们也看出苗族人对性事的崇拜。如苗族的板凳舞。苗族妇女双手握着小木凳,一边唱歌一边随着歌的节拍双手合击木凳,力度之强,声音之响,节奏之妙,俨然一种对情感的宣泄,也是一种对生命的颂扬。双凳合二为一,同时也蕴涵着交媾、孕育的意象。再比如芦笙舞,总是男生吹奏,女青年踏着笙音的节奏跳。男人以吹笙最好为骄傲,女人以穿着最华丽、最漂亮的服饰(银饰)为自豪,男人动作轻巧,女人含情脉脉。芦笙是苗族表达爱情的一种方式,通过这一娱乐方式传递爱的信息,歌颂美好生活;而女生则通过自己华丽的服装,姣好的容貌,柔美的姿态来含蓄地表达自己对吹笙者的爱意。吹芦笙这种游戏活动,其实就是谈情说爱,其中就包含了性、生殖、繁衍生命的意象。又如有些地方,苗族人吃孩子满月酒结束之后送客时,有的妇女双腿夹着灌满水的酒瓶,一边送客,一边打开瓶盖让水流出来,有些甚至快步上去有意淋湿客人的身子背后,这些表面上看起来很粗俗,但实际上却体现了这个民族对性事及生殖的崇拜。

苗族人为纪念传说中的祖先央公、央母兄妹俩,就用木头制成两个性具突出的裸体雕像,平时都供在山洞里,祭祀时才请出来。届时要杀牛献畜,烧香膜拜,还要举行孵卵、吃糯米做的生殖器、追女等巫术活动,其用意都是为了祈求生命的繁衍。祭祀活动的最后一个晚上,要把祖先神像送回山洞里,而且必须由活动的主持人——"牯藏头"夫妇分别抱着祖先像跳交配舞。待神像安顿好后,参加送神者才载歌载舞,度夜狂欢。

台江苗族称祭祖为"吃牯藏",历时四个月之久,分三个阶段进行。第一阶段称醒鼓,即请祖先;第二阶段称闹鼓,即祭祀祖先;第三阶段称送鼓,即送祖先。每一个阶段都由许多祭祀巫术活动组成。在最后一个阶段,有一个交配动作,旁边则有一人用水枪向木雕像喷射酒精,象征射精动作。周围围观者甚众,其中求子的妇女都争先前去,并且以衣裙接酒精,认为这样就能怀孕生子。舞毕,人们把木雕像、木鼓、酒桶、芦笙等送到野外的山洞里储藏,直到下一届祭祖仪式时才把木雕像请回村寨。

丹寨县羊排、大豆、小豆一带的鼓社祭中,生殖崇拜是其"重点项目"。祭祀时,请一中年男人扮"高陶"(ghot dol)进行表演。寻一根系发达、枝叶繁茂的杉或枫树,雕成男性器官状,象征性地向祭鼓家族的媳妇们追逐以示"性交",并一同到溪边,用带叶竹子挑水相淋,女方象征性地把"崽"(竹子)背回家,并把此物置于藏古屋,祭拜一年后,与"洗鼓"一同销毁。也有的地方用酒糟置于竹筒内射向女方。活动时,祭师念道:丈夫要妻子,男人要女人,悄悄去造人,房内去育伴,不让根骨短,不许种子灭。生九男英俊,育七女灵巧[①]。

从江县加勉的鼓社祭中,也有许多性事崇拜的内容,展现在"拉板凳"、"背水

---

① 潘光华.苗族祭鼓词[M].贵州省民族事务委员会,1983.

打粑粑"、"赶牛洗澡"等活动中。麻江县部分苗族在办"满月酒"时,有一种迎接外婆的骑马仪式,即用木棒、扫把、萝卜之类夹于腿间象征男性生殖器,互相拥抱做房事状,狂欢跳舞,不避生人,若有生人路过,舞者即迎上做手语:左手拇指和食指握成圆圈,右手食指反复插入,象征性交,意在以此庆贺添人进口,家族兴旺,民族昌盛。

威宁板底彝族"撮泰吉"

贵州彝族也有一种交媾舞,在原始舞蹈"撮泰吉"(彝语"变人戏"之意)中,"撮泰老人每到一家,主人都要备下酒肉,表示欢迎。在同辈的人家,撮泰老人还要唱彝族古情歌。在久婚多年未能生育的夫妇家,阿布母与阿达姆还要做一些交媾示意状,以引来隔年生子。"交媾舞的过程是:劳动休息的时候,戴兔唇面具的嘿布(男性成年人)挑逗戴娃娃面具的阿达姆(女性成年人),并从阿达姆背后抬腿与之做表示性交的示意动作;戴白胡子面具的阿达摩(男性成年人)发现后,马上追打嘿布,接着他也与阿达姆"性交"。而在婚后多年未能生育的人家,阿达姆和阿达摩在堂屋中当众作交媾状表演,以为这样就能让未育夫妻在来年生儿育女[①]。

三、性器崇拜

性器崇拜是先民将生殖器神化的一种观念。在母系氏族社会,人们崇拜女性生殖器官,故最早的岩画中,大多突出女子的乳房和外生殖器。而到了父系社会,人们转而崇拜男性生殖器了,我国古代曾经崇拜过石祖(即用石头加以打磨制成的男性生殖器)、陶祖和木祖之类。性器崇拜几乎在贵州各个少数民族的发展历史都存在过,各少数民族有关性器崇拜的文化现象也比比皆是。

龙是中华文化特有的内容。作为"水神"的象征,它在我国几千年的农耕历程中受到许多民族的祭拜,由此还产生了内涵极为丰富的龙文化。而龙究竟为何物,学术界众说纷纭。综合各家观点,笔者倾向于认为:"龙是出现于中国文化中的一种长身、大口、大多数有角和足的具有莫测变幻的世间所没有的神性动物",其"基型为蛇"。蛇是世界各地原始人类用于象征男性生殖器的动物,则为人所共知的事实,这里不再赘言。因此可以推测,我国的龙文化中必然包含有生殖崇拜(男根崇拜)的因子。

---

① 廖明君.生殖崇拜的文化解读[M].南宁:广西人民出版社,2006:577.

普遍崇拜龙的布依族,有一种龙的象征物——铜铸"龙宝"。"龙宝"上扎各色花朵,被视为神物,常被无嗣人家重礼请到家中,以祈求生育男孩。如由之生子,则视为"龙子"。这里的"龙宝"上扎花,显然有两性结合的意思——"龙宝"象征男根,"花"则具有女阴象征的意思。

苗族祭龙时,在接龙的路旁插许多竹子,竹子上面拴纸人,妇女在村口持酒相迎,为龙叩头、烧香,往龙身上系棉条或麻匹,然后每个妇女抱三五个纸人。据说这是向龙要小孩,俗称"讨婴崽",繁衍子孙、生育后代的目的于此一目了然。

少数民族以龙象征男根的资料远不止这些。之所以选择龙,一来无论龙的原型是单一的蛇,或是河马、蜥蜴、鳄鱼、虹,还是为蛇马组合物,外形都有与男根相像之处,蛇、蜥蜴、鳄鱼、马等动物的颈部都比较长,且能随头部灵活运动,蛇更是能伸缩自如;二来尽管人们认识到男女交媾才可能生育,但对生育之事、男根的情况仍然感到十分神秘,初民更是如此,于是选择神秘而又能呼风唤雨力量无穷的"龙"象征男根似乎就不难解释。

竹由于其质地致密坚实、直立挺拔,竹笋挺拔翘然的姿势,可以充分象征男根的硬挺的内涵。但竹为什么会成为女性生殖器官——女阴的象征?从表象上看,竹筒圆而中空,与女阴的轮廓相似;从内涵而言,竹多子(发笋多),繁殖力极强。当时只知女阴生育功能的原始社会先民就将竹作为女性生殖器官的象征,表现了他们对竹生殖能力旺盛的羡慕和崇拜。原始社会人类浑沌初开,人们由竹及女阴的相类联想,引发出他们的一种模拟心理:经过与竹生殖能力的比照,远古先民尤其是女性,渴望通过对竹的崇拜能够起到生殖功能的转移作用或者加强作用,即能将竹的旺盛生殖能力转移给自身,或者能加强自身的生殖能力。所以,远古人类遂以竹象征女性生殖器——女阴,由此而应运诞生了一种祭祀礼仪活动——祭拜女阴,用于祈求人口繁盛,生殖昌旺,从而创造出或从中衍生出远古人类一种独特的精神文化现象——生殖崇拜文化。进入父系氏族社会以后,男根崇拜渐占上风,竹便由女阴崇拜的象征物转变为男根崇拜的象征物。

部分彝族、布依族和仡佬族有关于祖先源自"竹"的传说,当妇女久婚不孕或无男性子嗣时,常以各种巫术之法祈求"竹"赐予后代。竹作女阴崇拜的象征可从竹生人的神话传说中得到佐证。贵州威宁彝族人传说:"古时候,有个在山上耕牧之人,在岩脚边避雨,见几筒竹子从山洪中漂来,取一竹筒划开,内有五个孩子,他如数收养为子。五人长大后,一人务农,子孙繁衍成白彝;一人铸铁制铧口,子孙发展为红彝;一人制竹器,子孙发展为后来的青彝。因竹子从水中取出时是青色的,故名曰青彝。为纪念老祖宗出自竹子,青彝始终坚持编篾为业,世代赶山赶水,哪里有竹就在哪里编,由于彝族从竹而生,故死后要装菩萨兜,以让死者再度变成竹。"

侗族崇竹自古有之。其一是"古代侗族对竹子有一种特别的崇拜,不少人家以竹供奉于神龛上,称为'竹王',可能是古侗人的部落首领或族长的尊称"。[①] 其二是侗人极企望子孙如雨后春笋,茂盛兴旺,正如《侗款》里所说:"竹子老了生嫩笋,老辈过了有后生,换了老竹长新竹,换了长辈斛年轻。"

贵州仡佬族在春节期间举行"打花龙"的娱乐活动。"花龙"是用竹篾编成比乒乓球稍大的空心球,里面装有一些石子或碎瓦片,使其相撞发声。打"花龙"时男女数十人聚集在固定的花龙坡上,两人一组,男女相互对掷。这种活动实质上是古代仡佬族人借竹崇奉生殖神活动在现代社会的变异。

在贵州一些布依族地区,有一些类似于女阴或男根的自然物,布依族人也对之加以崇拜。"仙井"本是高山之巅积水不干的怪异石坑,但布依族人认为,喝了"仙井"的水,就能添丁添子。每年农历正月至三月,那些久婚不孕或无男孩的人家,便携带香纸到"仙井"许愿、饮水,祈求"仙井"赐予子女。溶洞口中突出的石柱,则视为男根的象征。有的人家求子时将红布挂在石柱顶峰之上,用酒、肉、公鸡、香纸等物敬献,以求子嗣。这些仪式多由"布摩"主持。

黔南荔波瑶族有着浓烈的性器崇拜意识,自然中类似男根、女阴的石笋、石穴或是类似的植物都是人们敬畏的崇拜物,都把之看成是有生命和创造生命的"神器"而加以保护和祭拜。有的村寨甚至把类似男根、女阴的石头安置在公共建筑(小庙或社房)前面,成了成年男女尤其是久婚不孕的夫妇的祭拜对象,久而久之,这里便成了一个家族期盼人丁兴旺、家族兴盛的祭祀场所。

贵州水族人认为像人形的石头具有神性,在云南古敢乡南端与贵州相邻的石山中,有一座形如榔头、高约20米的巨石,当地称为"石榔头",与男根相似,水族群众认为它是一块"神石",民间传说这座巨石能保佑人们喜得贵子。结婚多年不孕或家中没有儿子的人,常到这里求子。她们把自己的要求写在红布条上,贴于石山之壁,同时在巨石前许愿,祈求"神石"能让自己如愿以偿,并一边许愿一边烧香磕头。

荔波瑶族性器崇拜

辣椒是贵州少数民族地区普遍

---

① 杨保愿.嘎茫莽道时嘉——侗族远祖歌[M].北京:中国民间文艺出版社,1986.

种植的一种蔬菜,是日常饮食中不可缺少的佐料之一。由于辣椒使用频率较高,且形似男性生殖器,故民间以此喻为生男的象征物。如侗族和苗族民间在新生儿诞生后,为防止陌生人闯入屋内,往往在大门旁挂上一些东西以警示,生男即挂辣椒,生女则挂布等物。

从上看出,无论是对性交崇拜,还是对男女性生殖器的崇拜,它都是包括贵州各个少数民族文化在内的世界文化发展史上一个普遍存在的现象。贵州少数民族中的生殖崇拜文化,从纵向上看,自原始氏族社会到现在,相关事象总体上虽然显出逐渐减少的特点,但始终未曾断灭过;从横向上看,生殖崇拜的因子融入于贵州省少数民族生活中的诸多方面。受小农经济和儒家"不孝有三,无后为大"的思想影响,各少数民族的生殖崇拜文化内涵丰富,形式多样,与特定的经济形态和自然环境有着密切的联系。这些生殖崇拜多广泛涉及各民族的生活环境,葫芦、鱼、蛙、龙(蛇)、鸟、花、蝴蝶、竹、岩洞、巨石无一不是少数民族地区的寻常之物。这些生殖崇拜的文化事象在贵州各少数民族人口文化中的广泛存在,说明生殖崇拜是人类社会特有的一种文化现象,是人类对自身和自然的朴素认识,无论是在生产力极端低下的人类早期还是在文明高度发达的现代社会,都曾出现过性交崇拜、女性崇拜、生殖器崇拜等各种各样的生育崇拜的文化景观。这一方面反映了人类对生殖的无知,另一方面也反映了人类对后代的极度渴望。

第二节　生育观念

生育观念是指人们对生育现象的认识和态度,是人们在婚育繁衍过程中形成的观念、道德、习俗和制度的综合。它的核心是生育意愿,也称生育观,主要包括对生育子女性别的偏好,对生育子女数量的期望,以及生育的目的和意义、生育行为的价值取向、行为准则和风俗习惯等思维模式的总和。传统生育观主要表现为早婚早育、多子多福、多生多育、儿女双全、偏重男性后嗣、养儿防老;从生育需求来说,主要为满足传宗接代、情感需要、增加劳动力、增强家族势力和社会地位等,这些传统生育观念在贵州绝大多数少数民族中均有不同程度的表现。

一、性别选择

传宗接代是中国最为传统的生育动机。在传统生育文化当中,每个人都不完全属于自己,而是属于一个家庭或者一个家族,一个人一生最重要的使命就是把家庭延续下去,自己只是家庭发展链条上的一个小小的链环,家庭的链条绝不能在自己这个链环上断开。倘若断开,那就上对不起列祖列宗,下对不起子孙后代。而在传宗接代的重要使命中,完成者非男性莫属。因此,围绕着传统意义上的传宗接代而生育,其生育意愿是一定要生,而且一定要生男孩。传宗接代是随着父权制发展起来的一种价值观念,其基本内涵是将父系的血缘承接下去,由祖传父,由父传孙,代代相传。生活在具有浓厚父系色彩社会中的人们,无论男女,往往都会把传宗接代内化为自己的生存目的,视为人生价值得以实现的一个重大目标。如果达不到这个目标,就是人生的最大败笔,在人们的观念里,没有比"断子绝孙"更让人感到为人处世的难堪。不仅自己觉得此生暗淡无功,愧对祖先,而且也会丧失许多社会资源的机会,如不能做头人,不能充当媒人,不能主持婚礼,不能主持重大的宗教祭祀活动,没有村寨大事的发言权,不能做全村寨活动的领导者等。在贵州民族社会中,不同房族、家族的群体往往聚族而居,其居住地的大小,在当地社会资源中享有程度的高低以及通婚关系的建立也往往与其人口的多寡互为依持。传宗接代的内涵中不仅包含了延续本家庭的父系血缘支系,同时也包含了延续血缘和增加人口、扩大家族势力的需求,对这种需求的满足则意味着要落实到生育儿子的基点上来。因此,在贵州的少数民族地区,重男轻女的观念反映在传统生育文化中的表现是形形色色。

贵州各少数民族文化具有明显的重男轻女特征,而且影响久远。如苗族对后代的生育十分重视,认为多子女是一种吉祥兴旺发达的象征。对男孩子多的家庭,认为是发达的表现,没有子女或有女无儿的家庭则视为"绝户",不仅活着的时候受人欺侮,没有人养老送终,死后也不得安生。按苗族习惯,只有男子才有祭祖仪式的权利,才能给死者献祭。有的甚至有这样的习俗,有儿子的夫妇,死后作人埋,即坟墓直埋或顺山埋,砌上石头;没有儿子的夫妇,死后不能作人埋,只能作牛马埋,即坟墓横埋,不砌石头,也不垒坟,只是一个土堆。这对无儿的苗族人来说,是极大的屈辱和无奈,因而在生活中处处低人一等。历史上沿承下来的这一习惯,使得一代一代的人们在耳濡目染中逐渐融为他们的行为规范,并内化为自己的生存需要和目的。

由于受重男轻女思想的影响,贵州的水族人普遍认为女孩长大了要嫁人,"迟早都是别家的人",只有儿子是家庭长久的劳动力,才能传续"香火",延续家庭血脉,没有儿子就会绝后,低人一等,因此,极为重视男孩,都希望有个能"传宗接代"的儿子。由此使一些水族村寨的出生性别比失衡,如笔者2004年在丹寨县某水族行政村从事"关爱女孩行动"课题调查得知,2004年3月,在全村471人中,年满23周岁的未婚"光棍汉"就有51人,这些事例在全国都很鲜见[1]。出生性别比的偏高,光棍汉的较大比例,可能会对水族社会的发展产生不良影响。

---

[1] 杨军昌等.西南民族地区出生人口性别比失调问题研究[M].北京:民族出版社,2010:89.

贵州仡佬族重男轻女的思想也比较突出：婴儿出生，若是男性，则称为"门口站"、"读书的"；若为女性，则叫做"锅边转"、"烂箱子"、"空人人"。女婴出生后没有专门的祭祀祖先的仪式，长大出嫁时，除了一份不重的嫁妆外，没有财产继承权。这一切都源于女子是为别人养，迟早是人家的人，姑娘再多也没用，姑娘不能养老送终等观念。

随着经济发展水平的提高，贵州大部分少数民族的生育观念发生了由早生、多生向晚生、少生的转变，但崇尚男孩的思想依然影响着人们的生育行为。虽然计划生育工作在贵州已经开展三十余年，但几千年来形成的生育文化的思想仍然还在左右着他们的生育行为。重男轻女几乎是少数民族生育文化的核心内容，"传宗接代"、"养儿防老"、"儿女双全"、"多子多福"等生育思想，从不同角度和不同方式与计划生育相冲突，困扰着计划生育工作的展开，使计划生育工作在少数民族地区成为天下第一难事。重男轻女的传统生育文化几乎影响着贵州少数民族地区的每一个人。为了直接了解贵州少数民族的生育意愿，此处根据2006年7月国家社科课题《西南民族地区出生人口性别比失调问题研究》对贵州黔南、黔东南部分县市和印江、关岭、玉屏等民族自治县县所做的646份"群众生育意愿调查"的部分问卷统计数据来窥其一斑。

贵州少数民族"重男"的生育意愿在我们的问卷调查中得到了充分的体现。在设置指标"男女都一样吗？"选项中，占总问卷72.3%的467人都回答了男女平等。在问到只能生两个孩子时，530人（占总问卷的82%）都想生一男一女。两个问题的问卷结果似乎得出少数民族的男性偏好并没有想象的那么严重。但当问道"只能生一个孩子，你是选择男孩还是女孩？"时，问题的本质就凸显出来了，占总问卷71.4%的461人都选择生男孩，说明在这种根深蒂固的"重男轻女"的传统观念下，当计划生育政策不断压缩生育空间时，那么它就会使本来就存在的男性偏好被更加强化，因而大都做出了"弃女保男"的选择。在对"父母要求生男孩吗？"这一选题中，359人的答案是"是"，占总问卷的55.6%。由此可见，父辈的生育意愿也深深地影响着下一代。而在许多人的眼里，生男孩主要是为了：一为传宗接代，二为防老，三为生产劳动需要（这三个原因几乎占到问卷总量的90%）。基于以上原因的考虑，人们普遍认为男孩对家庭的贡献普遍比女孩大，而女孩长大后就要嫁出去，等于为他人作投资。因此，日常生活中往往存在这样这样一种现象，生了男孩的家庭人人喜笑颜开，皆大欢喜、请客吃饭、高朋满座。生了男孩的妇女也觉着自己为家庭争了光，理直气壮，在家庭中也受到比较优厚的待遇，想说的话敢说，想做的事敢做，性格开朗、心情舒畅；相反，在一些生女孩的家庭，人人愁眉苦脸，家庭气氛紧张。没有儿子的男人出门抬不起头，直不起腰，站在人前矮三分。而妇女更成为丈夫的"出气筒"，这些妇女甚至被认为生不出男孩是因为她们没本事，因此，在"坐月子"时即使有什么需要也压在心里,遇事尽量自己处理。在劳动生产上,要比生男孩的妇女早下地干活,休息时间少。高强度的生产劳动与精神包袱压力,对有女无儿家庭妇女的身心健康造成了严重影响。

从问卷结果可以推知,少数民族重男轻女、男尊女卑、传宗接代等观念,与家庭继承权是有密切联系的,可以说互为因果,相互强化,他们信奉唯有男孩才能传宗接代,唯有男孩才能继承家业,认为只有儿子才是后,并把儿子作为养老送终的依靠;女儿终究是要嫁人的,"嫁出去的女儿泼出去的水",必定要成为婆家的人,所以,女儿不能传宗接代,继承家业。按照习俗,有儿有女者,只赋予儿子继承权。在贵州许多少数民族地区,有女无儿者,则要过继嗣子,延续香火。正是这些观念的作祟,人们对待儿子和女儿形成了极不相同的态度,孩子一出生就深受重男轻女观念的影响而得不到公正平等的对待。

笔者认为,要在短期内转变少数民族的生男意愿是不太现实的,而最根本的途径是大力发展少数民族地区的经济。因为相对落后的经济发展水平是贵州省少数民族重男轻女并导致性别比严重失衡的根本原因。自从国家实施"八七"扶贫攻坚计划以来,经过多年的艰苦努力,贵州省的扶贫工作取得了令人瞩目的成就,但到目前为止,贵州省尚有300万左右的人尚未脱离贫困,而且贫困地区进一步向少数民族地区尤其是农村集中,这些贫困人口主要集中在黔西南、黔东南、黔南三个少数民族自治州。因此,从很大程度上来说,贵州的贫困地区可以说是少数民族地区,贵州的贫困是少数民族地区的贫困。而民族地区传统落后的农业生产模式又强调着对男性劳动力的需求,使得生育意愿中的生男偏好和"养儿防老"成为必然的理性选择。同时,越是贫困的地区,对自然资源与环境的依存度越高,这必然导致形成"越生越穷、越穷越生"的恶性循环模式,这更加不利于转变贵州省少数民族的传统生育观念。因此,只有大力发展贵州的经济水平,通过经济水平的发展来影响其他中介变量,提高人们的生活水平,从而达到根本转变人们生育观念之目的。

二、数量选择

重男轻女的生育观念只是表明了人们在对待男孩和女孩态度的不同,并非不愿生育女孩。事实上,人们在偏好男孩的大前提下,更希望儿女双全。人们希望生育男孩主要是为了传宗接代和增加劳动力,希望生育女孩则是为了多几门亲戚,逢年过节有人来往,显得热闹,还有为家务劳作增添人手。而从心理层面考虑,家族人丁兴旺能提高家庭和家族的地位,扩大家庭的影响,子孙满堂能满足人们光宗耀祖的心理,因而"四世同堂"的家庭自然成了荣耀乡里的资本。人们总以家庭人口多为荣,而将没有后代视为缺憾甚至耻辱。

第三章 贵州民族人口生育文化

贵州苗族追求的是儿女双全，多子多福。苗族传统的生育文化认为，有儿子才能代代相传，保持家庭、房族向社会的纵深发展；有女儿才能主动联系社会，使家庭、房族和家族向横向发展。这样，才能使家庭、房族和家族与外界形成一个大的社会网络，人生的社会价值才能在这个网络中实现。在许多苗族人家，当连续生了几个儿子或几个女儿后，都再想要女儿或儿子，以成全生育意愿的"纵横观"，体现人生价值。在过去没有开展计划生育之前，一个苗族家庭生育三四个孩子的情况极为普遍，有的家庭还有五六个七八个。只要有可能，人们会尽力生育孩子。

母与子

同样，贵州的侗族也以持有这种观念的传统生育方式来维系这个民族的生存与发展。由于生产活动和习俗的需要，人们对子嗣极为重视，认为男孩越多越好，那是家庭有实力、家族兴旺的象征。因而，民间多没有避孕的意识和方法，只是社会习俗中有意识的性禁忌对人口控制起到了一定的作用。同时，由于过去当地汉族用中草药节育，或服水银避孕，但由此引起的中毒死亡、终身不孕等事故时有发生，故侗族人很少采用，从而早婚早育、多生多育的观念渗透到人们社会生活的诸多方面，左手牵一个、右手拉一个、前面走一个、后面跟一个、背上背一个、肚里带一个的现象极为普遍，人口增长也较迅速。侗族多子多福的观念是千百年延传下来的。侗族重男并不意味着没有女儿也同样幸福。在侗族人的观念里，没有女儿的家庭也是不完善的家庭，只不过与无儿相比，完善程度较低一点而已。侗族认为，儿子虽然是延续家庭血缘的根脉，但儿子娶亲后，婆媳关系、翁婿关系的不甚协调，使儿子与父母的关系多少受到影响。女儿虽然长大必定外嫁，但她在娘家时可以承担众多的家务事，如照看弟妹、洗衣做饭、打柴喂猪、收拾屋子、下田地干活等，是家庭劳动的好帮手。女儿出嫁后，虽然家庭损失了一个劳动力，但却带来家庭亲属关系的扩展，多了一份社会资源，多了一个走动的地方，多了一份社会力量和社会支持。而且，女儿嫁在近处，也时常过来帮娘家一把，诸如照料病中的双亲、农忙季节帮助生产等。所以说，没有女儿，同样是家庭生活的缺憾。故而不少人家在有了儿子后，尤其是有了几个儿子后，对女儿的期盼更加强烈。因此，根深蒂固的传统生育文化浸染和生产需要，使侗族人形成了多子多福的强烈观念，人们不可想象婚姻中没有孩子，家庭中没有儿女，这样人生不仅不完整，甚至没有意义。所以，尽管一些人很穷,也很劳累,但儿孙绕膝所带来的心理满足和安慰,远远弥补了身体的劳累和物质生活的匮乏。

但在这里需要提到一下的是,与其他侗族不同,贵州省从江县高增乡占里村的侗族人,在长期的生育实践中,逐渐形成了一套从避孕到孩子性别选择的人口控制方法。他们用自己配制的草药进行生育调节,近六十年来人口一直呈恒定增长状态,实现了人口的稳定再生产。

仡佬族十分重视本族人口的繁衍生养,多子多福的生育观念占据着主导地位,仡佬族认为,只有人丁兴旺,才能五谷丰登,而一个家族男性人口的多少则直接决定了子孙后代是否能"枝繁叶茂"。家族人口越多,在当地的影响力才会越大,全家族的地位也才能更大。尽管仡佬族社会中男子占有重要地位,但并不重男轻女。因为,对于一对夫妻来说,仅有儿子而无女儿不能算是全福之人,许多社会场合他们同样不能参与。而且,同时从他们长辈的葬礼也能反映出来,当老人去世时,出嫁的女儿要与其夫抬一头猪和几十个甚至上百个装有肉、菜、糖果等食物的"祭碗"和各种各样的花幡旗伞来下祭,使葬礼更为隆重。若无女儿,老人的葬礼则显得较为冷清。同时,女儿还是联系其他社会关系的重要纽带和父母感情的一种依托,在家时女儿是家务活的重要帮手。没有女儿,往往被视为人生的一个遗憾。因此,生育女婴,家人都视为喜事,并尽力给其较好的抚育。

对于"数量选择——多子多福、儿女双全"的命题,我们在此不妨做一个简短的成本—效益分析。先看成本。首先,在有限的家庭生活资料下,人"口"的增加将必然降低人均生活资料占有量,但由于人们生活质量较低,抚育子女不过是"添一口人、添一双筷、添一个碗",对家庭生活影响不大;其次,对子女的生活照料会花费父母大量的精力,但在多口之家,子女间的相互照应可以减轻父母的压力,而且多生是对高婴死率的弥补。据报道,贵州黎平黄岗村2001年婴儿死亡率高达60.53%,而全国同期仅为16.95‰[1]。其原因就在于缺乏科学合理的护养,这对超生是一种潜在的刺激;再次,在家庭财产继承和分配上,子女的增加意味着继承份额的减少,甚至导致贫困。如侗族《劝世歌》所唱"家养崽多家贫穷,树结果多树翻根;养的女多无银戴,养的崽多无田耕;女争金银男争地,兄弟姐妹闹不休"就是其反映;最后,贵州各民族过去都有"姑舅表婚"索要彩礼的习俗。光绪二十四年(1889)立于锦屏彦洞、瑶白两村的"定俗"碑云:"康熙时,舅仪要银九两,申扣纹银二两八以下;嘉庆时,用色银,舅仪钱要银十一两,扣纹银;光绪时,用宝银,舅仪勒要纹银数十金。"[2]索要彩礼钱,造成了"富者售尽家业得以为室,贫者绝灭香烟不

---

[1] 黎光寿.黄岗婴儿高死亡率调查[J].南风窗,2005(11).
[2] 姚炽昌.锦屏碑文选集[G].锦屏县志编委会,1997.

得为家"的后果。再看效益。首先,生育直接增加了家庭劳动力,在手工劳动为主的生产方式下,这是极其重要的;其次,生育加强了社会联系。男孩是传宗接代的保障,女孩则是家庭与外界联系的桥梁,因此"儿女双全"是人们普遍的人生理想;再次,生育是养老的保障。男孩提供物质保障,女孩提供必要的生活照料;最后,生育满足了社会心理效益。如人丁兴旺、四世同堂、其乐融融的家庭氛围,是人们向往的生活境界。显然,当生育效益大于生育成本时,人们多选择多生。而当人们的注意力集中在生育数量上时,就往往忽视对生育质量的重视。

综上所述,贵州少数民族生育观的特点归结起来是:崇尚多子多福,重男轻女,传宗接代,养儿防老。随着经济的发展,传统生育观赖以存在的经济基础已经不复存,但传统生育观仍然存在,这是因为生育观属于意识形态的范畴,其发展变化具有相对独立性,虽然它与经济发展水平有很强的相关性,但并不与经济发展完全同步,其变化往往滞后于经济发展水平。

贵州少数民族传统生育文化是形成并存在于以小农经济为主的中国传统的生育文化,由于众多因素的存在(如文化本身的滞后性、贵州落后的经济状况、封闭的地理环境等),从而导致少数民族传统生育文化向新型生育文化的变迁较为缓慢,并在其变迁过程中形成了自己独具特色的特征,它主要表现为:(1)生育观念上的复杂性。追求数量方面的多生观念,追求性别方面的生男观念,追求势力联合的婚姻门第观念,注重婚姻、生育礼仪的繁杂多样性。同时受儒家思想的影响,少数民族生育文化的封建伦理色彩浓厚,如多子多福、男子传后、女子不能传后、女子只是生育工具等观念;(2)传统生育文化的农耕性。在经济文化都相对落后的贵州少数民族地区,自给自足的小农生产方式占主体地位,它的特点是"男耕女织"、"男主外,女主内",男子田间劳作,养家糊口,女子操持家务,生儿育女。在这种落后的生产方式下,土地为家庭提供绝大部分生活资料,男子是家庭生活的主要保障。传统的小农生产,使用简单的手工工具,男子长大成人后自然成为主要劳动力,因而小生产方式下的家庭,多生男孩、增加劳力的愿望必然强烈。此外,男孩还有传宗接代、提供养老保障、提高家庭地位、扩大家庭实力等效用。从价值层面看,生育满足了继嗣上的要求;在经济层面上,生育满足了扩大体力型劳动力的社会需求,表现出对孩子数量的

回家路上

追求,并由此形成了生男和多男的追求;(3)男尊女卑。由于贵州各少数民族的生育文化大多停留于传统阶段上,封建迷信色彩依然浓厚,不少妇女在苟延残喘的封建礼教束缚之下,在政治上、经济上、人格上的独立性缺失,沦为男子的附庸。女性地位低下,反映在人们的生育行为时,必然是重男轻女,甚至溺杀女婴。如2004年4月,台江县部某用毛毯、砖头将其出生两天的女儿裹缚后沉入河中溺死的案件就是其中的典型事例[①];(4)家庭观念和宗族意识占主导地位。生育在此时不只是妇女的个人行为,而是整个家庭甚至是整个家族的事情,因此,家庭的传宗接代必然导致宗族势力的扩张:一方面,种的繁衍为宗族势力扩张奠定了社会基础,传宗接代给宗族势力延续提供了文化安排;另一方面,宗族势力千方百计地鼓励种的繁衍,支持传宗接代,使"不孝有三,无后为大"的生育观念渗透到家族的每一个成员。重视对贵州少数民族传统生育观与生育行为的总结、分析与批判继承,无疑有助于促进民族新型生育观的树立和人口文化的现代建构,是民族人口发展迈向和谐、均衡的里程。

第三节 生育习俗

对于贵州各少数民族的绝大多数夫妻来说,婚姻的缔结开启了他们新的感情生活和家庭生活的序幕,性爱是其中的一部分。但如果靠性爱来维系婚姻的持久,这不仅是他们生物性的缺陷,也是社会性的不完整。婚后新妇怀孕与否成为人们最为关心的一件大事。只有新生命的孕育才能说明夫妻已成为一个整体,他们共同组建了一个完整的社会细胞,真正担负起和履行着延续社会的责任。正因为如此,在贵州少数民族中围绕着生育演绎出许许多多的民俗现象。

一、求子习俗

与生殖崇拜相比,贵州各少数民族的求子习俗与生殖崇拜是紧密地联系在一起的,许多求子习俗实质上就是生殖崇拜。生儿育女在传统生育文化中位尊目的之首,"不孝有三,无后为大"不知被多少人奉为真理,成为多少人生活的准则。更有甚者,结婚往往尽被当做是传宗接代的程序和工具。在许多人的观念意识里,没有了后代,就等于宣判了自己的"死刑","断子绝孙"成为一种极其恐怖的现象。为此,不育求子成为自古以来甚为重视的习俗。这种习俗是各民族群众在长期繁衍后代的过程中逐渐形成的,从表面上看,虽然生育是一种生理行为,但包含了丰

---

① 杨军昌等.西南民族地区出生人口性别比失调问题研究[M].北京:民族出版社,2010:115.

富的文化内涵,反映了人们对生育理性的和非理性的认识。

在贵州,各少数民族均认为,结婚生子是天经地义的事。婚后无子,不仅是家庭的损失,也是家族的缺失,人生会因此而黯淡,变得毫无意义,甚至死后也没有人献祭。所以,久婚不孕或连续生女无儿的夫妇,就要想办法去实现人生和家庭的美满,而求子即是实现这种美满

求子还愿

的重要的途径之一。如何求子,各少数民族有各自的认识和方法,也有许多相似之处。他们的求子仪式主要表现为祈求神祇、并富一地方特色的神秘巫术。受历史条件的限制,贵州各少数民族的求子习俗都有一定的迷信色彩或亚文化现象。

花山节是苗族的传统节日,包含着浓厚的求子内容。该节日多由没有儿子或无儿无女的人家主办。节日之时,主人家要砍一根木杆或竹竿竖在山上,杆顶上挂一块褐色或红色的布条,称为"立山"。大年初一至十五,人们从四面八方涌来,聚集在花杆周围,唱歌、跳舞、说古、谈情说爱、寻找伴侣等,进行广泛的社交活动。节日结束后,主人家把花杆拿回家,劈断搭成床铺,杆上的布条则系腰间,认为此举就能生儿育女了。有的地方在立花杆求神时,还带上香和纸钱,献给花杆神,并把自己的愿望告诉卦师,向花杆跪下,作三个揖。卦师随后进行占卜,给求神者一个答复。如果事后如愿以偿,必须在下次花杆节上还愿,生子者以公鸡还愿,生女者以母鸡还愿。一些苗族祭祀祖先时,有的还用糯米做成十几个或几十个男女生殖器形状的东西,贴在主持祭祀的"鼓藏头"家中的板壁上,不育妇女可以随意取下,放在怀中,带回家里煮吃或储于粮食储存具中,以此希冀生儿育女。

在苗族的祭祀活动中,"敬桥"、"跳花"、"接龙"等属于生育方面的祭祀。"敬桥"求子是苗族人的另一种求子习俗。他们认为,小孩胆子小,易迷路,"敬桥"是为小孩投胎铺平道路,后来又演变为积功德、可以得子的一种行为。"敬桥"活动流行于黔东南的苗族地区,有单家独户行祭,也有集体行祭,都是以鸭蛋和鱼为祭品,以麻丝为祭物。祭祀多于每年的二月二进行。而关于它的传说也是围绕着求子:远古时候,苗族夫妇告纳和务仰长期不育,后得到了燕子的指点,在那些沟沟坝坝上搭桥,并用鸭蛋和鱼作祭品,把孩子引过桥来,之后他们就生育了。后人仿效,遂成习俗。

贵州各地苗族跳花的传说有很多,于此仅以流传于贵州大方的跳花传说为例:远古时候,有一对苗族夫妇婚后多年未能生育。有一天,他们在坡上劳动时,谈论

起了无儿无女的痛苦,突然听到了林中有婴儿的哭声,夫妻俩循声过去,见到一只老虎口含一个婴儿在行走,丈夫扑了过去,打死了老虎。正要怀抱婴儿时,婴儿和老虎都不见了,只见一位仙翁从林中走出来说:"我知道你们很想生儿育女,我告诉你们,春天来了,花开过后,就会结果,你们回去开一个花场!请四方的亲友来跳花,万灵之气就会使你们生儿育女了。"这对夫妇按照仙翁说的去办了,果真灵验。关于跳花的传说还有很多,但其中心内容都是围绕着种的繁衍。

"接龙",苗语俗称"亚戎",盛行于黔东的苗族地区,也是一种古老的祭礼,多为求子。一般于农历二月或十月举行。传说从前玉皇大帝令龙神多降雨给苗家耕耘,一次龙神降错了雨,被玉皇大帝关押在苗岭山下,贬为老蛇受苦。之后被一个苗族唢呐手拯救,龙神便把女儿嫁给唢呐手。苗岭山中有一个恶棍,企图以众妻与唢呐手兑换妻子。龙女将计就计,施法将恶棍处死,让唢呐手享受荣华富贵,儿女成群。为了感谢龙神赐福,唢呐手和妻子时常到井边象征性地接龙王来家敬祭,久之成俗。

以"修桥"和"架凳"求子的方式在贵州许多侗族地区也很流行。修桥的目的有两种:一种是为交通而修,没有什么迷信意识;另一种是为求子嗣而修,要举行一定的祈祷仪式,当然这也起到便利交通的作用。求子而修的桥,一般都用杉木,数量三棵、五棵或七棵不等,不用双数(为什么不用双数?笔者认为因为奇数代表阳性,这与侗寨鼓楼的层数相似,即侗寨鼓楼均呈奇数,不呈偶数)。树子要选择不断稍(象征有后代)、枝叶不干枯(象征兴旺)的。树脚同放在一头,并镶为一排,架在小沟上以接通道路,树脚的一头放在朝往桥主家的方向。桥头还设一小座土地祠(一般是用几块石板镶成),内安一小石头为"土地菩萨"。桥架好后,杀鸡、鸭各一只供祭(不请鬼师主持仪式)。据说桥像陷阱一样,谁的魂魄过桥,即投生为桥主的儿子;而土地菩萨是去引诱魂魄来过桥的。架桥以后,不论已否生子,以后每年农历二月和除夕或大年初一,须各备肉或鱼及酒饭去祭桥,同时以一个蛋祭桥头的土地菩萨。后代也延续下去。

在贵州三都一带,每年水历四月(即农历十二月)的"丑日"都要过苏宁喜节(汉族称为"娘娘节")。水族民间传说,这一天是生母娘娘给人间送子嗣的日子。过节时,村寨中家家户户剪彩色的纸人缠于竹条上,把它们贴插在祭桌的墙头。寨子里的儿童手里提着特制的小竹兜,结队挨家挨户地讨象征长寿幸福的糯米饭、鸡蛋、肉片。节日里妇女受到特别的尊重,祭奠仪式都由她们主持。

而婚后数年无儿无女的布依人家,或连续生育几个女儿的,要择吉日向神鬼或其他神灵求子。"搭花桥"是常见的一种求子方法。是时,要请布摩搭桥。布依人认为,这样王母娘娘就会送来子女。居住在贞丰一带的布依族,用一对竹子为桥柱和桥梁,将红绿纸剪成许多人形,红为男,绿为女,然后"迷拉婆"就在房外唱唱跳跳,随后用一根白线从花桥迁到村外,从旁爬过的昆虫被认为龙王贵子,主人要把它捉到花桥上。仪式结束后,将桥安置在求子妇女的房门上或床头上方,一直放到女方年老无生育能力时为止。生活在罗甸、平塘、独山、荔波一带的布依族人,也有一种"架花桥"的求子仪式。届时,年轻夫妇在桌子上摆三碗糯米饭,三挂粽子,三个鸡蛋,一个花筒,筒里的花象征着没有投胎的孩子。仪式由布摩主持。他手里拿着一根木棒,木棒的另一头系一尺许的白布,然后一边唱《米魂引花歌》、《粽子引花歌》、《鸡蛋引花歌》,一边用白布抹花筒里的花。如果花筒里的花沾上了白布,意味着就要得到孩子。望谟、册亨一带的布依族则在正月间请人来"曩今"或"姑牙要化"(一种巫术活动),被请来的妇女用头帕蒙住眼睛,用蜡熏其面鼻,摇头晃脑地唱歌,从地上唱到天上,唱到从王母娘娘的花园中采花来送给想生子女的夫妇。之后,求子夫妇如碰巧怀孕生子,就要杀猪向王母娘娘还愿,礼仪非常隆重。而都匀、江肘一带的布依族求子习俗也别具特色,如女儿不孕,做母亲的就要做花树供在女儿床头上,以求子嗣。

贵州白裤瑶在新婚夫妇婚后三年仍然无子或生子夭折,或者只生女不生男,只生男不生女的情况下要举行"搭桥"仪式。届时,舅家带来两根红纸缠绕的竹篾,主人家备上小猪一头、鸡一只在路口或井边或洞口迎接。杀猪宰鸡之后,舅家将竹篾放在两块石头中间,做成"桥"的样子,然后再到家中痛饮一番了事。凡是"搭桥"以后生下的孩子,其名字都要加上"叫"、"究"、"龚"字样。

结婚生子,在侗族看来是人生极其自然的事情,如果婚后一段时间新婚夫妇没有孕育的迹象或家中主妇只生育女孩,就要采取一定的措施,或到主掌神灵处祈求,拜祭。如榕江侗族多在二月初二选择一条小溪或小沟架设便桥供人行走,或在岔路口安块指路牌为陌生人行路提供方便,以此广聚阴德,祈求多子多福或使小孩长命富贵,易养成人。

贵州的水族将生命的创造看成一个神奇的过程。水族社会重男轻女,认为无男孩是命中某关煞所致。因此,需要选择一个吉日在没有桥的沟道上,用梨、桃、柿、橘等果树的树枝架设一座"桥梁"。这意味着阴阳相通,可以得到儿子。"桥"建好后,要用花糯米饭、红鸡蛋、好酒好肉在"桥"边设祭。同时从"桥"头牵红白两根线到求子妇女的房中,代

"石父"、"石母"崇拜

表打通了关煞，男婴的魂灵可以顺利进入求子妇女的腹中。搭桥附近严禁鳏夫、寡妇经过。认为他们若出现便会抵消祈男功效。这天，长辈不许责骂小孩，男子不许责怪妇女，还忌说"不结果"之类不吉利的话。榕江计划等地的水族在农历二月初二举行祭桥仪式，如果是求生儿女就用林木架新桥，做新板凳安放在桥头，用竹篾缠上纸条在桥的两头插成弧形，在弧形框内放入纸画的或剪的小人，然后插上香，用棕子、红鸡蛋、黄糯米饭在桥的两头供祭。祭祀时烧纸钱，在新板凳上贴纸钱，祈求地母娘娘的保佑，让孩子踏着新木桥而来。

对一些自然之物，贵州各少数民族也可能视其为灵物，因而对之顶礼膜拜，以祈求人丁兴旺、六畜平安。贵州雷山掌坳村有一个形如乌龟的巨石，当地苗族视为"石父"、"石母"，缺儿少女的人家多求之赐予儿女。求男者杀雄性牲畜献祭，求女者则杀雌性牲畜献祭；惠水县上摆乡有两块长方形相互并列的巨石，被当地苗族群众称为"夫妻龙石"，前往求福者络绎不绝；关岭县的花嘎村，有一块人形巨石，说是甚为灵验，许多想要子女的人终年向其顶礼膜拜。被誉为"天下奇观"、"地质绝品"黔西南贞丰双乳峰

贞丰双乳峰

因酷似大地母亲袒露的双乳而得名，被当地布依族称为"圣母峰"，被世人誉为"天下第一奇峰"。千百年来，当地布依族人民一直把双乳峰当作"大地母亲"和"生命之源"来崇拜，远远近近的善男信女和游客也多慕名到山下烧香磕头，求婚，求子，求财，求平安。

"拜谬"是水族地区较为普遍的一种祈求子嗣和求石菩萨保佑子孙安康的一种祈福活动。无子嗣或孩子生病，随时可择吉日到巨石前祭献，一般认为，农历正月初一到十五是最为吉利的日子。和其他的农业民族一样，贵州仡佬族人对生育子嗣非常重视，如果有夫妇久婚不育，则会采取某些特定的仪式来求子。例如贞丰县仡佬族若婚后久不生子，婆家就要杀鸡一只，带到本村寨的神树焚香祭祀，祈求赐予子女。

综上观之，贵州少数民族深受汉族宗法思想和儒家"孝"观念的强烈影响，以祖先崇拜为主的家族、宗法文化保存得特别完好。祖先血脉传承和延续的生育观，对他们影响最大，持续时间最长，也最为深刻。因此，作为子女对祖先最大的"孝"便是生儿育女，维持"家系"与"香火"的延绵不绝。那些年轻的"无子"家庭为了完成对祖先的孝行，不惜对抗计划生育国策而东躲西藏，目的就是要生一个儿子，避

免自己日后成为"无嗣之鬼"。从贵州各少数民族各种各样的求子习俗中可以看出,各少数民族的"求子"并非单纯的求儿子,它包含了这样一个内涵:久婚不育时求的是生儿育女,只生女不生男时求的才是儿子。少数民族传统生育文化思想认为,断子绝孙、香火不继是每个家庭最大的不幸,所以人们非常重视子嗣,许多求子习俗都由此而起,并变成一种文化现象,其中掺杂了不少迷信色彩和封建思想。由于求子的起源很早,原始的神秘色彩以各种形式保留和流传了下来,掺杂在求子过程中的各种信仰、禁忌、巫术等习俗,反映出人类早期对生育产生的敬畏心理并未完全消除。面对如此的传宗接代观,在计划生育法规政策的执行中,单纯的罚款和行政手段不能从根本上解决问题。针对求子习俗现象,我们应该深究它所反映的实质。若不消除少数民族中比例较高的文盲群,不改变交通状况,不提高农民的生活水平等迫切需要解决的问题,计划生育成为人们的一种自觉行为就只能是一句空话。重要的是我们应当如何从根源上破除少数民族对传统观念的迷信,提高少数民族地区人口的科学文化素质,从而循序渐进地改变他们的生育观。发展经济,消灭贫困,建立、健全农村社会保障体系,让人们老有所养、老有所依,才能在未来的日子里有效地控制日益膨胀的人口,让"不孝有三、无后为大"的陋俗成为历史。

二、怀孕习俗

怀孕俗称"有喜",是人生中的一件大事,也是人生的又一大转折,也是家人、亲朋好友,甚至整个家族为之关切的一件大事,其风俗习惯和一些禁忌也自然不少,在少数民族风俗习惯资源丰富的贵州更是如此。值得注意的是,怀孕既然是大事、喜事,所以一切风俗习惯都在提醒孕妇小心在意,切勿超越范围伤害了胎儿。为此,怀孕的风俗习惯大都转化为禁忌了。这些禁忌束缚了孕妇衣、食、住、行等一切行动,有的甚至掺杂了不少迷信色彩,直到现在还为许多人深信不疑,久而久之便成了文化传统。

仡佬族极为重视对孕妇进行的相关的照顾和保护。贵州道真仡佬族妇女把怀孕称为"有好处"。孕妇孕期要求尽可能吃好的食物,尽量补充营养;一般不再做重活,也不能到离家太远的地方劳动;通常还要远离婚丧嫁娶等人多嘈杂的场所。同时妇女怀孕后还有许多相关习俗和禁忌。例如,在饮食上忌猪、牛、羊、鱼等肉,认为吃了小孩有"母猪疯"、"羊癫疯"和流口水、吐白沫等。又如,孕妇不能随便摘树上的果实,摘了后树不结果实等。

在一些苗族看来,怀孕生子并非是男女两性结合的结果,而是神鬼赐予的,没有孕育或无子,都要去祈求神鬼的护佑。还有的苗族认为,生男主要靠男人,就像土地里不撒种就不能长出庄稼一样,但生男生女却主要由女人决定。还有的苗族认为,孕育七个月生下的孩子多能高寿,八个月的必是短命者,所以有"七活八死"

之说。妇女怀孕后，家人都视之为大事，尤其是怀第一胎，孕妇受到的关照更多。如果此时还在娘家"坐家"的小媳妇，怀孕后就必须返回夫家孕育和生产，不能再待在娘家。因为苗族认为，女儿在娘家生育，是不吉利之事，所以要尽量避免。由于生产劳动的需要和生活水平的限制，孕妇多不脱离生产劳动，仍然坚持劳作直到临产的最后时候。不过，为了保证孕妇能顺利生育，苗族民间还有不少针对孕妇的禁忌，这些禁忌有的完全是神鬼观念在作祟，有的是对妇女的歧视，而有的则纯粹是无稽之谈，但其目的都是为了趋利避害。主要的禁忌如孕妇不能参加婚礼，因为"四眼婆"（孕妇）去看，对新媳妇不吉利；孕妇不能为过世的老人缝寿衣，不能参加丧葬活动，否则会妨碍老人的灵魂的离去；不能吃母猪肉和公羊肉，否则生下的孩子会得母猪风、羊角风；不能吃老鹰等咬死的鸡，不能跨拴牛马的绳子，否则会难产等。一些苗族妇女为避免"儿多母苦"的状况，在长期的生活和生产实践中逐渐掌握了某些节制生育的方法。她们在经前用一种灌木植物煎水喝，以达到避孕的目的，据说效果较好，又无毒副作用，深受广大育龄妇女欢迎。在现实生活中，由于苗族向来对子嗣较为关注，又因为女人主要承担着生育的重任，所以，当女孩子还未成家时，母亲或其他长辈女性就让她在生活中逐渐了解一些生育常识。当然，这些常识有时是以神鬼或禁忌的方式出现的。如烧柴时不能倒着烧，以免将来孩子会倒生，引起难产；出门赶货，也不要将猪草与柴薪同时放入一个竹篮里背负，否则将来会生怪胎；不要吃双生瓜果，以防将来生双胞胎或多指婴儿；不能从拴牛马的绳子上跨过，否则将来会难产等。

而对于侗族来说，妇女怀孕后，一般不再从事繁重的生产劳动，仅力所能及地做些家务和轻微的田间劳动，家人在生活上给予适当的照顾。因此，怀孕既是夫家大事，也是娘家大事。这时，娘家才认真准备起嫁妆，夫家才认真布置新居。女方一旦怀孕，男方即派人带着礼物到岳母家接妻子回家，女方家也以相同的人数相送。有的还举行隆重的仪式。在孕产期，侗族民间也有许多禁忌，如出猎时，忌看见孕妇或正在梳头的妇女；忌孕妇进入别人家；忌孕妇触动死者，否则会使死者到阴间增加罪过；斗牛时，忌孕妇从牛王面前经过，其夫也不得参加斗牛队伍；忌孕妇站在砍柴人面前，以免胎儿破相；妻子怀孕，忌丈夫给别人抬丧，否则会伤元气，影响胎儿正常生长；孕妇忌吃葱、蒜、羊肉、牛肉，否则孩子会得狐臭，变成哑巴等，若不慎犯忌，要请巫师作法，驱邪除晦，以求安宁。

贵州的水族人认为多子多孙才能多福。因此，妇女怀孕后，全家人一方面力图对胎儿施加种种有益的影响，即胎教；另一方面，对孕妇精心照料，以期生育一个理想的子女。从现代意义上讲，所谓胎教，是指孕妇在怀孕期间的一切心理、生理状态对胎儿将来的身心、智力发展上产生的一切影响。胎教强调妇女在怀孕期间，除要关注她的身体外，还要注意她的精神状态和外界环境。养胎的目的主要是养育出一个健康聪慧的孩子。水族人认为,婴儿健康漂亮与否,在很大程度上要依靠母亲的行为和外界接触感知的事物,这种外部感应的思想、环境决定性格的用意在贵州的水族社会中是比较明显的,因而也就出现了一些针对孕妇的禁忌。如水族民间认为孕妇不能看见奇怪的事物,不能做非常的事情,不能进入集市和公共场所,不能参加各种宗教活动等。此外,孕妇必须遵循一些特殊的禁忌,如不能参加别人的婚礼仪式,否则就会导致新娘不孕,冲了别人家的"喜",即使迎亲队伍也忌讳遇上孕妇,认为见了孕妇日后新娘将不育;甲有客时,孕妇走路须十分留神,不能从客人伸出的腿上迈过,否则,不仅会被客人认为是一种侮辱,还会导致自己家中谷物歉收。

布依族新婚妇女"不落夫家"期间如怀孕,娘家就用染红的鸡蛋或具有喜色标志的东西送到男家,男家隔数日也同样备带相应的礼物作为回敬。同时新妇的丈夫或其弟妹要前往女家将孕妇接回。也有的"坐家"妇女回夫家后,一段时间内不再回娘家也预示着有孕在身了。妇女若是第一次怀孕,受到的关注则较多,之后怀孕,受到的关注则较少;一方面,人们认为一胎后怀孕的妇女已经有了生育经验;另一方面,家庭生产生活量大繁杂而少有余暇对孕妇顾及。所以,大多数孕妇直到临产前劳动仍然与往常一样。怀孕期间,农村布依族妇女大多没有到医院检查的习惯,但一些地方的布依族妇女怀孕后,会请布摩到家里念经,祈求胎儿正常、健壮,孕妇平安。当第一胎临近产期时,为了让孕妇顺利生产,安顺、镇宁、普定等地的布依族要举行"改都雅"仪式。届时,由舅家派两名多子多女的男性长者送来一对金竹。祭司就用此竹弯成拱门形状,上扎各色花朵,挂着纸剪的人形,纸人互相牵手,表示子孙发达。同时祭司还念祭词,主要是感谢神竹赐子,祈求母子平安。然后将神竹安放在孕妇的卧室门上或床头上,一直保留到该妇女超过生育年龄时才可取下。北盘江沿岸的布依族行此仪式时,则是由祭司采伐大楠竹做成船形,船上扎一个茅人,茅人身带竹桨作划船工具,放在主人家水缸脚前祭祀。人们认为,"竹船渡魂过江",孕妇便能顺利生子。

水族怀孕碑刻图

三、产后习俗

有人说:"人的一生就像竹子,其过程并不是平直的,而是有许多节人生是由若干阶段组成的,人就是在具备某些条件时,通过一个个人生之节,发育成长,走向终点的。"因此,如果把人生比喻成竹子,那么婴儿阶段就应该是最重要的一个人生之节,是人的一生的起点。在这一起点上,各民族都赋予了各具特色的丰富的文化内涵。从分娩到满月,这一个月里是习俗最多的时候,也可能是人生中礼仪最多的一个阶段。在贵州,各少数民族的生育习俗不胜枚举,呈现出丰富多彩的生育文化特征。

"月米酒"是用来庆祝新生婴儿满月的较为隆重的酒宴(在有的地方也称为"三朝酒",在贵州地区几乎每个少数民族都要为其孩子举行),主要由孩子的外婆家出面邀请亲戚朋友和邻居前往祝贺,女婿家的亲朋好友也要参加。主要以参加的客人多和收到的礼物重为荣耀。若是长子的月米酒,更是热闹非凡和格外隆重。月米酒的目的,一是增加喜庆气氛,二是表明孩子开始了一个新的生成长期,三是表明亲属们与孩子的一种认同关系。到吃月米酒的那天,参加酒宴者往往会带上大米、鸡蛋、小孩的衣物和背扇等礼物前来祝贺。有的仡佬族地区如果生育的是男孩,还要在满月酒上举行专门的仪式把这一好消息报告祖先,一般是在小孩出生的第一个清明节杀一只公鸡敬奉祖先报喜,并留一只鸡腿给小孩吃。亲戚好友要用红布缠在小孩头上,以示祖先保佑。满月酒这天,一些家庭还会请当地巫师给孩子剃胎头,以求平安。剃头师傅还边念唱道:"主家请我剃胎头,我今剃的健儿头,自从今日剃过后,一生清安无忧愁。手拿一把剃头刀,金光闪闪是宝刀,我今来把头剃过,成长健壮百病消。今我剃剃小儿头,紫微高照正当时。今天是个好日子,寿延一百零二十。"在一些地方,如大方红丰仡佬族村,还有"剃毛头"说,即孩子出生后的毛发是不能完全剃掉的,须等到一定年龄后请人剃光。剃头的年龄只能在3岁、6岁、9岁或其倍数之时,或请干亲来剃,或请爷爷舅母来剃或请爷爷、舅母来剃。

找"保爷"、"保娘"是贵州民族民间较普遍的一种习俗。孩子出生后,第一个到家中的成年人都可成为小孩的"保爷"、"保娘"。"保爷"、"保娘"要给婴儿取名,并赠几句长命富贵、体格健壮、聪明等吉利话;主人则以鸡、蛋、米、酒招待,确立"保佑"关系。此后每年春节,家长都背着小孩到"保爷"、"保娘"家中拜年。两三年后或四五年后,如小孩健康,其家长要买一段布或一件衣服送给"保爷"、"保娘",以报"保佑"之恩,"保爷"、"保娘"也回赠小孩一件或一套衣服。这种"干亲"一直保存到小孩成年。另外,孩子在成年过程中,有的人家一般也会请巫师(八字先生)来给孩子算命,看其命中所缺以及与何有关。尤其是当孩子爱哭闹、不听话时,也常常采取拜干亲的形式求吉利或顺利。如命中缺"金",家人可能会找一个铁匠给孩子做"干爸",且随干亲姓。有的人家有几个孩子,而姓却都不相同,多是拜干亲形成的。多数民族对小孩的抚养有着较为相似的禁忌习俗。如孩子生下时咳嗽,寓示对父母不利,必须让孩子认大树、巨石等做干亲,以转移对父母的不利;在孩子满月时,要请八字先生给其算"定根八字",计算结果由父母妥善保管;满月后,孩子出行,身上要带钢针和剪刀之类的铁器用于辟邪;孩子出门远走要用锅烟墨把脸涂黑以图平安;孩子要满40天后才能到外婆家以示吉利;孩子在周岁内只用母亲的奶水洗脸确保婴儿皮肤细腻;常给孩子起丑名意在易长成人;孩子换牙,要把牙丢在房顶上或门栏下以期新牙很快长出;孩子的第一件衣服要讨别人孩子的旧衣服穿等。

仡佬族妇女把分娩又称为"受福"、"在福中"、"坐月子"、"在月"等。由于担心会延长生产时间,而不能让一般人知道产妇临产时间,分娩时通常由婆婆接生,也有由嫂子或自己接生的,丈夫如果在家必须回避。如遇大出血,胎位不正时,才请产婆或村医接生。胎儿落地后,过去多用新篾片或碎碗片割断脐带。坐月子期间,产妇不能进堂屋,不能靠近家中的香火(神龛),不得爬楼,不能串寨走人家,不能干重活;不能吃生、发、冷、酸的食物,特别不能吃鲜猪肉和茄子;不能吃生盐、母猪油、辣椒;不能坐灶前,不能进厨房;忌跨大门,忌过屋后的阴沟;月子里不能梳头,生产后33天内男女不同房等。在仡佬族人看来,大门有财门神,香火是供祖先天地菩萨的地方,灶边有灶神,如果产妇到了这些地方就会冲撞神灵,带来不吉。

贵州大部分仡佬族地区,新婚夫妇生头胎时,女婿或亲友须带一只鸡及其他礼物前往岳父母亲家报喜。如果带去的是公鸡则代表生男孩,带母鸡表示生女孩,也有的地区是带两只公鸡或带两只母鸡。在有的地方,岳母如见女婿带来公鸡,则取一只母鸡连同该公鸡让女婿带回;反之则取公鸡带回。还有的这时才将准备的衣被等陪嫁品送到女儿婆家。仡佬族常把生了个男孩叫"前门站"、"读书的"、"光脚板",生了个女孩称"锅边转"、"烂箱子"、"空人人"。报喜者进门后,有的要敲神龛上的磬报喜,生男孩敲四下,生女孩则敲三下。产妇"坐月子"期间多吃放椒面的鸡蛋、油和米饭,一些地区有不吃肉的习惯。大方县红丰村的仡佬族产妇,生完孩子后,要喝鸡汤和吃米酒、鸡蛋、蛋花。蛋花的做法是先放油在锅中热好,然后倒入调好的鸡蛋糊,加入胡椒炒热,再放上盐和水,水涨后即可食用。在当地,还有吃"三朝鸡"的习俗,即将供祖先的鸡送给新生儿的爷爷吃,鸡屁股给奶奶吃,烫鸡的水给新生儿洗澡。产妇生完孩子三天后,产妇的婆婆还用烧红的煤块放在产妇的床前,然后将酸汤倒在煤块上,用烟熏产妇的手脚。此仪式后,产妇就可以烤火。据说,若不如此,产妇和新生儿会周身起泡。俗称"找醋坛"。

苗族产妇也有"坐月"之说,但照顾是否周到还要视家庭条件而定。通常吃子鸡或母鸡、蛋、肉、饭、甜酒等,忌吃油腻辛辣的食物,有的地方还不能吃苦菜、豆、瓜、辣椒、鱼等,认为这些食物对产妇身体有害。未满月前,产妇不出门,不干重活,在家中可以做些力所能及的家务劳动。但对于产妇及其家庭乃至外人,民间还有许多禁忌。如认为产妇是不干净的人,严禁走村串寨,违者要受到习惯法的处罚;出门时要洗脚,否则会踩干产妇的奶水;产妇不能上菜园子,忌穿雨鞋、皮鞋的人入屋,否则会带走产妇的奶水。产妇满月,须请族人吃一次饭后,方能抱小孩出门等等。一些苗族地区对那些无意闯入产妇家的人,要给婴儿系上一条红、白、蓝三色相间的绳索,以保佑其平安,健康成长。如来者是男性,还要被拜为干爹,如为女人,则拜为干娘。

母乳喂养

以后连续三年,每逢年节,父母都要领着孩子,带上肉和鞭炮,到孩子干爹或干娘家拜访,磕头致谢。这些禁忌习俗,大多都是为了保证婴儿能顺利健康成长,这在一定程度上也起到了保护作用。因为在产褥期,产妇和婴儿都非常虚弱,极易感染疾病,而外人的进入容易从外面带来病菌,不利于产妇和婴儿的身体健康,在没有更好的防范措施前,以神鬼名誉所设置的禁忌无疑起到了这样的保护效用。

在布依族地区,产妇被称为"红人"。产妇"坐月"期间,严禁访家串门。若不慎误入他家,则要用公鸡"扫家"、"解煞"。产妇也不允许到水井边去,还忌讳其他孕妇到产妇家探望,认为此举会造成产妇奶水不好,孩子容易生病。因而,新生儿的人家,家门口挂有标志性的东西,以警示外人莫入。若生男就挂红布,生女就挂绿布或白布、黑布。产妇满月后半个月,才可挑水、下田、干家务。当第一个孩子出生后,一对夫妇的称谓也有改变,即不再叫其小名或乳名,其社会角色不再同于以前。

布依族胎儿正常分娩后,接生者用分娩用的温水将其洗干净,再用自织的土布包裹好。对于新出生的婴儿,有的父母怕犯忌,往往要请祭司来看,祭司根据孩子的生辰八字,按命书上的记载,以确定孩子冲犯了何忌,如鸡、猪、羊等,犯了何忌就用何物来献祭,以求得解。布依族人极其重视"八字",孩子出生后不久,家长要请布摩把孩子的名字及出生日期,按农历写在一块红布或一张红纸上妥善保管。给孩子取名,要按本家族的字辈排列顺序,不能与本家族和母亲家族成员的名字重复。如重复,则家族人丁就不会兴旺。所以取名时,双方家人都要到场商量。取名可另择时间,也可与"满月酒"同时进行。"八字"对一个布依族人来说,是非常重要的行事依据之一。如长大择偶要看"八字",建房盖屋要看"八字",死后办丧事、下葬,也要看"八字"。所以,人们对此都较为重视,认为这关系到人一生的福与祸。在孩子成长的过程中,如孩子体弱多病,或命相不好,布依族多有拜"保爷"、"保娘"之俗。但各地具体做法不一样。贵州册亨者岩的布依族请保也是要请摩来推算,布摩根据孩子的出生日期及孩子头顶上的纹路来判断应找什么样的保爷。找保爷的方式有两种:一是摩推算出保爷的姓氏,孩子的家长根据布摩的指点,遇到合乎条件者,就请其当孩子的"保爷"。二是随机性认定。在农历七月半或正月初一那天,家人在神龛前放一碗水、一把刀,凡是第一个进屋的人,无论男女,家人都要请其当孩子的保爷或保娘。若碰巧第一个进屋者是个孩子,就请这个孩子的父亲当保爷。有的孩子的名字还要加上保爷的姓氏。有的孩子拜到保爷后,名字则不一定改。孩子父母与保爷的关系,当地人叫"打干亲"。还有的拜保爷时,在农历正月十五或七月十五那天,母亲领着体弱多病的孩子在三岔口上等候,身边放着事先准备好的酒、肉,凡遇上第一个路过的人,不论男女老少,都可以拜为保爷或保娘。懂得这一习俗的人都会乐意担当,并当场接受酒肉的款待,替"干儿子"取个名字,说几句吉利话,祝福其健康成长。临别时还送一点钱或其他物品作为纪念。据说,采用这种方式拜保爷,孩子的身体就会渐渐强壮起来。

  传统侗族社会里,从孩子出生到长大成人,侗族人根据自己的认识,形成了一整套别具特色的抚育习俗和仪式。尤其从婴儿出生的"报生"到满周岁期间,侗族人的抚育习俗极富地方特色。婴儿出生的第二天(有的十天后),主人家要派专人到外婆家"报生",报生者所带礼物(人钱)中,必须有一只大公鸡。认为公鸡吃米头朝地,鸡叫时头朝天,司晨司暮,掌管一天的十二时辰,带它去报信,表示慎重、准确、无戏言。外家则要把糍粑或糯米饭等礼物分发给同房族人,并定下到女儿家办满月酒的日子。"打三朝"或满月酒时,外婆要邀约同房族妇女带上糯米、鸡、鸡蛋、布料、甜酒、红糖、背带、衣服、鞋、袜、帽等礼物前往女儿家祝贺。这一天,主家也组织自家房族妇女接待外婆家客人。席间,外婆受到格外尊重,主人及众多客人均要向她敬酒、唱歌,祝贺她有福气,养了一个好女儿,并祝愿她长命百岁,吉祥如意。黎平等地的侗族在三朝酒宴前,还要举行一个仪式。主人在堂屋摆上一条长凳,一头朝大门,一头朝里屋,凳上铺着新的"亮布"(用牛皮胶水和鸡蛋清染制的一种土布)。新生儿的父亲站在长凳里边,巫师和其他人分站两边,两旁的人一个接一个象征性地抱着婴儿从布上走过,边走边说些称赞婴儿如何健壮之类的话,然后交给他父亲,含意是使婴儿的成长像布和蛋一样光滑顺利,道路平坦。榕江、车江等地,认亲的满月酒场面热闹非凡。婴儿满月这天,外家房族妇女们抬着鸡、肉、蛋、糖、米等礼物,浩浩荡荡地来到婴儿外婆家认亲,做满月酒。一来是给外婆家陪罪;二来表示娘家认可了这门亲事,喜酒与满月酒一同举办;三来为外孙子或外孙女祝福。满月酒也意味着亲家之间正常走动的实际开始。从江等地的侗族在孩子出生后,往往栽上一些杉树,一方面祝愿孩子像杉树一样茁壮成长;另一方面则是为孩子今后的婚嫁做好准备,此即侗族地区著名的速生树"十八年杉"。孩子出生后如多病多灾,有的就栽种树木,以求消灾;有的则拜干爹干妈(须有儿有女者),以祈求分其福分;还有的寄拜给亲友做寄子,托其帮养一段时间,以求富贵和健康;还有的给孩子戴"长命锁"或"长命耳坠",以为将孩子牢牢锁住,拴住,保其长命富贵,易养成人。孪生子有一个夭折后,父母必须栽一常青树,代夭折者陪伴存活者,否则认为存活者会多病多灾,甚至也会夭折;还有的请先生根据其生辰八字,推算崇拜对象。缺木者拜常年葱绿的大古树,缺水者拜水井为保爷,其意是让小孩像大树一样挺拔高大,像井水一样永流不息,长命百岁。还有选择岩石为保爷的,必挑高大雄伟的生根岩,意为像岩石那样根基稳固,不遭病灾。

婴儿的顺利诞生,是全家的喜讯。如何将之抚养成人,源于当地的社会文化认识的需要。在胎儿未落地前,苗族人家都要准备好热水,以便婴儿降生后使用。不过,也有的人家为了锻炼婴儿的适应能力和抵抗力,用冷水给新生儿洗浴,充分体现了适者生存的理念。在苗族看来,脐带、胎盘是有灵性的东西,是婴儿生命的一部分,如果处理不当,会给婴儿的安康和顺利成长带来不利影响。所以,当胎儿落地后,他们都会谨慎安置脐带、胎盘,一般用瓦罐盛装,或埋在屋内的地下,或高挂在卧室中。为防止小虫糟蹋,每天还要在泥土上倒两三次开水,直到婴儿满月为止。新生儿出生未满三天,不能抱出家门以避免病菌感染。办"三朝酒"这一天,有的地方邀请一位高寿的老妇人,打着一把雨伞,在天明时将婴儿抱出门外溜达一会儿,如婴儿是男孩,随手拿一把镰刀,若为女孩,则提一个竹箩。约十分钟后回来,同时还带回一小捆柴或一把菜,以此寓意或期望孩子将来勤劳能干。有的在这一天,父亲要到田里抓三条鱼,杀一只鸡,倒三杯酒,盛一碗饭在火塘边祭祀祖宗。祭毕,由外婆或舅母、伯母、婶婶等抱小婴儿出门走一定时间,寓意小孩自此就可外出经风雨,融万物了。"满月酒"后,产妇的所有禁忌都被免除,外人也可随意进入产妇卧室。可以说,满月是产妇和新生儿一个新的生活阶段的开始。

四、命名与连名

(一)命名习俗

在贵州的汉族地区,一般来说,命名的程序是姓、字辈、名,有的直接不要字辈,而直接取姓和名,自由度比较大。而在少数民族地区,给孩子取名则有许多讲究。

在苗族地区,人的一生中一般有两个名字,出生后的第三天取乳名或小名,长大结婚后第一个孩子出生时取苗名,以后读书上学才取书名。取名时,外婆家有主动权,这是外婆家给女边孙祝贺"满月"或"三朝"时必然带来给孩子取的小名的缘故。命名之前,婴儿的爷爷先杀鸡感谢送子娘娘给家庭送来了新的成员,然后举行招魂仪式,让灵魂附着于婴儿的身上。苗族取小名有着一定的性别角色期待,如女孩多用花、草、用具、粮食等字来命名如"簸箕"、"筛子"、"花"、"田"、"竹篮"、"麦子"等,以此希望女孩子漂亮、勤俭持家等;男孩则用"金"、"银"、"宝"、"龙"、"强"等字命名,希望孩子坚强、勇敢,能担当起养家糊口、使家庭丰裕的重任。有的地方取名有不少讲究,如男孩子只能由男性长者取名,女孩子由女性长者取名。同时,孩子的名字要根据其出生的年月、方位推算出所属的金、木、水、火、土五行中的哪一种,然后取一个与之相配的名字,以求吉利。如属水,就取"老欧"(女)、"老仰"(男)等,意味像大树一样四季常青、繁荣昌盛。雷山县的苗族取乳名时要把婴儿抱出户外,让婴儿在更接近大自然的环境中聆听到第一声对他乳名的呼唤。老名主要是男子持有,女子是在丈夫取了老名后,用丈夫的老名加上身份称呼,如"某嫂"等,形成了夫妻共用名,也反映了苗族妇女的从属地位。如男名带"又所",女名带"播所",连同自己的小名即为老名。如男的小名叫"播",其老名为"又所播"。在苗族社会,当年轻夫妇有了孩子并取了名后,人们就不再叫他的小名,而叫老名,以显示其身份地位的变化,以及所担当的责任。有些支系苗族同样兴取老名,时间是结婚时或生第一个孩子时。老名标志着人生的一个重要转折,类似一些民族的"成年礼"。

在贵州侗族社会,婴儿出生三天后,由家族中年长者取名,或在"打三朝"时由外公和外婆取乳名,有的由姨妈取乳名。在黎平等地,取名由巫师主持。巫师念祷词后先由外公开始取名,每说一个名字,巫师就打一卦。如果是顺卦,则表示小婴儿和祖宗都同意这个名字;如果不是顺卦,要依次往下由族中其他长辈取,直到顺卦为止。取名后,众人饮酒祝贺,取名者还要受主家三杯答谢酒。然后就用银子"压名",压名也由外公开始,后面的人看他压的分量大小,再决定自己压多少。压名之意为新生儿名重如山,永葆昌盛。另一方面,"八字"在孩子取名的过程中也担当了一个非常重要的角色。在锦屏的侗族地区,孩子取名时,慎重者还将其"八字"请阴阳先生推算,根据命中所犯或所欠,而选择名和字,以补所欠,和解所犯。有的为使孩子免受病灾,故意取"叫化"、"狗"等"贱"名,以求如猫、狗等动物一样"贱"易成长。

贵州彝族有"彝姓"和"汉姓",基本实行双姓制。彝姓是彝族自古至今运用的姓氏,由两字组成。某一家族的最初姓氏即"喽益"的最后部分,大多为该家族的某先祖的名字,一般由家族居住地的地名转化而来,具有多变性。例如,威宁板底的汉姓罗氏家族,最初的彝姓为"虎姆",后迁居"博女得"后,"博女"即成彝姓。再后,家族分支,在博女这个家族姓氏下,出现了"以那"、"恒恨"、"侯得"、"底俄"等家支姓氏。这些派生姓氏,均由各支居住地的名称转化而来。

据有关资料,威宁彝族的最初彝姓可能有几十种,而次生彝姓则有上千种之多。贵州彝姓使用汉姓,始于明代。明朝皇帝给杨氏和安氏土司赐姓后,乌撒土司即袭用安氏为汉姓。后来,乌撒一带的土目也兴用汉姓,有"安"、"禄"、"陆"、"龙"等,而以"安"姓为多。自明末清初起,彝族民间也普遍使用了汉姓和字辈。到清代中晚期,汉姓使用已达普及程度。除土司的汉姓受赐外,民间的汉姓均属自然产生,多数具有任意性。有的取彝姓的汉意译音之谐音为汉姓,有的则以认干爹而袭用其汉姓,属汉族文化潜移默化浸透于彝族社会的事像。但汉姓的使用,难以与彝族的亲属关系一一对应,会带来彝族人际关系和姻亲的血缘群体本位关系的一定混淆。因而,时至今日,汉姓使用虽已广泛普及,但在彝族社会中,各家族为了弄清相互之间的各种社会关系,以利于联姻和交往的需要,仍然严格通行彝姓,而且只能用彝姓方可表述清楚,使得"喽娄益"制在民间传承至今。

受汉文化的影响,如今许多少数民族的取名都按照姓、字辈、名这样的顺序来进行。如贵州布依族人当孩子出生后不久,给孩子取名时,要按本家族的字辈排列顺序,不能与本家族人和母亲家族成员的名字重复。如重复,则家族人丁就不会兴旺。

(二)连名制

连名制是原始氏族社会时期的一种命名制度,主要分为两类:一是母女连名制。该制是由于生产力的发展,对偶家庭的出现,子女血统以母系的世系计算而出现的。作为原始母系家庭特征的残余,母女连名制在 20 世纪 50 年代以前还流行于云南西双版纳的布朗山区,另外独龙族、高山族中也有这种制度的残余;二是父子连名制。父子连名制是父系制度下父名与子名世代相连的一种命名制度,它产生于母系氏族解体、父系氏族确立时期。父子连名制有三种方式:即正推顺连法,即从父名连到子名;逆推反连法,即从子名反连到父名;冠姓连名法,即在名字之前或名字之后冠上姓氏。父子连名制的社会功能在于容易背诵记忆,便于口耳相传,以巩固父系血缘联系、内部团结以及财产继承。

父子连名制是存在于贵州少数民族地区的一种命名习俗,一般包括父子连名制和子、父、祖三代连名制两种。

苗族的苗名,不论男女都是单音名字。女名有"榜、欧、妮"等,男名有"宝、金、翁"等。当长辈称呼晚辈时,可以直呼其单音名字,如果引称其苗名时,就必须与其父名相连成为连名制的苗名。一般是子名在前,父名在后。如子的名字为"宝"、父的单音苗名为"翁",连名制的苗名就为"宝翁";如果某人的名叫"波",父名叫"久",儿子叫"确",连名制的表现形式为:你久(祖父)、久弟(父亲)、弟波、(己名)、波确(儿子)。在黔东南地区,除子父连名制外,还有子、父、祖三代连名制的称谓,如子名为"宝",父名为"翁",祖名为"里",那么子的引称苗名则为"宝翁里";如某人的连名叫"宏天龙",便知"宏"是己名,"天"是父名,"龙"是祖父名。三代连名的连名制使用主要是在台江一带。由苗名的结构上看,若以 25 年为一代,由其连名制的家族谱系追溯上去,就可以方便地得知某个家庭延续至今的历史变化。

贵州苗族在明朝开始,即有少数人使用汉名汉姓,至清朝雍正年间改土归流后,清政府认为"苗人多同名",就下令"各照祖先造册",凡"不知本姓者,官为之立姓",使汉名汉姓开始普遍起来。目前,贵州东南部地区的苗族人,同时使用苗族的子(女)父连名制苗名和汉姓两个名称。

贵州其他地方的苗族也实行连名制。小孩出生后,都要取一个本名,使用时不仅可以直呼其名,还可以将其父亲本名连带一并称呼。譬如一个人的名字,苗语称为"杨",意为香樟树,他的父亲本名叫"榜",意为狼,那么既可以称他为"杨",也可称为"杨榜"。在苗族中直呼其名,并不为失礼,而是很正常的人际称呼。但如果要表示亲近或尊重,就须对其父名进行讳名,办法是在他的本名前加上一个"的"字,将其称为"的杨"。这种习俗,主要流行于贵州的惠水亚支系中。息烽、修文被称为青苗的取长子或长女之名,取法是按父子连名,孩子小名连父亲之名即父亲的老名。如"夜利","利"是孩子父亲新开的名,连成"夜利"即父亲的老名。老名不能与其祖先名雷同,否则是欺主。

父子连名制将漫长的人或社会发展的历史过程,简化成一根血缘链,作为一种表意符号显示父系血缘的关系,最直接地说明了苗族社会的基本特点。据侯德昌《西江苗寨简史》中记载,西江苗族从原始部落到清代雍正、乾隆年间,父子连名共经历了280代人。该父子连名最后10代人的称呼为"侯唐→杨侯→蒋杨→李蒋→宋李→董宋→梁董→毛梁→促毛→陈促",均与这里后来出现的苗族汉姓相关。"西江"是这一带苗族的姓,即早先的父系大家族的名称,"羊排"、"东引"等自然村寨是当地苗族的亚姓,即人口发展以后由父系大家族分化出来的兄弟家族。当问及某人时,均以其所在的自然村寨名代之,而不说他的汉姓名称。

侗族地区同样存在着连名制,在贵州从江的占,婴儿出生满三天后,由外婆及家族邻里一起主持庆祝活动,并给小孩取奶名。当孩子长到11岁或13岁时就在鼓楼为其正式取名,俗称"取鼓楼名"。这是人生中的第二次命名。取名多以花草树木、居住地点、出生或命名时间、小孩讲话、哭、笑声音大小及形象为依据来进行,这些名字全以单音词构成。当小孩长大成人又结婚生育有孩子后,名字又发生第三次变化,这次变化不是改变他本人的名字,比如"补某"、"乃某",即"某某之父"、"某某之母"。又当他的儿子结婚并生有孩子后,他这时已是奶奶级别的辈分了,就不能再叫"补某"、"乃某"了,而应改称为"公某"、"萨某",即"某某的爷爷"、"某某的奶奶"。随着年龄的增长,代数越多,辈分越高,名称的变化越多,变化的频率也就越高。一个家庭中第一孩子(不分男孩或女孩)的名字的命名及出现,同时就决定了他的父母及弟妹、亲戚名称的变化。如某人的小名叫"要",这是第一次命名,当他长到11岁或13岁取鼓楼名叫"里",这时就不能再叫"要"了,他的父亲就被人们称为"补里",即"里的父亲",他的母亲被人们称为"乃里",即"里的母亲"。以后出生的弟妹则叫"侬里",即"里的弟妹"。她的母亲的父母亲即外婆、外公分别被称为"得里"、"大里",即"里的外婆"、"里的外公"。当里为父、为祖父时他的名字又被掩盖掉。这种因第一个孩子名字的出现而导致亲属名字变化的命名制度,被以往的研究者们称为"亲从子名"、"子名盖父(母)名制"。这种命名制度内容丰富而且比较复杂,在此不作深入探讨。但这种命名制并非占里独有,整个侗族地区都如此。

又以水族为例。如果父亲的儿子名"桩",其父将被称为"布桩",其母则称为"尼桩"。同样的道理,对这个孩子的祖父、祖母则称"公桩"或"甲桩"。如果该人一直不成婚生子,其本名就会一辈子沿用到他去世。

总之,连名制对民族人口发展的影响是比较大的,夫妻结婚后生育孩子一定要生育男孩,否则就无法将连名制尤其是父子连名制继续连下去。同样,汉文化流行的字辈也是以男子来实现的,也属于这一类型。为了实现父子连名和字辈连续,就必须而又千方百计生育男孩,这无疑是当前民族地区出生性别比偏高的因素所在,也是计划生育工作相对较难的关键因由。实行子名盖父(母)名制的一些侗族社区不同,特别是像占里这种侗族村寨,人们多数只生两个孩子,第一胎、第二胎的性别对他们来说无关紧要。第一胎是女孩同样可以盖父母名,而且还可生第二胎来解决。即使第二胎仍是女孩,取名仍然不受影响,同样可以继承该继承的那部分财产,于此财产继承和香火延续一并得到解决,这在民族地区可算是命名特例之一。

五、成年礼仪

成年礼,是青少年一代步入成年社会的标志,是他们人生道路上一块重要的界碑。这种礼仪形式,作为民族文化形态之一,具有浓厚的人生观、世界观和价值取向的性质,起着一种文化传承的作用,成为青少年道德认识与判断形成的途径,及其认识自然、掌握生产、生活技能的手段。由于社会的发展,许多成年礼已在历史的长河中消失,但贵州的一些少数民族至今还保留着举行成年礼仪的古老遗风,尽管有的仪式不如以前隆重。在这些少数民族中,为成年而举行的仪式虽然各不相同、各具特点,但仪式的性质和意义都是一样的,它男孩子和女孩子生理上成熟的标志,是社会关系的起点。

"取老名"礼仪可认为是成年礼仪的一种。黔中地区的苗族男性,一生中要三次取名:第一次取乳名,第二次取学名,第三次取老名。取代乳名的老名是成年人的名字,它标志着被命名人的一生的重要转折,从此以后,被命名人要为自己的老名立于本群体而对自己的所作所为负责,对自己的家业负责。安顺西秀区苗族要等生育完后才给年轻的父亲取老名。取老名时要宴请同一祖宗的人家,于席间取完并公布老名于众。公布的仪式很严肃,由公布人朝门外大声喊出并当众声明,今后谁若喊错,即罚钱若干。取老名作为苗族的成年礼仪,形成历史悠久。结合今天贵州苗族仍然普遍存在的早婚状况看,男子婚后取老名时的年龄应在20岁左右,最早或许起于十五六岁。因此,苗族把成年礼安排在婚后毫不奇怪。至于有的地方把这一礼仪推迟到有了生育之后,显然是要让被命名人感到肩负的责任,加强这一礼仪的重要性。而苗族少女多以"挽髻"方式,宣告已步入了成年的妙龄。

"过塘移"(侗语,滚烂泥田的意思)是侗族的成年礼仪。贵州侗族小孩,在5岁、10岁、15岁时,要按照俗定的独特方式度过3次生日:5岁时由父亲扶上田埂;10岁时,由夫妻领去滚同一块田,祖父扶他上田埂;15岁时,由祖父带去,让他滚过烂泥田后自己走上田埂。按照侗族"男子十五成丁"的说法,最后一次滚田同时也是标志其人生转折的成年礼仪。而受礼人在走上田埂时展示出的足够的力量和成熟的身体,正是这一礼仪中作为人生转折的标志的具体形象。按照不同年龄阶段进行的同一活动直至成年礼结束,这种做法在贵州的布依族中同样存在。

锦屏、天柱一带侗族曾有过女孩在青春期绣眉的习俗,而且一生只绣一次。绣眉在一位家(族)中姐姐的指导下进行,并对男孩保密。具体是先用火炉灰擦眉毛(经火炉灰擦抹处理后,被拔掉的眉毛不再生长),然后再用麻线夹拔不规则的部分,使留下的眉形符合事先的想象要求。这一礼俗同样具有成年礼的意义。

侗族还有一种仪式,称"迈布"(酒葫芦)祝酒。虽不是成年礼,却是期望成年的礼仪。每逢大年初一,侗族老人总要在迈布上贴几片青苔,把长到7至10岁的孩子叫到跟前,用酒葫芦在孩子头上敲3下,然后念祝福语,给孩子吃一点青苔,尝一点米酒,希望孩子的生命力像青苔一样顽强,生活像米酒一样甜蜜。

进芦笙塘是流行于黔东南一带苗族的成年礼仪。按照当地习俗,少女一旦进入芦笙塘,就有权参加择偶活动。当地的少女长到十五六岁时,母亲便会在节日时将她精心打扮一番,把她送进载歌载舞的芦笙塘,推到前来寻偶的众后生面前。进芦笙塘实际上是其成人的当众宣布。但近几十年来,一些人家为了在大庭广众炫耀自家的富庶,经常把年龄尚幼的女孩也满身艳装,领进芦笙塘,从而使这一活动的成年礼性质变得模糊不清。在镇远县涌溪乡,两个有联姻传统的苗族村寨的未婚男女,每年都要如期举行一次集体拜访活动,借此交际寻偶。充当访寨带队的老年女性,每年都会把寨内的新进入青春期的男女吸收入列,带往另寨芦笙塘对歌。这是成年礼仪在当地特有的表现形式。

在彝族居住的地区,这种"成年礼"被称为"换童裙"和"换裤子礼"。是女孩的成年礼,一般在单数年龄15岁或17岁举行,具体日期还要选择吉日良辰。届时,还要请一位有福气、家中人丁兴旺的妇女来主持,并邀请亲朋好友前来祝贺,但只有女孩的母亲、村里的女长辈和女友们参加祝贺,男人不得参加。仪式一开始,大家便把少女簇拥在中间,说些吉祥话,主持者帮其梳头、换裙子等等,之后主持者念祝愿词,祝福少女找到如意郎君,同时还要向她讲一些青春期女孩子应注意的事,如生理上应注意什么,与男孩子交往应有哪些道德规范等。仪式结束后,她们就可以参加一些社交活动,可以自由赶集,唱歌跳舞,节假日抛头露面,寻找意中人,可以与相中的青年男子谈情说爱。在有的地方,举行仪式后,还要举行一个模拟结婚的仪式。届时,在屋外搭一间小屋,请亲戚们前来喝酒唱歌,同时为其设一物为其"丈夫",如大树、屋内的锅庄等,然后将少女背着绕物一周,并用猪、羊等祭献,举行合婚仪式,表示该女孩已"结婚"。结束后,女孩视为成年,可以参加成年人的许多社交活动了。与此同时,受过礼的女孩从此不能再参加家中的祭祖活动,并且家族以后的一些其他集体活动如婚、丧等,她也只能以姻亲家族成员的身份出现。可见,这一仪式对于一个女性身份角色转化的重要性。

贵州许多少数民族女性,在其由童年期进入青春期时,都相应地存在标志这一转折的礼俗,"落帽礼"是比较普遍的一种。贵州少数民族女童的头饰,多有戴花帽(狗头帽)之俗,但当其进入青春期后,母亲便会让她脱下花帽,按照本民族或本地区的装束习惯,指导女儿把一头青丝梳成美丽高耸的发髻,或是戴上充满青春气息的绣花头帕,出脱成楚楚动人的少女。由于这一改装不举行仪式,因此往往不被人们注意。

从历史记载中可看到贵州一些迄今已消失的成年礼俗。民国《贵州通志》有载:清末,黔中一带仡佬族流行"凿齿礼",被称为"打牙仡佬"。其妇女"嫁必先折其二齿",举行仪式时,要备一壶酒,请舅母用小锤敲掉两颗上门牙齿。该地男子成年后,也须敲去两颗门牙才能娶亲。与其同时居住在黔中一带被称为"剪发仡佬"的一支,是因"女未嫁则剪发为记"的特殊成年礼而得名。

据乾隆《贵州通志》记载,贵州瑶族在清乾隆时被称为"黑苗"的一支,流行"佩刀"的成年礼仪。即"子初生时,各亲家送铁一块,匠人造成粗样,埋入泥沟,每年取出冶炼一次,至16岁方成。刀口有镰文或三线或五线,酒线者,磨而不灭。宰牛杀物,过而不滞。"此习俗中,佩刀是脱离童年而进入成年阶段的标志。不难想象,这把经过16次冶炼的佩刀,其授予过程是十分仪式化的。

这里有必要对岜沙苗族独特的成人礼予以记述。岜沙位于从江县丙妹镇。岜沙男子3岁就开始蓄发。15岁以后,都要进行"补荡"(苗语:成人仪式之意)。举行仪式的时间可在秋季或初冬,一般都在寨外河边的草坪上举行,男孩要穿上母亲为其缝制的新衣服,父母要把本房族中所有已经举行了成人礼的兄弟带来参加。首先由巫师给施行成人礼仪的男孩用镰刀剃头,如果异地举行礼仪和筵席则回到寨上或施行礼仪者的家中剃发。在寨上和家中给施行成年礼的男孩剃头的人不一定是巫师,由父亲或其他长辈男性来完成,但主刀剃头的人必须蓄有长发。随即"鬼师"正式为男孩举行成人礼法事:鬼师用一块板子把仪式所需要的食物——鱼、鸭肉和其他菜肴放成3堆后,即念词祈祷。祈祷内容包括:缅怀祖先的业绩,让即将成年的人牢记祖先艰辛的创业史和苦难的经历,做好担当养家糊口重任的准备;对施行成年礼者进行教育主要内容是为人处世等道德教育,鼓励其尽快地成长

岜沙苗族成人礼上的镰刀剃头

起来;祝福即将成年可以独立的人拥有过人的聪明和才智并健康成长。接下来房族兄弟拥着男孩默念成长经历,并承诺日后要与成年弟兄一起"上山同路,下水同趟,有苦同担,荣辱共赴"。做了成人礼后,男孩至此开始了人生新的旅程:享受和承担起作为成年男人的权利和义务,可以谈婚论嫁,可以"入堂"议事等。贵州省从江县岜沙苗族独特的男子成年礼仪已经成为一种独特的民族文化,包含着深层的文化内涵,具有一定的学术研究价值。

成年礼是民族社会中最重要的人生礼仪,只有举行过成年礼的人才能参加成年人的活动,也意味着承担只有成年人才承担的责任。通过成年礼的人,便有了与前不同的权利和义务:在权利方面,他们成了社会承认的成年者,可以参加群体内一切成年人的活动,有正常的社交,能过婚姻生活;在义务方面,他们要对群体、对家庭承担责任,要从事繁重的生产劳动。当然,在贵州一些少数民族中,对男孩成年礼的重视和举行的地点与方式的强调,充满了一种传统性别角色的暗示,也即希望男孩长大以后在外勇敢地闯荡,而不是窝在家里,要成为一个在外支撑起家庭、负得起责任的男子汉,同时也具有把主外责任据为男性独占的暗示。当然,男孩在成年后接受成年礼仪,由此取得作为本民族(或部族)正式成员的各种权利和义务,

成人礼上的苗族后生

如婚姻、治理、祭祀、战争，了解本家族或氏族的历史以及秘密等，无疑有利于民族文化的传承。

还有，从成年礼仪的起源来看，古人最初希望通过成年礼仪去控制低龄生育，提高婴儿的成活率，保证家族血脉的延续。但贵州许多民族的成年礼仪更多地增加了意志考验的内容和性别角色的期待，这对人口质量和性别比有一定的影响。

第四章 贵州民族人口性别文化

人和人之间最直接、自然、必然的关系是男女之间的关系,人口性别文化必然是人口文化体系中的一个重要领域。当前,我国面临突出的出生性别比失调问题,人口性别文化研究适应了这一需要。在贵州民族地区,出生性别比失调程度总体上虽然没有我国东中部地区严重,但其发展极不平衡,部分地区出生性别比不仅长期失调、高度失调,而且局部内全面失调。2005年1%人口抽样调查时,黔东南州、黔南州、黔西南州出生性别比分别为134.06、124.62、121.99;"六普"时分别为138.54、128.48、135.03,均处于高位失调状态。毫无疑问,贵州少数民族出生性别比的失调有着复杂的文化根源,对其讨论,尤有必要和意义。

第一节 人口性别文化的含义

一、性别文化与人口性别文化

一般认为,性别文化是基于男女两性社会特征、社会行为和社会关系而形成的价值观念、伦理道德、知识经验、风俗习惯、制度规范等意识形态及其表现。性别文化作为一种制度形式存在的社会性别,是与阶级、种族等并列的一个重要分析范畴,是社会基于生理性别的差异,在社会的政治、经济、文化等领域,对男女两性的行为、角色进行不同标准的规范和塑造的产物,是后天注入的,是家庭、社会长期教育的结果。马克思将人类社会基本结构分为经济、政治和观念三个结构层次,社会经济结构决定了人们的利益关系和社会地位(生产资料所有制、人们在社会生产中的地位和关系、产品分配和消费等),社会政治结构以法律制度的形式对这种关系和地位起着保障作用,而社会的观念形态对各种社会存在起着反映、维护或批判、调控、创新等功能。性别文化是社会意识形态的上层建筑,与建立在一定经济基础和政治结构上的社会性别相对应,生产关系决定的经济基础和上层建筑决定了男女两性在社会中的基本地位和关系,并为观念层次的性别文化所反映、维护和调整。

当前,由于人口文化学科体系建设还不完善,对人口性别文化的定义较少。田雪原从人口文化"本质论"的角度认为:"人口性别文化是在长期的人口的性别结构变动中形成的某种相对稳定的观念、伦理、道德和行为规范,即反映着不同历史条件下人口性别结构变动本质的意识形态以及这种意识形态变换的物质形态。它关注的是人口性别结构变动与文化变动、发展之间形成的内在联系,即两者交互作用逐渐形成的某种带有规律性的、足以支配人的活动并且对人口性别结构变动产生足够影响的意识形态。具体表现为人们如何看待男女两性相对应的社会关系和社会政治经济地位。"[①]

根据上述定义,在此对人口性别文化做如下几点阐释:首先,人口性别文化是人口性别结构与文化交互作用与融合的结果,是独立于社会基础之上的意识形态;其次,人口性别文化是人口性别结构变动过程中的本质抽象,其建立在人口性别结构的变动过程之上,而人口性别结构取决于特定的社会经济和文化背景;再次,意识形态的人口性别文化具有鲜明的时代背景,也呈现出发展的"滞后性",对人口发展,尤其是人口性别结构发挥着持续影响。而在整个人口过程中,人口数量、质量、结构等要素的变动过程相互影响、相互制约,因而人口性别文化又将对其他人口要素产生重要影响;最后,人口性别文化中的"性别"同"人口"一样,具有自然和社会双重属性,其本质属性是社会属性,性别的社会属性体现在心理性别和社会性别两个层次上,表现为人们如何看待男女两性相应的社会关系和地位,这实际上确立了人口性别文化的社会性别研究视角。

人口性别文化具有历史阶段性,采用的标准不同,划分的阶段也不一致,如以社会形态为标准,可将其分为原始社会、奴隶社会、封建社会、资本主义社会、社会主义社会等阶段。在此借助王金玲的研究成果,从决定性别关系和女性地位的根本要素及其特征出发,将人口性别文化划分为生殖力时代、体力时代、智能时代三个阶段。其中,生殖力时代以母系或母权文化为特征,妇女处于"女神"的地位;体力时代以男权/男性主流文化为特征,妇女处于"女奴"地位;智能时代以不同性别获得公正对待、相互间平等相处为特征,妇女由"女奴"上升至"女人"[②]。该理论的划分模式,可帮助认识和理解贵州民族人口性别文化的历史轨迹与当代状况。

二、人口性别文化、人口文化和性别文化的关系

人口性别文化是人口文化和性别文化的"交叉结合体",既属于人口文化,又属于性别文化:首先,人口性别文化是人口文化体系中的一个重要内容。具体来说,人口性别文化属于人口文化母系下人口结构文化子系中的一个支系,在以人口

[①] 田雪原.人口文化通论[M].北京:中国人口出版社,2004.
[②] 王金玲.性别文化及其先进性别文化构建[J].浙江学刊,2003(4).

要素为标准构建的人口文化体系中处于边缘化的位置。但从人类发展历程来看,性别关系是社会关系中最早、最基础、最普遍的关系,如涂途所言,"在人类社会'三大生产'(即物质生产、精神生产和人口生产)活动中,只有人口生产是建立在两性结合的基础上,但这种结合又不是单纯的生理机能上的结合,而是在此基础上的社会性结合,由这种关系创造的人口文化形态,其前提必然是性别文化。"①这揭示了人口性别文化在人口文化体系中的根本地位;其次,人口性别文化的研究在很大程度上离不开社会性别的视角。性别文化与人口过程紧密相连,特定社会环境下的性别地位和性别关系决定人口性别结构,影响人口过程,决定着人口性别文化的性质和发展。在发展路径上,两者都依赖社会的整体发展,即从整体的角度将女性的关注融合到发展之中,把女性需求和社会发展目标结合起来,在社会发展的基础上促进性别平等,实现人口发展。

节庆中的人们

第二节　贵州民族传统人口性别文化

　　元代以前,贵州民族地区主要实行"羁縻"制度,在部分交通便利的地区,随着与中原地区交往的频繁,唐时"蛮夷腹地"开始出现了"男丁受田于酋长,不输租而服其役"的剥削状况,少数富有的、有权势的氏族和部落酋长将公社所有的耕地变为私有,直接从氏族社会进入封建社会。其他地区直到明代的"改土归流"和"开辟苗疆"才逐渐进入封建社会。这种社会以小农经济为主要生产方式,该经济类型最显著的特点是对自然条件和劳动力有很强的依赖性,在技术水平和自然条件既定的情况下,劳动力就是生产的决定因素,因而强调人口增殖,男性因体力优势而受到偏爱,在此基础上,形成了"男主外、女主内"的性别分工和父权至上的社会特征。

---

① 涂途."人口文化"面面观[J].山西师大学报:社会科学版,2005(5).

一、重男轻女特征的人口性别文化

(一) 养儿防老

不同的婚姻模式能赋予男孩女孩不同的社会功能和社会价值。男娶女嫁是贵州少数民族普遍的婚居模式,这种嫁娶模式的结果是从夫居。这使得原则上女儿不能为娘家父母提供经济资助和生活照顾,而父母接受女儿的照顾可视为对亲家利益的冒犯。实际上,女儿自出嫁以后就变成了"外人",为了避免家庭利益受到损害,女孩被剥夺继承家产权的同时,也失去了赡养生身父母的权利。这使得多数情况下,主要由儿子来承担养老责任,这就必然使有强烈养儿防老需要的父母偏好儿子,刺激和增强人们的男孩偏好。在特定婚嫁模式下,侗谚"有崽不怕老来穷"反映了人们养儿防老的这种心理。

养儿还是年老时"送终"的需要。在贵州少数民族的传统观念里,他们的祖先由外地迁徙而来,人们死后灵魂也要回到祖先那里去,没有子女"送终"将会成为孤魂野鬼。因此,在当地人看来,要在撒手归天前有人为自己备好棺材,死后风光地安葬,方能"入土为安"。临终前,要有孝子在床前守护;出殡时,由长子捧灵在前,其余人按辈分、长幼紧随其后,三步一跪,五步一磕,在凄惨的号哭中将老人送至墓地,下葬、封墓、垒坟、立碑、烧钱化纸,才算一个完整的葬礼。此外,对亡灵"慰问"和"照料"的祭拜活动也是不可缺少的环节。每年的正月初一,晚辈要带着死者生前喜欢的食品、纸钱、鞭炮到坟前祭拜,给先人"拜年";清明时节,要为亡人扫墓,各个房族轮流饲养在坟边的牲畜以作为祭祀物品,亲朋好友在坟前喝酒聊天、共议家事,不仅"热闹"了祖先,而且加强了家族的联系。这事实上暗示、导向着人们的生育观和生育行为:只有儿子,才有人为死者端灵牌;只有儿子,才能将姓名刻在墓碑上;只有多子女,尤其是多弟兄,亲戚朋友才多,丧事才会办得体面、热闹,这无不体现出多子女的"优势"和"光彩"。

养儿防老的另一层含义在于保障年老时的社会地位,尤其是不受歧视。在当地,无子户被称为"绝户",在人们看来,没有比这更恶毒的诅咒了。人们一般只请儿女双全的"全福"之人来主持婚礼、祭祀仪式等,没有子女不仅意味着失去很多社会参与的机会,而且备受屈辱,如有的苗族地区对死后无子女者不当人埋,只当牛马埋,即坟墓横埋,不砌石头,不垒坟堆。这对人们的生育观也具有潜移默化的影响。

(二) 传宗接代

贵州不少民族有"树怕断根、人怕绝后"的说法,人们生男不仅是养老的需要,也是保障家族血脉传承的心理痼疾。第一次社会大分工的出现使男性在生产中的体力优势得以体现,伴随种植业而形成的居所的稳定,利于推动血缘关系的父系确认,父子连名制是其集中体现。《西江苗寨简史》中记载了起自迁徙到西江的苗族祖先引虎飞时的父子连名制世系,从清代雍乾年间采用汉姓以来,共经历了280代人。如按20年一代计算,可往后反推5600年以上,跨度直达原始社会父系氏族社会的五帝时期[1]。封建政府在贵州少数民族地区建制管辖以来,血缘传承的重要性受外来文化的影响而得到强化。如被赐予汉姓的台江苗族,在明代开始采用"姓+字辈+名"的命名方式,姓、字辈都具有传宗接代意义,如台江台拱寨王姓字辈是"朝廷恩光治,平文安家邦",朗登寨张姓字辈是"盛邦化日长,玉文正呈祥,明道自心得"[2]。在其他民族地区也大多如此,如石阡石坪一带的杨姓侗族字辈为"道正应兴培文世昌,忠毓永耀大谷之光",又如贵州多数杨姓侗族的字辈为"再正方光昌(通)胜(盛)秀"。在这种血缘传承观念下,人们总是将自己看做是由祖宗传下来的生命之环中的环节,将这链环延续下去是他们此生不可推卸的责任和生活目标,如果让祖辈传递下来的连接在自己这一代断裂,这是任何人都难以承受的道德罪责。

因此,妇女如生了男孩,家人便欢天喜地,妇女家庭地位也得以确立,而生了女孩却往往备受冷遇,二胎不见生儿的往往要谈离婚之事。在黎平县地坪的花桥和高青寨旁的"栽岩"碑文第九条规定:"婚后无育,双方同意,经寨老裁决可以离婚,其财产,男的归男,女的归女。离婚后男婚女嫁互不相干。"[3]新中国成立初,从江县的苗族中如妻子不生育或有女无子,男方年过四十后可以纳妾,在调查的纳妾者中还包括贫农[4]。民族习惯法一般在保障婚姻稳定上发挥着积极作用,但传宗接代可凌驾于该原则之上,人们对子嗣的重视可见一斑。

(三)财产的单系继承

男子自取得支配生活资料的权力后,便开始将生活资料转化为私有财产,进而产生了将财产传给子女的需要。新中国成立前,贵州苗夷地区"一般女子均不承受财产,……也有痛爱其女分给少许田地,嫁后随婿耕种,惟田契留于母家,此女死后田须婿家归母家,此即俗语'还姑娘田'、'姑娘土、归舅主'之讲也。"[5]新中国成立初,台江苗族也有赠与女儿土地的情况,一般有几种情况:拨出部分"姑娘田"作为女儿"嫁妆";女儿有残疾影响出嫁,拨出部分田产作"陪送";父死绝嗣,姑娘出嫁并带田产到夫家耕种等。但根据习惯法,上述任何情况下,如果女

---

[1] 张晓. 西江苗族妇女口史研究[M]. 贵阳:贵州人民出版社,1997(10):18.
[2] 贵州省编辑组. 苗族社会历史调查[M]. 贵阳:贵州人民出版社,1986:405.
[3] 贵州省编辑组. 苗族社会历史调查[M]. 贵阳:贵州人民出版社,1986:86.
[4] 吴泽霖,陈国均. 贵州苗夷社会研究[M]. 北京:民族出版社,2004.
[5] 吴泽霖,陈国均. 贵州苗夷社会研究[M]. 北京:民族出版社,2004.

孩是嫁到非本族的外寨,在其死后"姑娘田"均由房族收回,即所谓"姑在姑吃,姑不在收回"。

用"肥水流外人田"来概括当地家产的继承限于男性的原因是比较适合的,贵州各少数民族一般聚族而居,同姓不婚,通婚圈限于不同血缘的某个固定的族群,从而形成了两者不同的家族利益,女孩出嫁后带走财产就是对娘家利益的损害,族人对此有权过问和干涉。姑娘嫁入夫家后,其在新家庭中地位的确立往往只能依靠生育一个可以传承血脉和继承财产的男孩后才得以确认。

(四)性别歧视

恩格斯说,人类进入父系社会以来,历史便成为一部男人的历史,女人只是作为男人的附属品,作为奴隶和生孩子的工具而存在。"母权制的被推翻,乃是女性的具有世界意义的失败"。随着社会生产方式和性别分工的变化,女性开始沦为男性的附庸,人口性别文化在体现"重男"特征的同时,包括了"轻女"的一面,有视女性为劣等、耻辱和邪恶的表向。侗谚有"十刀不及一斧,十女不及一男"之说,是男性体力优势在生产劳动中的客观反映,但长期以来被逐渐引申至其他领域,如苗族的寨老、牯脏头、鬼师等这些村寨领袖均为男性,大型祭祖活动基本由男性来组织,其原因很大程度上在于对女性不公的判断。雷山西江的苗族有一种"害羞文化"①,产生于人们有一种对"性"的耻辱感,并通过这种禁锢来限制两性的交往,尤其是避免婚前的性行为,新娘的害羞源于其作为"性"的角色被嫁入夫家的。长期以来,女性受到性耻辱感的禁锢,而且成了"性"的化身,即人们对"性"的耻辱感某种程度上被转到了女性身上。此外,当地至今仍有关于"蛊"的传说和恐惧。过去,人们认为"蛊为女子遗传而得,有蛊之女,其毒常发作,周身不舒,乃不得不乘时纵出以害人,……若不纵出,则必害其自身。"②中蛊之症状为"绞肠吐泻,十指皆黑,吐水不沉,嚼豆不腥,含蘖不苦,是其证也。"有学者认为"蛊"产生于阶级社会出现之前的一种"性妒忌"心理,当一个集团的男性无法得到另一个集团的女性时,便想办法孤立对方,以致"被疑为有蛊之女子,必终身无人娶之为妻"③。女性还在一定程度上成为邪恶的化身。上述种种,均反向强化着人们的男孩偏好。

(五)宗族势力的双重压制

列维·斯特劳斯针对我国的"姑舅表婚"曾提出"进行女性一般交换"的理论,认为两个通婚集团间的"一个固定的网络",是通过女性的交换而在两个宗族之间

---

① 张晓.西江苗族妇女口史研究[M].贵阳:贵州人民出版社,1997.
② 吴泽霖,陈国均.贵州苗夷社会研究[M].北京:民族出版社,2004.
③ 傅安辉.西南民族地区放蛊传说透视[J].黔东南民族师范高等专科学校学报,2005(2).

建立起来的①。长期以来,黔东南州是"千人团躉,百人合款"的"化外之地",人们一般聚族而居,一个村寨构成一个禁止内部通婚的氏族集团,把母系排斥在各项社会活动之外,婚姻关系某种程度上成了两个有不同利益的父系氏族集团间的交换关系。由于牵涉家族利益,寡妇改嫁、离婚的自由受到严格的限制。如清人汝霖的《楚南苗志》载:"苗人,子死收媳,兄亡收嫂,弟亡收弟妇,子孙收父祖妾,颇弗为嫌。"②榕江水尾一带的民谚称"家有伯伯,弟媳嫁不得,家有叔叔,嫂子嫁不出。"③寡妇改嫁要被追问其嫁妆,如台江的苗族如寡妇改嫁,要支付原夫家一笔"吃猪麻钱"。在该俗盛行之时或盛行之处,有"男嫌女一张纸,女嫌男一辈子"之说,这是一种男女不平等的极端现象。

(六)长期"兵燹匪患"的强化

秦汉至唐宋,朝廷在贵州民族地区设置郡县,进行"羁縻"统治。元代改制建行省后,在民族地区进行"改土归流",实行土流并治。清代"改土归流"继续向未设建制的"生苗"地区推进。雍正期间"开辟苗疆"后设置府、厅、县,领土司、土舍进行管辖,军事设镇、协、营、汛,置堡屯田防范。封建政府和土司的残酷剥削激起了各民族此起彼伏、旷日持久的反抗斗争。如明洪武、正统、万历年间均有规模不同的少数民族起义,其中洪武年间黎平一带的吴勉起义持续8年之久;清雍乾年间,朝廷以"改土归流"为名,对"千里苗疆"进行了长达5年的武力"进剿"(1728~1733),古州一带爆发了影响深远的包利、红银起义(1935~1936);咸同年间,爆发了著名的张秀眉、姜应芳、柳天成等苗、侗民族大起义。据统计,在随后的约20年间爆发的少数民族起义达五十多起,战斗一千多次。

战争无疑会造成人口的锐减。据《新元史》载,仅林宽起义失败时,惨遭杀戮的农民就有2.15万人。在黔东南州,经历雍正年间起义后,到乾隆二年(1737年),人口由清雍正六年(1728年)招抚古州到在苗疆安屯设堡清理户口时,总人口减少2/3以上。咸丰四年(1854年),州内人口增至两百多万,在经历咸同苗、侗民族大起义和相继而来的的瘟疫、饥荒,民国21年(1932年)该州人口仅为80.68万人,还不及雍正年间的1/3④。男性大量死亡,造成人口性别结构的失衡,男性人口增殖显得尤为迫切,这在很大程度上强化了人们的男性偏好。当这种需求逐渐成为一种价值观或族群心理定势时,男性偏好便成为一种文化,一些民族的仪式舞蹈动作既有军事意义,又有交媾象征,折射出的文化含义较为明显。

---

① 秦兆雄.中国农村表婚研究再考[J].文化研究,2006(8).
② 伍新福.苗族文化史[M].成都:四川人民出版社,2000(3):338.
③ 陈长平,陈胜利.中国少数民族生育文化·苗族[M].北京:中国人口出版社,2004:90.
④ 黔东南州地方志编撰委员会.黔东南州志·地理志[M].贵阳:贵州人民出版社,1990:80,85,86.

二、贵州民族传统人口性别文化的合理成分

(一)利于性别平等的相关婚俗

(1)恋爱关系的确立相对自由。相对于汉族,贵州少数民族青年男女多不受"男女授受不亲"观念影响,女子多无缠足陋习,贞操观也不明显,男女恋爱关系的确立既开放民主,交往形式又文明矜持。《侗款·约法款》载:"说道青春年纪,正像盛开桃花。男插鸡尾,女戴银花;老年人吃完夜饭床上睡,小伙子吃完晚饭寨中游。姑娘坐家织麻,男子游村走寨;男游乡村,女坐檐下。青年男女,青春花时,上山吃苞甜言蜜语,冲里摘梨细语悄声。正当来往,合理应该。"[①]此外,人们一般在公开场合通过踩歌堂、跳芦笙等形式结识,男女青年以歌为媒、以歌传情、私定终身。凯里丹溪虎场坡寨一块"甘囊香芦笙堂碑记"[②],是苗族人民维护自身文化独立性的见证。碑文主要记载明正统末年,封建官吏为防止苗族跳鼓、吹芦笙聚众造反,没收了芦笙,禁止聚会,从此男女没有社交场所,娶嫁困难,在首领吴乜灵和各寨苗胞的支持拥护下,重新建立芦笙堂,并将苗族吹芦笙跳月"以资娱乐"、"自由婚配"的意义、芦笙堂的空间范围、每年芦笙活动时间,以及"各寨均得参加""秩序维护"等内容铭刻在碑文上。意义深远,影响至今。

歌舞前的准备

(2)婚姻的缔结方式体现着性别平等。婚姻关系的缔结包括两种形式:一种是父母做主,另一种是自主择偶。前一种形式不仅受"姑舅表婚"、"同姓不婚"、"看鸡卦定终身"、"无礼不成婚"、"转房"等习俗影响,而且受明清以来汉文化"父母主政""媒定终身"习俗的渗透。如上文所言,在文化体系的多元性以及文化"合力"的作用下,婚姻自由在当地人口性别文化中也有鲜明的特点,如"姑舅表婚""还娘头"的陋习基本在近代的婚姻改革(后文有述)中被取缔,在得以延续的"媒婚"中,父母筹办子女婚事一般要事先征求子女意见,如果强媒包办,则出现相约"逃婚"的反抗形式,如当地"抢婚"习俗便有"私奔"性质;榕江车江三宝"珠郎娘美"的故事更是侗族青年珠郎、娘美冲破封建藩篱,追求幸福生活的典范;部分地区

---

① 湖南少数民族古籍办公室.侗款[M].长沙:岳麓书社,1988:88.
② 贵州省地方志编纂委员会.贵州省志·文物志[M].贵阳:贵州人民出版社,2003:359.

甚至有妻子"休夫"的遗俗,在黔东南州与广西三江交接的部分侗族村寨,妇女如果打算离婚,只要将由芭茅草裹的茶叶放在堂屋的桌子上,称为"退茶"①,一般情况下男子便会知趣地自动离婚,男女离婚后可以再次娶嫁。

(3)招婿上门婚俗。"招婿上门"也是贵州各民族过去的一种婚姻习俗,据载,"苗夷族中……,如本人无子,而有成年之女儿时,则可招婿归家为子"。②无子家庭招婿,通常为传宗接代、增加劳动力或获得养老保障。生育的子女有随父姓的也有随母姓的,为传宗接代而"招婿"的家庭,生育的子女一般随母姓,但到第三代时,须分一子回婿家;对于女方父母家产,女婿可有继承之权,但三代后还归女家,即所谓"三代归宗"。"招婿上门"也是母系社会向父系社会过渡时期的遗俗,在这种婚居模式下,女儿有继承权同时承担养老责任;女儿终生不离爹娘,照料父母日常生活;女儿生的孩子可随娘姓,能满足传宗接代的需要;而女婿入住本家,能起到松散宗族结构、淡化人们的宗族观念的作用。有学者曾对不同婚俗下的出生性别比进行考察,发现"招婿婚"被广泛接受和实行的地区,男性偏好较弱,出生性别比在低生育率下比较正常,反之相反③。可见,招婿婚能刺激和增强女儿偏好,降低和抑制"重男轻女"思想。

(二)民族习惯法中保护女性权益的规定

男权社会非制度性的道德习俗一般倾向于对女性行为进行规范和限制,但为使男权不至于过分膨胀而影响社会秩序,法律和道德也对男权进行了一定的限制,这对女性权益有客观的保护作用。强奸是对妇女人身权利的严重侵犯,民族习惯法对其予以了惩处。在苗族地区,如男子强奸了妇女,按照习惯法首先通知其父母进行讲理,由双方寨头共同解决,强奸不仅要受到谴责,而且还受"请服理酒"的处罚。未婚男子强奸已婚妇女,如被捉获,对被捉者处以"裸体杖",并罚其"请服理酒"。习惯法还对虐待妻子的行为给予惩罚,如苗族习惯法对虐待妻子,经常打骂妻子情节严重的,妻家将率众到夫家杀猪,并将其粮食吃尽,捕获其夫处以吊打,以示严惩。对于拐骗妇

芦笙会上

---

① 陈长平,陈胜利.中国少数民族生育文化(下)[M].北京:中国人口出版社,2004:247.
② 吴泽霖,陈国均.贵州苗夷社会研究[M].北京:民族出版社,2004:51.
③ 李树拙等.陕西省略阳县和三原县男孩偏好文化传播调查[M].人口与经济,1999(增刊).

女的行为,按照习惯法的规定,查处拐骗者后,受害人家邀全寨人到拐骗者家,把粮食牲畜全部吃光,再重罚,甚至捣毁其财产①。习惯法通常通过"议款"的形式民主制定,有的将具体条款制作成文或刻于石碑上,具有很好的普法效果和很好的警示作用。如黎平地坪有一块"栽岩"会议确定的碑文规定:"奸污妇女,当场捉获,丈夫可殴打,甚至可以戮杀,事后按情节酌情处理";"有流氓行为者,罚白银八两八钱";"拐人生妻,除赔偿礼物外,另罚白银八两八钱";"婚后男女双方不和睦,男不要女者,罚白银十六两,女不愿男,罚白银八两八钱"。②

(三)儿女双全观念

我们在对黔南、黔东南进行"群众生育意愿调查"的结果可知,人们的生育观除了具有强烈的男孩偏好外外,还具有显著的"儿女双全"倾向。这大致有三个方面原因:首先,在家产分配上,男孩的增加会直接减少有限的家庭资源,从而导致贫困,而在生一男后再生一女可以避免该问题。如从江占里侗寨的《劝世歌》中唱道:"占里是条船,人多了要翻船""一窝树上一窝雀,多了一窝要挨饿。"③费孝通先生在《生育制度》中也认为,在社会继替过程中,若是一家有了两个以上的儿女,结果免不了沦入贫困的境地,所以人们实行了人口的控制,包括堕胎和杀婴,使人地的比例不会改变;④其次,"儿女双全"是家庭"亲情消费"的需要。侗谚称:"家有三男不为贵,家有一女似神仙。"人们认为,女孩情感更加细腻,更善解人意,更加体贴父母。女孩的"亲情消费效应"和男孩的"养老保障效应"互补,是一种"理想型"家庭结构;再次,儿女是家庭社会关系网络横向延伸的需要。当地苗谚称,"有儿才能从上到下,有女才能从左到右",即有儿子才能传宗接代、继承财产,保证家族纵向发展;有女儿才能扩大社会关系网络,壮大家族的势力。儿女双全是人们生育上的"纵横观",这既是自然平衡观的体现,也是人类生存现实和情感的需要,是当地各少数民族生存智慧的体现。它在"重男"的同时,也强调了女孩的重要性,应当说能在一定程度上有利于性别的平等。

第三节 贵州民族人口性别文化的近代变迁

明清以来,生产力的发展和社会环境的变化,推动了贵州民族人口性别文化的

---

① 徐晓光.苗族习惯法的遗留传承及其现代转型研究[M].贵阳:贵州人民出版社,2005:7,11.
② 贵州省地方志编纂委员会.贵州省志·文物志[M].贵阳:贵州人民出版社,2003:1359.
③ 全国政协暨湖南、贵州、广西、湖北政协文史资料委员会.侗戏百年实录[M].北京:中国文献出版社,2000.
④ 费孝通.生育制度[M].北京:北京大学出版社,1998.

现代变迁。女性地位开始上升,性别对社会地位的影响开始弱化,人口性别文化向"智能"时代迈进。

一、近代贵州少数民族人口性别文化变迁的动因

近代贵州民族人口文化变迁的动因可从民族文化的交融、生产力的提高、手工业商业的发展、外国传教士的传教活动影响等方面来考察。

(一)民族文化的交融

明代的"改土归流",在贵州形成了汉夷杂居格局。清雍乾以来的"开辟苗疆"、"改土归流"实现"建政设政"、"流官一统"后,军屯、民屯和商屯空前增长,仅今黔东南八寨、台拱、丹江、清江、古州、都江六厅就驻扎绿营兵马"一万五千多名,安置屯军八千九百三十户"[①]。开发"千里苗疆"后,军屯转为民屯,军人转为当地居民。同时通过一系列变服饰、用汉姓、兴商贸、建学校、办教育等措施,各民族的居住格局呈现"汉苗杂处"之状,各民族的交往、交流愈见频繁,文化相互交融:中原文化既以主流文化的姿态对当地文化作出评判,也以平等身份融入当地文化,为其所同化;对汉文化,各民族也经历了排斥、怀疑到接受的过程。在交流碰撞中,当地文化体系的完整性也受到前所未有的冲击,形成了兼容并蓄的多元化文化格局。

(二)生产力的提高

改土归流后,汉民在贵州民族地区的规模迁入,带来了中原地区先进的农耕技术,如牛耕、灌溉等,改变了过去"锄掘"或"刀耕火种"的生产方式,大大提高了劳动生产力。"土司地区的封建领主经济使'生苗'地区的原始社会经济迅速土崩瓦解,贵州全省农村向地主经济演化,而领主经济奴隶制经济和原始农村公社经济都只作为残余形式而存在。"[②]"18世纪中期,黎平、天柱、古州成了著名的产粮区。"[③]农业的发展为商业手工业的发展创造了条件,尤其促进了木材、缝纫、木器、淘金等行业较快的发展,其中尤以清水江一带的"木商经济"享誉全国,影响至今。

(三)手工业商业的发展

近代贵州的民族地区,由于汉文化的影响和各民族经济社会交往活动的日益加强,尤其是先进生产工具、生产方式的引入和推广,手工业、商业得到了较快的发展。例如,明清以来,朝廷曾经在清水江流域的天柱、锦屏、黎平等地采购"皇木",带动了当地木材贸易和商业的发展,在延续了数百年的木材采伐、贩运过程中,形成了多个作为木材集散地的渡口、码头,这些地方商贾云集,餐饮、旅店、集市遍布,

---

① 翁家烈.清代贵州民族关系的变化[J].贵州文史丛刊,1989(1).
② 史继忠.贵州民族地区开发史专论[M].昆明:云南大学出版社,1987:49.
③ 《侗族简史》编写组.侗族简史[M].贵阳:贵州人民出版社,1985:44.

经济呈现繁华景象,成为当地经济文化中心。陆路的官道及水路航运的发展,使当地土产、特产、手工制品、粮食、木材、矿产不断对外输出。与外界的频繁交往开阔了当地民众眼界,使其接触到了多种外来文化,包括西方各种自由、平等的思想,形成了开放、兼容并蓄的社会氛围,这必然对传统性别文化造成冲击和影响。

(四)民族教育的开办与女子的就学

明永乐十一年贵州建省后,历代统治者为巩固边疆,加强对少数民族地区的统治,在武力征服的同时,也比较注意"文治",通过在少数民族地区举办教育事业,用儒家学说实施"教化"。除土司子弟教育外,明清时期主要表现为义学教育、增加学额和开设苗科,民国时期教会办的苗彝学校(后述)、政府办的边民学校、边疆教育师资训练所以及普通学校以一定名额实施边疆教育等。其中,"朝廷为彝侗(当时对少数民族的简称)设立之学及府州县为彝侗捐立入学则曰义学,盖取革旧之义引于一道同风耳。"①据郭子章《黔记》载,弘治十八年(1505年),贵阳一地有社(义)学24处,习学生童近700人,其中近廓(城郊)社学生童中有"仲家"、"蔡家"、"忆佬"、"罗罗"近百人。据民国《贵州通志》所载资料统计,清代贵州全省共有义学301所义学的开办,对贵州少数民族地区的发展产生了积极的影响。民国时期,国民政府在贵州开办了专门培养少数民族教师的乡村师范学校1所、师资训练所2所和边民学校12所。同时在边民散布区域内设立的46所中等学校中,"应指定1/3办理边民教育"②。民族教育的开办,不仅使包括女子在内的民族子弟得以入学接受知识教育,而且也使民族社会得以民智提升,无疑是民族地区移风易俗和性别文化变迁的重要因子和驱动力。

清水江流域义学第一碑

(五)西方传教士的办学活动

鸦片战争后,西方传教士凭借各种特权,渗透于贵州各少数民族聚居地区开展传教布道等活动。为了发展教徒,根据教会提出的"哪里有教堂,哪里就有学校"

---

① (民国)任可澄,杨恩元.贵州通志·学校·义学[M].1948年刻本,贵州省档案馆藏.
② (民国)贵州省教育厅.贵州省边地教育推行方案草案[S].1942.

的传教政策,在贵州各地兴办了各种学校。其中,1896年,传教士塞缪尔·克拉克等在苗区传教第一站是清平县(今黄平县)傍海,建立了第一座完全的苗民教堂。1905年,英国传教士柏格里与4位汉族教师和苗族乡贤在石门坎创办了石门坎光华小学,并于1906年开始招收苗胞子弟入学,男女均收,同校授课,创建了我国教育史上第一所男女生同校上课的学校。相继,其他一些传教士在贵州民族地方建立学校,其中就有不少学校招收女子入学,如安顺"敬一女子小学"、"培英女子初级、高级两级小学"、天主教平塘"教会学校"、基督教大定"崇实女校"、赫章基督教"志华小学"等。传教士办学自成体系,除普通教育外,还办有职业教育、特殊教育和社会教育,教学方法上注重启发式教学,注重理论与实践的结合,有的如石门坎教会学校还采用双语教学,有的教会"实业学校"还保送成绩优异男女学生读大学或留学[①]。教会学校的教义中几乎都包含有近代资本主义自由、平等、博爱等思想。如基督教学校在教学中传播个人理性直觉和人性自由,不需教皇可直接得到上帝博爱,在上帝面前人人平;在性别观上,认为"男女平等乃自然之理",实行"女学与男学并重"等。传教活

石门坎教会学校长房子

动客观上带来了现代人口性别文化的新元素。

二、近代贵州少数民族人口性别文化变迁的表现

(一)性别分工的变化

随着生产力的发展,贵州民族地区出现了许多专业刺绣、蜡染、纺织、银饰等手工作坊及少数官办企业。以纺织业为例,明弘治年间,人们"度身而织",自给自足;清代,古州厅车寨将每次只能纺织一个纱锭的手摇纺车改为脚踏后,一次能纺两个纱锭,提高了生产效率,布匹产量激增,出现了"纺布缴官租"的情况。清人胡奉衡的《黎平竹枝词》载,"侗锦矜夸产古州"、"松火夜偕诸女伴,纺成峒布纳官租"[②]。鸦片战争后,"洋纱入黔",仅苗族的"斜纹土布"、"花椒布"和侗族的"侗锦"、"侗布"因物美价廉保持了其一定市场,这在《英国布莱克访华团报告书》所载

---

① 游建西.近代贵州苗族社会的文化变迁[M].贵阳:贵州人民出版社,1997:90.
② 《侗族简史》编写组.侗族简史[M].贵阳:贵州人民出版社,1985:44.

苗、侗地区"洋布销售占的比例,未达2/10,只有1/10"①的内容即可看出。纺织业的发展提高了妇女的经济地位,社会认可增加。此外,少数官办企业为妇女参与社会生产提供了机遇,使部分女性加入社会化大生产行列,获得经济独立。

（二）女子教育的发展

"改土归流"后,官府在原土司领地和"生苗区"创办书院、义学、社学,实行"苗生"应试与科举制度,为封建统治阶级培养人才。据载,黎平一带"是以读书识字之苗民各寨具有"②。在"戊戌变法"运动"更科举、兴学堂"的推动下,1905年全国废除科举。是时,贵州民族地区各地书院、义学改为高等或初等学堂,其中,黔东南州此间共开办高等小学堂19所、初等小学82所③。学校教育步入现代轨道,为女子教育奠定了初步基础。受西方女权主义运动影响,1907年,清政府颁布《学部奏定女子小学堂章程》和《学部奏定女子师范学堂章程》,首次肯定了女子受教育的合法地位。黔东南州天柱县的三门塘在康熙年间,由群众捐资,购置义学田产,建造学馆,延续两百多年,直到解放初,土改时征收的义学田恒产尚有500箩。在村东的三圣宫前立有贵州最大的一块石碑——"三门塘义学碑",铭刻有"推广汉话、男女平等、男女同教"等口号；在寨西埠坪上的数十块残碑中,有一块"推女学之源,国家兴衰存亡之系焉"的石碑④。说明在交通便利的商贸口岸,义学堂已将"男女同校"原则贯彻其中,首次将女子教育提到国家兴亡的高度。1912年,中华民国临时政府教育部颁布了《普通教育暂行办法》,确立了男女同等受教育的原则。民国25年,贵州省教育厅设立"青岩乡村师范学校"（改称"贵州国立师范学校"）专门培养苗夷教育师资。据统计,民国29年在全省设立专门招收苗夷子弟的12所初级小学中,就学女生有164人⑤。男女同校原则和女性受教育权得到社会认可,女子教育于此得到了进一步发展。

（三）女性自我意识的觉醒

女权运动的发展,是妇女觉醒的标志。"五四运动"以来,国内出现了秋瑾、陈撷芬等女性社会活动家。1911年,上海"女子参政同志会"提出"女子教育之普及,实施"妇女职业之厉行""妇女政治地位之确立"等9条纲领,⑥体现了国内妇女的觉醒。

天柱县三门塘是当时清水江上最大的商贸口岸和物资集散地,与外来文化交

---

① 杨开宇.贵州资本主义的产生和发展[M].贵阳:贵州人民出版社,1982:72.
② （清）罗绕典,爱必达.黔南识略·黔南职方纪略[M].贵阳:贵州人民出版社,1992.
③ 《侗族简史》编写组.侗族简史[M].贵阳:贵州人民出版社,1985(10):44.
④ 孟云.村寨古风[M].贵阳:贵州人民出版社,2002:119,121.
⑤ 吴泽霖,陈国均.贵州苗夷社会研究[M].北京:民族出版社,2004.
⑥ 魏国英.女性学概论[M].北京:北京大学出版社,2000:239.

流频繁,受女权思想影响较大。三门塘的"妇女井"体现了当地妇女已具有较高的社会地位。在三门塘小寨后共有五口妇女倡议出资修建的"妇女井",分列左、中、右山冲里,皆由青石板镶砌,中间一处为一式三口并列。井旁有"修井路碑记"、"重修井碑记"两块石碑,分别立于宣统二年(1910)、宣统三年(1911)。其中,"修井路碑记"内容为:"尝谓民非水火不生活,是水之一民,刻不容缓者也。此地有涛泉一湍,水由地中行,先人因以汲水资生者,迄今十有余世矣。在道光年间,路属泥途,步履维艰。余三公永佑,独捐石板,修成坦荡。唯余井尚未兴修,仍然狭隘。每逢夏涸,欲立以待,因语我族妇女,慷慨捐资,裂石新修,方成井样,则向之源源而来者,不也混混而出,盈科而进。放于四海,取之不尽,用之不竭。此吾村之大幸也哉! 勒诸珍珉,以忠不朽。"[①]从碑文看,水井由16位妇女捐资修建,体现了女性意识的觉醒,妇女能正常参与修井这样的公益事务,说明已经具备了性别平等的社会环境;16位妇女能够捐资修水井,说明她们已经掌握部分能自主支配的财产,取得了一定的家庭地位和家事"话语权"。此外,碑文还将16位捐资妇女都有名有姓列出,这在当时家谱和墓碑只记妇女姓氏不记名字的男权社会,是较高的女性地位的综合反映。

古寨三门塘

第四节 贵州民族人口性别文化的状态评价

一、推进贵州民族人口性别文化现代变迁的动因分析

新中国成立后,人口性别文化开始向现代型迈进。田雪原认为,现代型人口性别文化是一种张扬两性平等的性别文化,强调两性同时具有独立的人格和尊严,表现为妇女社会地位和社会参与度的提高,改变传统妇女依附丈夫、生育子女、操持家务的社会角色;将妇女发展纳入世界和平与发展的主题,强调女性的主体性和参与性,妇女得以从家庭走向社会,实现自立、自主、自强。推进贵州民族人口性别文

[①] 杨秀廷.三门塘写新[EB/OL].天柱县委宣传部网站,2004-09-06.

化变迁的原因可从如下几个方面予以分析:

其一,新中国成立以来,我国政府将实现男女平等作为一项基本国策,积极推动妇女解放,提高妇女地位,制订了一系列保障妇女权益的法律制度。我国《宪法》第48条规定:"中华人民共和国妇女在政治的、经济的、文化的、社会的和家庭的生活等各方面享有与男子平等的权利。"《民法通则》、《劳动法》、《教育法》、《婚姻法》、《母婴保健法》、《未成年人保护法》、《预防未成年人犯罪法》、《村民委员会组织法》、《全国人民代表大会关于严惩拐卖绑架妇女儿童犯罪分子的决定》、《计划生育技术服务管理条例》、《流动人口计划生育工作管理办法》、《人口和计划生育法》等法律、行政法规、地方性法规、计划生育部门规章以及地方政府规章中,都有对妇女儿童权益的特殊保护条款。在宏观国策和法律制度下,贵州各民族男女平等国策得到切实有力的贯彻落实。

其二,我国推行的九年义务教育制度保证了女孩与男孩享有同等接受教育的权利;《宪法》、《继承法》等法律法规保证女孩同男孩有平等继承家产的权利,有权依法按照自己的意愿选择、决定、变更姓名的权利;在美满婚姻、幸福家庭文化建设中,大力宣传夫妇负有共同赡养双方父母的义务,为实现真正的"生男生女一样好"创造了条件。而我国社会主义制度的建立本身就为推动妇女地位的提高提供了制度保障。这些,无疑推动了贵州各民族人口性别文化现代变迁的步伐和进程。

其三,人口计划生育政策的全面推行,是推动民族地区人口性别文化现代变迁的重大举措。在政府主导下的人口计生工作中,开展了"少生快富"、"优质服务"、"和谐计生"、"奖励扶助"、"普惠加特惠"等系列行动,促进了少数民族群众生育活动逐渐向有意识、有理性、有科学指导的少生优生、男女平等的方向转变,为人口性别文化的发展创造了良好的社会人文环境。

其四,为推进人口计生工作开展而实施的各项奖励扶助政策和开展的大量宣教活动,更是对少数民族人口性别文化的发展以直接的动力。20世纪90年代以来,贵州民族地区广泛开展"婚育新风进万家活动","晚婚晚育、少生优生、男女平等、生男生女一样好、女儿也是传后人、计划生育丈夫有责"等新型婚育观念在广泛传播。同时开展了普及避孕节育、生殖健康保健知识讲座,推进公民道德教育和精神文明建设。实践表明,越来越多的人民群众接受了这些新观念。

其五,"五普"以来,出生性别比失调问题受到广泛关注。2004年,贵州省以黔东南州丹寨、天柱两县为试点县,启动了贵州省"关爱女孩行动"工程。2005年12月正式开始实施了《贵州省禁止非医学需要的胎儿性别鉴定和选择终止妊娠的规定》,在全省开展了综合治理出生性别比偏高的活动。该活动以宣传倡导进步、科学、文明的婚育观,加强基层基础管理工作,开展创建计划生育优质服务活动,建立有利于控制出生人口性别比升高的利益导向机制,依法严厉打击非法鉴定胎儿性别和选择性别终止妊娠及溺弃女婴行为等措施,遏制了出生性别比持续攀升的势头。在群众生育观念上,尽管少数民族中仍存在严重男性偏好,但对女孩的正面评价也开始增多。

二、贵州民族人口性别文化的状态评价——群众生育意愿调查

总体上,贵州当前的民族人口性别文化呈现出多样性和多元化特征。在此笔者根据"西南民族地区出生人口性别比失调问题研究"课题组[①]2006年7月对贵州出生性别比失调的黔南、黔东南部分县市和印江、关岭、玉屏等县所作的"群众生育意愿调查"的问卷统计数据(见附录1),来看贵州民族地区群众在生育数量、生育性别、生育目的三个方面的态度。

调查对象为贵州民族地区城乡15~64岁人口,一共发放问卷646份。调查对象中,男性414人,女性232人;15~19岁、20~49岁、50~65岁三个年龄段人口分别占10.42%、73.1%、16.48%;居住地为市、镇、村的比重分别为4.65%、10.23%、85.12%。包括苗、侗、布依等14个少数民族,比重占调查总量的68.4%;按未婚、已婚、再婚、离婚、丧偶几种婚姻状况划分,比例分别为33.07%、60.71%、2.48%、1.39%、2.32%[②]。具体结果为:

(一)意愿生育数量

意愿生育数量是人们生育观念中对生育子女数量的意愿。由表1可见,人们"理想的孩子数"为"0个"和"3个"以上的比例都较少,"理想的孩子数"为"1个"和"2个"所占比重最大,这既是计生政策影响的结果,也反映了人们的生育行为更加理性化。从分性别的生育数量来看,"理想男孩数"和"理想女孩数"为"1个"的比重最大。2003年,贵州"跨入低生育水平门槛"时的实际总和生育率为1.91[③]。据统计,调查对象"理想子女数"的平均数为2.819个。在生育数量上,人们的意愿生育率和实际生育率之间还有一定差距,人们多子多福思想仍然存在,而在后文的相关分析中,多生与生男呈正相关关系,即人们的多生意愿很大程度受"多生以生男"愿望的影响。

(二)意愿生育性别

由表2可见,在意愿生育性别上,"只能生1个孩子时",75.70%选择生育男孩。

[①] "西南民族地区出生人口性别比失调问题研究"课题为国家社科2005年年度课题(XRK003),其同名成果于2010年5月由国家知识产权出版社出版,2011年获评贵州省哲学社会科学研究优秀成果著作类三等奖。

[②] 数据来源于国家社科课题"西南民族地区出生性别比失调问题研究"(项目编号:05XRK003)之"西南民族地区群众生育意愿调查"问卷统计结果。下同。

[③] 向永东,高丽沙.2003年贵州迈入低生育水平门槛[EB/OL].贵州人口网,2004.

他们认为:"在人们的生育意愿中,最核心的是性别,其次才是数量和时间——早生是为了生男,多生也是为了生男。"生一个男孩是多数农村居民所能接受的一个最低"底线"。在对人们生育目的调查中,"传宗接代"的比重是最高的。此外,当"只能生2个孩子时",83.46%的人选择"1男1女",而选择"2个男孩"和"2个女孩"的比例都不高。可见,作为一种理想型家庭结构的"儿女双全"性别观在当前仍较突出"男性偏好"和"儿女双全"仍是当前人们生育意愿中的主要特征。但将两个问题结合来看,人们有2个生育指标时,多选择"儿女双全",而只有1个指标时,就会放弃这一目标选择男孩,这说明两种性别取向中,男性偏好比"儿女双全"观更根深蒂固。

表1 贵州民族人口意愿生育数量

项　目		频数	百分比
理想的孩子数	0个	17	2.65%
	1个	221	34.48%
	2个	305	47.58%
	3个	58	9.05%
	≥4个	39	6.08%
理想男孩数	0个	54	8.57%
	1个	458	72.70%
	2个	99	15.71%
	≥3个	19	3.02%
理想女孩数	0个	83	13.28%
	1个	487	77.92%
	2个	44	7.04%
	≥3个	11	1.76%

表2 贵州民族人口意愿生育数量

项　目	选项	频数	百分比
只能生1个孩子时,选择	男孩	461	75.70%
	女孩	148	24.30%
只能生2个孩子时,选择	2男	69	10.87%
	2女	36	5.67%
	1男1女	530	83.46%

(三)生育目的

生育目的是人们作出某种生育选择的基本原因或动机。本文主要以人们的男性偏好反映其生育目的的基本情况。几个选项分别代表不同含义,"传宗接代"主要是传统文化的反映;"养儿防老"和"增加劳动力"则既是传统文化的延续,又是现实生产生活的需求;"避免被人欺负"主要反映传统宗族势力的影响。在几个可做多项选择的原因中,以调查样本总量为基数,认为生男为"传宗接代"、"养儿防老"、"增加劳动力"、"避免被人欺负"的分别占73.22%、26.47%、13%、18.42%。

以上调查结果揭示了三点内容:

首先,"传宗接代"是人们生育男孩的最主要目的。这主要受父系血缘传承的传统观念影响,在对"父母是否要求必须生育男孩"选项的肯定回答中所占比例为57.44%。可见,个人在生育决策上很大程度上是"家本位"而非"个人本位"的,传统家族观念在民族地区还有很大市场。

其次,人们对养老和增加男性劳动力的现实需求明显削弱。在当地,居家养老是主要的养老方式,农村老年人没有退休之说,只要还能走动,就不会脱离生产劳动,养老可以靠自己,也可以靠夫妻间的相互照顾。此外,女儿养老也是一种可以接受的形式。在对"女儿能否养老?"的回答上,3.47%的人认为"女儿能养老";在对"是否赞同招婿上门?"的回答上,23.61%"赞成",30.66%的"反对",45.74%的人"无所谓",说明对弱化男性偏好具有重要意义的"招婿婚"持反对态度者多于赞成者,尽管遇有一定阻力,但多数人持无所谓态度,对女孩户而言,女儿养老也是可以接受的替代形式。同时,以城市化和人口流动为主要特征的社会变迁使得人们对劳动力的期待日益减弱。事实上,贵州"八山一水一分田"的客观环境难以实现农业生产的集团化机耕,人力、畜力还是基本耕作方式。但调查发现,农村家庭收入来源发生了重大改变,如调查者家庭经济收入中,农业收入仅占38.33%,打工收入上升至30.13%,经营收入占9.94%,其他收入占21.61%。可见,随着家庭收入渠道的拓展,农业收入所占比重已越来越小。20世纪90年代以来,以务工和经商为主的"打工潮"席卷了贵州少数民族农村,在改善农民生活的同时也降低了农业的基础地位,尤其是农村税费改革后,多数人种田只为吃饭,并不靠种粮来增加收入,打工收入是远比种地来得快的选择,民族地区不断出现的耕地废置现象便是客观的证明,这在很大程度上弱化了农业生产对男性劳动力的依赖。可以说,当代社会变迁提供了弱化男性偏好的契机。

最后,男孩在防范社会风险上的价值不断强化。调查显示,18.42%的人生育男孩的目的是

婚育文化宣传墙

"避免受人欺负",该项比例超过了人们"增加劳动力"需求的比例。在对"生男生女一样吗?"的回答上,26.46%的调查对象认为"不一样"。这一方面是当前农村正处于社会现代变迁时期,各种形式的犯罪、养老及邻里纠纷等增加了人们的风险感,人们生育意愿的变化在很大程度上不是追求利益的最大化,而是追求风险的最小化;另一方面,伴随贵州民族地区20世纪80年代以来的"文化复兴"影响,从人口性别文化发展过程来看,家族势力在农村地区的作用得以不同程度的发挥,传统家庭制度与农村宗族势力得以起死复燃,各种陈规旧俗的重新取用又再次形成对女性发展的束缚,进而相应固化着人们的男性偏好观念与行为。

第五节 贵州民族人口性别文化对人口发展的影响

人口发展是指作为社会生活主体的人口,随着社会生产方式的进步和社会经济条件的变化,发生数量增长变化,以及质量、构成和各种外部关系不断由低级向高级运动的过程[①]。人口发展是各人口要素相互作用的过程,强调人口数量、素质和结构的相互关系的变化与改善,意味着人口数量适中、人口质量不断增高和人口构成不断优化。美国社会学家威廉·奥格本的"文化堕距"理论认为,物质文化和非物质文化在社会变迁过程中的速度是不一致的,物质文化总是先于非物质文化。在非物质文化的构成中,各部分变迁的速度也不一致,制度总是首先变迁,其次是民俗、民德,最后才是价值观念的变迁[②]。文化变迁的滞后性决定了贵州民族传统人口性别文化至今仍通过影响人们的生育观,进而影响人们的生育行为,影响人口发展。

一、对人口性别结构的影响

人口性别文化形成的男女性别角色、价值的判断和观念,直接影响了人们生育观念中的性别取向,引导着人们的生育行为。在"重男轻女"特征较显著的传统人口性别文化环境下,生育观念往往具有较强的男性偏好,如果在生育过程中采取各种选择性别的措施干预生育,将导致人口性别结构的失衡。过去,由于生活资料有限,多生将直接影响生存,因而大量采取溺婴、弃婴的人为干预方式来实现生男孩。事实上,贵州少数民族地区男性偏好下的生育性别选择和性别比偏高清代以来就已存在。据《黔南职方纪略》卷23载,开泰县(今黎平)"娶妻只育一子,多即淹之,

---

[①] 李竟能. 人口理论新编[M]. 北京:中国人口出版社,2001.
[②] (美)威廉·波谱诺. 社会学[M]. 10版. 北京:中国人民大学出版社,2005.

以为无产业给养也。"①溺弃女婴对出生性别的人为干预导致了出生性别比的严重失调。陈国钧为民国时期对贵州苗夷社会妇女生育状况的调查显示（见表3），170名妇女生育的1031名婴儿性别比为135.93,存活下来的514名儿童性别比为133.64;其中黔东南州114名妇女生育的628名婴儿性别比高达146.27,存活下来的313名儿童性别比为137.12。出生性别比的长期失调在过去甚至出现了局部地区的"婚姻挤压"和由此产生的系列社会问题。如清代陈盛韶《问俗录》载,苗族社会"斯养女少,娶者难,斯鳏夫多",造成"即无家室之匪民,掳抢械斗,喜于从乱,也根于此"②的严重后果。

表3 民国期间苗夷地区生育性别比与死亡性别比

地名及族别	调查人数	生育数			存活数		
		男	女	性别比	男	女	性别比
安顺花苗	24	118	112	105.36	60	52	115.38
安顺青苗	8	34	15	226.67	20	8	250.00
安顺仲家	9	31	29	106.90	12	12	100.00
炉山黑苗	24	101	62	162.90	47	40	117.50
都江黑苗	25	60	49	122.45	27	24	112.50
三合花衣苗	15	38	26	146.15	21	16	131.25
下江生苗	14	31	25	124.00	13	15	86.67
榕江侗家	23	61	35	174.29	33	19	173.68
永从侗家	28	120	84	142.86	61	34	179.41
合计	170	594	437	135.93	294	220	133.64

注:数据由陈国钧《苗夷族中生育与死亡数量》一文整理而得。

从新中国成立到20世纪80年代初,由于经济社会的发展和人们生活水平的提高,人们可以养活更多子女,受生活资料限制而采取抛弃女婴方式以实现生男孩的现象逐渐减少,高生育率保障人们有足够空间生育男孩,使得这一期间贵州民族地区出生性别比一直保持在正常值域。但80年代以来,民族地区全面推行人口计划生育限制了人们的"生育空间",人们很难再靠多生来实现生男的意愿,同时,80年代以来各地传统文化大面积复归,强化了人们的男孩偏好,加之80年代B超技

---

① （清）爱必达,罗绕典.黔南识略:黔南职方纪略[M].贵阳:贵州人民出版社,1992.
② （清）陈盛韶.问俗录:卷六(标点本)[M].北京:书目文献出版社,1983:131.

术等现代医学手段的普及使人们获得了更便捷有效的实现生男的工具,大量的人工干预生育行为使民族地区出生性别比迅速上升。其中,尤以黔东南州最为典型。据统计,黔东南州出生性别比1981年为107.32,出生性别比开始失衡;其后一路飙升,"四普"达到115.7,"五普"达到125.23,2005年1%人口抽样调查时上升为134.06,"六普"仍在130以上。而据统计,2001~2005年,黔东南州福利机构收养的127个弃婴中,女婴就占了96%;仅2006年黔东南州在打击"两非"专项治理行动中就查处了非法性别鉴定和非法人流相关案件60件[①]。

一般认为,农村代表传统型人口性别文化,城市代表现代型人口性别文化。"群众生育意愿调查"城乡对比数据分析(表4)显示,"当只能生育一胎时",农村选择"男孩"比例为78.62%,城镇为58.33%,农村比城镇高20.29个百分点。这说明在生育观念上,受传统观念影响较大的人口群体具有更强的男性偏好,更可能导致出生性别比失调。

表4　分居住地的生育意愿情况表

问题	选项	贵州 城镇 频数	贵州 城镇 百分比	贵州 农村 频数	贵州 农村 百分比	黔东南州 城镇 频数	黔东南州 城镇 百分比	黔东南州 农村 频数	黔东南州 农村 百分比
理想子女数	0个	7	7.53%	10	1.83%	1	7.69%	6	2.38%
	1个	45	48.39%	175	31.99%	7	53.85%	81	32.14%
	2个	38	40.86%	267	48.81%	5	38.46%	122	48.41%
	3个	0	0.00%	58	10.60%	0	0.00%	30	11.90%
	≥4	3	3.23%	36	6.58%	0	0.00%	13	5.16%
只能生一胎时	男孩	49	58.33%	412	78.63%	4	40%	207	85.54%
	女孩	35	41.67%	112	21.37%	6	60%	35	14.46%

注:数据来源于"群众生育意愿调查"统计。

二、对人口数量与质量的影响

早生、多生往往与生男紧密联系,并呈正相关关系。一般情况下,在强烈的男孩偏好下,那些没有男孩的家庭靠多生来生男孩。"群众生育意愿调查"发现(如

[①] 黔东南州人口计生委.强化综合治理出生人口性别比,推进社会主义和谐社会建设[S].2006-04-29.

表5所示),城镇地区人们的"理想子女数"为"1个"的占48.39%,比农村地区高16.4个百分点;而"理想子女数"为3个以上的为3.23%,比农村地区低3.35个百分点;贵州黔东南州城镇地区人们的"理想子女数"为"1个"的占53.85%,比农村地区高21.71个百分点,"理想子女数"为3个以上的为0。据上述资料统计,贵州民族地区市、镇、村平均理想子女数分别为2.48、2.40、2.89,黔东南州分别为2.67、2.2、2.85,男性偏好较强的农村地区的意愿生育子女数显然高于城市。

人口素质水平受经济、社会、政治、文化等多种因素影响。传统人口性别文化作为环境变量,对人口素质的影响也主要体现为在特定观念下两性在获得赖以提高自身素质的资源和机会方面的差异上。"群众生育意愿调查"结果显示,"在家庭经济条件有限时,谁成绩好谁先上学"的占81.70%,让儿子先上的占13.72%,让女儿先上的占4.57%,说明总体上多数人在观念上赞成子女教育上的性别平等,但仅就后两项来看,让儿子先上学的比例比让女儿先上学的高3倍多。可见,尽管多数人认为在子女教育上一视同仁,但仍存在事实上的不平等。

低龄人口生命的脆弱性决定了其父母照料的依赖较大,因而低龄人口是衡量人口身体素质的重要指标。再以黔东南州为例:从低龄人口分性别死亡情况看,据"五普"资料,黔东南州0岁人口死亡性别比为80.55,其中男婴死亡率为61.41‰,女婴死亡率为98.64‰,女婴死亡率比男婴高37.23个千分点;0~4岁男童死亡率为14.4‰,女童死亡率为21.5‰,女童死亡率比男童死亡率高7.1个千分点。这与在正常状态下,男婴死亡率略高于女婴的一般规律相悖。可见,人们在对子女的照料上存在事实上的不平等。

在受教育状况上,女童入学率较低,失学率较高,导致了女性受教育程度偏低。2000年,黔东南州适龄女童入学率有半数县低于70%,1997年入学的52990名女童到2002年时仅剩余20844人,坚持读完初小的比例仅为50.3%[①]。"五普"时,黔东南州15岁及以上文盲人口比例为16.8%,其中男性文盲人口比例为7.68%,女性人口文盲比例为26.75%,女性文盲率比男性高约3.5倍;全州每10万人口中受高等教育程度(大专以上)人数为1280人,其中每10万男性人口中的受高等教育人数为1765人,每10万女性人口中受高等教育人数为734人,男性每10万人口中受高等教育程度的人数是女性的2.4倍[②]。由此可见,女性受教育机会相对于男性来讲,随着教育程度不断提高而比例在不断下降,既反映着男女平等事实上的差距,更影响着民族人口素质的整体提升,必须引起高度重视。

---

① 中国教育统计年鉴编委会. 中国教育统计年鉴(1998~2003)[M]. 北京:人民教育出版社,2004.
② 贵州省第五次人口普查办公室. 黔东南苗族侗族自治州2000年人口普查资料汇编[M]. 2002.

第五章 贵州民族人口素质文化

诺贝尔奖获得者、美国著名经济学家舒尔茨曾说,现代社会"增进穷人福利的决定性生产要素不是空间、能源和耕地,而是人口素质",人口素质就是经济,就是最宝贵的财富。我国社会是以儒家为主体的多元化社会,而以儒家为主体的社会是一种文化本位社会,这体现为它在社会观上强调"文治教化",在人生观上则强调"修身养性",这样一种社会形态用现代语言来描述,就是一种致力于人口素质提高的社会。贵州是一个多民族省份,民族人口在贵州是指除汉族以外的各少数民族人口,民族人口素质是指各少数民族成员的人口素质,也称少数民族人口素质。民族人口素质特别是劳动年龄人口的文化科学素质,既是物质文明建设和精神文明建设的基础,又是民族昌盛的前提和保证。提高民族人口素质,缩小民族和地区在经济、社会、文化发展等方面的差距,从根本上改变民族地区的贫穷落后状况,是实现民族真正平等、团结、发展和共同繁荣的必由之路。

第一节 人口素质概述

一、人口素质的内涵

"素质"一词的含义在中国古代已经形成。最早见于《论语·八佾》:"子夏问曰:'巧笑倩兮,素以为绚兮'。何谓也?子曰:'绘事后素'。曰:'礼后乎?'子曰:'起予者商也!始可与言《诗》已矣'。"其中的"素"本意表示绘画中的白色粉底,引申为人的基本素养。《汉书·李寻传》载:"马不伏枥(枥),不可以趋道;士不素养,不可以重国。"《汉书·刘表传》曰:"越(蒯越)有所素养者,使人示之以利,必持众来。"就是素服、素食、素材、素养也有基本成分、因素之义。至于"素质"一词并用出现,最初见于(晋)张茂先《励志诗》:"如彼梓材,弗勤丹漆,虽劳朴斫,终负素质。"此意借事喻人,指培养的人才,若不勤于修养,终究会影响到已有的良好素质。

人口素质又称人口质量,是一个多义性的概念,在不同学者的眼里,可以从人的要素(条件)、特征(特点)、品质(修养)、水平、系统等不同角度来理解和界定,也就是说,"人口素质"是一个相对的概念,在不同的学科视野里可能有着不同的规定:"人的素质是人在先天遗传基础上经过后天的活动而形成的主体活动的自身条件。"[1]"素质是以人的先天禀赋为基础,在环境和教育的影响下形成和发展起来的相对稳定的身心组织的要素、结构及其质量水平。它既指可以开发的人的身心潜能,又指社会发展的物质文明和精神文明成果在人的身心结构中的内化和积淀;既可指人的个体素质,又可指人的群体素质。"[2]"广义的人口素质应不仅仅涵盖一定时空观人口系统中个体素质的总和,而且包含个体素质的整合和互动。……因此,从广义上认识人口素质,首先要区分个体的人的素质和总体的人口素质的差别。人口不是个体素质的简单加总或任何形式的加权和,而是个人素质的有机组合,具有系统性,即整体性、组织性和动态变化的特征。"[3]"所谓的人口素质或人口质量,是指在一定的历史条件下人口的结构和组合状态所展现的各种社会功能和影响力。较高的人口素质或人口质量,一般总是具有较为合理的结构和组织,同时也会产生较强的社会功能和较为积极的影响力,反之亦然。"[4]等。

所谓人口素质,是人的自然素质和社会素质的总和,是人们认识、改造和适应世界的一般能力。具体说,人口素质是人口身体素质、文化科学素质和思想道德素质有机结合的统称。人口素质高低的重要标志,就是看其在人们认识、改造和适应世界过程中能力的大小和手段的先进程度,它是影响人口发展的最为关键的要素,与人口发展永远呈正相关关系。

二、人口素质的外延

人口素质包含的内容是多方面的。这种认识和改造世界的能力,由于是一种体力和智力的特殊结合,充分反映了人口所具有的身体健康状况、文化科学技术和思想道德水平。因此,决定了人口素质既包括人口的身体素质,又包括人口的文化科学素质和思想道德素质等多方面的内容。然而,不同学者对人口素质内容的(即外延)划分标准存在差别。兹择如下观点以示:

"二要素"论认为,"人口素质"只是由自然素质和社会素质组成。自然素质又称人口生理素质,也称遗传素质,是人口素质的自然条件和基础。人的遗传素质即身体及某些心理素质,包括人的肌体、形态、感官、血液、神经系统等。人口的生理素质较为复杂,受制于先天因素,也受制于后天条件。现代健康观认为,健康的生理素质,一般没有重大生理缺陷,还要有健全的生理、心理状态和完善的社会适应

---

[1] 袁贵仁. 马克思的人学思想[M]. 北京:北京师范大学出版社,1996:245.
[2] 毛家瑞,孙孔懿. 素质教育论[M]. 北京:人民教育出版社,2000:26.
[3] 谭琳. 我国生育率下降过程中的人口质量问题探析[J]. 人口学刊,1996(3).
[4] 邬沧萍. 人口学学科体系研究[M]. 北京:中国人民大学出版社,2006:264.

能力。社会素质又叫人的精神素质,主要指人的思想道德素质和人的文化科学素质。思想道德素质是人口素质的核心,决定了人的世界观、人生观、价值观的性质,反映了人的特征和价值取向。文化科学素质是人口素质的关键,关乎人的认识水平和创造能力。人的精神素质是人在社会活动和社会交往中形成的,是社会关系的产物,是一种受制于社会存在的社会意识,具有较强的可塑性,人的情感倾向、思维模式和行为动机往往受客观环境影响较大,易于在外部作用下产生变化。

"三要素"论主要有两种不同的观点:一是认为,人口素质包括了身体素质、科学文化素质和思想道德素质三个方面,并认为身体素质是人口素质的自然条件之基础,科学文化素质和思想道德素质是人口素质的中心。其中,人口的身体素质是指发育是否健全,智力是否完好、体力大小、体质强弱、耐力的持久状况、动作的敏捷程度等,其常用性指标有平均身高、体重、胸围以及平均增长速度,相对的平均体力和耐力水平,呆残低能人口占总人口的比重、婴儿死亡率、总死亡率、平均预期寿命等;人口的科学文化素质是指一个人口群体的文化知识、科学技术水平、生产经验和劳动技能等,其常用性指标有:在校大学生占总人口的比重、知识分子占总人口的比例、文盲率等;人口的思想道德素质是指人们的思想意识形态,包括人生观、道德观、思想素质和传统习惯,其直接或间接进行衡量的指标主要有:忠诚的爱国者占总人口的比重、尊老爱幼者占总人口的比重、模范遵守公共秩序者占总人口的比重、吸毒者占总人口的比重、青少年犯罪率、刑事犯罪率等。二是认为,人口综合素质不是各单项素质的相加之和,而是各单项素质在人的活动过程中有机组合构成的一个动力整体。具体说,人口综合素质是人口之"动力素质"、"能力素质"和"伦理素质"的乘积。此观点认为,只要影响着生命主体完成活动的积极性和主动性,就可归类为"动力素质"(如需要、动机、理想、意志、兴趣、进取心等);凡影响生命整体活动的可能性和效率的素质都可归类为"能力素质"(如体力、智力、精力、社交能力等);只要能在生命主体的心理结构中起行为准则的作用,控制主体倾向以某种相对稳定的方式从事活动,即可归类为"伦理素质"(道德、性格、世界观、态度或是国民性等的心理特征)①。

"四要素"论将心理素质从思想道德素质中独立出来,认为人口素质除了包括身体素质、科学素质、思想道德素质外,还包括人口心理素质。人口心理素质是指人口心理现象或心里活动的特点,它因人而异,可以用一定的方式或工具进行测试。人口心理素质的形成与生物学因素和环境因素有关,其生物学因素是与生俱来的,只要人一出世就有了人的脑神经系统,神经系统控制了人体的全部活动。人口心理素质更主要地受环境因素的影响,人所处的环境有自然环境和社会环境,但

---

① 邬沧萍. 人口学科体系研究[M]. 北京:中国人民大学出版社,2006:264 – 266.

主要是社会环境。只有在一定的环境下,心理的生物学基础才有条件发挥其功能,经常影响人的心理变化。生活在不同环境中的人口,都有其不同的、相应的心理活动。以下探讨主要是从"三要素"视角予以展开。

第二节 贵州民族人口身体素质

从原始社会的人口到现代人口,经历了数百万年。在这一历史长河中,随着经济社会的发展,影响人口素质的自然因素和社会因素都在不断地发生变化。物质生活条件的改善,医药卫生的发展,婚姻制度的变迁,都可以使人口先天因素和后天因素发生有利于人口身体素质的变化,使人口身体素质获得提高。

一、婚育、居住环境与身体素质

新中国成立前,贵州生产力低下,经济发展落后,交通闭塞,贫困落后。由于鼠疫、霍乱、天花、麻风病等烈性传染病和其他疾病的流行和各级各类近现代医院数量很少,人口死亡率很高,每年患疟疾者大约有250~300万人,民间曾普遍流行这样悲惨的歌谣:"八月谷子黄,摆子(即疟疾)爬上床,十有九人死,无人送药汤。"在少数民族地区,恶性疟疾更为猖獗,"苗家辛酸数不清,饥寒交迫苦零丁;终极难逃黄瘟病(即疟疾),家破人亡冷清清"是其悲楚写照。在这种境况下,万般无奈的穷苦人民只得烧香焚纸,宰牛杀猪,求神拜佛以祈驱疾攘魔。尽管民族传统医学和养生之道在一定程度上减低了疾病和衰老的死亡率,但即使不考虑传统医学和养生之道本身的局限,也还存在着两种无法克服的困难:一方面,能够得到治疗的人在总人口中的比重极低;另一方面,"生死由命"的信念和因果报应之类的迷信思想,使一些人根本不相信医药的作用而拒绝治疗。据陈达在《人口问题》一书中提供的资料,1936年贵州全省人口出生率为53.4‰,死亡率为26.9‰,死亡率比自然增长率还高;1949年解放时,人口出生率为30.5‰,死亡率为15.67‰,仍然处于高出生、高死亡、低自然增长阶段,据有关资料计算,人口平均预期寿命在20世

侗寨报京

纪30年代才34岁左右①。

新中国成立后，在党和政府的高度重视和关怀下，贵州省医疗卫生事业有了很大的发展，1954年起，天花基本绝迹，1958年消灭了回归热。1973年开始，在全省范围内普遍种了牛痘疫苗、麻疹疫苗、脊髓灰质炎疫苗、白百破三联、卡介苗等，之后转为计划免疫，因而一些急性传染病患病率已经明显下降②。

改革开放后，随着国民经济的全面好转，各级政府投入了大量的人力、物力发展医疗卫生事业，加大对卫生事业的投资，特别加强了农村卫生、妇幼卫生、预防保健、人才培训和中医等项工作，医疗卫生状况空前改善，人民生活水平显著提高，人均预期寿命明显延长。据"六普"资料，2010年，贵州民族地区的死亡率下降到8‰以下，其中，黔东南州为7.93‰，黔南州为7.33‰，黔西南州为6.39‰。

人均预期寿命是国际社会衡量一个国家和地区经济社会发展的三大主要指标之一（另两个是人均受教育水平、人均收入水平）。据第三次人口普查数据计算，1981年贵州全省人口平均预期寿命，男性为61.07岁，女性为61.55岁；"四普"资料显示，1989年贵州省人口平均预期寿命，男性为65.74岁，女性为67.79岁；2000年"五普"为67.14岁，在全国排29位。2005年，贵州人均预期寿命为68.42岁，全国挂末。2010年贵州人均预期寿命年达73.45岁，年均增加1岁，实现历史性跨越。2005~2010年五年时间，贵州人均预期寿命"高速增长"，年均增加约1岁，接近全国平均水平74.5岁。这一变化，被认为"是欠发达地区实现社会经济全面协调可持续发展、践行科学发展观的了不起的成就"③。不可忽视的问题是，在自然环境不断优化、人和自然日益和谐协调的今天，贵州少数民族在婚育、居住环境上存在的问题成了新时期提高人口素质所关注的重点之一。

婚姻是生育的前提和基础。各民族人口的婚姻状况，特别是妇女婚姻状况的特点与问题，对优生优育与提高人口生活质量起着不容忽视的作用。由于受政治、社会、宗教、地域封闭等因素的影响，历史上贵州有的民族实行民族内婚，或者实行宗教内婚，有的则实行等级内婚，这样便容易导致近亲血缘通婚。据调查，1985年贵州苗族和布依族近亲婚配率分别为27.55%和32.79%，侗族和彝族分别为20.45%和26.63%，水族和瑶族分别为27.91%和27.91%④。20世纪末期，在黔东南一些侗族村寨，依然还存在所谓"肥水不流外人田"的姨表亲、姑表亲、舅表亲甚至同族三代以内的血亲婚。近亲结婚严重地影响了民族人口素质的提高，其最

---

① 陈达.人口问题[M].北京：商务印书馆，1935.
② 潘治富.中国人口：贵州分册[M].北京：中国财政经济出版社，1988：405.
③ 彭剑，汪钲轶，张益，等.贵州人越来越长寿，2010年人均预期寿命达73岁[N].贵州都市报，2012-02-18.
④ 张天露.民族人口学[M].北京：中国人口出版社，1998：181.

直接的表现是严重影响民族人口的身体素质。

生态环境是人类赖以生存和发展的自然环境,人类同自然环境相互联系、相互作用、相互影响:优美的自然环境可以促进人的身心健康,延年益寿。贵州是我国边远的少数民族聚居区,也是我国经济欠发达地区,但如同任何事物都有其两面性一样,经济不发达也有其另一面,即自然资源保存完好,物种资源丰富多样,森林覆盖率高,环境污染少,且保存着传统有益的生产习惯。正因为这些因素,也使贵州孕育出较多的长寿人口和百岁老人,如2010年黔东南州有百岁老人118人[1],2011年铜仁市有百岁老人162人[2]。相反,如果自然环境遭到破坏,那就有害于人们的身心健康,甚至给人带来多种疾病。在贵州的局部地区,如毕节、织金、黔西等县,地质条件属火山喷发岩和煤系,在岩石、土壤中,含氟量高,通过食物、蔬菜等食物进入人体,从而产生氟中毒、氟骨病。毕节、黔西、织金等县的一些乡村氟斑牙患病率高达98.2%。

大山中的民族

这种氟中毒不仅引起氟斑牙病,而且还发生头昏、耳鸣、麻木、腹痛、肌肉痉挛等症状,重者四肢或腰背痛,双肘关节受限,甚至劳动能力严重减退[3]。

人类生存的环境不同,与其相关的居所也不同,所以具有不同的疾病模式。人类的生活习惯、城乡背景、贫民窟的状况、干旱或水资源短缺、环境卫生、住宅材料、通风、拥挤状况、动物驯化、气候、传染等环境因素以不同的方式对疾病产生不同的影响[4]。古代贵州素有"地无三分平,天无三日晴,人无三分银"之谓,这里的人们在新中国成立前大多过着清贫的日子,处于体质羸弱、多病寿短之况。一些民族的居住方式严重地影响了人们的身体健康。如新中国成立前居住乡村的苗族同胞住所,"恒倚山建筑三楼,在远瞭望,类似宫殿亭阁,又似西式洋房。但入内视之,则多污秽不堪。楼之下屋,恒定牲畜;中楼居人;上层悬挂烟叶、杂粮。下屋牲畜粪便杂沓,臭气熏蒸,人居其中,几如终日生活于厕所板上。以致疫疠流行,全家全寨相继

---

[1] 罗茜.黔东南有118位百岁老人"老神仙"生于1900年[N].贵州都市报,2011-06-30.
[2] 陈刚.铜仁市百岁老人162人 女性占七成[N].铜仁日报,2012-09-04.
[3] 潘治富.中国人口(贵州分册)[M].北京:中国财政经济出版社,1988:411-418.
[4] 路遇.新中国人口五十年[M].北京:中国人口出版社,2004:292.

死去之事,常发现于苗寨社会中。住宅内部不加间隔,中置火炉,四季不息,每日用以煮饭,冬日用以取暖,夏日用以吸烟,又少窗洞,以致室内烟气弥漫,灰土牵挂。冬日夜间,更加大火势,全家睡眠于火旁,以苗胞鲜置棉衣,冬夏服装几无分别,入睡又不用被褥寝具,全恃烧木柴以取暖。其生活之简陋可知。"[①]人居环境及其对人口身体素质的影响可见一斑。

新中国成立以来,特别是党的十一届三中全会以来,随着改革开放的不断推进,经济不断发展和人民收入水平得以不断提高,民族居住环境尤其是住宅正在发生翻天覆地的变化,促进了人们身体素质的提高。

解放初,党和政府对少数民族人民的健康极其关怀,把清剿残匪和扑灭疫病作为拯救人民于水火的两项重要任务。1950年12月,贵州省人民政府在《关于少数民族地区工作的指示》中,对做好少数民族地区医药卫生工作提出具体要求:(1)免费医药;(2)创办基层卫生组织;(3)建立流动医防队,奔赴少数民族聚居地区进行医防工作;(4)培养初级卫生干部。各州(市)、县(市、区)人民政府遵照省人民政府的指示,拨出大量经费,在少数民族地方普遍建立了卫生医疗机构,培训医务人员,加强预防、治疗疾病和妇幼保健等工作。民族地区医疗卫生条件由此发生了剧变。目前贵州卫生总费用占国民生产总值的比例,在全国各省市区中尚属于低水平;卫生资源布局不合理,城市与乡村、较发达地区与欠发达地区的卫生条件存在相当大的差距,部分农村贫困人口居民还未能享有基本医疗服务,一些先进、科学的防病、治病知识和健康的生活方式有待加大力度向广大农村地区传播。无疑,深化卫生体制改革,开拓卫生事业发展道路,加大对民族偏远地区、弱势群体的卫生投入,建立起适应社会主义市场经济和广大群众健康需求的、完善的卫生体制,以全面提高人口身体健康素质,成了民族地区社会发展的重要主题之一。

二、民族传统体育文化与身体素质

我国少数民族传统体育历史悠久,自成体系,在千百年的发展历程中,积淀了非常丰富的文化意味,有着自己独特的表现方式和民族体育文化特征,更多侧重于健身、娱乐和教化的功能,迥异于西方体育文化的方式发展及传承。作为全国8个民族省区之一的贵州,有17个世居少数民族,设有3个少数民族自治州和11个自治县,"六普"时少数民族人口占全省总人口的36.77%,无疑是典型的民族人口大省、民族文化大省。作为民族文化外在表现形式和民族性格外观的民族体育活动,既是各少数民族的骄傲,也是各少数民族千百年锤炼而成的文化珍品,在贵州显得

---

① 丁世良,赵放.中国地方志民俗资料汇编(西南卷)[G].北京:书目文献出版社,1991:643.

尤为多元和富于生命气息,其数量之多,形式之奇,内容之丰,影响之大,已是世界闻名。贵州主要民族传统体育项目如表5所示。

表5 贵州主要民族传统体育活动项目

民族	主要分布	项目名称	节日(节庆)
苗族	黔东南、黔西南、黔西北、黔南、黔东北	赛马、射弩、上刀梯、坐秋千、打毽、独脚鸡、翻竿脚、爬竿、试力、抱腰、芦笙拳、打花鼓、打花棍、打猴鼓、划龙舟	苗年、种棉节、花山节、姊妹节、爬坡节、春节、四月八、杀鱼节、龙船节、芦笙节、吃新节、招龙节
布衣族	黔南、黔西南、黔中	赛马、掷花球、打鸡毛毽、摔跤、打包谷壳手拍球、踢鸡毛毽、托筐球、打磨秋、荡秋千、扁担、拳术、刀术、棍术、舞狮、耍龙、石子棋、猪崽棋	春节、雅蝈节、蚂螂节、二月初二祭土地节、三月三、清明节、四月八扭、端午节、六月六、龙山节、七月半、八月十五、九月九
侗族	黔东南、黔东	抢花炮、秋千、踢毽、摔跤、单指顶棍、掰手劲、"骑马架"、打陀螺、打水仗、打"地老鼠"、拍纱球、游泳、拳术、器械术	春节、洞年(小年)、过社节、祭牛节、尝新年、石家节、林王节
土家族	黔东北、黔北	龙舟赛、磨磨秋、抵牛角、抵腰杆、打飞棒、玩狮子灯、莲花十八响、提手礤、射箭、玩龙灯、放抱根	赶年(蓑衣年)、春节、"嫁毛虫"节、六月六、吃新年、春社节、清明节、端午节、七月半、娃娃节
彝族	黔西北、黔西南	赛马、荡秋千、打"鸡"、磨磨秋、跳脚、顶木棒、摔跤、执镰刀把、投石	年节、火把节、赛马节、采茶节
仡佬族	黔北、黔西北、黔中、前东北	打筻鸡蛋、磨磨秋、打鸡、拳术、棍棒镗锏	春节、三月三祭山神、吃新节
水族	黔南	拳术、水棋、赛马、杂技、打手毽	端节、卯节、娘娘节、额节、春节、清明节、端午节、六月六、七月半
白族	黔西北	荡秋千、捉迷藏、追"山羊"、踩"高跷"、打"鹞子翻身"、摔跤	春节、小节(正月十三)、清明节、端午节、赛神节、中元节、团圆节、过大年

续表

民族	主要分布	项目名称	节日（节庆）
瑶族	黔东南、黔南	陀螺、摔跤、打猎操、传统武术	陀螺节、跳月节、十月年节、结婚节、吃新节、六月卯节、稀饭节、围鱼节、盘王节
毛南族	黔南部分县内	骑马、游泳、射箭、打秋千、"打棉球"、"地牤牛"	火把节、迎春节、桥节、端节、过小年、春节、重阳节

资料来源：根据贵州省地方志编纂委员会编《贵州省志·民族志》相关资料整理而成。

贵州民族传统体育，是贵州大地上各少数民族先民为了维护自身安全，保卫所获取的胜利果实，抵御外来侵略，在生产劳动和社会生活中逐渐形成的竞技与娱乐活动。这些体育项目，无论是对增强身体机能，注重身体健康，加强对民族全体成员的教育，还是促进人际关系的交往，传承少数民族传统文化等都起到了积极的作用，有着鲜明的民族性、独特性、竞技性、参与性、娱乐性、历史文化性等特性。其中黔东南州的苗族"独木龙舟"，是世界上绝无仅有的最古老、最具特色的龙舟。该龙舟现已被列入中国非物质文化遗产保护项目，目前在中国体育博物馆和日本国家博物馆都陈列有独木龙舟实物。又如，发源于贵州赤水河流域少数民族生产生活中的"独竹漂"，作为贵州独创的民族传统体育项目，有着"中华

苗族"独木龙舟"

水上一绝"的美誉，曾在第八届全国少数民族运动会上荣获表演项目金奖。竞技性是民族传统体育活动的重要特征，其能显示人们强壮、机敏和征服的特性，使参加者在相互较量的竞赛中获得心理的愉悦，起到磨练意志、开启心智的作用。如赛龙舟、拔河等就是群体对抗的竞赛；摔跤、赛马等则是个体对抗的竞赛。同时，不同类型的民族体育活动，不同性别不同年龄者均可参与，其中，男性可以赛马、摔跤、舞狮、舞龙等，崇尚惊险、夸张力气，体现勇武精神；女性可以荡秋千、跳板、踢毽等，淡雅平静、细腻柔和，推崇心灵手巧；青壮年是体育活动的生力军，老年人凭自己的经验和声望，可以充当竞赛的评判者，或青年的指导者；儿童则可以充当学习者。他们既与各自的生理特征相适应，也与各自在社会生活中所担负的角色相联系。这

充分表明民族传统体育活动已不仅仅是生命运动,还进一步作为一定社会关系总和中的人在现实中显示自己的本质。

民族传统体育活动在时间上大都安排在业余时间进行,不严格也不严肃,特别注重渲染轻松欢快的氛围,它从因时因地、自由灵便的嬉耍,到配合岁时节令的大型文体生活广场活动,还有的融会于宗教礼仪、喜庆丰收、欢度佳节甚至祝贺新婚之中。无论哪一种少数民族的传统体育活动,都具有丰富理性与情感内涵的文化,并交织在各民族的生活习性、生存环境、文化模式和民族心理中。

民族传统体育的传承、发展动力来自民族的忧患意识,而又反作用于民族的忧患意识,它重于人的体质健康、情感诉求与荣誉感的生存,其显现出的独特、竞技、娱乐、文化等特性有利于全民动员、全民参与,各取其长,各展其才,广泛的群众基础根深底厚。其源于生活,又高于生活,是各少数民族生活技术、劳动技术、军事技术、竞技技术于身体活动的提炼与综合,在民族人口身体素质提高、健全人格的塑造、群体凝聚力增强、社会运行有序等方面,产生了积极的历史与深远影响,是提高民族人口素质的宝贵文化财富。

侗族器械术月牙镋

第三节 贵州民族人口科学文化素质

文化科学素质是人口素质最重要的内容,是人口素质的核心部分。人类认识和改造世界能力的大小,主要靠文化科学技术及其武装起来的劳动者,特别是在现代社会中,科学技术明显地转化为生产力,掌握现代科学技术的劳动者越多,为社会所创造的财富就越多;受教育的人越多,精神文明程度就越高。一个民族只有具备较高的文化科学技术水平,才有可能实现现代化,走向真正的繁荣富强。

一、家庭抚养——社会角色的塑造

在传统农业社会中,贵州民族地区普遍缺少正统的学校教育,孩子的教育基本上在家庭里完成,教授的内容主要是生产技能、风俗习惯、礼仪、道德规范,父母和长辈都是教育孩子的承担者。可以说,当一个新的生命还在母腹中时,他所在的社会就已经准备好了一套抚育模式,以使其由一个不谙世事的自然人成长为能担负社会责任的社会人。这对人格的完善和社会角色的塑造具有重要意义。农耕是贵州传统社会的基本生计方式,在长期的劳动中形成了按性别进行劳动分工的习俗。在贵州各少数民族中,性别塑造在婴幼儿时就已开始,社会角色在幼儿时期就有朦胧感知。苗族过去有"冷水洗婴"的习俗,即婴儿顺利诞生后,为锻炼婴儿的适应力和抵抗力,用冷水给婴儿洗浴,充分体现了适者生存的理念,也体现了人们希望培养孩子坚强的意志。在少数民族中,对胎盘的处理都十分重视,一般用瓦罐盛装,男孩的胎盘一般埋在堂屋中柱下,希望将来成为家庭的顶梁柱,女孩的胎盘埋在床下或灶台边,希望她们生儿育女、管理家务。这些郑重其事的举动融入了人们强烈的性别期待,可以说新的生命从诞生那天起,家庭和社会抚育就已经开始。传统社会角色一般通过劳动技能的训练、习俗教育、玩具和游戏等形式来塑造。

习俗传承

孩子到五六岁时,个体社会角色塑造基本按社会文化惯例进行,家庭成员开始导引孩子从事家务与田间辅助性劳动,男孩砍柴、放牛,随父上山耕种、打猎;女孩学习薅锄,看管弟妹,扫地、洗碗、洗菜等;至七八岁时,便开始教习谋生技能,性别分工更加明显,女孩学习纺线、织布、缝衣、做饭;男孩学习简单狩猎工具的制作和使用,学习把犁等农耕技术。到十一二岁时,对传统农业生产方式已基本掌握,与成年人一起参加劳动。十五六岁时,就被划入成年行列,可以谈情说爱、成家立业、生儿育女。

玩具和游戏是丰富幼童生活、启迪心智、学习社会技能的重要方式。其中,男孩的玩具表现出一种力量与竞争,如玩弓箭、弹弓、高跷、木刀;女孩的玩具多有毽子、布娃娃,有的喜欢玩一种背小孩的游戏,这与女性局限于家务有关。男孩、女孩一起玩的游戏有"老鹰抓小鸡"

技艺传承

"捉迷藏""过家家"等,很多成年的角色能在游戏中预演。这些活动有利于性别角色的塑造和加深孩子对社会文化的认识。

在家庭教育中,除生存技能教育外,各民族的伦理和习俗教育贯穿于家庭生活的各个方面,诗歌传承、民族传说、日常生产、生活中进行的言传身教或是婚丧祭祀仪式等均成为家庭教育的途径。

二、民族教育——科学文化素质获取的场域

在贵州,专为少数民族实施的教育始于明代。洪武二年(1369年),太祖朱元璋提出"移风善俗,礼为之本,敷训导民,教为之先"的基本国策,把在少数民族地区兴办教育作为"安边之道"。在这种方针的指导下,从皇帝到各级地方官吏,无论流官或土官,文臣、武将多有热心教育的人,凡政治力量能达到的地方,皆设学官,建立学校,修建孔庙,开设科举,体现"怀柔远人"之意,达到"建学校以化夷"的目的。明初,贵州民族教育的主要形式是吸收土司子弟到京城入太学。贵州建省后,一方面在民族地区建立府学、县学和宣慰司学、宣抚司学和土司学,规定土司子弟必须送子弟入学学习儒学,未经儒学习礼者不准承袭土司职务;另一方面,在民族地区设立社学、义学,招收少数民族子弟入学学习。此外,还在苗、土家、彝、侗、布依等少数民族聚居的镇远、石阡、思州、铜仁、乌罗等府创办医学校和阴阳学校,培养少数民族医学、天文历算等专科人才。有明一代的贵州民族教育尚有两个引人关注:一是对少数民族生员给予生活补助。"夷人之中选取生员入学读书,较有成效,宜给廪膳以养之。"[1]二是尝试推行双语教学。宣德年间宣抚使奢苏鉴于土司儒学汉族老师与民族学生间的语言障碍而"难以训诲",上书朝廷准允取用熟悉彝语之教师,"上从其言,故命之。"[2]

清代贵州的民族教育有所发展,实施民族教育的方式主要是义学,而且朝廷责令各级官学增加少数民族子弟额,增加专门名额开设"苗科"乡试。但清朝统治者对民族教育仍设置许多歧视、限制性规定,如只准少数民族学生学文科,受"儒化",不许学武科;文科的考生取得"庠生"后,不得考"贡生"等,最高只能考到"举人"。受此影响,至清朝中叶,民族地区的"儒化"教育对象仍然以土司子弟为主,一般民众的读书机会很少。

民国初年,民族教育被称为"蒙藏教育"和"边疆教育",在贵州称为"边民教

---

[1] 贵州民族研究所辑.明实录·贵州资料辑录·宣宗宣德实录:卷11[M].贵阳:贵州人民出版社,1983:11.
[2] 贵州民族研究所辑.明实录·贵州资料辑录·宣宗宣德实录:卷115[M].贵阳:贵州人民出版社,1983:11.

育"、"苗民教育"或"苗夷教育"。民国24年(1935年),黔政统一后,教育被视为提高该地区民众知识水准的重要途径,国民政府军事委员会委员长蒋介石在贵州期间,要求"在贵州教育经费中,每年至少需提出10万元作为苗夷教育经费"。同年4月,贵州省成立特种教育委员会,作为推行边疆教育的专门机构。接着,先后在少数民族聚居地区举办了12所专设的边民小学,称为省立小学。为了培养边教师资,还举办了1所边疆师范学校和两所边教师资训练所。民国29年(1940年),成立了贵州省边地教育委员会,推行边教事业。民国31年(1942年),12所专设边民小学改为中心国民学校。同年,贵州省教育厅制订了《贵州省边地教育推行方案草案》,规定各县国民教育设校数应指定三分之一办理边民教育,边民散布区域内已设立的46所中等学校应尽量优待边民子女入学。在贵州的边民教育中,除按国家统一的教材进行教学外,按照国民政府规定,还进行了提高国家观念及中华民族意识,增加农村经济生产知识,防卫疾病常识;改良陋习、发扬善良习俗,发扬其固有优点——勤劳、简朴、忠勇诸性格和摒弃其劣点——保守、苟安诸心理等项内容的教育。对于砥砺民族气节,增强抗战胜利信念,缓解战争冲击产生了积极作用。

清末民国时期,在贵州少数民族地区,教会学校教育较发达。开办的"苗民学校"和"彝民学校"主要集中在安顺地区、威宁地区和黔东、黔南一带。如在威宁彝族地区,解放前夕,以四方井为中心创办的教会学校就有25所。1951年,威宁全县有小学50所,其中教会学校28所,教会学校中少数民族学生约占80%～90%[1]。在黔东土家族聚居的德江县,1947年有教会小学9所[2]。据统计,民国时期,贵州全省共有教会创办的中学20所[3]。教会学校在进行宗教教育的同时,把西方的科学文化知识引进少数民族地区,培养了一批人才。

新中国成立后,贵州从1950年开始采取发展民族教育的措施,经过努力,到1987年,全省基本形成了包括民族小学、民族中学、民族学校(中小学合校)、民族师范、民族行政管理学校、

威宁石门坎老苗文

---

[1] 威宁县志编委会.威宁县志[M].贵阳:贵州人民出版社,1997.
[2] 德江县志编委会.德江县志[M].贵阳:贵州人民出版社,1994.
[3] 贵州省志编委会.贵州省志·教育志[M].贵阳:贵州人民出版社,1990.

民族师专和民族学院的民族教育体系。这个体系主要包括三个部分：一是由县到省建立起以少数民族为主体、从学前教育到高等教育的系列；二是在各级各类学校中开办民族班；三是采取各种特殊措施以增进各类学校中少数民族学生与汉族学生混合编班学习。通过这些措施，民族教育得到了较快发展。是年，少数民族学生在高等学校占26.6%，中等技术学校占30.2%，中等师范学校占43.2%，普通中学占25.9%，农职业中学占27.4%，小学占30.5%，幼儿园占13.8%，盲哑学校占8.3%，各类学校中的民族学生均有较大幅度的增长。2006年，贵州在全省实现了"两基"（即基本普及九年制义务教育和基本扫除青壮年文盲），民族教育进入了发展的快车道，民族人口文化科学素质大幅度提高。

贵州民族地区经济的不断发展，为民族文化事业的发展提高打下了坚实的物质基础。1952年5月，贵州省人民文工团（后改为贵州省歌舞团）成立，编创人员和演员有苗族、布依族、侗族、土家族、彝族、回族、满族、汉族等民族成分。1952年、1955年、1956年由中国科学院语言研究所和中央民族学院联合组成的少数民族语言调查工作队，先后深入贵州农村开展了规模空前的语言调查，为苗族、布依族、侗族创制了民族文字方案（草案）。自治州、自治县建立后，各自治地方均设立了文化工作机构，以搜集、整理、宣传、弘扬少数民族文化。改革开放以来，贵州省人民政府制定了一系列有利于民族教育、科技、文化发展的特殊政策和措施，有力地促进了民族地区教育、科技、文化事业的发展：民族地区文化机构和设施逐年增加，县县建有图书馆、广播站和卫星地面接收站；民族民间风俗习惯受到尊重，文化艺术活动日益活跃；一批少数民族作家、作者和艺术人才脱颖而出，民族歌舞、民间艺术和民族文化研究越来越多地走出贵州，走向世界，并深受好评。科技人才的培养和科学技术的推广普及也受到重视，实用科学技术普及到千家万户，人们的商品经济意识日益增强。少数民族传统体育也得到了发展。民族自治地方精神文明建设丰富多彩，文化、艺术、教育、卫生、体育、新闻、出版、科研事业硕果累累，少数民族古籍整理发掘和民族语言文字的推广、应用、交流不断加强，在继承传统文化、繁荣民族经济中发挥了积极的作用。

纳雍苗族"滚山珠"

三、民族人口科学文化构成

"五普"时,贵州省总人口的文盲、半文盲率为16.81%,汉族为15.21%。在17个世居少数民族中,既有高于全省或汉族平均水平的,也有低于全省或汉族平均水平的,按由低到高顺序排列是:满族7.18%,羌族8.26%,仫佬族8.32%,畲族10.04%,侗族11.44%,蒙古族12.71%,壮族13.45%,白族13.81%,毛南族14.69%,仡佬族15.42%,瑶族16.76%,土家族17.74%,水族20.49%,布依族21.08%,彝族21.57%,苗族21.93%,回族26.60%。"六普"资料显示,贵州省总人口、汉族人口和民族人口的文盲、半文盲率较"五普"都有大幅降低,其中总人口为10.41%,降低6.4个百分点;汉族为9.44%,降低5.77个百分点。在17个世居少数民族中,降低幅度最大前三位的是回族、彝族和布依族,分别降低11.65、9.82、7.64个百分点,其他民族都有不同程度的下降,说明民族教育在十年间有了较快的发展。

石门坎苗族儿童

文盲率半文盲率和文化构成是衡量民族人口文化科学素质的重要指标,民族人口的文盲率、半文盲率和各种文化构成由于受其他民族文化尤其是受主流文化(即汉文化)影响的不同而有差异。全国人口普查对文盲、半文盲率的普查统计,是以认识多少个汉字为基准进行的。民族是一个具有共同语言的稳定的人们共同体。在自然环境、经济、民族语言文字等因素的共同制约下,贵州少数民族文盲、半文盲率相对较高。以民族语言而言,如果民族语言文字在民族社会广泛使用,则以认识汉字多少做判断标准的文盲、半文盲率无疑相对较高,相反,则文盲、半文盲率较低。

具体就文盲、半文盲率较低的民族来讲,满族在历史上一直受汉文化影响,当清王朝派皇族所领清军进入贵州时,满族在社会生活中已完全使用汉语、汉文,这是贵州满族文盲、半文盲率较低的主要原因。羌族、蒙古族是元明清时迁入贵州的少数民族,多分布于贵州的汉族地区,在社会生活中广泛使用汉语、汉文,进学校接受汉文化教育是它们固有的传统。侗族长期以来居住在湘、黔、桂交界地区,深受汉文化的影响,加之历代统治者实施"移民戍边"、"屯田"及"驿站"等政策与措施,使这些地区受汉文化的影响较早。仡佬族是省内无本民族语言、文字而全部通用汉语汉文的土著少数民族,因为是散居在汉族地区,识读汉语是本民族成员的自身需要。白族是西南地区汉文化程度较高的少数民族,贵州白族早年因军事等原因而定居在今贵州西部,长期以来,在社会生活中使用汉语文。土家族长期居住在北部和东北部与四川、湖南毗邻地区,这里基本上是汉族居住的地区,经长时期的杂居共处与交往联系,本民族的语言逐步与汉语言同化,人们均以汉语为交际语,因而能较熟练地使用汉文。"四普"以后被认定的仡佬族(1993年2月)、畲族(1996年6月)、毛南族(1990年7月),原均被划为汉族,长期使用汉语言,被认定为少数民族后,在享受党和政府的特殊政策的关照下,它们的文盲率、半文盲率就变得相对较低。

壮族主要居住在靠近广西的黎平、从江等县,有自己的语言,由于地处偏僻,交通不便,经济落后,因而汉文化程度不高,能讲汉语的人不多,在解放前,能看懂、读懂汉文书籍的人数十分有限。布依族有自己成片的聚居区,有自己的语言,而且通行面广,使用的人也较多,上世纪50年代国家有关部门曾为他们创制过拼音文字。布依族也与贵州其他少数民族一样,长期以来深受汉族传统教育模式和教育体制的影响,有尊师重教的美德,但人们接受汉文化教育的程度不同,从整个地区来看发展不平衡,加之受政治、经济、风俗习惯等的制约,懂汉语言的人数仍然有限。苗族的分布较广泛,有自己的语言,但方言差别较大,互通存在一定障碍。虽然有些地区有自己的文字,但这些文字有的是在民国时期由传教士创制的,有的则是新中国成立后创制的,通行面都较狭窄。由于苗族分布地区的社会经济发展不平衡,因而接受汉文化懂得汉语言人数的地区分布也不平衡,从人口普查的统计数字可以看出,其文盲、半文盲

贵州彝文典籍

率仍然较高。彝族是贵州既有本民族的语言,又有本民族文字的民族,分布在贵州的西北部高山地区,本民族语言流行广泛,其文字则仅是在本民族的知识分子或毕摩(巫师)等阶层中使用。由于受"自给自足"自然经济的影响,人们与外族特别是与汉族的经济交往联系有限,懂汉语识汉文的人数不多,其文盲率较高。回族自形成以来就是一个有着悠久经商历史的民族,父母对子女入学读书较为重视,但多是从经济角度出发的,当子女在小学学到一定知识,特别是掌握一定的数学知识后就

立即"学以致用"而弃学经商，因而文盲、半文盲率的比例最高。水族世居在都柳江流域，这里有山有水，是"自给自足"经济繁衍的典型之地，加之地理位置偏僻，交通不便，人们很少与外族往来，多使用本民族的语言与文字（水书）交流，现在的三都水族自治县县城三合镇的水族人口中，85%以上的人口仍使用水族语言作为交际语言，无疑文盲、半文盲率相对较高。瑶族地处贵州、广西交界的月亮山、瑶山地区，这里自然环境较为恶劣，经济较为落后，大多数人处在贫困线以下，汉语言文字对当地人们来说影响不大，尽管新中国成立六十多年来，各方面做了大量工作，但瑶族懂汉语、识汉文的比例仍不容乐观。

从各个民族的文盲、半文盲率情况来看，成因各有特点，但有一个共同的原因，那就是受"重男轻女"思想的影响。认为"女儿是别人家的人"，嫁出去之后就是"泼出去的水"，如果供其上学读书是替别人培养。因此，在学校中女学生的数量往往会随着年级的上升而减少。这是少数民族人口中女性文盲率高于男性文盲率的重要缘故，也是少数民族人口中文盲、半文盲率高的一个重要因素。①

水书

但总的趋势是，贵州民族人口的科学文化素质在党和政府的高度重视下，在贵州各族人民的共同努力下正在不断提高（表6），以第六次人口普查数据为例："六普"时全省常住人口中，文盲人口（15岁及以上不识字的人）为303.85万人，同2000年第五次人口普查相比，文盲人口减少184.76万人，文盲率由13.86%下降为8.74%，下降5.12个百分点②。从各少数民族角度看，文盲率都出现了大幅度的减少，如苗、布依、侗、水4族，已分别从1990年"四普"时的47.8%、43.1%、32.7%、33.4%下降到22.57%、21.8%、17.71%、23.28%。而在高中及以上学历结构中，比例均有不同程度的上升，尤其是在研究生层次上，畲族、毛南族、羌族突破了"五普"时零的空白而实现了教育层次的完全覆盖，并向结构合理化的方向发展。

---

① 《跨世纪的中国人口》（贵州卷）编委会.跨世纪的中国人口（贵州卷）[M].北京：中国统计出版社，1994：262－264.
② 贵州省人口普查办.贵州2010年人口普查资料[G].北京：中国统计出版社，2012.

表 6　贵州世居少数民族各种文化程度人口占总人口的比重　　　单位:%

比重 民族	小学 五普	小学 六普	初中 五普	初中 六普	高中(中专) 五普	高中(中专) 六普	大专 五普	大专 六普	本科 五普	本科 六普	研究生 五普	研究生 六普
苗族	51.1	44.3	17.3	24.1	4.3	5.3	0.9	2.4	0.3	1.3	0.004	0.034
布依族	51.0	42.1	19.5	26.4	4.7	5.7	0.9	2.6	0.3	1.3	0.005	0.033
侗族	51.9	38.8	24.3	30.4	6.6	8.0	1.5	3.7	0.5	2.1	0.067	0.048
土家族	49.0	38.6	23.3	28.3	6.6	7.4	1.6	3.9	0.7	2.2	0.010	0.070
彝族	52.8	45.2	16.9	24.9	4.1	5.0	0.8	2.3	0.4	1.3	0.005	0.043
仡佬族	51.8	39.0	23.6	28.0	6.0	7.7	1.6	4.0	0.7	2.6	0.008	0.072
水族	54.8	44.0	14.8	24.4	3.8	5.2	0.7	2.0	0.2	1.1	0.003	0.024
回族	40.7	38.9	17.7	22.8	8.6	7.8	2.6	4.6	1.3	3.0	0.029	0.125
白族	50.4	36.8	24.4	30.2	6.6	8.0	1.6	4.0	0.7	2.5	0.004	0.089
瑶族	55.2	45.2	15.6	21.8	4.3	5.9	1.0	2.7	0.4	1.9	0.018	0.083
壮族	39.3	30.0	23.8	26.4	13.5	11.1	3.8	6.6	1.8	5.0	0.032	0.184
畲族	63.4	49.0	17.7	24.6	3.6	6.3	1.0	2.0	0.2	1.4	0	0.038
毛南族	59.3	45.1	20.0	30.4	3.8	5.1	0.7	2.4	0.1	1.2	0	0.022
蒙古族	50.9	36.1	25.0	28.1	7.5	8.7	1.9	4.4	0.9	5.0	0.015	0.197
仫佬族	57.9	43.2	22.7	28.8	5.8	7.6	1.3	2.7	0.5	2.0	0.012	0.048
满族	33.7	25.1	24.4	24.4	19.9	15.6	9.3	10.6	5.0	11.3	0.076	0.745
羌族	45.5	31.0	28.2	30.3	11.3	12.9	3.6	7.4	2.5	6.1	0	0.125

注:资料来源于第五次、第六次人口普查。

各民族各种文化程度人口占总人口比例的高低,是衡量其人口文化素质状况的一个重要指标。2010年"六普"时,在 17 个世居少数民族中,侗、土家、仡佬、白、畲、毛南、蒙古、仫佬、满、羌等 10 个民族各种文化程度的人口上升到 80%以上,而比例在 76%~80%之间的有苗、布依、彝、水、瑶、壮、回等 7 个民族。这些数据反映了各民族文化素质有显著提高,尤其是人口较少的毛南、仫佬、满、羌 4 个民族,其文化程度重心已向初中层次转移。

四、"地方性知识"与人口传统文化素质

人口传统文化素质是指人们对传统文化的表现形式、内涵价值、发展规律的认

知与掌握程度,以及传承、保护、创新的观念及其相应的行动能力,它是人口素质的重要内容之一。包括口头传说知识和再现形式能力,表演艺术能力,社会实践、礼仪、节庆活动的知识,有关自然界和宇宙的知识,以及传统手工艺知识和技术等。

长期以来,人们所指的科学文化通常是指现代意义的科学文化,往往忽略传统文化尤其是存留于广大民族村寨的民族民间传统文化,甚至把民族民间传统文化视为愚昧、落后的象征。随着经济社会的不断发展,人们愈加认识到民族民间传统文化的弥足珍贵,进而对民族民间传统文化就是"传统＝愚昧、落后"等落后陈旧观念进行纠偏;愈加认识到只要内容没有腐朽,不存在与社会主义社会核心价值相冲突,无论民间的还是主流的文化都可以自由传承发展;愈加认识到民族民间文化属于传统文化,和现代科学文化一样都是中华文化大家庭中的一员。

虽然贵州广大乡村特别是民族村寨较为落后欠发达,但这里的民族村寨是民族民间文化富集之地,蕴藏着丰富灿烂的传统文化资源这一"富矿"。仅2005年,贵州就有44项民族民间非物质文化遗产列入国家级重点保护名录,并确定了90项省级重点保护名录;2008年2月24日,由文化部选出的第二批民间音乐、舞蹈、传统戏剧、曲艺、民俗等五大类国家级非物质文化遗产项目代表性传承人名单公布,贵州25人榜上有名。现在,贵州大部分民间文化和手工技艺散落在乡村中,在乡村的工匠群体如木匠、石匠、雕刻师、铁匠、漆匠,以及画师、蜡染师、刺绣师傅等,绝大多数是老人和妇女,他们是贵州民族民间技艺的源头,是"地方知识"的拥有者,也是传授技艺的主体,是民族民间传统文化的高素质者。

传统蜡染技艺

随着国家进一步加大对民族民间文化资源的保护、传承和开发,为文化传承者带来了实实在在的现实利益,少数民族的文化自信心和文化自豪感在逐渐增强,文化自觉、文化自新的热情在不断提高。现在,贵州许多已经开展乡村旅游的民族村寨中,青少年学习民族歌舞、民族民间艺术已蔚然成风;地方精英更加热心文化表演和重视旅游中的文化挖掘,更加看重自己的民族文化;村寨年轻人不少对民族传统技艺发生了浓厚兴趣,在老艺人的帮助下倾注心力习传着各种"地方性知识";古老的文化遗产已被或正被赋予新的意义,正在得到乡村民众的重视和自觉保护,使许多已被淡化的民族文化传统得到恢复和开发。例如,安顺天龙镇原已不穿传统服装的年轻人,开展旅游活动之后,重新穿上民族传统服装,并以此为荣;在榕江、黎平、从江等县,许多文化遗产如民族音乐、歌舞、绘画、刺绣、蜡染、工艺等受到高度重视,并被列入当地小学课程;从江县小黄村的侗族大歌、台江县反排村的苗族木鼓舞,安顺九溪村、蔡官村的地戏,还到省外和国外演出,产生了很大影响,提高了跨文化的理解度和宽容度,当地人民以此感到非常自豪。

歌师教唱

"在经济落后时期,人们不大可能会认为人文活动留下的遗迹和传统是一种资源,是因为经济的发展才促进了人们对人文资源的认识。"①贵州少数民族地区充分利用民族民间传统文化这一比较优势发展经济,在推动地方经济发展与社会和谐中,促进了人们对知识的进一步追求、对技艺技巧的不断渴求与掌握,使民族地方性知识得以实现了与提高民族人口素质的良性互动,从而有利于民族人口素质的全面提高。

第四节　贵州民族人口思想道德素质

人口思想道德素质(简称思想素质)是指人的意识形态,包括人生观、世界观、法制观念、政治观念、道德观念、思想观念、传统习惯、社会纪律及其言行等方面。它由构成人口这个社会群体的各个人的思想意识状况的总和所形成,通常是以在人口总体中占主导或统治地位的思想状况为代表。人口思想道德素质对人口的身体、科学文化等素质的发展有着重要的作用,是支配人口言行和精神的力量。

一、贵州民族人口思想道德素质内涵主流

数千年来,贵州各少数民族为了维持自己的生存和发展,为了在社会生活中不断完善自身,在改造自然与改造社会的实践中,逐渐形成了各民族的人口思想道德情感、人口思想道德意志和人口思想道德信念,对本民族人口再生产、民族社会进步与经济发展产生了重大影响。总而概之,贵州民族人口思想道德素质之内涵主流表现在:

---

① 费孝通.谈西部人文资源的保护、开发和利用问题[J].文艺研究,2000(4).

（一）群体意识与集体道德

在少数民族的风俗习惯中,包含着浓厚的群体意识和淳朴的集体主义道德观念。马克思主义认为,群体意识是指一定的人群所结成的共同体(阶级、政党、民族等)的共同意识,是为了适应一定阶级和民族和整个社会实践的需要而形成起来,并为维持一定的社会关系和社会秩序服务的。群体意识和个人意识同时存在,既相互区别,又相互联系、相互作用:在社会生活实践中,一方面,群体离不开个人,离开了个人就无法理解群体;另一方面,个人又离不开群体,离开了群体,个人就无法生存。在人类生存和发展过程中,劳动起了决定的作用,而劳动一开始就是集体的。离开了集体的生产劳动,就无所谓改造自然与社会的实践活动,个人无法生存,整个人类也就不能存在和发展。

芦笙舞表演中的群体意识

人们的群体意识正是在改造自然与社会的集体生产劳动中形成起来的。某种群体意识一旦形成,就会成为一个民族、一个阶级甚至整个社会的共同意识。每个人在自己的社会生活实践和与他人的交往活动中,都会受到这种群体意识的影响,并以这种群体意识来支配自己的思想和行为。

贵州少数民族一般都居住在比较偏僻的深山野岭之中,交通不便,生产力不发达,在比较艰苦的自然条件下,各少数民族人民为了生存和发展,在长期改造自然和社会的斗争实践中,逐渐形成了浓厚的群体意识和淳朴的集体主义道德观念,具体表现为:以群为重,以群为乐,无论种田、捕鱼还是狩猎,往往都是以集体的形式进行的。农忙季节,换工互助,不计报酬。一家有事,全寨相帮;一家建房,全寨出动;谁家娶亲嫁女,全寨人都要前往恭贺。青年男女谈情说爱,总喜欢结成一个小群体,一起练唱情歌,学讲情话,然后再成群结队,通过"游方"、"跳月"(苗族),"行歌坐月"(侗族)、"赶表"、"浪哨"(布依族)等,沟通感情,达到情投意合而缔结婚姻。

苗族《议榔词》道:"我们走一条路,我们过一座桥,头靠在一起,手甩在一边,脚步整齐才能跳舞,手指一致才能吹芦笙。"布依族民歌说:"只要大家团结紧,只要大家拧成绳,省长官位坐不成,县长乌纱戴不成。穷人才有好日子过,穷人才能得翻身。"少数民族的群体意识和淳朴的集体主义思想,从古到今,世代相传,渗透到民族风俗习惯的各个领域,构成了少数民族传统道德的基本内容,在调节民族成员之间的相互关系,加强民族团结,提高民族道德素质方面发挥着积极的作用。

(二)尊老爱幼,耕读传家

孟子说:"老吾老,以及人之老,幼吾幼,以及人之幼。天下可运于掌。"尊老爱幼既是人类自我尊重的表现,又是一种社会责任。耕读传家,强调既要勤事稼穑以丰五谷而立性命,又要读书重学以知诗书达礼义而修身立德。尊老爱幼,耕读传家,既是汉族地区传统美好家庭建设的目标与动力,也是少数民族地区家庭家族延续的精神与行为力量源泉。贵州各少数民族在尊老爱幼上有着许多制度性的规定,如各种形式和名称不一的敬祖节、敬老节、老人节,生产、祭祀、宗教、社区管理等社会生活中老人的权威树立及其维护尊崇,生育过程中的求子习俗、怀孕保健、产后护理、孩童教育、知识技艺传授等,无不饱含着少数民族家庭、家族、社区乃至地区内及其相互间的尊老爱幼传统和美德,而具体的事例可谓俯拾皆是。贵州少数民族几乎皆为山地农耕、耕牧民族,为了生存和发展,代代在生息的土地上开荒地,造梯田,培水土,战天斗地,创造出了惠及子孙万代的山地农业文明,其中侗族地区的"稻鱼林鸭"生计模式及其体现出的民族生态智慧至今仍为世界所认同。不可否认,历史上有视贵州为蛮荒偏僻、飞鸟不通之地,以及不尊王道、民难教化之区等偏见,实际上,早在西汉时期,就有毋敛人尹珍"远从汝南许叔重授五经,又师从应世叔学图纬,通三才,还以教授,于是南域始有学焉",相继贵州民族地区教育大兴;至唐代,即有锦屏隆里龙彪书局享誉遐迩,宋元时期,土司教育成了全国教育特色,明代,因有王阳明龙岗讲学,周边少数民族前往受学,受益深远。清代,贵州教育的亮点在民族地区,其中黔南的"影山文化"及其与"影山文化"渊源深厚的黔北"沙滩文化"为西南民族教育之代表,而起于清代中期的"清水江文书"数愈十万份之量,也无不与当地苗、侗等族人民重视教育、倾力教育而官学、义学、社学并起辉映、交互作用有关,一度成为"世界苗族最高文化区"的威宁石门坎教育文化现象,使贵州少数民族重视文化、教育自觉而又反哺教育的声名传至西方国家。可以说,尊老爱幼、耕读传家是贵州各民族生存发展的重要的精神理念和价值财富,在历史发展长河中其影响不可低估。

独山魁文阁牌坊(上书对联:一等人忠臣孝子,两件事读书耕田)

(三)劳动为荣,助人为乐

劳动、创造和贡献是衡量人生价值的根本尺度。贵州少数民族以劳动为人生价值的尺度,确立了以劳动为荣、以懒惰为耻的社会道德风尚,坚决反对那些好吃懒做、偷摸盗窃的思想行为。有谚语曰:"干活才能长寿,为贼必定短命","勤快钱粮足,懒汉肚皮空。""天上恨老鹰,地下恨强盗。"坚信只有辛勤劳动,才能让自己和子孙后代过上幸福生活。贵州少数民族重人伦、讲道德,在人际关系中主张团结和谐,助人为乐。在少数民族地区,人与人之间、村寨与村寨之间关系十分融洽。谁家有婚嫁喜庆之事,必须请"满寨酒",全寨和其他村寨同宗的人都要前来庆贺。谁家有人生病或遭到不幸,上村下寨的人都会送钱送物进行问候。对于老弱病残者,同寨的人常常自觉轮流照顾。在苗、侗、布依族地区,往往在山坳上设有凉亭,安置木凳,让过路的人歇脚;在三岔路口立有"指路碑",以免行人迷路。在少数民族地区,还有一种古朴的社会风尚,就是不贪人财物和不侵犯别人的利益,谁捡到别人丢失的东西,就会"喊寨"或置于公共场所及显眼的地方,让失主前来认领。禾谷、野物只要插上"草标",即表示有主之物,别人就不会攀动。很多自然村寨,长期处于人们理想中的"道不拾遗,夜不闭户","山无盗贼,家给人足","一片太平"的持续状态。《侗族祖先迁徙歌》、《岩洞祖宗迁徙歌》、《祖宗落寨歌》等民歌,记载了古代苗、侗、汉等族人民相互帮助、和睦相处的良好道德风尚。如《岩洞祖宗迁徙歌》说:"侗族祖宗爬过细甲山,找到这里的老住户,原来是苗家。苗家搬到高山把棚搭,让出平地给侗家,他们还把韭菜和鹅仔送侗家。分开的韭菜种得遍山野,岩洞因此得名传佳话。"这些民歌,充分体现了少数民族人民团结互助、助人为乐的传统美德。

(四)恋爱自由,婚姻自主

在人类历史上,一定时代的爱情必然与一定生产关系相联系,不仅要受一定生产关系的制约,而且在阶级社会中还要受阶级关系的影响。贵州少数民族一般进入阶级社会的时间较晚,受封建伦理道德思想的影响较少,恋爱自由、婚姻自主是少数民族婚恋道德观的重要特征。《苗疆闻见录》记载:"男女婚嫁,不需媒证。年及笄,行歌于野。""男女互相唱和,彼此相悦。"青年男女在恋爱过程中必须讲礼貌,有教养,不能粗野。未婚的女子一旦乱伦怀孕或生私生子,就被认为

恋爱中的苗族青年

是恶魔附体,她和她的家人都要遭到人们的鄙视和厌恶。当然,青年男女虽然有恋爱的自由,但最后结婚还得征求父母的同意,男方家的父母得请媒人到女方家提亲,经双方父母同意后才能缔结婚姻。这种既自由,又通过父母作决定的婚姻形式,比旧社会汉族的婚姻全凭"父母之命、媒灼之言"要进步得多。

(五)注重修养,和谐秩序

贵州苗、布依、侗、彝、水等少数民族在形成和发展过程中,都产生了与汉族国家政权迥然不同的社会组织形式——"议榔制"或"款组织",并在此基础上形成了调节民族内部成员之间相互关系的行为规范准则——榔规、款约。这是少数民族风俗习惯的重要内容之一。千百年来,它们在少数民族中广为流传,对少数民族的社会生活产生了重大作用。也正因为其作用的发挥,各民族成员自觉地将其中的规制内化为自己社会生产中的自觉行为,进而形成了良好的道德规范,并在社会生活中产生重大作用。比如,贵州各少数民族始终提倡道德修养,注重人们的行为要符合"理"的准则,认为"理字没多重,千人抬不动"。"深山树木数不清,款碑理数说不尽",要求人们"要学谷仓那样正,要像禾晾那样直","见人落水要扯,见人倒地要扶",不做"当面讲八百,背后讲八千"、"穿钉鞋踩人家肩"的可耻行为。在社会生活中,各民族都有正确认识个人与他人、个人与社会的关系,明确自己的道德责任和义务的能力和修养,公私分明,长幼有序:"上节是谷子,下节是稻秆;上面是龙鳞,下面是鱼鳞。公公是公公,婆婆是婆婆,父亲是父亲,母亲是母亲,丈夫是丈夫,妻子是妻子,……各人是各人,伦理不能乱,要有区分才有体统,要有区分才亲切和睦。谁要学鸡狗,大家把他揪,拉来杀在石碑脚,教乖十五村,警戒十六寨。"家庭和谐、代际和谐、社区和谐、生产有序、民事勤劳是民族村寨的秩序写照。

(六)爱乡爱国,维护统一

贵州是多民族交汇地,是祖国大家庭中的一个多民族省份,世居于这块神奇秀丽而又古老沧桑的大地上就有苗、彝、侗、土家、仡佬、布依、水等17个少数民族。在曾经的"蛮荒之地"、"不毛之域"上,贵州各族先民世世代代的茹毛饮血、执著砥砺,创造了著名的传统农业文明、生态文明和绚丽斑斓而又丰富深厚的文化财富,青山绿水,歌的世界,舞的海洋,今天贵州已成为享誉海内外的清山绿水生态天国,成了人类心灵疲惫的最后家园。贵州各族人民深爱着自己的家乡土地,拥抱着一代又一代人创造的业绩而在"六山六水"间憧憬,笑迎着更加幸福美好的明天。正是浓烈的对先辈历尽艰辛而创建的生存家园的珍惜和热爱,一方面,他们在统治者压迫、民族歧视、外族入侵之下勇于反抗、坚决抵抗,清代的五次民族大起义(包利、石柳邓、姜映芳、号军、张秀眉)、青岩教案、黔南独山抗击日寇等是为其中的代表而被载入史册;另一方面,他们又敞开胸怀拥抱着来自东西南北的民族同胞,共同开发脚下这块热土,这又使得许多先进的文化、先进的科学技术得以在贵州高原传播,进而各种文化交流、碰撞、借鉴、吸纳,经过时间的整合而彼此相安、尊重,从而成就了中国多元文化的富集之地。居住在贵州这块土地上的各民族在各自的生存环境中创造着自己民族的文化和文明,逐步形成了一个相对完整和谐的统一体,而这种和谐统一体尤其在新中国成立后,在中国共产党的的领导下,更显鲜明特色,这就是对民族团结、共同发展繁荣政策,对社会主义国家的高度认同,对"四项基本原则"的坚决拥护。曾有学界总结贵州高原各民族团结和谐,共建美好家园,维护国家统一的现象为"超级和谐共同体",于此不难看出其中的历史社会根源。

喜迎客人

二、贵州民族人口思想道德素质的局限性及其原因

以上所述为贵州少数民族人口思想道德素质之内涵主流表现,也是贵州少数民族的传统美德,它们从古到今世代相传,成为调节本民族内部人口再生产、人与人之间、人与自然之间以及个人和社会之间相互关系的行为规范准则,在民族生产生活发挥了巨大作用。但应该看到,在少数民族人口思想道德中,也有以种种落后与消极的内容而存在的事实。比如,在人的生命历程的各个阶段,即结婚、生子、满月、成年、迁移、寿辰、丧葬等,少数民族都讲礼仪,重节庆,盛行请客送礼之风,经常多日大宴。这些活动,耗费了大量资金、人力和时间,造成了沉重的经济负担,影响了生产发展。又如,少数民族在人际关系上主张团结和谐,道德观念上往往轻功利,安贫守旧,听天由命,满足现状,缺乏除旧布新、开拓进取精神,

炊烟袅袅的民族山寨

而且人民商品经济观念淡漠,不利于民族经济的发展,难于脱贫致富,实现人的全面发展。再如,早恋、早婚、早育现象比较严重,甚至盲目地无计划生育和多胎生育,带来了政府计划生育政策贯彻和工作开展的难度,增加了家庭负担,制约了家庭扩大再生产和子女教育的投入,影响了人口素质的提高。

贵州人口思想道德素质存在的种种局限性,究其原因,主要是文化地理的制约和自然经济的长期影响。在文化地理上,贵州是一个隆起于四川盆地和广西丘陵之间的亚热带高原山地区域,地势西北高东南低。在17.6万平方千米的土地上,97%为山地与丘陵,而其中73%为岩溶地貌。乌蒙山脉、大娄山脉、武陵山脉、苗岭山脉纵横于贵州全境,南北盘江、红水河、乌江、舞阳河、清水江、都柳江等珠江、长江水系的支流奔流于万山丛中。新中国成立前,由于地处偏远、山水相隔,造成了封闭式的人文地理环境,使各民族与外界及相互之间交往较少。而封闭式地域特别是少数民族地区的封闭地域又与长期的政治、历史因素密切相关,近代及其以前的贵州,由于民族压迫、歧视、驱逐与隔离政策等原因,少数民族被迫退居到大民族主义者鞭长莫及的边远山区,在山川阻隔、道路崎岖的"世外桃源"里求生存、繁衍,因而构成了特殊的民族分布格局。汉族多分布在城镇及交通沿线附近,少数民族多住在农村干部及远离交通沿线的边远山区;苗族、瑶族、彝族主要住在山上,仡佬族多住在山谷,布依族、侗族、水族等大部分傍水而居。"高山彝苗水仲家(布依族旧称),仡佬住在石旮旯"、"苗家住在山头,夷家(指布依族)住在水头,客家(少数民族对汉族的称呼)住在街头"等民间俗语正是对贵州民族主体分布格局的真实写照。

新中国成立前,由于种种原因,贵州各少数民族处在不同社会发展阶段:一些少数民族如苗族、瑶族等仍残存着某些氏族公社的遗迹,生产工具相当原始、简陋,铁制工具不足,木制、竹制、石制和骨制工具同时并存,"刀耕火种"仍是主要的耕作方法,物物交换占主导地位。虽然人们基本上已从游耕农业转变为定居农业耕作,但生产技术极其原始、粗放,无固定管理程序:对于产品不作精确计量,产多少,吃多少,甚至认为财富是累赘,不够吃时,就上山打猎和采集野生食物;不少人缺乏数量观念,没有年龄观念,弄不清什么事发生在哪一年;不会计划,不会经营,甚至认为出卖商品"害羞",即使偶尔出售一点产品,往往是按元、角整数论价,不会讨价还价,认为讨价是"太小气";在商店出售某些农副产品和购买某

西江千户苗寨

些生活必需品时,既未见过讨价还价场面,也未发生过竞争、叫卖,虽然有的民族乡办起了自由贸易市场,但往往还不习惯经营,有些还存在"管它钱不钱,只要肚子圆"、"阿哥若是盘田汉,三餐稀饭妹情愿"、"不会盘田种地无人嫁,不会绣花织布无人娶"等观念,认为经商是"丢人"的事情,是"不务正业"。长期的原始或奴隶制的社会风尚,使人们习惯于原始的血族、村社关系,习惯于在大自然中无拘无束地生活,而个人与社会之间的联系或沟通,是通过一些传统的习俗,如婚礼、葬礼、宗教祭祀、节庆等社会活动来实现的,人们过着悠闲散慢的生活,不习惯于现代化生产的社会人际关系和较严密的生产规模、纪律的约束。尽管也有一些少数民族进入封建社会并产生了资本主义萌芽,接近或相当于汉族的生产力水平,但毕竟未形成影响民族经济社会整体的力量可能。新中国成立后,在党和政府关怀下,少数民族从不同的社会形态向社会主义过渡,生产关系发生了根本变化,但后进民族地区却有相当多的群众仍然保持与时代相去甚远的生产力水平,沿用着古老落后的生产工具,有些民族地区甚至还残留着刀耕火种的生产方式。这表明,落后民族在国家或先进民族地区的帮助下,通过努力,可以跨越某种社会发展阶段向更高级的社会形态过渡,使生产关系发生"突变"。然而,社会生产力的发展是一种自然历史过程,不会因为生产关系的"突变"而"突变",生产力的变革有其自身固有的规律,是一个"渐进"的过程,在后进民族地区阻碍社会生产力发展的诸因素中,由旧的社会意识形态、文化传统等沉淀下来,并体现在劳动者身上的旧传统观念或意识,对落后地区生产力的发展起着潜移默化的、顽强的抗拒作用[①]。在发展市场经济、讲究经济效益的今天,原始的重农轻商思想与发展社会生产力的要求极不适应,也与实现民族发展繁荣存在着重大的冲突,这类意识,至今仍存在于贵州少数民族地区,从而影响着民族人口的观念解放和人口思想道德素质的提高,必须加以扬弃。

---

① 张天露.民族人口学[M].北京:中国人口出版社,1989:206-207.

第六章　贵州民族人口迁移流动文化

人口迁移与流动是引起人口变动的主要因素,是人类社会普遍存在的社会经济现象。根据国家科学联盟的《多种语言人口学词典》,人口迁移是指人口在两个地区之间的地理流动或者空间流动,这种流动通常会涉及永久性居住地由迁出地到迁入地的变化,而人口流动特指以谋职、探亲访友、旅游等为目的,不涉及永久改变居住地的人口迁移。人口迁移和流动文化是人口在发生迁移或流动过程中形成的观念、伦理、道德和行为规范,以及由这种意识形态的物化形态。[①] 人口迁移流动从人类产生起就成了一种普遍的社会现象,它对人类的生存繁衍、对人的素质提高带来了重大影响,也是影响经济社会发展的重要因素。历来是人口学关注的重要问题和不可回避的重要领域。

第一节　贵州民族人口迁移流动的背景与动因分析

一、迁移流动背景条件

地理环境是人类历史活动的舞台,在研究贵州人口迁移流动文化时,当然不能忽视贵州的地理环境及其对各民族历史发展产生的作用及影响。

首先,贵州绝大多数地区雨量充沛,气候温和,动、植物资源丰富,而且溪流纵横,又多岩溶洞穴,是古人类生存比较理想的地方,所以,早在几十万年以前,这里就有人类生活、繁衍,成为贵州高原上最早的人类。但是,全境多山,山地占90%以上,素有"八山一水一分田"之说,不但可耕之地很少,而且耕作条件很差,这对农业社会的发展客观上有很大局限,因而在相当长的历史时期内,贵州的经济发展,长期落后于中原及领近地区。

其次,贵州地处川、滇、湘、桂四省之间,地势高峻,并向北、东、南三面倾斜,在历史上分属于邻近省区,并成为周围几省极边之地,而且远离高原,山高路险,交通不便,客观上造成了一种封闭状态,在很大程度上延缓了社会发展进程。但是,自

---

① 田雪原.人口文化通论[M].北京:中国人口出版社,2004:63.

秦汉以来,由于历代封建王朝不断经营周边各地,原先住在邻近地区的民族因受到种种压迫而被迫迁徙,从东、南、西三面向地广人稀、鞭长莫及的贵州山区流动,从而使少数民族人口不断增加,并形成了各民族"大分散、小聚居"的分布特点。

其三,贵州地形破碎,地貌复杂,气候多样,地区间的差异明显,同时又分别受到邻近省区不同的影响,因而住在不同地区的民族乃至同一民族的各部分,在社会、经济、文化各方面都发生了差异。与此相关,在一各范围不大的地区,由于基本的生活条件可以大体满足,耕地以自食,纺织以自衣,伐木以建房,劈竹以制器,各自在一个小天地里过着自给自足的生活,很少与外界交往,社会长期停滞不前,进步缓慢。

其四,贵州矿产资源丰富,所以,贵州少数民族的矿业发展较早,春秋时期濮人即贡丹砂,战国时期便能制造铜柄铁剑,唐宋时期已能冶铸金银铅锌,"苗刀"弓弩都很驰名,并能铸铜为鼓,但是,由于科学技术水平的限制,矿产资源不可得到充分利用,直到贵州解放以后,才逐渐开发起来。总之,在漫长的历史发展过程中,贵州的地理环境对各民族的历史发展发生了不同的作用,但由于内部社会结构的影响和外部封建统治者的压迫、剥削,有利的因素不能充分发挥,而不利因素却产生种种制约,因而大部分处于贫困、落后状况。

除上述外,还有必要交待,贵州民族人口迁移文化的产生离不开它的源,而这个源就是贵州独特的地域文化。如同任何一种地域文化一样,贵州文化是一种区域性的历史文化形态,有着自己独特的文化特质、时空范围、传承机制与表现形式。而这一切既与贵州高原上的地理环境、经济进程、历史轨迹的特殊性有关,更与世居各民族的文化源本及历史上的迁徙密不可分。在慢慢数千年的迁徙过程中,不同民族的文化都经历了演化与碰撞、交流与积淀的过程,并在相互间引领着迁徙的路径与方式选择,最终形成了多民族在贵州的居住格局。

二、迁移流动因由

依据人口迁移的"推拉"理论,人口迁移的原因是由于其原住地的推力或排斥力和迁入地的拉力或吸引力作用的结果。迁入地因耕地减少、环境恶化、发展前途有限等,都属于推力因素;而拉力主要体现在迁入地的较高水平的收入、良好的生活质量、受教育机会和发展机会较多等一些具有吸引力的因素。

首先,自然环境与自然资源变化的推动。这一动因是人类迁移流动的基本力量,并直接促成人口迁移流动的行为。《贵州通志·前事志》记载,从康熙年间到道光年间的一百多年里,贵州相邻的湖南、四川、广西,远一些的甚至包括广东、江西、湖北等省经常遭到水灾,受灾的汉民大量涌入贵州逃难。这些灾民进入贵州后散入各府州县谋生。其中记载,现今贵州兴义、安顺、毕节、铜仁、遵义、黔南、黔东南等地的汉民族县均由外省迁来,并多是因灾而迁。

其次,政治因素的作用。政治动荡、实边政策、人口密度的制度安排等都会引发人口迁移流动。相关事例在贵州史册上不绝于篇。如明代"调北征南"、"调北调南",又建制后实行"军政分管,土流并治",原住民族的良田沃土被夺为军屯的屯田,被迫迁入高山峡谷、远地僻壤。又如清乾隆年间,张广泗镇压黔东南苗民起义后,为减少反抗力量,将部分苗族强迫迁往关岭、贞丰、兴仁、安龙、平坝等县。雷文斯坦认为:"各种压迫人的法律、沉重的赋税、恶劣的天气、不良的社会环境等都产生并仍然产生着迁移流;但是这些迁移流没有一个能与人类内在的、要在物质方面过得'更好'的愿望所产生的迁移流相媲美。"[1]

其三是社会心理因素的影响。"人往高处走,水往低处流"是人们迁移动机的写照。除被动的迁移外,历史上贵州少数民族始终在记住的选择上,向往着山清水秀、地肥物丰之所,并积极实践着主动的迁移行为。这种迁移既有同族相聚似的迁移,也有"接力式"的迁移。当然,这种迁移,又分两种情况,一是在社会稳定时期,则尽可能迁移至期盼的平坝、河谷之地,而在社会动荡、尤其是统治阶级"赶苗拓疆"暴政之时,迁徙上则多选择大山深处而政事不达、地力贫瘠而物不富出、僻壤偏乡而官莫能治的地方。贵州大多民族居住于高山、半高山以及远离交通要道的格局在一种上折射出了社会心理因素之于历史上贵州少数民族迁移的作用。而在20世纪80年代后长期被束缚在土地上的少数民族存在着的不甘心于贫困与落后,希望通过迁移或流动以达到改善自己的生存环境,增加经济收入,提高社会地位的强烈迁移和流动的意愿则是迁移流动社会心理的当代话题。

第二节　历史上的贵州民族人口迁移

一、迁徙史迹

人口迁移和流动不仅仅是一种自然现象,更是一种社会经济现象,与社会形态以及社会经济发展的水平有着密切的关系,由此也决定了人们迁移和流动观念的形成和发展。贵州历史上几次大规模的人口迁移,对今天贵州的人口分布有很大的影响,并促进了贵州各民族的融合及经济文化交流。而人口迁移主要是由于经济、政治、军事、自然等因素造成的。

贵州古称"苗疆"。一般认为,贵州最早的土著居民是苗、布依、侗、瑶、仡佬等

---

[1] E. Ravenstein, 1889, "The laws of Migration". Journal of the Royal Statistical Society 52, pp. 241—301.

族。汉族被称为"客家",即内地迁来的人口。汉代人口迁入贵州大约始自春秋末年。但之后中央王朝对贵州的开发在施政目标上始终都放置于极次要的地位,以致在13世纪以前,贵州的汉族移民一直停留在很低的水平上,迁入的有限汉族移民往往被当地的土著居民所同化。

贵州虽然地处边陲,但与中原及邻近各省的联系却较早,秦汉时就被纳入中央王朝的版图,成为中国领土不可分割的一部分,因此,贵州历史的发展,深受中国历史发展的制约,更受到相邻四川、云南、广西、湖南的较深影响。但由于贵州远离中原,山重水复,信息闭塞,开发较晚,民族复杂,其历史发展在许多方面又与内地有所不同,显示了它的地方特点、历史特点和民族特点。

在今贵州世居的17个少数民族中,除回、蒙、满3族为元、明、清时期由北方陆续迁入外,其他各族在先秦时分属于南方的濮、夷、蛮、越四大族系。其中濮、夷族群的各部在战国秦汉时期,被统治者统称为"西南夷"。据《史记·西南夷列传》所述,"西南夷"包括夜郎、滇、嶲和昆明、邛都、徙和筰都、冉駹、白马等7个民族集团,其中,夜郎、滇、邛都的主要居民"皆魋结、耕田、有邑聚",为濮人;在此以西的嶲和昆明、徙和筰都、冉駹、白马"皆氐类","随畜迁徙","或土著,或迁徙",是为氐羌民族。在"西南夷"以南为"南越",其地在今两广及越南,《史记·南越列传》谓,南越王赵陀并南海、桂林、象郡而自立,"和集百越",支系繁多。"西南夷"以东为"南蛮"之区,《后汉书·南蛮传》记载,其民"皆槃瓠种",其俗"织绩木皮,染以草实,好五色之服","语言侏离,好入山壑,不乐平旷。……气候滋蔓,号曰蛮夷",是为今苗瑶畲等民族之源。由此观之,贵州最早的居民当是濮人,其西为氐羌民族,其东为苗瑶民族,其南为百越民族,其北为汉族。

濮人是我国古代人数最多、支系纷繁,分布于滇、黔、川、桂一带辽阔区域。春秋后,楚国强盛,多次征伐濮人,"始开濮地而有之"①,部分邻楚濮人被迫迁于黔东北。而在今贵州中西部、滇东南、川西南和桂西北等地区分别建立的夜部、且兰、句町、邛都等地方政权,已进入奴隶制阶段,影响较大。但秦汉以降,川、湖、两广、云南相继开发,种种历史原因促使四大族系发生变动,濮人渐次衰落,氐羌、苗瑶及百越民族涌向地广人稀的贵州山区,从而使贵州成为西南四大族系交会的结合点。

自唐蒙通夜郎以来,汉朝累次对"南夷"用兵,灭且兰、伐夜郎、攻打句町、漏卧,濮人势力范围逐渐缩小。东汉以后,虽然还有像牂牁谢氏雄长数百年的濮人大姓势力存在,但也仅局限于贵州中、西部一隅。"濮变夷"的事象在累累发生着,并载入《西南彝志》等典籍中。在濮人衰落的同时,氐羌族系中的昆明各部,自汉后日渐强大,遍布滇东、川南。自大姓爨氏独霸称雄以后,将其统治区分为东、西二

---

① (西汉)司马迁.《史记:楚世家》.

境，东境的昆明各部称为"东爨乌蛮"，是为彝族的先民，他们在爨氏的支持下，彝族六系之中的布系和默系不断沿乌蒙山东进，在征服原住民濮人后多定居于今黔西北一带。而其中的默部一支，即发展为后来的水西土司。苗瑶民族古称"三苗"、"九黎"。"逐鹿大战"后，苗瑶大部分退至长江中游，活动在洞庭湖与鄱阳湖之间，即"左洞庭，右彭蠡"。后在楚悼王时吴起"南并蛮、越"的战事中又被迫西迁。秦汉时，王朝势力不断深入，迫使苗族再度西迁，至武陵而称"五陵蛮"，至五溪而称"五溪蛮"。东汉马援伐五溪，苗、瑶、畲族不得不再而西迁，沿清水江、苗岭而深入贵州腹地，遍布山谷，过着"赶山吃饭"的生活。苗瑶民族以迁徙求生存，在迁徙中求发展，自东而西，由贵州及广西、云南，并由于迁徙的分散而形成了较多的支系。住在岭南的百越民族，秦汉时期即成为中央王朝征服的主要对象。秦始皇伐五岭，汉武帝击南越，使越人的活动范围缩小，其中一部分越过红水河而北移至中央王朝鞭长莫及的贵州东部山区，并散布在山间盆地及河谷地带，聚族而居，"饭稻羹渔"。到了元代，"色目人"（主要是回族）和"寸白军"（白族）随元军自云南入贵州，散布在贵州西部。而于今大方、石阡、思南等地的蒙古族则为元初进入、元亡后尚未撤离的蒙古军后裔。清初顺治年间，清廷发派宁南靖寇大将军宗室罗托等提兵征剿在贵州的明永历王朝和李定国农民起义军时，始有满族人口迁入。

苗族大迁徙舞

春秋战国后，汉族渐次移入贵州。庄蹻入滇，秦开五尺道，贵州与外地渐有交通。汉武帝开"南夷"，在今贵州境内置牂柯等郡，巴蜀之民随军屯驻，源源进入，龙、傅、东、尹、赵、谢等望族日渐兴盛而成"牂柯大姓"。西晋时，部分汉民（时称晋民）因避乱徙入贵州。南北朝时期，中原纷乱，汉族人口不断南迁，其中一部辗转来到贵州，形成一些地方性的移民集团。唐宋时期，王朝统治西南边疆的据点在川、湖，控制乌江以北地区，汉族移入黔北及黔东北者日众。元代大兴"站赤"，驿道相继开通，贵州与邻省连成一片。明洪武间，在贵州遍立卫所，数十万屯军纷踏而至，其后又行"开中"之法，商屯、民屯应运而生，川、湖及中原之民"缠属而至，亲戚相招，有来无去"，汉族人口剧增。据统计，从明初洪武年间至明末，仅军屯在贵州就先后设立了30个卫，军人超过30万人。按明制，一人在军，合家同往，无妻者予以婚配，其在军充役者为"正军"，辅助"正军"料理生活者为"军余"，"正军"与"军余"皆有家小，注册军产，世代不改。如以一家四口计算，因军入贵州的汉人就有百万余众。但直到清初仍是"夷多汉少"。清雍正间,在贵州实行大规模"改土归流",土司几被铲除殆尽,封建割据的政治壁垒彻底打破,汉人于是源源而入。继后,清政府在镇压石柳邓起义、王囊仙起义、包利、红银起义和咸同农村大起义之后,没收大量"苗产",屠杀大批"苗民",在少数民族地区安屯设卫,招徕流民,于是汉族人口从四面八方迁入,布满贵州穷乡僻壤。自此以后,逐渐形成"汉多夷少"的局面。

　　从宏观上看,汉族自北而南,氐羌民族自西而东,苗瑶民族自东而西,百越民族自南而北,他们从四方八方进入贵州,相互对流,相互穿插,遂形成"又杂居,又聚居"的分布状况。这种分布状况经由隋唐至宋元间贵州经济的不断发展,以及贵州境内各民族之间、与域外族系之间的联系日益加强,民族的分化过程也愈益加剧,逐渐形成了新的人们共同体,分化出来一个个单一民族,形成了今天贵州的各个少数民族及其分布格局。其中,彝族首先从氐羌中分出,史书上称为"乌蛮"、"爨蛮"、"东爨",往后又称为"卢胪"、"罗罗"或"倮倮"。百越族系在唐宋时期分化较为明显,其中较多的一部分被称为"没夷"、"夷子"、"东谢蛮"、"西照蛮",以后或称"西南五姓蕃"、"西南七姓蕃"、"八蕃",或称"仲家",形成了今天居于黔南、黔西南及贵阳一带的布依族;住在湘黔桂边境的一部分,史称"仡伶"、"峒人",即今天的侗族;居于黔桂湘边境者,史称"抚水州蛮",即今水族。散居贵州及川南、湘西的濮人后裔,唐代形成仡佬族,史书上写作"仡佬"或"仡僚"、"佶佬"或"葛僚"。苗瑶民族大抵在唐宋时期逐渐分开为苗族和瑶族,而以苗族在贵州的分布为最广。此外,属于氐羌族系的巴人,古称"癛君蛮"、"板楯蛮"者,散布在川、鄂湘、黔毗连地区,逐渐形成土家族。这些民族形成后,大都聚族而居,后因各种因素的影响,而迁移,而流动,在贵州大地上组建形成了你中有我、我中有你的"大杂居,小聚居"居住格局。

　　需要交待的是,新中国成立后,贵州省的民族人口相对于汉族人口的大规模迁入迁出(以迁入为主)来讲,迁移较少且规模不大,距离较近,又多属于经济型的迁移类型。规模较大者是改革开放后,贵州民族地区的建设移民。贵州民族地区的万峰湖水库、乌江洪家渡水电站、思林水电站、构皮滩水电站、三板溪水电站等在改革开放后的相继建设使数以万计的少数民族同胞入为经济移民之列。其中,三板溪水电站是国家总投资100亿元的国家"十五"期间重点工程。该电站位于沅水干流上游河段的清水江中下游,坝址位于黔东南州锦屏县平略镇境内,下距锦屏县城25公里。水库正常蓄水位475米,相应库容37.48亿立方米,装机容量100万千瓦,多年平均发电量24.28亿千瓦时,是沅水干流梯级电站中唯一具有多年调节性能的龙头水电站,开发的任务以发电为主,兼有防洪、航运、养殖、旅游等综合效益。为了支持水电站建设,黔东南州的锦屏、黎平和剑河三个县的19个乡镇、125个村、

491个村民小组的47198人依照水电站有关规划,服从国家建设需要,在长期补偿(随价格浮动补偿)移迁政策作用下,告别了祖祖辈辈栖息的土地,告别了熟悉的家园,分别以上靠后山移动、迁入其他乡镇、随迁县城等途径异地搬迁,在新的环境开始新的生产和生活。[1]

二、迁移流动后果

首先,人口迁移流动带来了贵州的开发和发展。明清时期是构成今天贵州民族关系的关键时期,大量汉移民由于各种原因,通过不同的方式和途径进入贵州,他们拥有的先进文化、知识和技能,随着人口的迁入而带进了贵州,促进"蛮荒"之地的贵州社会,发生了历史性的急剧而深刻的变化。

1. 推动了农业的发展。明代以来,汉人军民的迁入,改变了当地农业生产方式主要为"刀耕火种"的粗放型农耕阶段状况。其一,耕地面积扩大。军屯采取"寓兵于农"的措施,"三分守城""七分种田",大量屯垦和开荒增加了山地农业的耕地面积。同时,政府允许买卖均田,促进了地主经济的发展,使大量开荒成为可能。其二,先进的生产工具和技术得到推广,农业基础设施建设得以发展。汉族军户迁入贵州,以百户为单位,就地屯田,由国家发给牛、农具和种子,这一时期铁器得到推广。各卫于屯田处开塘、筑堰、修渠灌溉田土,水利事业得到发展。其三,粮食品种的种植扩大,粮食总产量提高。贵州粮食生产以稻谷和玉米为主。汉民的到来,从外省引进了小麦、高粱、小米、黄豆、红薯等品种,粮食产量大大提高。农民以杂粮自食,以稻米纳赋和买卖丰富了农产品市场。

2. 推动了手工业的发展。在古代,为适应贵州阴雨连绵气候,黔西北一带彝族、苗族、仡佬族以羊毛制为毡衫,有的人家专以制毡为业。为适应迁移别居环境,黔西北仡佬族炉炼生铁、熟铁炼钢,不仅铸钵、铸锅、制刀,还生产其它为生产生活所需器具,被誉为"打铁仡佬"。黔东南一带苗族、瑶族在与封建王朝的追剿屠杀抗争中,形成了制作"环刀"(又称"苗刀")的社会例规。该刀经16次反复埋炼,刀柄处箍以碗大铁环,柄上缠以生牛皮,锋利无比,被史家称赞。[2] 文献记载,元明时期,贵州民族土官向朝廷贡献方物除雨毡、布匹外,主为朱砂,水银。《贵州图经新志》即载思州、思南宣慰司治地仡佬等族以"采矿为业",生产朱砂、水银。一些匠人用朱砂装饰皮质箱柜筐甲,其精美"足让苏杭却步"。贵州各民族在明代以前是用麻、葛、羊毛等织成,不懂得种桑、养蚕、种棉等,明代贵州官员倡导种桑,并制造了棉车300余台各地发放,贵州少数民族中的丝织业和棉织业逐渐兴起。乾隆年

---

[1] www.gzymj.com/contents/131/767.html 2011-6-14
[2] (清)万承绍.清平县志[M].嘉庆3年(1798)刻本.

间,落籍于黔北黄草坝、新坡等地的湖广四川汉民,"尽力耕纺,布宜销售,获利即多,当地布依、彝、苗等族民众"共相效法。"①而黔东南苗侗等族妇女蚕桑业传入后生产的苗绣、侗锦"有花木禽兽各样,精者甲他郡";定番州苗族"善织布,深山遥夜,机杼轧轧"。②清代,汉族所用织机,在贵州各少数民族中得到逐渐推广。

3.推动了商业的发展和城镇的勃兴。明清时期,驿道的开通使贵州突破了土司各自为政的封闭状态;卫所屯堡城垣的修筑及汉族军民聚集于城堡及附近,促进了贵州城镇的勃兴,尤其是朝廷在森林资源丰富的清水江流域的天柱、锦屏、黎平等地采购"皇木",在延续了数百年的木材采伐、贩运过程中,形成了多个作为木材集散地的渡口、码头,这些地方商贾云集、餐饮、旅店、集市遍布,经济呈现繁华景象,成为当地经济文化中心。陆路的官道及水路航运的发展,使当地土产、特产、手工制品、粮食、木材、矿产不断对外输出。交通的开辟,商业的发展,城镇的兴起,有无的互通,既加强了贵州各民族的经济交流,更促进了贵州民族经济的进一步发展。

其次,人口迁移流动是影响贵州人口和劳动力合理分布的重要力量。现代工业社会,人口自发式的迁移流动依靠市场规律,通过供求关系来左右劳动力的合理分布。各种有组织式的迁移活动依靠政府的制度化力量,影响人口的重新分布。③如中国实施的"西部计划",开发西部的战略,通过各种优惠活动吸引各类优秀人才献身于西部建设,推进西部的工业化进程及社会发展,必然会引发大量人口迁移至贵州。

再次,人口迁移流动有利于文化交流和传播,促进了民族融合。历史上的人口迁移,致使贵州各少数民族相互间经济生活、政治环境发生日渐密切的关联,文化生活也日趋紧密。移民带来了一个客观的结果,即促进了各民族的相互融合。移民以融入的方式进入新的环境,迁移人口的文化适应模式一是改变自我,改变生活方式、改变居住环境、参与社交活动等。二是重建原有的生活环境和文化。认同感决定着移民的文化调适。明代以前主要是各少数民族相互错杂,总的特点是"夷多汉少",汉移民在人多势众的少数民族范围内生活,必然入乡随俗,于是语言、服饰、习惯上多已"夷化",自明以来,汉族人口大量移入贵州,明初建立卫所和清代"改土归流"是汉族人口剧增的两大高潮,由是逐渐形成"汉多夷少"的状况,出现少数民族逐步汉化的趋势。明代以前,贵州文化教育极端落后,自大量汉人移入后,儒

---

① (清)罗绕典.黔南职方纪略·卷二[M].杜文铎,等点校.贵州人民出版社,1992.
② 吴泽霖,陈国均等.贵州苗夷社会研究[M].北京:民族出版社,2004.
③ (杨竹芬,苏红斌.布朗族生态环境与生计方式探析——以临沧市邦协村为例[J].黑河学刊,2013(1).

学渐兴,风气大开,人才渐出。文化水平的提高,直接影响了贵州民族地区社会风俗的变化,各民族日渐吸收一些汉民族的文化知识,促进了贵州各民族间的文化交流。不少苗族学技术、通汉语、习汉俗,蔚然成风,各少数民族的文化习俗同汉族具有越来越多的共同点。流动人口作为知识和信息的载体,在城乡之间架起了一座桥梁,有力地促进了农村落后闭塞的生活方式的改变,也有利于将来进一步缩小城乡差别。

最后,人口迁移流动在促进发展的同时可能会引发负面影响,带来一些社会问题。明清时期,因贵州生产落后,当中原移民大量涌入超出其负荷能力时,人口激增与耕地不足的矛盾日益尖锐,财政开支的负荷增加很快,管理机构日益冗繁,有限的总产值增加,不能抵消个人负荷役数的下降,致使贵州财政亏损。而目前,无序的人口流动,使社会主义市场经济力图改变不合理的人口分布而自发作用的结果,民工问题已成为我国社会经济生活中的一个突出问题。它加重了城市的负担,这在食品、住房、交通、医疗卫生等方面都有所反映;影响了计划生育,使流动人口的计划生育管理工作难度加大;妨碍了社会治安,流动人口成员复杂,来自五湖四海,难免龙蛇混杂,加上流动性大,难以管理。民工问题实质上是数以亿计的农村剩余劳动力的出路问题,也是隐性城市化问题,怎样通过非农化和城市化政策,加快农业劳动力的转移步伐,积极引导农民向合理的产业和地区流动,是解决无序人口流动问题的关键。

第三节 贵州民族人口迁移流动中的文化事象

一、贵州民族人口迁移流动观念

人口流迁文化是人口在发生迁移或流动过程中形成的观念意识与行为规范。人口迁移流动既是一种自然现象,更是一种社会经济现象,与社会形态和社会经济发展水平有着密切的关系。贵州民族人口流迁观念产生于民族的历史、生境与经济社会水平,同时受着儒家传统文化的深刻影响。其中导引着民族人口流迁的过程中,也在不断地有着新的吸收和丰富。其具体表现有:

安土重迁——传统农业生产形态的形塑。贵州少数民族传统生计为山地农业,而农业生产的特点决定了人口必须相对稳定地集中在某一地域内。农业生产中,土地成了社会最基本的生产资料,人们的各种生活所需,直接、间接地都要从土地上获得,"有土斯有财",没有土地,人们将无以为生,土地是人们的安身立命之本。因此,贵州少数民族对土地有着深深的依恋,对每一个民族成员而言,没有比丧失土地的打击更严重的了。对于生养他们的土地，无论是多么贫瘠荒凉，在他们心目中总是世界上最美好、最神圣的地方，只要有一丝生机，他们绝对不会离开；只要不是战争、不是瘟疫、不是迫害，他们决不轻言离开。"以农为本"、"以土为根"深深扎根于历代民族人们的观念里，"故土难离"是为其真实写照。这样一种自给自足的生产方式使得人们对外界的交往及其对外部世界的变化往往抱着漠视的态度，日出而作、日落而息的单调但却是自足自在的生活方式，人们感到的是由衷的自然和满足，因而大多不寻求突破封闭格局，只求简单自保自存，迁移流动对他们来说不啻是很少的谈资话语。

轻于流动——传统文化的固化。在中国，以儒家思想为核心的传统文化把人口的迁移流动视为封建道德规范的组成部分，对人们的迁移流动思想起着禁锢和束缚的作用。儒家强调"内省克己"，孔子称"一日克己复礼，天下归仁焉"，这些观念无疑使民族的性格心态积淀起浓厚的克己、自制和封闭的品性。面对急剧变化的外部世界，连孔子这样的圣人也只能发出"逝者如斯夫"的感叹。孟子主张百姓应该"死徙不出，乡田同井，出入相友，守望相助，疾病相扶持"。儒家文化进入贵州民族地区后，很快地与民族的农本思想相接相融，在贵州少数民族中，"生死由命，富贵在天"、"重死而不远徙"、"不事远游"、"父母在，不远游"等观念代代相传，继承祖业、传宗接代、侍奉父母，成了民族社会中子女对家庭、父母必须遵循的道德规范，是衡量子女是否"孝顺"的尺度，迁移流动被视为对秩序的"叛逆"和德行的"不正"。轻于流动，对家庭和宗法的重视，长期羁绊着贵州民族地区人们、尤其是年轻人走出家庭，外出发展，以至于今。

守家固土——乡土情绪的牵系。马克思曾谈及地理环境对形成"商业民族"和"农业民族"的重大影响和作用。就贵州少数民族来讲，大多生存、繁衍于云贵高原，居住环境多崇山大川、深箐峡谷，地表破碎，地形复杂；又由于所居之地开发较晚、经济社会落后，以致交通困难，使得一些民族在饱经无奈的迁移流动之苦后，而对现实的居住环境情深意笃，并世世代代建设着给予其生存资源的山山水水，并赋予其深厚的情感意义与艺术。再者，险恶的环境因素不得不使人们考虑到迁移的成本和迁移的空间（迁入地的选择和拥有的可能）。多重的因素使贵州世居民族在经历了迁移的阵痛后尽最大努力在获得的土地上定居下来，发展繁衍，并在生于斯养于斯长于斯的土地上耕耘收获，建设发展，形成了贵州高原山地各具特色的民族与地域文化。

经济型流动——"文化震惊"的选择。人口的传统迁移行为主要是采取扩散型的开垦新的土地的迁移，以及由于自然灾害或战争所引起的强迫性迁移，一般情况下，迁移的水平是在工业革命使人类进入了一个全新的发展阶段，亦即打破了自给自足自然经济的禁锢状态，实现了生产社会化的情况下进行的。工业革命导致了城市化社会的快速到来,大工业的兴起产生了大量的劳动力需求,促使劳动力迅速由农业转向工业,由农村流向城镇,从而导致了空前的人口大迁移、大流动。自改革开放以来,随着市场经济体制的基本确立,城乡经济贸易迅速发展,长期阻隔中国城镇、乡村人口流动的城乡壁垒被逐步拆除,又由于以联产承包责任制为主要内容的农村经济体制改革,使大批长期束缚在土地上的农村剩余劳动力被释放出来,成为各种经济型的流动人口。在这种背景下,一部分汉族流动人口的足迹进入了贵州民族地区的各城镇和乡村,并为少数民族做出了示范,客观上推动了贵州少数民族人口流动的进程。而其中的汉族流动人口在经济活动中的高收入、高效益引起了本该属于自己的当地民众的极大震惊和愤怒,随着时间的推移而对安土重迁、轻商贱利、重义轻财的观念和习惯逐渐有所动摇和改变,最终不少人以主动的姿态融入到市场中去,而成了"离土不离乡"的经济型流动人口,甚至少数人成了"离土又离乡"的城镇人口。

  流而重返——"反哺"情结的承启。这里针对的是改革开放后,民族地区的流迁观念变迁与行为选择。依据人口迁移的"推拉"理论,人口迁移的原因是由于其原住地的推力或排斥力和迁入地的拉力或吸引力作用的结果,经济因素是引起人们迁移和流动的最根本原因和目的。20世纪80年代后,经济发展,社会开放,城乡流通,使祖祖辈辈生活在农村的贵州民族同胞看到了家乡故土与外面世界的巨大差距,在不甘心于贫困与落后,通过迁移或流动以达到改善自己的生存环境,增加经济收入,提高社会地位,寻求更多的发展机会和发展空间等动机与观念驱使下,便于20世纪80年代中期便不断涌向城市,涌向东南沿海,走向大江南北。长期被束缚于大山深处的贵州民族劳动力人口,通过流动创业、辛勤劳动,不少已成为各种行业的工人、厂长、经理、车间主任、供销人员、商人,足迹遍布全国各地,人口综合素质因之而有大幅度提高。广泛的经验和经历不仅使他们突破了狭小村落的闭塞观念,而且使他们能更准确地认识自己的利益和周围的世界。不少已有成就的外出务工、创业人员,抱着"谁言寸草心,报得三春晖"的心怀与感恩父母、回报故土的情感,正在家乡从事着"反哺"乡梓的事业,他们将获得的资金、技术、理念用于家乡的建设,帮助人们转变观念,调整产业方向,促进脱贫致富与共同发展。

二、贵州民族人口迁移流动中的文化事象

  一般认为,文化事象指人类文化发展过程中呈现出的某种外部状态和联系,是某一历史时期、某一国家(民族)或地域文化发展中带有典型和标志作用的事情,具有个别、具体、可直接观察和经验性等特点,它往往是思想观念及其物化形式的综合,是人们对现象的感受上升到理性概括的认识产物。而贵州民族人口流迁中体现出的文化事象,无疑是各民族在较长历史长河中,被动或主动地寻觅生存发展

环境以及族际交往中所衍生的关于生产、生活、娱乐、制度、信仰、文学艺术等典型活动与现象的理性认识再现,内容丰富而又影响深远。主要有:

(一)汉族"夷化"与"汉多'夷'少"

汉族人口迁入贵州始于春秋战国时期,典型事例是楚国将领率兵入黔入滇,留居于今贵州境内者,均同化于少数民族中。汉代进入牂牁郡的"豪民"、"三辅罪人"、"奔命"、"谪民",多呈点状分布,在"夷"民包围中,大都"变服从俗"。隋唐及宋明,一些朝廷将领率兵进入贵州,或战事,或屯垦,并与土著氏族结合而变为当地"大姓"。而在其间中原纷乱之时,一些以地域关系为联结的汉族进入贵州,变服易俗,聚族而居,演变为"宋家蛮"、"蔡家蛮"、"播州蛮"等。几乎以贵州建省为界,入贵州的汉族大多同化于当地的少数民族中。之后随着行省的建立,流官的委派与充斥,汉族在贵州遂自成一体,"夷化"渐微。相反由于汉族政治经济社会文化地位的优势与统治阶级民族歧视、民族压迫政策的实施,不仅汉族人口逐渐增加,而且一些少数民族为了生存遂隐瞒了自己的民族成份,改称为汉族,这样贵州"夷多汉少"渐以变成了"汉多夷少"的局面,直至1949年新中国成立时,贵州各少数民族人口只占总人口的24.5%。

(二)稻作民族与梯田文化

"耕田,有邑聚"是居住于贵州的"濮人"和百越民族的重要特征。由于迁移落居的主动或无奈选择,上述族系大多居住在边远而封闭的低山、丘陵、河谷以及邻近山区,后期因各种原因移入者又多退避到条件更为恶劣的多山陡坡中去,崇山峻岭中的梯田开发,"饭稻耕渔"成了这些民族的必然选择,利用自然、改变命运而形成了稻作梯田的壮丽如画与如歌如泣,演绎着贵州稻作民族"种千年高坡梯田,圆万年稻作梦想"的历史画剧。这些梯田有腰带梯田、鱼鳞梯田、石砌梯田、星状梯田等等形状。著名者有堂安梯田、加榜梯田、摆榜梯田、野钟梯田、高要梯田等。因地制宜、综合利用的梯田开发,既承载着浓厚的历史文化,又蕴涵着丰富的生态价值;梯田不仅便于耕种,利于灌溉,还有助于保土、保水和保肥,在使居民获得食物维持生计的同时,也有效地保护了生态环境,为自然资源的可持续利用积累了智慧性的经验。

山间梯田

(三)迁移地域与民族方言

漫长的迁移历程与"大杂居"、"小聚居"的民族居住环境分布格局,使贵州世局各民族内部在语言、词汇、语法上存在着一定的地域差异,从而形成在同一民族语言里又分为若干方言和土语的事象。如定居于武陵山区的苗族操持着苗族东部方言;由五溪向西扩散并沿苗岭山脉西边的苗族,形成苗族中部方言;自"三危"南下散布在川、黔、滇一带的苗族支系,传承着苗族西部方言。而在三大方言中又有若干的次方言和土语。其它民族,如瑶族有优勉、斗睦、巴哼三种方言;布依族分有黔南、黔中、黔西三种土语;侗族分南北两种方言;水族有阳安、潘洞和三洞三种土语;仡佬族有"稿"、"哈给"、"多罗"、"阿欧"等四种方言。这些民族方言的形成,定居地的地域环境与民族语言本身的发展变迁起了决定性的作用,移民与移民过程中民族交往和融合对之也产生了重大的影响。贵州民族方言的多样性折射出贵州各民族漫长而悲壮的迁移画景,是贵州丰富多姿的民族文化的重要组成部分。

(四)生计选择与迁移环境

对任何一个民族来说,不论其大小,它在地球表面上都有自己的生存空间,在特有的自然环境与社会环境的综合培植和作用下,这个民族慢慢地得以形成和发展[1]。贵州少数民族的生计选择,是各民族针对其特定的生存环境,经由文化的创造和作用的结果。对于贵州各少数民族的生计方式,《溪蛮丛笑》、《新旧书·南蛮西南蛮传》、《老学庵笔记》、《黔南职方纪略》、《大元一统志》、《宋史·蛮夷传》等典籍文献均有记录。如在《溪蛮丛笑》中就记载了仡佬族以耕田为业、长于矿冶、精于铸造、善于纺织、长于蜡染等内容。《大元一统志》记载了毛南族(佯僙人或杨黄人)的生计是"男子计口而耕,妇女度身而织,暇财扶刀操苟柳,以渔猎为生。"《蛮书》中记载了彝族先民乌蛮"邑落相望,牛马被野"的生计景象。在贵州世居民族的传统生计中,尤以侗族的"稻林鸭渔"生计方式著称于世。该生计立足于侗族流迁而定居的山地环境,含及"以粮为主"、"稻渔鸭共生"、"林粮兼营"等生计特征,兼及复合型与内聚型的性质,是侗族生态智慧和生态实践经验的系统体现,在侗族的种的繁衍、人口发展、

农耕生计

---

[1] (杨竹芬,苏红斌.布朗族生态环境与生计方式探析——以临沧市邦协村为例[J].黑河学刊,2013(1).)

文化结构创新等方面都起了至关重要的作用和影响,是贵州民族智慧光辉的耀眼奇葩。

(五)流迁历史与民族习俗

民俗即民族的风俗习惯,是指一个民族在物质、精神和婚姻家庭等社会生活各方面的传统,具体反映在各民族的服饰、饮食、居住、生产、婚姻、丧葬、文娱活动、节庆、礼仪和禁忌等方面。民俗的形成是一个历史的过程,具有很深的社会、历史和环境根源,其中迁移流动对民俗的产生有着重要的影响。贵州少数民族习俗无不体现着历史的印迹与流迁的内涵。如占里侗族长期实行每户两孩的人口控制生育习俗,即来自于对人口迁移落居地的生存空间的人口承载力考量,以及再扩展居住环境的无望。该习俗代代坚守相沿于今,成了远近闻名的人与自然和谐、人口与资源环境协调适度的自然村寨。又如,贵州苗族、瑶族的岩洞葬是为葬俗的奇观,历时久,规模大,选址考究,最多者有五、六百具棺木置于同一洞内,意味着苗、瑶等族历经千辛万苦迁徙贵州定居后仍念念不忘故土,洞葬只是一种对亡灵灵柩的暂时存放,期待有朝一日,亲人能扶柩还乡、叶落归根。再如,贵州民族饮食特色突出,制作的腊肉、腊肠、腌鱼、盐菜、苗酸等可经年不腐而色正味纯,其能长时存放的技艺经验与民族的迁徙、征战不无关联,而今成了民族地区的特色餐饮与待客佳肴。此外,还有一些民族文化事象,如鼓藏节、扫寨、哈冲、茅人节、水鼓节、杀鱼节等重大节日,都与民族的迁徙有关。在一定程度上可以说,迁徙是民族习俗发端、成形与传承的重要原由之一,是民俗形成的原生素材和价值源泉。

侗族瑶白摆古习俗

(六)迁移流动与民族文学艺术

贵州少数民族几乎都曾发生过规模不等的迁徙,由此而产生了与迁徙有关的音乐、舞蹈与民间文学、史诗、戏曲、故事传说等文学艺术。这些民间文学艺术是贵州民族文化的重要组成部分,生动地反映了各少数民族为了生存和发展所走过的艰辛历程,艺术地再现了各少数民族在历史上留下的发展印迹。这些文学艺术表现在迁徙史诗上有彝族的《赊榷濮》,侗族的《祖公之歌》、《祖先从哪里来》,苗族的《溯河西迁》、《跋山涉水歌》等;在音乐舞蹈上有布依族铜鼓十二调,侗族琵琶歌、苗族大迁徙舞、锦鸡舞、滚山珠、采月亮,畲族粑槽舞,松桃瓦窑四面花鼓,彝族撮泰吉等;在戏曲上有侗戏、思州傩戏傩技、石阡木偶戏和嘎嘿说唱等;在民间文学上有黄平苗族"古歌古调"神话、台江苗族古歌与古歌文化等。其中苗族英雄史诗《亚鲁王》述及的故事迄今已有2500多年,其所传唱的是贵州西部苗族创世与征战的历史,主角苗族首领亚鲁王是被苗族世代颂扬的民族英

苗族古歌传唱

雄,长诗以铿锵有力的诗律和舒缓凝重的叙事风格,生动讲述了贵州西部苗族的由来和迁徙途中波澜壮阔的场景,是上古时期中华民族曲折融合的历史见证。

以上为贵州民族人口迁移流动中的众多文化事象之部分,是贵州各民族流迁史事在观念上、物化形式上的综合反映,是贵州民族人口文化中具有时空穿透力和情感高黏度的特殊组成部分,从古而今,传承不衰,是各民族生产发展、图强繁荣的精神之基、动力之源。在一定程度上可以说,文化之薪火因人口流动而迁徙、杂交,而融合、发展,从而茁壮成长,生生不息!

第七章 贵州民族老年人口文化

老年文化是指以社会为主体建构的,以老年人为主要角色形塑的,以提高老年人生命生活质量为主要目的而形成的观念意识、制度习俗、行为方式及其成果的总和。老年文化受着社会经济发展水平和观念变化的影响,是人们生理变化、心理变化和社会等各方面关于老年人口的社会价值的汇聚。其内涵上,一是包括老年人自身构建的诸如服饰、饮食、思维模式、行为模式等文化;二是社会构建的老年观、尊老敬老传统、涉老制度等有关老年人的文化;三是社会、家庭等为提高老年人的生命生活质量所做出的一切行动努力;四是各种适合老年人参加的文化活动以及反映老年人生活的各种形式的文化产品等。具体内容包括老年物质文化(如特定的服饰、特定的饮食、特定的居住条件、特定的生活保障、特定的照料体系、特定的医疗条件等)、老年制度文化(如退休、养老金制度、老年各种优惠制度、老年人权益保障和法律援助制度等)、老年精神文化(包括尊老敬老的社会风尚、老年人的精神文化活动、老年人的人生观、价值观、世界观和老年心理等)。老年文化的目标在于建立群体与社会发展的良性关系和有机结合,形成尊老、敬老、养老、助老的良好道德风尚,推进健康老龄化、积极老龄化进程。不难看出,老年文化的范畴宽泛宏阔,在我国60岁及以上人口占13.26%(六普数据)这样一个老年化进程加快的背景下,老年文化已成了全社会研究的一个重要话题,而贵州民族老年人口文化的内容又十分丰富,限于篇幅,本书仅对敬老孝老、老年健康、高龄长寿等三方面内容作初步探讨。

第一节 敬老孝老

敬老孝老是中华民族的优良道德传统,其蕴涵的意义非常丰富,关乎个人修养、家庭融洽以及对国家应尽的责任等问题。在中华民族长期的历史发展过程中,孝文化在协调人际关系、维护社会稳定、增强社会凝聚力上,起着不可或缺的作用。"孝"最核心的内涵是子女对父母应尽的义务,包括尊重老人,关爱老人精神及物质生活,直至最后的送终礼节等,是子女长大成人后对父母生育之情、养育之恩、教育之泽的应当报答。

从古至今,孝文化在我国传统文化中占据重要地位,在古代就涌现了许许多多可歌可泣的感人事迹。如,中国传统故事"二十四孝"中的仲由"百里负米"、蔡顺"拾葚异器"、黄香"扇枕温衾"、陆绩"怀桔遗亲"、汉文帝"亲尝汤药"等。随着历史的进步,这些孝行事迹,虽不可完全效仿,但其中展现出的敬老、爱老美德,至今仍是我们宝贵的精神财富,应予传承和发扬。

贵州民族社会有着丰富的敬老孝老文化资源,敬老孝老之道镌刻在村规民约中,流传于民众的口耳之间,渗透于村民的日常生活方式及习俗里,形成为民族秩序化的礼仪体系,长期的代际延续,使得这种制度逐渐内化成了民族精神内部的文化元素。

一、家庭、社会生活中的敬老孝老

"老者安之,朋友信之,少者怀之"[①]是孔子对自己的人格理想的简要描述。其内容是,首先要让老者安心快乐,其次是让朋友信任,让年轻人怀念。那么如何才能做到让老者安心快乐呢？中国人常将"孝"和"敬"连起来用,就是孝敬,孝是行动,敬是敬心。这里关键是对老者的那份深深的敬,只要有那份深深的敬意,才会有发自内心的实实在在的行动。贵州民族文化底蕴深厚,各少数民族在生产生活和社会活动中,都十分尊敬自己的父母,历来有尊敬老人的习俗,孝敬老人的传统,重视老人的风尚,以及对待年长者的特殊礼仪。

居家行为上,贵州苗、侗、土家、瑶、布依等族主张老少同堂,晚辈必须请老年人坐在明亮或温暖舒适的位置,把方便起居活动的正屋作为老年人卧室;早稻成熟,年轻人要把第一碗新米饭先敬给老人;酒席筵前,要先给老年人敬酒夹菜;家人添缝新衣新被要先给老年人备办;自家长辈健在,小字辈即使年逾花甲,生活富裕,也不能置办寿酒;家里来了年迈老人,年轻人皆笑脸相迎,起立让席;有事须从老年人面前绕过,要先道"得罪！"、"欠礼！"等语。

言行举止上,苗、侗、土家等族,家中有长辈时,年青人不能跷脚。与老年人交谈,年轻人坐姿要端正,不跷二郎腿,要用敬语,要认真倾听老人话语,不能心不在焉,切忌自夸,更不能说低级趣

百岁老人与重孙女

---

① 杨伯峻.论语和孟子[M]//中国古代文化史讲座.桂林:广西师范大学出版社,2003.

味事,不口出脏话。水族的儿女见到父亲做活路回来,要马上端来板凳让父亲坐,接着要给父亲打洗脚和洗脸水,并守候在父亲旁边,等父亲洗完后再把水倒了。平时有什么事情要先和老人商量,听取老人意见。老人讲话,不能随便插嘴,一定要等到老人把话讲完才能发表自己的看法。

生活保障上,土家、侗、仡族等民族,成年人成家立业要分家时,或者老人要单独居住时,必须把父母的"养老田"、"养老牛"、"养老树"等留下,才可以均分剩余的财产。布依族,凡寨子里的老人在生活上遇到困难,晚辈和族姓内的其他人都有义务给予关心照顾。平时或节日,即使是分了家的子女,只要有好吃的东西,都要送上给老人或请老人到家中一起欢聚。布依族的家族都是分居另住,即使兄弟分居,也不会忘记赡养父母的责任。在分配财产时,要留给父母养老田,由兄弟轮流耕种。父母去世后,养老田要转为上坟田,供清明节上坟之用,使子女永远铭记父母的养育之恩。

饮食礼节上,苗族自古就有养老敬老的民族风尚。每当吃饭或者重大节日,后生要让老人坐上席,吃饭时先为老人添饭、劝菜。老人带头请菜后,后生才举筷夹菜,把当地视为最营养的鸡肝、鸡心、鸡头先敬老人;老人在场时,先给老年人斟酒、敬酒,而且先敬辈分高的老年人,同辈则先敬年纪大的人;当老人碗里的饭快要吃光时,后生要起来主动添饭,并双手捧碗,恭恭敬敬递给老人。老人饭毕,还要给老人上茶递烟。毛南族在平日吃饭或逢年过节,让老人坐上座。吃鸡、鸭时,要把肉嫩少骨的部位给老人吃,儿孙们要给老人斟酒添饭,敬茶献烟,并尽到赡养的责任。仡佬族寨上老人满60岁时,子女、亲戚和乡邻都要来祝寿,杀狗设筵庆贺。宴会上,鸡头一定要敬给客人中的长者。水族吃饭时如果有老人,要先给老人盛饭并双手递上。仫佬族父母进餐,都由晚辈端给,冬天围炉取暖,让老人坐在背风的地方。白族吃饭时,长辈坐首位,晚辈依次坐在两旁或对面,随时为长辈添饭加汤。

社会交往上,尊老敬老主要表现在两个方面:一是在老年人面前的言行。"重长幼之序,遭长者于道,垂手立道左,待长者过乃行,虽肩随其辈,罔敢逾越"是苗族和彝族之礼俗。布依族认为,子女在长辈面前不可随便跷腿、吐痰,否则视为无理。子女不能随便从长辈面前走过,一般要绕道。若非过不可,要打招呼。即便分家,每来客人要请长辈坐上座。见长辈上下坎,要主动搀扶。仡佬族传统,年轻人在途中遇到老年人,要停步让道。《大定府志》载:"长幼相接不知礼让,惟事叩头,或路途相遇,则屈一膝以为敬。"民族社会里,在长辈或老人面前,年轻人不可指手划脚,更不允许指着老人说话,对于鳏寡孤独或有残疾的老人,不准取笑和侮辱,对年老失忘、耳背、眼花等现象,要求年轻人多体谅、多包涵,并力所能及帮助解决老人因之而来的生活难题。二是对老人长辈的称呼。"称谓"集中表现了老年人在社会生活中的地位和权威。侗族传统,年轻人对老人不直呼其名,对一向热心公益和乐于助人的老年男子称为"探瓦公",对织锦手艺超群的老年妇女尊称为"相滩杂"。布依族盛传"上坐龙,下坐象,两边坐的捶草棒"的民谣,"龙、象"就是对老年人或长辈的比喻。

二、制度行为中的敬老孝老

这里的制度行为特指在国家政策、法律法规、舆论主体以及草根基层权威作用和倡导下,在社会的各个领域、各个方面所产生的敬老孝老行为,包括政府及政府部门、企事业单位、社团群团和民族社区社会组织倡导、主持或协助开展的旨在弘扬民族传统敬老孝老美德、营造敬老孝老社会氛围、促进敬老孝老文化发展的活动,诸如政策法规制定、宣传教育、活动开展、典型表彰等。具体以如下当代内容以示其貌。

1990年5月12日,贵州省第七届人民代表大会常务委员会第十三次会议通过并颁发实施的《贵州省老年人保护条例》是基于政策法律层面"保护老年人的合法权益,发扬中华民族敬老、爱老、养老的传统美德"的重要制度性文件。《条例》共17条,规定了保护合法权益的职责与工作主体、老年人依法享有的政治权利、民主权利、人身权利、财产权利、婚姻自由、受赡养的权利,明确了赡养纠纷处理的原则及离退休老年人的政治、经济、住房、医疗及其他待遇的保障等,同时还明确了老年人应当学习、遵守法律,履行法律规定的义务;引导家庭成员尊重社会公德,维护家庭的和睦团结;关心下一代和青年人的健康成长。不得推诿拖延侵犯老年人合法权益案件的认真查处,等。2008年12月24日,贵州省又发布了《贵州省优待老年人试行办法》,具体规定了优待老年人10个方面的内容。《条例》和《试行办法》的颁布与实施对促进贵州老年事业发展,保护老年人合法权益,营造尊老敬老孝老环境产生了积极影响。

2011年8月25日,贵州省老龄办发布《关于开展"敬老月"活动的通知》,于中华民族传统的敬老节日——九九重阳节到来前后,在全省开展了旨在"关爱老人,构建和谐","敬老助老 从我做起",为老年人办实事、做好事、献爱心的"敬老月"(10月1日至10月31日)活动。具体内容有走访慰问送温暖、为老人志愿服务、老年优待维权、老年文化体育、老年社会动员等。同年还开展了全省"十佳敬老院"、"十佳敬老好媳妇"、"十佳敬老好儿女"、"十佳助老服务志愿者"评选表彰活动和"温暖贵州·敬老爱老助老主题教育活动"。由于各项活动精心组织,周密安排,落实有力,活动成效显著,起到了"知老年人情、解老年人忧、暖老年人心,扎扎实实为老年人解决实际困难"的效果。

而在州、市、县,养老敬老活动已是广泛开展,彼伏此起,而又特色鲜明,影响较大。2007~2012年,黔东南州、黔南州等地开展了"十佳好婆婆、好媳妇、好妯娌"

活动,启动了系列"孝心工程":组织开展孝亲敬老征文,举办"敬孝之星"巡回报告会,编制敬老孝老专题宣传册,慰问百岁老人和孤寡、空巢、特困老人,发放高龄老人补贴,制定"十心敬老、五个一样"行为准则等活动。其中,"十心敬老",即为讲形势、谈喜事,让老人开心;勤创业、争先进,让老人欢心;求上进、走正道,让老人放心;身患病、急治疗,让老人安心;讲礼貌、常问好,让老人舒心;少空谈、多帮忙,让老人省心;家常事、多商量,让老人称心;遇矛盾、能宽容,让老人顺心;有财物、常给予,让老人宽心;创条件、延益寿,让老人养心。"五个一样",即为对待老人有无收入一个样、有无劳力一个样、有无病残一个样、同住与否一个样、亲生与否一个样。系列活动的开展,促进了全社会尊老、敬老、孝老、扶老、养老、助老传统美德的进一步弘扬。而在县级层面上,敬老活动开展同样特色突出。如2007年,为隆重庆祝贵州省第二十个老年节,形成敬老爱老助老的良好风尚,平坝县于10月16日授予该县城关镇46名人员"敬老爱老助老孝亲儿女"称号。受表彰人员的事迹得到了广大群众的认可和效仿,他们的孝敬行为已不再局限于自己的亲人,许多尊老爱老敬老的群众向需要关爱呵护的老人伸出了亲情之手,用实实在在的行动,体现了"弘扬传统美德、改进社会风气、促进社会和谐"的丰富内涵,诠释了"老吾老以及人之老"的传统美德[①]。又如,2009年,松桃教育局把敬老、助老、尊师、献爱心活动作为强化学校德育的具体内容,创作了《孝亲敬老歌》。歌词曰"天底下,人世上,爹娘恩深似海洋,从小懂得父母恩,长大报国好儿郎……先栽树,后乘凉,长者恩德不能忘……"号召全县师生利用"六一"、"五四"、"七一"、"八一"、"重阳"等节日,通过举办歌咏比赛、演讲、主题班会等,唱响《孝亲敬老歌》,并在全县中小学15万师生中开展了敬老、助老、尊师、献爱心活动。目的是把学生培养成知孝义、聚孝心、明孝道、铸孝魂、践孝行、懂报国的人,从而使孝亲敬老的传统美德得以继承和发扬[②]。

在日常生产生活与各项社会活动中,贵州各族民众秉承了敬老孝老的传统良风,身体力行,亲躬亲为,在敬老孝老助老实践中,涌现出了许多感人事迹和模范人物,得到了政府和全社会的高度认可,并产生了较强的典型和示范作用。仅2010年12月由全国老龄办、民政部、教育部、国家广电总局、全国妇联、共青团中央、中国关工委主办,中国老龄事业发展基金会、中国扶贫开发协会承办的在人民大会堂举行的第四届全国敬老爱老助老主题教育活动表彰大会上,贵州就有全国"十佳敬老好媳妇"之一的王家霞和"十佳助老服务志愿者"之一的张兴华获得"中华孝亲敬老楷模提名奖",铜仁地区铜仁市中心敬老院等4家单位获得"全国敬老模范单

---

① 腾小春.平坝表彰46名敬老孝亲好儿女[N].安顺日报,2007-10-19.
② 李恬.孝亲敬老歌旋律响校园[N].贵州日报,2009-05-15.

位"光荣称号,吴庆红等88人获得"全国孝亲敬老之星"光荣称号①。

三、敬老孝老节庆习俗

民族节庆习俗是指一个特定民族在漫长的历史发展过程中在婚姻、生育、丧葬、生产、居住、祭祀、娱乐等方面所形成并广泛流行的喜好、风尚、习气和禁忌等,并在固定或不固定的日期内,以特定主题活动方式,约定俗成、世代相传的社会活动。贵州少数民族节庆习俗种类较多,在性质上可分为单一性和综合性节庆习俗,内容上可分为祭祀、缅怀、庆贺、社交、歌舞等节庆习俗,时间上可分为传统和现代节庆习俗。每一种节庆习俗都有特定的内涵,都是一种重要的文化现象。

敲牛祭祖

在贵州少数民族众多的节庆习俗中,表现突出的为敬祖祭祖、敬老孝老的节庆习俗,除各民族具有共同性质的年节内容外,代表性的尚有侗族萨玛节、瑶族"隔冬节"、侗族"老人节"、千山祭祖节、锦屏摆骨节、毛南族"女儿节"等。这些节庆习俗自古相传而来,内涵丰富、意义突出,价值深厚,如同远古而来的清清溪流,不息地奔流于民族同胞的代代心田,使之从中不断获得源源不断的生存的力量和发展的营养。在此,特对如下节庆习俗作梗概式的梳理,以资读者领略和感知其基本的内容和文化的意义,认识贵州各少数民族自古以来的对祖先的情结和敬老孝老的美德。

(一)侗族萨玛节

萨玛节是侗族现存最古老而盛大的传统节日,起源于母系氏族社会,盛行于贵州黎平、从江、榕江及广西北部一带。萨玛系侗语,"萨"即祖母,"玛"即大,"萨玛"汉意为"大祖母"。萨玛是侗族人民信奉、崇拜的至高无上的女神,她代表了整个侗族共同的祖先神灵的化身,是侗族唯一共同祭祀的、本民族自己的神。同时,萨玛又被认为是侗族古代的女英雄,认为萨玛能赋予侗族力量去战胜敌人,战胜自然,战胜灾难,赢得村寨安乐、人畜兴旺。

"萨玛节"举行的时间,一般是农历十月、二月,但有时也根据生产、生活或其他重大活动情况改期举行。萨玛有萨堂,平时每月初一、十五由管理萨堂的人打

---

① 贵州省老龄办宣教处.我省孝亲敬老先进个人和单位代表出席第四届全国敬老爱老助老主题教育活动表彰大会[N]. www.gzll.org.cn/show/380 2011-3-31

扫，并向萨玛敬供香茶。而一年一度的萨玛节祭萨活动，各村都有专门的祭师来主持祭祀仪式。祭萨的供品必须有黑毛猪和绿头鸭，要在萨堂里宰杀。宰杀不用刀具——猪被壮汉抬入水池溺水而死，鸭子则是被绳索勒颈而亡，以示不用刀枪也能驱魔除怪。祭萨时，先由管理萨堂的人烧好茶水，向萨敬献净茶，然后是各家各户穿着盛装的妇女前往祭祀。祭祀时，每人要喝一口祖母茶，摘一小枝千年矮树叶插于发髻。三声铁炮后，由"登萨"（掌管祭祀的老妇人，此时作为"萨"的化身）手持半开的黑雨伞开路（黑雨伞是萨玛的象征），参加活动的人们迎"萨"出门，跟随"萨"踩路绕寨一周，最后到达固定的耶坪，围成圆圈，在手拉手的舞蹈中，齐声高唱赞颂萨的"耶歌"，唱耶跳耶，与萨同乐，俗称"多耶"。"萨玛节"一般为各村各祭，有的也邀请邻村一起祭祀，场面壮观。参加祭萨的人员以妇女为主，从祭祀活动中，可以看出侗乡侗寨还遗存有远古的母系氏族社会遗风。

萨玛是侗寨的保护神、团结神，又是侗族的娱乐神。萨玛节在侗族人民的思想观念中有很深的影响，先辈"至善"的美德对侗族的兴旺发达有举足轻重的作用。因此，尊敬老人自然成了侗族人民代代相传的优良传统。

（二）瑶族"隔冬"

位于贵州省黔东南州麻江县的河坝瑶家在每年冬月的第一个虎场天过年，称"河坝瑶年"。如果在近三年内，谁家曾有老人去世，就要在"过冬"之前举行"隔冬"仪式，祭祀去世的老人。"隔"乃阴阳相隔之意，瑶人自称"隔冬"为"哈策"。隔冬作为祭祀去世老人的传统仪式，体现了瑶家人敬老的美德。据《都匀志》记载，瑶族有"居丧不哭、不奠、不戴孝"的习俗。因颠沛流离的迁徙生活决定了在老人去世的时候只能"薄葬"，但对老人的感恩和思念却让人不能释怀，便有了"隔冬"这种隆重的葬后"厚祭"仪式。家中老人去世后的三年内，每年都要隔冬一次，形式和内容相同，但第三年尤为隆重。

"隔冬"由村上保卦公主持，堂屋左边墙壁上挂着用核粑捏成桃状粘于树枝上的核桃树，堂屋中间摆上一盆煮好的整鸡数只和一盆酸汤，在神前放置一双高粱秆做的筷子，以示供祖先享用。堂屋内包括保卦公在内的寨中12位男性长者分坐两边，面前摆上酒、菜做祭物。堂屋大门外堆放亲友送来的香、纸、烛，滴上少许鸡血。仪式开始，保卦公点燃香纸烛并念口语，每念完一节，就向地上掷卦，直到顺卦掷出为止，然后12人各呼"老人得去了！"就各取面前祭物少许丢在地上，反复共12次方毕。仪式完毕后,主人宴请宾客。亲友们一起喝酒吃肉,喧闹中行酒令,且歌且舞,场面越欢腾则主人越高兴。隔冬第二天上午,品尝已出嫁的女儿拿来的东西,下午则吃每户寨邻煮好拿来的酒菜,以示家庭和睦和寨邻团结。第三天上午亲属启程返家,主人要馈赠糯米饭、肉等物,寨中妇女还一路放歌、敬酒送至寨外。

隔冬习俗反映了瑶族祖先辗转迁移求生存发展的艰辛,是对今日安定生活的珍惜,对祖先历史功绩的追忆和缅怀,是对已故老人的哀思。

(三)哥蒙"哈冲"

亻革家,自称"哥蒙",译意为勤劳、善良、朴实的老猎户,"哈冲"亻革语,意译为聚族集会、祭祀祖先的意思。哥蒙"哈冲"仅在黄平县重兴乡枫香寨举行,且以枫香寨廖姓家族为主祭。黄平县有亻革家 2.1 万人,占全县人口的 6.56%,占全国亻革家人口的 43.2%。

根据《贵州通志》、《镇远府志》等史志记载,亻革家是黄平的土著民族之一,有古僚族的"椎髻斑衣"、"穿中而贯其首"等特征。据清代笔录《犵族史话》记载,因亻革家人无文字,哥蒙"哈冲"在历史上为口传心授。哥蒙"哈冲"的举行,要经过阴系"盎嘎"(阴族长)和祭师用"蛋卜"决定。筹备期为三年,第一年为"此架"(意为起祖鼓),第二年为"沙架"(意为盖祖鼓),第三年才"哈冲"。在筹备期间的第一年开始,存放祖鼓的这户人家,就开始选择一头形象好的黑毛幼猪细心喂养,一直要养满三年到"哈冲"举办时为止,同时在这三年中,还要寻找一条"五足落地"(即四足一尾均着地)的黄公牛用于"哈冲"祭祖。

整个"哈冲"活动仪式分为"此冲"(意为请祖鼓)、"帮侬冲"(意为"射发达鸟)、祭拜祖鼓、祖鼓归位四个部分,依次举行。其中,祭拜祖鼓是哥蒙"哈冲"的中心内容,由祭师主持诵词,祈求祖先神灵护佑,福泽安康,并祭上猪牛、五谷等供品。阴族长主持叙族史,"盎更"(芦笙师)主持吹芦笙,"阿波、阿益常颇"(意为祖先,象征祖鼓的化身)二人披毡坐阵,庄严肃穆。芦笙手男扮女装,按辈分依次围着祖鼓演奏芦笙古曲,尽情地欢歌起舞。伴舞者少则五六十人,多则几百人,参观者数以万计。三天两夜的"哈冲"期间,热闹非凡。

哈冲节—祭师法事

"哈冲"自古便建立和传承了一套较为完整的氏族制组织,即阴系和阳系组织。阴系组织有八十余人,设有阴族长、芦笙师、阿波常颇(意为祖鼓的母性化身)、阿益常颇(意为祖鼓的父性化身)等负责人;阳系组织有二十余人,设有阳族长、副族长、大房长、二房长、三房长等。阴系主管"哈冲"、祭祀等事务,阳系主管民事、社交等事务。费孝通20世纪50年代考察黄平时曾有报告指出:"亻革兜社会的特点,是他们还保留着氏族制度,本族的社会组织都还是依据血缘关系,由族长来统治。阴族长和阳族长是亻革家的最高首领。"[1]这一氏族制度一直沿袭至今,实属罕见,对于研究扎根于亻革家社区的文化传统具有重要价值。

(四)侗族瑶白摆古节

瑶白摆古节是锦屏县彦洞乡瑶白村传统的祭祖活动,是侗族文化的宝贵遗产,有着深厚的文化艺术底蕴。瑶白东距锦屏县城41千米,全村353户1500余人,有龙、滚、杨、龚、范、耿、万等16个姓氏,至今已有600年历史。民风古朴而浓郁,原生态自然风光旖旎迷人,古树参天,有榉木、红豆杉、银杏等珍贵的树种,是锦屏县古树蓄积量最大的传统民族村寨。摆古节具有历史悠久性、群众参与性、民族多样性、姓氏传承性、文化多元性的显著特征。内容广泛,有"拦路迎宾"、"祭祖"、"祥牛踩堂"、"吹笙舞蹈"、"民歌对唱"、"演大戏"、"长桌摆古"、"鞍瓦"、"小杂技"等。摆古以姓氏、宗支文化交流为出发点,融歌、舞、戏、演说等表演艺术于一体,具有载道、议事、表演的功能,为我国少数民族文化绝无仅有。是一种反映九寨侗乡民族迁徙历史的口头文学,是九寨北侗多元文化交流的重要载体。"长桌摆古"是整个活动的主要部分。长桌的一头是寨老古师艺人,一头是重要宾客;两边分别是主人与客人,每一边有两排,里排是男主人,外排是女主人,另一边的客人也是男里女外;最外边是由身着银饰盛装的主客姑娘围拢着,外围是十大姓氏的族旗。长桌摆古含有"引子"、"腊耸"、"或板"三部曲。摆古的内容丰富多彩,从盘古开天辟地、人类起源、民族迁徙、朝代更换,到姓氏来历、婚嫁习俗、人文景观等都有涉及。而于姓氏村史最为详尽,分别摆到村里所有姓氏的来历、迁徙和落居瑶白的历程。其中,有如姓氏融合与婚俗变革上,摆古概说到:全村姓氏均合为滚姓都是主人,又因同姓不通婚,只好奔走千里寻亲,可四处碰壁,扫兴归来,酒肉发臭,衣裙裂丝,单身成群,老郎起堆,生产生活极为不便。后来经寨老商议,破姓开亲,在清末又为革除"女还娘头"、"舅索重礼"的陈规陋习,瑶白、彦洞两寨头人和贤达人士共议规约,革陈布新,规范婚俗,刻石铭碑,号召民众遵守。

摆古属于民间说唱文学,有说有唱,并且插入民歌起兴过渡。其摆古内容丰富多彩,歌调婉转悠扬,服饰精美,文化艺术底蕴深厚。瑶白摆古节民俗风情至今流

---

[1] 费孝通. 天地革家人之——少数中的少数[J]. 新观察(第2卷第12期),1951–03–31.

传不变,是中国少数民族绝无仅有的摆古非物质文化遗产,民俗意义和社会价值突出。

(五)从江侗族老人节

在黔东南从江县高增乡小黄村及周边的大小侗寨,以及贯洞镇龙图村等地,有一个以老年人怀旧、叙旧、忆旧为核心的,独特的传统节日——"侗族老人节"。

农历二月为农闲时节,"老人节"活动在此期间择日举办。具体时日,由两寨过节的男性老人和女性老人协商确定。节日对象为甲、乙两寨的男女老人,具体为甲(或乙)寨男性老人与乙(或甲)寨女性老人在"老人山"集体过节。过节当天,甲(或乙)寨的男性老人在装扮成三岁小顽童、穿开裆裤、戴小娃铃铛帽的寨老的带领下,吹着芦笙、踩着舞步向乙(或甲)寨进发;而乙(或甲)寨的女性老人,都到自己的村口迎接。而女性老人的老伴们,则在寨鼓楼坪杀猪宰羊,准备着款待自己老伴的旧朋友。甲(或乙)寨男性老人与乙(或甲)寨女性老人欢快会合后,便各自寻找当年相好,双双对对,吹着芦笙朝"老人山"走去。

到了山上,大家席地而坐,同唱那首永不服老的歌:

莫叹白发容颜退,莫笑满脸皱纹堆。

我们人老心不老,晚霞一样放光辉。

莫叹时光似流水,莫笑人老无作为。

豁达乐观春常在,夕阳未必逊朝晖。

歌罢,众人分散,各与自己原来相好,找片偏僻阴凉处,摘木叶铺地挽手同坐,彼此倾诉别后养儿育女、各自当家后的甜酸苦辣,重叙过去因种种原因结不成对的那些无奈和遗憾,让久存心底许多早已尘封了的往年旧梦得以重温。有的谈得直泪下,有的谈得笑哈哈。整个老人山一时沉浸在老人们追昔忆往的情海之中。

集体活动开始后,老人山的各个角落充满了琵琶声、牛腿琴声、木叶声、歌声和舞步声,老人们的童心复发,直唱、直玩、直乐到忘了大家都已满头白发、牙落嘴扁,六七十岁的老人仿佛又回到了十七八岁像金子一样的快乐年华。太阳落山时,老人们才双双对对,手挽手、脚尖踩着脚跟下山来到乙(或甲)寨鼓楼坪,享受乙(或甲)寨男性老人办好的丰盛的长桌晚筵。饭后,两寨过节的男女老人,同进鼓楼对唱侗族大歌,直唱到天

从江老人节

明。乙寨(或甲)的男女老少,也一起听歌到天明送客。来年二月,乙(或甲)寨的男性老人也到甲(或乙)寨去,约起甲(或乙)寨老妇们,上山过节。有来有往,年年不断。

要说明的是,参加节日的老人,不一定都是年轻时的相好,很多老人也是被邀请去看热闹和做客的。在一定程度上,也可认为是老年人的一个集体聚会。再者是,老人节专门集会时的老人山,是不允许晚辈和子女参加的。老人们把老人山当成他们老人自己的天下,他们在那里,彼此可以无拘无束,开心地笑,开怀地玩,这是他们一年一度盼来最自由、最舒心、最快乐的日子。

侗族老人节来源于乾隆皇帝下江南路经从江侗区时"有位老人跟他谈,老人也想各相约,开怀叙旧论短长,儿孙面前难启齿,人老变小怕荒唐"的心声和顾虑时,谕旨"老有所乐理应当,乘此二月农未忙,划片山岗为净土,让老相约叙衷肠"。自此,"金口玉牙传侗寨,老人过节成规章;让老相约山上去,重忆年少好时光"传说。实际上,它是侗区老年人老有所乐、老有所为在观念和行为上积极要求、主动争取的自觉行为,也凸显了侗族晚辈对长辈精神生活诉求的包容和理解,是一种以特殊方式表达的敬老孝老行为。

(六)卡蒲毛南族"女儿节"

《增广贤文》曰:"羊羔跪乳,乌鸦反哺,是为礼也!"在黔南平塘县卡蒲毛南族乡,每年的农历六月初六日,是为已出嫁的女儿孝敬娘家双亲的传统节日——"女儿节"。

这天,嫁出去的女儿不管多远,都要携夫带小,挑着给父母置办的新衣服、米酒、鸡鸭鱼肉、水果和糯米饭回娘家看望父母。父母则一大早就邀约家门族下及亲朋好友到村头的大树下迎接自己的女儿、女婿和外孙。回到家后,要用女儿带来的酒、肉、果品等祭祀祖宗,并穿上女儿送来的新衣服,做饭宴请众人。

卡蒲毛南族过去一直自称"佯僙人"。过去,佯僙人达到"知天命"的年龄(50岁)以后,出嫁的女儿都要为老人做添粮(也叫扶马)。一般在栽秧结束后择定时日,女儿、女婿均要为老人送来新衣服、大米,还要特地做一碗糯米饭,带一壶自酿米酒给老人扶马添寿。新中国成立后,该习俗则演变成了一年一度的"女儿节"。

女儿节是毛南族传统"反哺情结"因俗而成的固定节日,体现着毛南族社会悠久的尊老、爱老、孝老传统和道德风尚,是对"嫁出去的女泼出去的水"等重男轻女观念与行为的否定与鞭挞,对于促进家庭、代际、社会和谐意义重大。

除上述节日外,贵州少数民族中,还有祭"老人房"、"请老人"、"尝新节"等敬老节庆习俗。其中,祭"老人房"是布依族最隆重的祭祀节日。祭祀时,由两名德高望重的老人装寨神坐在老人房内,参加祭祀的全寨成年男女,要沐浴、更新衣、杀猪宰鸡祭祀,祈求老人康健、人寿年丰。"尝新节"每年农历七月十四日举行,已嫁出的女儿要回来团聚,晚辈青年男女对歌时,要把老人请上席并摆上好酒好菜,由老人来评判和纠正歌手的不当之处。"请老人"(侗年初二开始)是黔东南一带的侗年重要活动。具体内容为:儿子请父母,孙子请公公(爷爷)奶奶,女婿请岳父岳母等到家做客。谁家请的老人多,对老人照顾得好,即被视为通情达理之人家,长此以往,该地区尊老敬老蔚然成风。

四、口头文学传播中的敬老孝老

贵州绝大部分少数民族虽然没有自己民族的书面文字,但却有极为丰富的成熟的民族语言,民族的传统文化和习俗靠着世世代代的口头相传获得充分传承和发展。其中歌谣和传说均被认为是"口头的传统文本"或者是口传的文化智慧,有着丰富的养老文化。

神话传说在民族文化传承中起着重要的作用,在民族教育落后、受教育水平低下的环境中,长辈通过口头讲说使得神话或传说得以世代相传,对其中的内容通过正面引申使晚辈得以效仿,反面教说使晚辈得以有所警示,能使后世行为、道德规范等沿着祖辈期望的道路继承发扬。如布依族神话故事《雷劈杀娘崽》就记述道:有个寡母含辛茹苦将独崽养大并娶了媳妇。有一天,独崽和媳妇外出,只有奶孙俩在家,吃饭时孙子不小心烫伤了手,小两口回来后认为是母亲故意所为,独崽便提刀欲杀母解恨,寡母只得面对苍天叫冤求救。结果上天显灵,骤然刮起狂风,电闪雷鸣中,独子被雷公劈死。[①] 这则故事从反面告诉人们,那些不孝敬父母的人必将受到应有的惩罚,警示后人必须孝敬父母。

在人们知识水平十分低下的情况下,说教与文化传承成为民族歌谣最重要的功能之一,使得"人皆学之、人皆唱之、人皆会之"。在贵州民族地区,民族歌谣以其独特的歌唱方式使得老年人的社会地位和权益等得以维护。仡佬族的《哭嫁歌》、侗族"劝世歌"之《孝顺父母》《尊敬公婆》《叙根由》以及黔东南一带侗族苗族的哭歌(又名孝歌、寿歌)等歌谣中,都显露着少数民族传统的养老文化。在此以仡佬族的《哭嫁歌》几则内容为例:

"哭娘"——从追叙母亲生养自己的日常生活琐事的经历,深思母亲的养育之恩。哭词有"水有源来树有根,生我抚我是我娘。天下只有我娘好,娘的恩情我不忘"等;

"哭爹"——哭词有"水有源来树有根,女儿想参来开声。……参抚女儿一十八,黑发变成白头发……",最后道出女儿的感激之情:"参抚女儿费尽心,女儿点点记在心。女儿不在你身边,有空回来把你看。有事你就捎个信,女儿上路快步

---

① 潘定智.民族文化学[M].贵阳:贵州民族出版社,1994:54.

行";

"哭姊妹"——哭词有"我的姐呀我的姐,你要常来看老的"、"我的弟呀我的弟,读书不忘爹和娘。放学回家叫声爹,上学出门道声娘"、"山又高来路又远,我走爹娘要靠你……"等。①

哭嫁歌在客观上产生了对家庭成员的亲情教育功能,通过女儿的追叙和理解家庭成员之间亲情的唱词,来增强家庭成员内部的亲和力。哭嫁歌用明白易懂,朴实无华的生活语言唱词,寓教于情,把仡佬族传统文化中的家庭道德观念及养老观一代又一代地传承下去。

第二节 老年健康文化

老年健康文化是指为促进和维护老年人的身心良好状态而创造的精神、物质的劳动成果或财富,能开启老年人健康生活的心智,指导老年人健康生活方式、改善老年人的生存环境。伴随着人口老龄化不断加剧的趋势,老年人口的健康文化工作越来越成为社会关注的焦点,挖掘传统的老年健康文化,了解老年健康文化的现状,构建一个多元化、多层次的老年健康文化的社会保障体系,丰富老年人精神文化生活,让老年人掌握正确的健康知识,确立新的健康理念,这对于落实科学发展观,传播社区老年健康文化,共同构建和谐老年人口具有重大的意义。

一、民族生活中的文化事象与老年健康

贵州少数民族文化中蕴含有丰富的健康观的内容,其中饱含着文化蕴意的独特祝寿习俗、独具特色著称于世的民族药理、内容丰富引人入胜的民族体育以及历史悠久风格各异的民族音乐、舞蹈、节日,无不体现了民族地区老年健康的文化背景。积淀于他们心灵深处的环境保护意识、不息的劳动精神、良好的民族心态、朴实自然的生活习惯等,都是现代健康理念追求所值得借鉴的优良处方。

(一)民族祝寿习俗与老年健康

贵州少数民族几乎都把尊重老人看成家庭乃至整个社会生活极为重要的礼节,都有为老人祝寿及祈福的习惯及方式,反映了对老人的重视与尊敬,在精神上给予他们极大的安慰,为他们安度幸福晚年创造了条件。如黔东北石阡、玉屏一带的侗族,在老人七八十岁及以上高寿时,都要在寿年(女性一般提前1年,男性当年或推后1年,俗称"女赶前男赶后")为老人办寿酒祝寿。除村寨男女老少外,一般

---

① 岑玲.亦歌亦哭 亦喜亦悲——评仡佬族《哭嫁歌》[J].贵州民族研究,2006(4).

远近的亲戚朋友都要前来祝贺。寿庆仪式时,儿女首先要在堂屋香火前焚香烧纸祷告祖上要为父(或母)祝寿,以获取祖上的认可与祝福,而后要在香火前的高桌上摆上"寿屏"及其他寿礼,寿星被请坐于桌前,在寿礼司仪主持下,儿辈、孙辈、内亲外亲晚辈分别向寿星拜寿祝愿,祝老人"寿比南山,福如东海"。黔南等地的毛南族中年过六旬而又体弱无病的老人,民间称之"倒马"。"倒

寿庆仪式与寿星

马"就要"扶马",俗称"添粮补寿"。其意如同一匹千里马,跑过千里到了站,要想继续跑,就得添加草料,补充元气。他们认为,老人体弱多病,吃了百家米就会早日康健,延年益寿,故其子女一般在农历九月初九重阳节置办酒席宴请亲友。来客各带上三五斤大米,还用红纸剪成一个大的"寿"字,贴在一块蓝布或黑布上(即为寿屏),送给老人表示祝寿。亲友送来的百家米要单独储存,日后专门给补寿的老人吃用。又如,在仡佬族社区,每逢年过古稀的老人大病痊愈后,亲人便要聚集在厅堂上跳"牛筋舞",向老人祝寿。舞毕,将数斤鲜牛肉和牛筋献给老人。同时,大家举杯向老人祝福,祝福他身体强健,生命顽强,犹如牛筋一样坚韧有力。类似风俗在其他民族中也都存在且至今广泛流行,并得到当地政府的支持和重视。

(二)民族医学与老年健康

贵州民族医药是贵州少数民族长期与疾病作斗争的智慧结晶,其中因其对多发病、疑难怪病的医治有独到之处而著称于世。如"乌鸦症",突然昏倒,全身皮肤发乌,唇发紫,脉弱或停。民间医师根据发乌、发紫、脉停几个症状就能立即作出诊断和治疗方案,无丰富的医疗经验是办不到的。对这类急性病,多用放血法、灯火法、火针法、刮痧法,同时按病情辅以内服外敷,收效甚捷,深受各族人民特别是老年人的欢迎。

在贵州的民族医药中,瑶族白药浴、苗族的骨伤虫伤疗法、苗族白九节茶接骨膏、侗族过路黄等被列入国家级非物质文化遗产,苗医药是我国的三大民族医药之一,在老年疾病、保健上发挥了重要作用。而在日常的老年人疾病防治中贵州民族民间的食疗法是一特色,如茶疗就是其中之一。

居住边远山区缺医少药的仡佬族,用它治病,也有悠久历史,其中有一种对治疗老年人咽炎效果良好的方法,即将适量蜂蜜掺入煨好的热茶内,口服,能润肺止咳,治疗老年人的咽喉炎。在黔东北石阡一带的仡佬族,选用苔茶煨的罐罐

茶,喝后不仅使人消除疲劳,振奋精神,心情舒畅,中老年人常饮罐罐茶,可抗衰老。

此外,在民族地区还广泛存在着一些赤脚医生,他们大多掌握着常见病例诊治医疗的方法,有的还持有偏方,老年人特别是农村地区的老年人生病后因经济拮据常不会轻易去医院治疗,一般会选择找赤脚医生诊断治疗,或自己根据经验寻找草药医治。

(三)民族体育与老年健康

贵州民族地区的民间传统体育活动,如"斗牛节"、"赶秋节"、"龙船节"等,内容丰富,形式多样,颇具特色。其中不少体育活动项目世代相传,为群众喜闻乐见,既可收到锻炼身体和增强休憩的效果,又可丰富群众的文化生活。老年人不仅十分重视传统民族体育活动,并且还在其中发挥着重要作用。如施秉、台江一带清水江沿岸龙船节龙舟竞赛的民间规则中,参赛人员由鼓头(1人)、锣手(1人)、水手(38名)、撑篙手(1人)、舵手(1人)组成,鼓头一般是由全寨民主推选产生,是德高望重的长者,且一年一换。在苗族东部方言的四人秋、八人秋、十二人秋的娱乐类的体育活动中,在立秋这天,秋千前站着"立秋老人"——秋公秋婆(一个老公公扮演秋公,一个老婆婆扮演秋婆。秋婆手里拿着稻谷穗、包谷、黄豆等作物,以示今年苗乡五谷丰登,六畜兴旺,老少吉祥)。立秋老人先说几句吉祥如意的话,然后唱"开秋歌",并亲手转动秋千,即算开秋。开秋后,男女青年便可自由转秋千了。由此可见老年人在民族体育活动中的重要作用:这不仅是对老年人价值的肯定,也是使老年人融入民族节日活动的重要方式,老年人的社会活动参与在一定程度上保证了其身心健康,同时也反映出少数民族期盼老少吉祥的民族心理。

老年芦笙队

(四)民族艺术与老年健康

贵州少数民族音乐内容丰富,历史悠久,种类繁多,风格各异。贵州境内的苗、侗、布依、水、彝、瑶等民族无论男女老少都懂点舞曲、会点舞步。如苗族、侗族聚集区的古歌,又称"大歌",其曲调和节拍深厚练达,拍节分明,矫健刚劲,演唱者多是阅历丰富、懂得古俗古史、谙悉诗歌格律和乐曲的老年人。逢年过节和假日,他们汇集于铜鼓坪和跳花场上,或打鼓,或吹笙,男女老少翩翩起舞,通宵达旦,尽兴方休,在歌唱和舞蹈中继承和发扬着自己的传统文化,因为舞蹈既象征着友谊和平与团结战斗,又象征着爱情、幸福和民族的繁荣昌盛①。通过舞蹈,老年人可以互通信息,把握社会的动向,培养开朗的性格;同时可从舞蹈中得到爱的温暖,除了青年男女的爱情,还有尊老携幼之爱,更感受到希望和力量。可以说,民族音乐、舞蹈、节日不能缺少老年人,而它们赋予老年人的是积极地参与社会、融入社会的健康心理,使老年人开朗乐观,身心愉悦,晚年生活得以丰富充实。

村寨民歌老年合唱

二、民族老年人口健康现状存在问题

世界卫生组织给健康下的定义是:"健康不仅是没有疾病与衰弱,而是保持身体、心理和社会适应上的完美状态。概括地说就是生理、心理和社会这三方面的完美。生理是指身体各系统无疾病;心理和社会方面的完美状态则是指一种持续的、积极的内心体验、良好的社会适应,能有效地发挥个人的身心潜能和社会功能。"②随着近年来中国人口老龄化日益加重,身体健康状况下降是影响中老年人生活质量的重要因素,特别在经济不发达的贵州少数民族农村地区,伴随人均寿命的延长,老年人的健康问题和需求也相应增多,关注民族地区老年人口的健康现状已刻不容缓。

(一)身体健康

勤劳简朴是贵州少数民族地区老年人的传统美德,也是其传统的健康观。它不同于传统儒家的"修身养性",在少数民族地区很少看到有老人闲着不做事情,80岁以下的老人基本上都在参与家务、农业生产、照顾孙辈等劳动,70岁左右的老人下地干活随处可见,基本上是活到老做到老,直至自己完全丧失劳动能力为止。即使现实生活中这种劳动或许会带有无奈性,但这种淳朴、不息的劳动观是少数民族地区老年人普遍持有的。

---

① 潘定智.民族文化学[M].贵阳:贵州民族出版社,1994:210.
② 世界卫生组织大会.世界卫生组织组织法[M].1946-04-07.

目前新型合作医疗制度正在农村推行,民族地区农村新型合作医疗参保率达到了一定高度,如剑河县2008年以户为单位的参保率达到91%。但目前的状况是,民族地区相应的社会医疗保障体系还很不健全,尤其是大部分农村卫生院(所)卫生基础设施落后,医疗保障普及率低,技术水平、服务质量不高,再加上不适宜的医疗市场化运作及医药价格、住院费、治疗费等的居高不下,使一些老年人(特别是高龄老人)买不起药、看不起病,甚至不敢看病。且农村老年人随着年龄的增长,因长年劳作,劳动强度大致使患病率高,健康状况逐年下降,又因少数民族地区农村养老主要通过家庭赡养自行解决,而农村家庭养老受其子女本身经济实力和是否具有孝心两个方面的影响,故易出现老人因病致贫、因病返贫,最后看不起病而撑着和拖着的问题。而其中尤其以留守老人的身体健康状况令人堪忧,本该安度晚年的老人,却因劳动强度的加重和照看孙辈的重担而处于无奈的境况之中,这无疑是影响老年人晚年生活质量的重要因素。

(二)心理健康

心理健康是一个健康人不可缺少的一个重要方面,它能使人具有完善、健全的个性、情感和智慧,使心理达到和谐的发展以良好地适应多种环境,此外,还能有效地防止生理、心理疾病的发生并加快患者的康复。

因现实原因,城乡二元结构长期存在且差距显著。同样在民族地区,城市社区有较健全的老年娱乐设施和健身场所,有着丰富的"广场文化",老年协会与老年活动室积极地发挥着作用,老年大学也为他们提供继续学习的平台,所有这些都为城市老人的"老有所学"、"老有所乐"提供了有利条件,使他们体验着生命的价值和生活的乐趣,而农村社区由于老年协会及老年活动中心多不健全,致使农村老年人的休闲娱乐文化生活单调,除了看电视、聊天,老人基本上没有别的消遣方式。且因老人大多数是少数民族,文化程度较低,特别是女性高龄老人不识字、不会汉语也听不懂汉语,看电视也仅是看看画面,这样便连极单一的娱乐生活都无法享受。

一般来讲,家庭和睦的人家,老人的生活来源、生活照顾有一定的保障,精神上也能得到应有的慰藉,也会有较好的心理状态面对生活。相反,则会使老人缺乏安全感,心理状态不佳。随着年龄的增高,老年人行动越来越不方便,与外界的接触也相应地越来越少,特别是当老伴去世后,生活上无人悉心照料和问寒问暖,老年人对子女的情感依赖要求便随着年龄逐渐增大而不断增强。据2008年贵州省老龄委关于"贵州少数民族农村留守老人的生活现状调查"的调研结果显示,留守老人中因为子女不在身边,经常感到孤单的有29%,偶尔感到孤单的有46%,尤其是留守老人中丧偶、身体状况差和无法维持正常生活的老年人表现得更加明显①。由于子女不在身边,农村大多数老年人过着"出门一孤影,进门一盏灯"的寂寞生活。对子女外出打工,大多数留守老人表现出非常矛盾的心理,既希望子女打工赚钱改变家庭生活条件,又希望子女留在身边照顾自己的晚年生活,常常流露出无奈的神态。可见,民族

乐观开朗的布依族老人

地区的农村老人精神生活十分单调,消遣方式单一,特别是留守老人因子女不在身边易产生孤独感,这种不佳的心理状态直接会影响到老年人的身心健康。

(三)社会适应

社会适应是指个体与特定社会环境相互作用达成协调关系的过程以及所呈现的状态。主要体现为老年人的"生存性社会适应"和"发展性社会适应",具体是指老年人在现实生活中能够自理、存活以及发挥自身潜能、扩展自我价值的程度。老年人的身体状况、心理态度等因素对其社会适应的影响较大。良好的发展性社会适应能提升老年人的身心健康,从而能够促进生存性社会适应,这也是我国健康老龄化和积极老龄化目标实现的重要保证。

在贵州少数民族地区,老年人的社会适应性呈现出城乡差异。在城市,老年人因为有相对较高的文化水平,与外界接触交流的机会多,获取外界信息的途径多,对国家和政府的相关法律法规了解多,在社会适应方面感觉相对轻松,他们能够积极主动地去适应社会,能够充分地享受信息社会的物质成果,遇到困难时,他们也会积极采取行动向政府有关部门争取自己的权益。而农村老人,这些方面都相对较弱,由于现实生活条件较差,大多不能主动地去适应社会,听天由命的观念较强,做事偏于保守,遇到困难时,也只能是等待政府或他人的帮助,很少主动采取行动向政府有关部门争取权益。

据调查,民族地区农村家庭条件较差的老人,在心理上会认为自己是给社会或他人带来负担的群体而将自己定格为一种消极的老年形象,其主要原因在于自身经济收入少,身体状况不佳,生活贫困而又医疗费用高。为此,如能在社会保障方面进一步改善老年人的生存状况,丰富其精神文化生活,无疑有助于提高农村老年人适应现代社会的主动性和能力,并使生活质量得到较大提高。

---

① 贵州省老龄委. 贵州少数民族农村留守老人的生活现状调查报告[R]. 2008 – 12.

第三节　长寿文化

"人过半百想长寿",这是我国由古而今的祈望长命百岁的名言。中华民族是一个特别关注养生的民族,古人很早就认识到了养生长寿的意义,记录远古人生活的典籍中,不少提到了远古中国人的养生方法。《黄帝内经》记载的养生保健经验,为中国养生学奠定了坚实的基础。葛洪所著的《神仙传》中记载了古代寿星彭祖因养生有道、懂得情志调理和饮食起居调理,懂得练气运动,到商朝末年已活到相当高龄的事。当今中国,随着经济的发展、社会的进步,人民生活水平不断得到提高,健康而长寿在老龄化加速的背景下成了人民生活的一大理想和追求,并在日益凸显,重视对高龄人口和长寿文化的研究,显然有着重要的现实意义与学术价值。

一、长寿文化的内涵及其喻意

《尚书·洪范》云:"五福:一曰寿,二曰富,三曰康宁,四曰攸好,五曰考终命。""五福"以寿为先,以长寿为中心,以追求生命的长久为重。汉代许慎在《说文解字》中明确认定:"寿者,久也。"其含义是指人寿长,物久存,道恒在。古往今来,人们对"寿"字赋予了诸多的情趣、理趣和意趣,并形成了一种大众性的文化——寿文化。

"人情莫不欲寿",我国是一个文明古国,在许多古籍中都有探求长寿的记载。《封禅书》中记载有长生不老的神仙,认为蓬莱、方丈和瀛洲三座神山有人吃可长生不老的仙药。自秦始皇派韩路、徐福率童男童女入海求药以求千古起,历代都有帝王将相相信有"长生不老草"而派人四处找寻。再后从草木到金石、炼丹术,以至气功,长寿"仙姑"的寻求及长寿术的探究也未曾放弃和中断。

而在一个中医文化历史悠久的国度,我国有关养生(养性、道生、卫生、保生)方面的论著非常丰富。著名的代表作先秦时期有《黄帝内经》、《古今医统》、《彭祖摄生养性记》等;汉晋六朝有《养生记》、《养性延命录》、《太上老君养生诀》;唐代有《千金要方》、《养生要

百岁牌坊

集》、《摄生经》、《延寿赤书》、《四时养生记》;宋代有《保生要录》、《养老奉亲书》、《养生类纂》、《养生秘录》、《延寿第一绅言》、《问养生》;元朝有《摄生消息记》、《泰定养生主记》、《饮膳正要》、《丹溪心法》;明朝有《修龄要旨》、《摄生集览》、《颐生微记》、《修真秘要》、《医门法律》、《延年良箴》、《延年却病筏》;清代有《老老恒言》、《人生要旨》、《临证指南医案》、《世补斋医书老年治法》等。这类专著大约在150种以上。影响较大的代表人物有华佗、王充、嵇康、葛洪、陶弘景、孙思邈、蒲处贯、邱处机、颜元等(钟炳南等,1997)。我国两千多年来的关于健康延寿的论著,在《养生寿老集》(林乾良等,1982)中有系统的介绍,从中可以看到我国从古至今在老年保健方面积累的丰富经验,以及之于当今长寿文化建设的重要价值。

关于中华长寿文化的表征喻意,一些学者从不同角度进行了阐释,这里结合《健康长寿秘诀》(钟炳南、陈秀雄、钟晓东,1997)、《养生寿老集》(林乾良、刘正方,1982)等专著的论述,作如下归纳:

第一,从文化性质与特点的角度看,中华长寿文化属于中华传统文化的重要组成部分,是中华民族历数千年社会生活领域实践创造和积累的关于健康长寿事象的观念意识,是对中华民族影响最为持久的传统文化之一,同时有着自身古朴、凝重,既注重理念作用,又注重实践功效的特点,就发展历史与内容而言,可谓源远流长,多姿多彩。

第二,从文学语言的角度看,长寿文化有多重意义内涵。寿即指寿命,长寿有年岁长久之意,指老年人。《庄子》云:"人,上寿百岁,中寿八十。"60岁以上者,即可称为"寿"。而在社会生活中,人从生到死,均有与"寿"组成的词相伴。例如,人出生有寿诞、寿辰;活得安康快乐有寿安、寿康、寿恺;生日或寿礼上,既有寿桃、寿酒、寿面,又有寿诗、寿联、寿画;人走完生命历程,即为寿终、寿寝。在祝贺语方面,更是吉语丰富,含义深远,如寿比南山、寿山福海、万寿无疆、长命富贵、福寿安宁、寿倒三松等。

第三,从别称的符号意义上看,文化内涵和意义同而有异。我国长寿的老人,一般60岁称为"花甲之年"。由于《论语》中有"六十而耳顺",故又有"耳顺之年"之称;70岁为"古稀之年",是故杜甫有"酒债寻常行处有,人生七十古来稀"之诗句;80~90岁,称"耄耋之年",其中88岁民间多以"米寿"相祝,90岁有"九秩"、"九龄"、"眉寿"之谓;99岁为"百"岁去"1"年,故有"白寿"之称。

第四,从长寿文化的本质看,长寿是人们寿命延长的追求,但更重要的是要健康长寿,发病期短的长寿,在增寿的同时劳动期延长、社会资源价值增强的长寿,是谓"健康长寿化"、"积极长寿化"。

第五,从长寿的原因上看,长寿是多种因素综合作用的结果,体现着人与自然、人与社会之间的关系,实现长寿依赖着个人、家庭、社会的共同努力,依赖着良好的生态环境、健康的人文文化、和谐的社会关系和有规律的原生态的生活方式。

从上不难看出,长寿文化是中华优秀文化遗产的重要组成部分,已有三千多年的历史,源远流长,内容丰富,喻意深刻。中国长寿文化是在中国文化母体中孕育出来的,是中国文化精神和传统意识在某一具体文化的投影和折射。对长寿文化主体进行过去与现在、传统与跨越、精神与物质方面的微观或宏观、具体或抽象的分析、研究,实质上就是发展、弘扬中华传统文化,使之在新时代环境下得到进一步的扬弃、创新和扩大,更好地为今人的健康长寿服务,为富有时代特色的社会主义和谐文化建设服务。

二、贵州民族高龄人口状况及特征分析

贵州地处中国著名的西南长寿带,截至 2008 年 12 月底,拥有百岁及以上老人 718 位,全省有 36 个县市百岁以上老人比例在十万分之二以上,并孕育了 147 岁的"中国长寿之王"龚来发、114 岁的"2008 年首届中国十大寿星"高务虽。

而从贵州地理位置看,百岁老人又多集中于黔东多民族聚居区域(贵州人口普查"三普"至"五普"资料有"黔东南、铜仁等地是贵州省百岁老人分布的主要地区"之结论;2009~2010 年"贵州长寿之乡"推荐评选活动的系列申报材料;申报专家组对申报材料的实地核检以及论证评审结果等,对此均提供了有力证据支撑)。这一区域不仅百岁老人比例大而且 80~100 岁的老人比例也高于全省其他区域。如 2009 年 3 月,黔东南共有百岁老人 127 人,其中女性 101 人,男性 26 人,百岁老人在总人口中的比例位居全省之首。

长寿之乡

同时,该州 80~100 岁的老人共有 651351 人,长寿链条坚实,长寿现象具有明显的可持续性①(石刚,2009)。为较为深入地认识贵州民族地区高龄人口与长寿现象的基本概貌和文化特征,笔者特以 2010 年贵州省命名的首批"贵州长寿之乡"黔东从江、黄平、台江、印江、玉屏、石阡、江口 7 县②实证资料作相关的分析。

2009 年 6 月,贵州省民政厅、老年委、贵州省老年学会、《晚晴》杂志社启动了"贵州十大长寿之乡"的推荐评选工作。经过近一年的工作,于 2010 年 4 月共评出贵州 7

---

① 石刚.黔东南将建百岁老人园[N].贵州商报,2009-03-19.
② 2012 年 5 月,印江、石阡两县被评为"中国长寿之乡"(中老学字[2012]22 号),填补了贵州无"中国长寿之乡"的空白。

个"长寿之乡"。7个"长寿之乡"均集中于黔东北(铜仁)、黔东南两地州,也即黔东地区的少数民族集中居住区域。其具体高龄人口与百岁老人情况如表6所示。

表6 贵州长寿之乡高龄人口分布状况表(2009.8)

县名	总人口(万人)	平均预期寿命(岁)	80岁及以上高龄人口 人数	占总人口比例	100岁以上老年人口 人数	占总人口比例	少数民族人口占总人口比例	备注
从江县	29.54	70.20	5653	1.91%	18	6.09/10万	95.5%	黔东南州
黄平县	36.60	68.90	5702	1.56%	21	5.74/10万	62.00%	黔东南州
台江县	14.77	72.97	1929	1.31%	8	5.42/10万	97.00%	黔东南州
印江县	43.02	74.50	6120	1.42%	32	7.44/10万	71.49%	铜仁地区
玉屏县	14.3	72.61	2060	1.44%	8	5.59/10万	67.8%	铜仁地区
石阡县	40	69.18	5289	1.32%	23	5.75/10万	62.00%	铜仁地区
江口县	23	69.25	3228	1.406%	14	6.09/10万	64.9%	铜仁地区

资料来源:根据贵州省2009年首届"长寿之乡"评审申报材料统计、整理。

从表6可以看出,贵州长寿之乡的平均预期寿命都在70岁左右,80岁及以上人口均占总人口的1.30%以上,最高从江县达到1.91%,100岁以上老人均超过了十万分之五的省颁长寿指标,而印江县为十万分之七点四四,超过了固定水平。从文献与调查资料综合来看,贵州高龄老人状况呈现出如下几个方面的特征:

一是在性别上,女性多于男性。高龄人口中,由于自然生理规律和多种社会因素的影响,现代社会中男性死亡率一般高于女性,这种差异随着高龄的增高而扩大。贵州民族地区也处于这一规律运动之中。从表7可以看到,在80~99岁高龄老人中,整体上女性所占比例超过了50%,这在农村老年人口中表现更为突出,最高黄平县达到了58.46%。而在百岁老人中,总体女性百岁老人占了72%。其中最低比例在60%以上(从江),最高台江县达到90%(详见表7)。

表7 贵州"长寿之乡"80岁及以上高龄人口与性别情况(2009.8) 单位:人、%

县名	人口总数	年龄段	城区、农村老年人口总数	城镇老年人口 总人口数	女性	占总人口比例	乡村老年人口 总人口数	女性	占总人口比例
从江	5653	80~99	5635	179	116	41.58	5456	3005	55.18
		百岁及以上	18	0	0	0.00	18	11	61.11
黄平	5702	80~99	5681	438	191	43.60	5243	3065	58.46
		百岁及以上	21	3	2	66.67	19	16	84.21

续表

县名	人口总数	年龄段	城区、农村老年人口总数	城镇老年人口 总人口数	女性	占总人口比例	乡村老年人口 总人口数	女性	占总人口比例
台江	1929	80~99	1919	178	46	25.84	1741	877	50.37
		百岁及以上	10	2	2	100.00	8	7	87.50
印江	6120	80~99	6088	548	297	54.19	5540	3113	56.19
		百岁及以上	32	0	0	0.00	32	24	75.00
玉屏	2060	80~99	2052	597	303	50.78	1463	835	57.08
		百岁及以上	8	1	1	100.00	7	5	71.43
石阡	5289	80~99	5266	525	293	55.81	4741	2629	55.45
		百岁及以上	23	0	0	0.00	23	17	73.91
江口	3228	80~99	3214	378	209	55.29	2836	1447	51.02
		百岁及以上	14	0	0	0.00	14	11	78.57

资料来源：根据贵州省2009年首届"长寿之乡"评审申报材料统计、整理。

二是民族构成上，7个长寿之乡百岁老人的少数民族成分占绝大部分。具体为从江县少数民族百岁老人16人，占百岁老人的88.89%，其中在苗族9人，侗族6人，壮族1人；黄平17人，占80.95%，全部为苗族；台江县6人，占75%，全为苗族；印江25人，占71.42%，其中土家族23人，苗族2人；玉屏5人，占62.5%，全为侗族；石阡县15人，占65.22%，其中仡佬族4人，侗族5人，苗族3人，土家族3人；江口县10人，占71.43%，其中土家族5人，苗族4人，侗族1人。"长寿之乡"少数民族百岁老人所占比例较大与各县少数民族比例固然相关，但不可否认尚有环境、文化、生活习俗等因素在其中起着重大作用。

三是在城乡结构上，乡村高龄老人比高于城镇。单从表7的数据直观来看对此问题的说服力似乎不强，从城镇、乡村人口数量与其高龄老人数量比则可见事实的客观。2009年，贵州城镇化率为29.9%，而黔东7县除玉屏为42.5%外，其余6县均低于全省水平，其中台江、从江还不到20%。以城镇化水平最低的台江县为例：2009年8月，该县总人口14.77万人，根据其城镇化15%计算可知，其城镇人口22167人，理论上其高龄老人应为290人，乡村人口125533人，理论上高龄人口应为1639人。而实际上是乡村高龄多102人，为1741人，城镇为178人，少112人。其他各县计算的结果也近乎一致，就是城镇化水平最高的玉屏县，其农村高龄老人的比例也完全高于城镇。而在百岁老人的比例上，农村显然更具数量上的绝对优势：这一方面可从各方原因导致的自然长寿得以理解，另一方面又可从改革开放后劳动力人口大量流入城市改变了城乡人口结构基数予以说明。

四是在增长速度上，高龄老人增长速度快于其他年龄组。从贵州全省来看，高龄人口数量在1982年"三普"时为10.94万人，到2005年1％人口抽样调查时增至46.67万人，增长了327％，而同期贵州15～19岁和60～79岁组人口年龄增长速度分别为12.6％、173％，均低于高龄老人平均增长速度。可以说，20世纪80年代以后，高龄人口是贵州各年龄组人口中增长速度最快的群体。虽然，我们难以在总体上概述黔东7县高龄老人的增长情况，但择其一二即可窥其一斑。黔东南从江县2000年，0～14岁组占总人口的28.47％，15～59岁组占60.86％，60～79岁组占9.82％，80及以上组占0.53％；2008年，0～14岁组28.41％，15～59岁组占60.87％，60～79岁组占9.82％，80岁及以上组占0.90％。

五是高龄老人健康呈良好状态。高龄老人的健康状况是"健康老龄化"、"积极老龄化"的重要表征。贵州黔东7县高龄老人在身体健康、认知能力、自理能力等方面整体上处于良好状态，均达到"贵州长寿之乡"三项指标70％以上的要求。这里我们以贵州省从江县卫生局于2009年7月5日至2009年8月18日对该县80岁及以上老人健康状况调查结果（表8）来加以说明。

表8 从江县80岁以上老人健康状况调查统计结果

调查项目	调查人数	好 人数	好 ％	良好 人数	良好 ％	好+良好 人数	好+良好 ％	一般 人数	一般 ％	不好 人数	不好 ％
老人健康信息表（身体健康状况）	1545	577	37.3	641	41.5	1218	78.8	209	13.5	118	7.6
MMSE量表（认知能力）	1545	710	46	481	31.1	1191	77.1	251	16.2	103	6.7
ADL量表（生活自理能力）	1545	434	28.1	753	48.7	1187	76.8	295	19	63	4.1

资料来源：从江县人民政府.从江县申报"贵州省长寿之乡"——高龄老人健康状况篇.2009.8.

从表8可以看出，从江县80岁及以上老人的身体健康达到"良好"等级率为78.8％，自理能力达到良好等级率为77.1％，认知能力达到"良好"等级率为76.8％。不少百岁老人尚耳聪目明，手脚灵活，既能参加社会交往，还力所能及地参加适当的生产劳动。

六是长寿可持续性特征突出。长寿可持续性是长寿文化的固有特点,也是长寿之乡的内涵规定。从80岁及以上老年人口占总人口的比重来看,台江为1.31%,从江为1.9%,黄平为1.63%,石阡为1.32%,玉屏为1.42%,江口为1.41%,印江为1.42%,均超过了贵州省规定的1.3%以上的长寿持续性指标。同时,黔东7县60岁及以上老人占总人口的比例均在10%以上,如从江县为10.67%,江口县为11.8%,石阡县为12%,印江县11.7%,玉屏县为12.9%,黄平县为11.97%,台江县为11.38%。再从百岁老人的比例来看,长寿之乡也呈现出明显的持续特征,如从江县2006年百岁老人为26人,占常住总人口的7.96/10万,2007年24人,占7.31/10万。又该县根据"五普"相关资料预测,2019年,百岁老人数的比例将达到8.13,这表明高龄老人的后继之人可谓是浩浩荡荡、纷至沓来,而这又无疑是老龄化程度加剧的必然趋势。

鼓楼大歌中的老人们

三、贵州民族高龄人口折射出的长寿文化内涵

贵州民族地区高龄人口突出的长寿现象,多少年来,学者和实务部门都在进行着不断的探索。多数观点认为是民族地区优越的自然环境、浓郁的民族文化氛围、田园牧歌似的农耕生活、规律有序的人生历程以及经济社会发展变化的共同作用,成就了该地区岁长寿延高龄老人比例突出的长寿文化。在此,特结合黔东7县的长寿现象,就贵州民族地区长寿文化内涵作如下概括与分析。

(一)家庭和睦、尊老敬老是长寿的基础环境

"家和儿女孝"是贵州民族地区传统文化的共同特点。高龄老人三四十年的晚年生活绝大多数都是在家中度过的,良好的家庭环境是他们进入高龄后延寿的主要原因。贵州少数民族地方几乎都有祖先崇拜、图腾崇拜的久远历史,尊重老人、注重家庭和睦不仅是民族社会家庭生活中的显著特征,同时得到了习惯法的规制和保障。如侗族款词明告:"人无两次年十八,个个都有老时,今日你敬老人,明日儿孙都敬你。"入情入理,言简意明。

贵州民族地区对老人的尊敬、孝顺和重视,在社会生活的方方面面都有体现。多数民族自然社区的自然领袖——寨老都由德高望重的老人担任,老年社会组织是自然社区的最高决策议事机构,老年人是寨中的精神象征。不少民族社区成立

了"老人节",有的还有专门的敬老、祝寿舞蹈。如仡佬族每逢年过古稀的老人大病痊愈后,亲人们都要聚集在厅堂上跳"牛筋舞",向老人祝寿。舞毕,将数斤鲜牛肉和牛筋献给老人,祝福他身体强健,生命顽强,犹如牛筋一样坚韧有力。瑶族60岁老人生日时,女婿要献送岳父"牛筋椅"。这种椅子形状和安乐椅相似,可坐可躺,既结实耐用又舒适,内含着晚辈对老人的多重祝愿,意蕴深刻。在日常生活中,少数民族常通过"禁忌",如祭"老人房"、过"耋老节"等活动来表达对老人的尊重,强化人们的敬老尊老意识。只有在这种社会环境里,老年人的心灵才能得到慰藉,生活才有保障,日子才能舒心。也正因为这样的环境,老年人才能从中认识到自己的地位、价值和意义,从而坚定生命意愿而实践长寿行为。

百岁老人母与子

(二)生态友好、环境优美是延年益寿的客观"硬件"前提

自然环境指的是环境与人类周围的各种自然因素,如大气、水、土壤、生物和各种矿产资源等。生态友好、环境优美,也即优良的自然环境对于人类的身心健康有着延年益寿的作用。用环境与生态来解读贵州民族地区的长寿现象,显然非常容易因果对应。中国科学院地理所王五一研究员通过系列资料分析,得出了中国长寿区域的一些空间分布特征和环境共性,即中国长寿特别集中于西南部,长寿区域一般海拔高度适中,气候凉爽宜人,植被覆盖密度高,空气质量清新,饮水质量好,食物中富含硒等微量元素[①]。贵州民族地区处于东经104°~110°、北纬24°~28°之间,属中亚热带区域,气候湿润、资源丰富,四季分明,冬天严寒,夏无酷暑,是人们生活和长寿的丰厚自然资源。在百岁老人集中的黔东两地州,自北而南,有武陵山脉、雷公山脉、月亮

山里人家——怎雷

---

① 王五一.长寿与自然环境关系密切[J].健康指南,2009(8).

山脉纵贯其间,乌江、清水江、都柳江三大水系河网密布,崇山峻岭,山清水秀,森林覆盖率达60%以上,每立方厘米空气中含有负氧离子超过8万个。高龄老人在这样的"天然氧吧"中生存生活,超脱尘嚣,多感自豪和满足。

"社会是人同自然界完成的本质统一,是自然界的真正复活。是人的实现了的自然主义和自然界的实现了的人本主义。"①"青山绿水,和谐人寿"是人类社会共同的理想和追求,长寿现象是人与自然和谐相处的结果。贵州民族地区人与自然和谐共生所呈现出的长寿现象,在现代社会无疑是人们所关注的热门议题。

(三)生活有制、勤俭朴素是高龄长寿的动力基础

良好的生活惯制指的是合理分配一天的工作、学习、饮食及体育锻炼、文娱活动的时间规定。《管子·形势篇》指出"饮食节,则身利而寿命益","饮食不节,则形累而寿命损"。《内经·素问》记载"饮食有节,起居有常,不妄作劳……度百岁乃去。"贵州民族地区高龄老人大多生活在青山绿水的农村,一生喜欢劳动,空闲不住,绝大部分长期从事体力劳动,且老年人喜欢早睡早起,饮食起居相当规律,平日喜食新鲜的蔬菜如韭菜、白菜、青菜、萝卜、蕨菜、笋子等以及包谷、小米、红薯、水芋等五谷杂粮。在日常生活中,不图奢侈,不事攀比,勤于农事,齿于懒惰,简于衣着,亲于相邻。这里以台江县百岁老人李正芝为例:老人生于1905年9月2日,不仅健在,而且还能从事适当家务,究其长寿有为的原因,相关文献将其归结为:"坎坷人生,从容面对"、"一生勤劳,勤俭持家"、"以歌养心,保持快乐"、"生活规律,平和乐观"。能够延年益寿的绿色食品、顺应自然规律的起居有常和勤俭朴素的传统良风无疑垫就了健康长寿的动力基础。

劳作中的高龄老人

在此还应指出的是,黔东各县独特的饮食是当地老人长寿的一大秘诀。黔东各类美食总的来说都突出了一个"酸"字。据研究,人类长寿,确有几分酸的功劳:酸食有防病健胃之药效和除惑提神之功效,还有防腐保鲜之功能。

(四)乐观淡薄、心地善良是高龄长寿的心境支持

有研究表明,健全的性格(安详、善良、温顺、随和、宽容、坚持)、开朗乐观而又

---

① 马克思.1844年经济学—哲学手稿[M].北京:人民出版社,2000.

稳定的情绪等绿色心态,"日出而作,日落而息"的起居方式,视疾病、困难、挫折、祸福如四季中春夏秋冬轮回更替的朴素心理,视死亡为落叶归根而顺其自然的生死观,以及终身沐浴在大自然中,把适度劳作看作是生命之本,视付出为生存价值和快乐之本,独立性强依赖性小,对家庭和亲友要求少,奉献多,善待家人、亲朋和邻里的处世观等被认为是长寿的重要条件①,这无疑是贵州民族地区高龄长寿现象一个最好的理论阐释。

贵州民族地区的自然环境,各民族长期的历史文化积淀,其中尤其是遵从自然的朴素生命观、生死观、价值观,使得人们长期以来在封闭与地理割离的环境中,以家庭为单位,以族系(家族)为依托,生活生产于较为狭小的区域内。共同的地域使他们形成了系列的处世为人、对待生活和社会事物的规范和惯制,共同的血缘(族系)又使这里人与人之间、家庭与家庭之间、支系与支系之间有着长贤幼孝、友善和睦、互助协助的传统。人们按照自然的规律和生命历程的生活符号快乐而又有意义地走过春秋冬夏,执著而又淡薄,恬静而又安然地履行着生命的职责。如台江县台拱镇炮台路109岁老人姚子清,"每天都在房前屋后劈柴、砌墙、砍猪草、平整土地,打理庄稼等,总是看到他每天都在默默无闻不停地活动着,没有一刻闲下来。"老人腰不弯,耳

劳作中的高龄老人

不聋,眼不花,腿不软,心态平和。其所体现出的与现代社会喧嚣与浮躁、势利与虚荣相左的心境是为益寿延年的宝贵良方。

(五)丰富的传统文化与浓郁的民族风情是健康长寿的精神支持

人是自然界中具有思维意识的高等动物,对客观世界有着自己的认识和见解,他们构成了人的精神意识,而人的精神状态关系着人的健康与寿命。贵州民族地区各民族在漫长的历史长河中,创造出了各具特色的丰富文化,形成了民族文化、民族风情、乡土文化特色并重的传统文化。儒家文化的逐渐渗透及其与民族文化的兼容,民族传统宗教与佛教、天主教、基督教,尤其是与佛教的并存、采借,使民族地区的"福寿文化"进一步演绎和发展,并渗透于民间,广为传播。

---

① 央吉.中国西部少数民族长寿人口典型研究[M].北京:中国人口出版社,2005.

在国家公布的非物质遗产中,贵州民族地区共有190个,其中国家级44个,省级146个,著名的侗族大歌被列入世界非物质文化遗产名录。黔东南被誉为"歌的世界,舞的海洋"、"人类疲惫心灵栖息的最后家园";黔东北有中国的"箫笛之乡"、"矿泉水之乡"、"木偶戏之乡",以梵净山为中心的佛教文化享誉海内外。各民族人民在绣苗绣,做银饰,舞龙嘘花、龙舟竞渡、芦笙舞、木鼓舞、摆手舞、飞歌、斗鸡斗牛、花灯、茶灯、杂技、傩戏表演、"上刀山下火海",以及欢度丰富多彩的民族民间节日,参与各种习俗等劳动生活中,经常沉浸于无边的欢乐中,并在其中净化心灵,陶冶性情,忘却忧伤、烦恼和痛苦,当然也忘却了岁月的匆匆与无情。"生命于动"、"美意延年",民族地区的每一个节日,每一项活动,每一种习俗,都包含着沉积厚重、源远流长、博大精深的历史文化和民族风情,彰显着"天人合一"的养生理志,体现了贵州各民族求福求寿求平安的精神生活、心理素质、思维方式等文化特征,是民族地区延年益寿、高龄长寿的精神支持。

四、贵州民族长寿文化发掘保护与开发弘扬路径

贵州民族地区山清水秀、气候宜人,原生态文化与中原文化千百年间碰撞融洽,各族人民团结和睦,与自然和谐共处而成就的高龄长寿现象和长寿文化,凸显着生态文明和社会和谐的音符。系统而又全面、深入地认识贵州民族地区独特的人文地理和长寿现象,挖掘贵州民族地区浓厚的长寿文化和丰富的资源,保护和传承长寿文化中科学的合理的成分,向社会提供解读贵州民族地区长寿现象的翔实资料,毫无疑问,这正是贵州民族地区改革开放以来取得的辉煌成就的具体展现,也是民生状况和人民幸福指数的生动展示,有助于在全社会大力推进、营造尊老爱幼的良好氛围,推动长寿地区旅游产业和养老休闲产业的发展,进而促进经济社会向前发展,加快民族团结、共同发展繁荣的步伐。

其一,要将贵州民族地区的长寿文化建设纳入到社会主义初级阶段"文化软实力"建设体系中去。党的"十七大"报告指出:"当今时代,文化越来越成为民族凝聚力和创造力的重要源泉,越来越成为综合国力竞争的重要因素",因此,必须"提高国家文化软实力,使人民基本文化权益得到更好的保障,使社会文化生活更加丰富多彩,使人民精神面貌更加昂扬向上。"[1]"国家软实力"的建设离不开各民族传统文化中科学、合理、有益的成分的发掘、整理、弘扬和光大。包括贵州民族地区在内的各民族各地区长寿文化无疑是其中的重要组成部分。这些长寿文化不仅蕴涵了各民族在长期的生活生产实践中对生命延续和生活质量提高的追求和尊重,也

---

[1] 胡锦涛.高举中国特色社会主义伟大旗帜,为夺取全面建设小康社会新胜利而奋斗——在中国共产党第十七次全国代表大会上的报告[R].2007-10-15.

与我们当代文化建设的发展方向相一致,即体现着以人为本、人与自然和谐协调发展的理念和精神。因此,民族地区应在充分认识长寿文化重要性的基础上,以满足高龄老人健康需求为基本内容,以健康、积极、和谐为特征,实现高龄人口群体健康基础上的生活质量的全面提高和老年人口的全面发展,将当代长寿文化作为社会主义文化"软实力"建设的重要组成部分来培养,并在其中吸取现代的科学理念、精神,进而得到发展创新。

其二,进一步发掘整理和保护民族地区的长寿文化。任何一种民族文化,都深深扎根于民族的社会历史土壤中。这次贵州"长寿之乡"的评审与命名,所获殊荣者全为多民族居住而又民族人口比例大的县份。高龄长寿人口的现象无不与当地的饮食结构、膳食方式、居住环境、婚恋生育、养生保健、医疗医药、社会交往、自然崇拜、宗教信仰、文化娱乐、节日庆祝、生产劳动等有着紧密的关系。其中可能有一两种因素在起作用,也可能有多种因素共同发挥着相似的功能,并因此而形成一地长寿现象的文化特征和地方特色,这无疑需要人们在挖掘、整理当代高龄长寿资料的基础上,提炼出一方而有别于他方的特征,从而形成自己长寿文化品牌的特有内涵。比如,湖南麻阳强调的是"孝",黑龙江延寿提炼的是"法、习、健、食、笑"五字精髓,广西巴马强调的是"自然生态"、"社会文化生态"和"精神生态"的共同作用,四川彭山有着彭祖"导引术、调摄术、膳食术、房中术"四大养生术的归纳等。贵州"长寿之乡"之评选仅仅为贵州长寿文化发掘与研究的开端,其中无疑有很多深邃的文化内涵,环境、人文与精神的关系联系值得人们深入地探索总结。只有经过这样的过程努力,贵州民族地区的长寿文化才不致于仅仅为人们知其一端而不及其里,才能将其系统、深刻地揭示出来,展现于人们面前,从而作用于老龄事业的发展和繁荣,促进老年人身心健康、益寿延年。

其三,利用"长寿之乡"品牌,推动长寿文化发展。作为经济欠发达、医疗条件相对落后的贵州,有着独具特色的气候条件和青山绿水;作为中原文化和多种其他民族文化碰撞、交融的重要区域,有着独具特色的山地文化。贵州的百岁老人,大多生活在山清水秀的农村。一定程度上,科学与养生之说为贵州不具有力的支撑,但恰好能反证贵州长寿的原生态价值——自然和谐长寿,也证实了贵州是人类宜居、自然长寿的样板,是人类美好理想的承载福地。"长寿之乡"是相关地区社会各项发展指标的综合反映,是人居环境和幸福指标的重要标志,是一项"含金量"极高的荣誉和品牌。放大长寿现象,无疑是助推经济发展社会进步的宝贵资源。与长寿有关的活动,如中国龙口南山长寿文化博览月、山东平邑的"蒙山长寿文化旅游节"、中国(文登)国际长寿美食节、巴马长寿养生文化旅游节、"中国·彭山第五届长寿养生文化节"、"黑龙江延寿"养生文化旅游节等的成功举办及其带来的显著经济、社会效益,无疑值得贵州"长寿之乡"借鉴学习。贵州的长寿文化内涵丰富而又特色鲜明,各地应借助生态文明建设和进一步推进西部大开发的东风,借助"长寿之乡"的品牌效应,拟清思路,找准特色,科学规划,积极发展长寿产业,并以此促进地域经济又好又快发展。

其四,调动一切积极因素,发展经济和制定相关法律法规以为老年事业发展和长寿文化建设提供保障。经济发展是人口老年化依托的经济基础,贵州民族地区新中国成立后经济发展有了大踏步的跨越,但与全国水平来讲,差距仍然存在。因此,必须加快民族地区经济发展步伐,以较强的经济实力,保障和促进老年事业健康发展。同时,利用贵州十分宝贵的"立法资源"(作为少数民族较多且居住集中的省份,全省有一半以上的地区享有制定自治条例和单行条例的自治权),制定能够推进贵州健康老龄化进程的地方性法规,进一步从法律上明确老年人口保护的组织和机构,保障老年人的生活收入、老年人的就医、老年人的婚姻、老年人生活保障和服务问题,以及建立社会养老制度等着重保护老年人的基本合法权益等内容。

慰问百岁老人

其五,加快建设和完善城乡多元化的养老和社会医疗保障体系。"老有所养"、"老有所住"、"老有所医"是人们对晚年生活最基本的要求,而如何满足老龄老人的基本要求是21世纪社会保障体系建设中光荣而艰巨的重要任务。就贵州民族地区而言,高龄老人经济供养和医疗保健的承载主体仍然是家庭,这与日益严峻的人口高龄化和家庭小型化趋势很不适应。虽然近几年来,多数地方政府在稳步推行建立城镇基本养老保险制度、城乡居民最低生活保障制度,建立新型农村合作医疗制度的同时,都加大了养老福利事业的投入,有的县市如台江、石阡等90岁以上城乡高龄老人实行高龄补贴,但补助的额度各在50~120元/月·人左右,极其有限。为此,民族地区应在大力发展经济的基础上,调动一切可能的力量,在以下几个方面做更大的努力:一是改革和完善城乡养老保障制度,逐渐实现城乡养老的社会公平;二是政府积极组织加大对农村高龄人口社保资金的投入力度。农村高龄老人的家庭多为几代同堂,抚养负担重,在这方面应给予格外的政策支持和资金协助;三是在合作医疗基础上,对高龄老人实行诸如老年长期照料护理保险、老年人口社会医疗救助基金等特惠关怀;四是实行百岁老人"寿星工程"专项建设,从生活、医疗、护理、精神等方面实行制度化管理和保障。

其六,充分发挥政府和社区组织在老年工作中的作用,进一步弘扬尊老敬老文化,营造有利于提高老年人生活质量的良好社会氛围。一方面,政府应站在可持续发展的高度保证老龄化社会的代际公平;另一方面,发挥社区助老功能,加快社区老年服务建设,使老年人能就近得到咨询、购物、清扫、陪伴、护理、紧急救护等各种服务。在此笔者要特别提出三个问题:一是在贵州民族地区,提倡老年教育社区化,满足老年人自身的养老需求;二是借鉴国外社区养老的思路,在社区内建立"亲属家庭"、"邻居家庭"、"姐妹家庭",即关系比较好的亲属、邻居、朋友住在一起,建立起一个新的大家庭;三是强调民族社区与政府的有机结合,以利于老年工作的组织与开展、协调与整合。此外,在微观角度上,要进一步建构和弘扬中国传统的孝文化新理念来解决家庭养老所面临的一系列问题:首先,要在家庭中继承传统孝文化中的科学、合理成分,在晚辈中提倡和落实制度化性质的"孝心承诺";其次,在建立老年社会保障制度方面要建构和弘扬孝文化新理念;再次,在发展社区老年服务事业方面要贯穿孝文化生动内容,满足高龄老人对尊严的需求,从而真正提高老年人的家庭地位和社会地位,创造孝文化新理念的和谐的人际环境,使得高龄老人身心健康而对人生无怨无悔。

第八章　贵州民族人口死亡与丧葬文化

在人的生命历程中,死亡是继诞生、婚嫁后的人生的最后终结。自古以来,不管什么人种或是民族,都将死亡视为人生旅途中的重要一步。由是,伴随着死亡而产生的丧葬文化也就自然形成。因民族及地域的差异性,不同民族间甚至同一民族不同地区间的丧葬文化也不尽相同。贵州是一个多民族聚居的省份,各民族所遵行的丧葬习俗自然也是千差万别,各具特色,共同构成了贵州民族丧葬文化的丰富多彩。

第一节　生死观与丧葬文化渊源

死亡是人类必须面对的事实,但因人类文化的介入,它已不再是一种简单的生老病死"规律",而成为人类表达自身文化的仪式。死亡文化既有一个民族物质文化的遗留,又有一个民族精神文化的内涵。在思考老年问题时,我们不可能不谈到死亡,因为对老年人来说,"入土为安"才是养老的终结,而与之相随的生死观有着重要的精神影响。贵州少数民族的生死观起源于万物有灵、"灵魂存在"、"灵魂不死"、"灵魂转移"以及重生、乐生等观念,有着生命一体性及念祖怀亲的文化精神。

一、生死观

中国人的"生死不已、无穷循环"的生命观存在于中国传统的宇宙论、人生观以及社会意识中,其深层内核是积极肯定人生,一切为了生者。这一方面填补了由死亡导致的人们心理、精神上的缺憾,以一个虚幻的灵魂世界或生命的流转复生安抚人们;另一方面也填补了群体的空缺感,使家庭、社会得以完整、有序地绵延不绝。

(一) 生命一体性原则的生死观

贵州少数民族地区的人们认为,死亡是每个人的必然归宿,不过是死者生存空间的变换转移,因此,当亲人突然离去的悲痛过去之后,人们便能以达观的态度对待死亡。贵州水族在停灵期间,要给死者设祭堂开吊,设歌堂请男女职业歌手唱歌,跳芦笙舞,唱花灯戏;仡佬族要举行踩堂仪式,跳踩堂舞,舞者三人一组,分别吹芦笙、打钱竿、舞丝刀,边唱边跳。葬仪中有悲有喜,是生命一体性原则在生死问题上产生的第一个自然和谐的信号;死后世界是生前世界的再现,这是第二个自然和谐的信号。这说明贵州民族生命一体性原则的生死观,改变了因亲人死去而产生悲伤感情方面的部分感受。

(二)念祖怀亲的生死观

念祖与怀亲,是存在于生者与死者之间的坚韧的结,表现于生者与死者之间的实体联系之中,也表现于他们的精神联系之中。而生者与死者的关系主要是后人与先人即子孙与祖先的关系(老年人先死是自然规律,年轻人早死属于非正常的特殊原因)。

贵州彝族"人死归祖"的信念极为执著与强烈,为解除人的"生、死"重负,他们超越了时空观念,强调世间万物的生死轮回、灵魂相续的抽象意识,树立了牢固的祖先崇拜观念,且死亡的世界与祖先的世界在彝族文化中从来就有着内在的逻辑联系。他们认为,死亡并不意味着经验与世界的终结,而是通向祖先的道路,是死者在另一个时空的起点之上与逝去的祖先相逢。彝族这种臆想出来的灵魂归路,反映了其对超越个体灵魂的不死信念,也反映了我国"叶落归根"的传统原始信念。彝族送祖先大道场中要举行"教路"仪式,在遗体前颂唱《指路经》,并由祭司带领大批人围成一定队形领唱教路;黔东南苗族老人出殡当晚要唱《焚巾曲》,唱时焚烧死者生前的头巾、腰带、裹脚巾等。其目的都是送死者灵魂沿着祖先走过来的路一步步回到曾居住的地方,以此来追念祖先、祭奠亡灵。

祭祀坛上的祖宗祭祀

通过走访调查,笔者发现,贵州少数民族地区的老年人大都既不怕提及死亡,也不怕死亡,老人常常念叨的就是:"什么也做不了啦,路都快走不动了,没用了。""不怕了,什么都不怕喽,就怕死不掉。"此外,贵州少数民族的老年人在面对死亡的问题上还有一个特色,就是极其重视自己的棺材置办,很强调"入土为安",会提前做很多准备。兹以一案例来说明其重要性:

剑河县街上村有位 83 岁高龄的特困老人潘引娣,唯一的一个儿子已在 8 年前去世,老人本与儿媳妇及孙子相依为命,但婆媳关系一直不好,媳妇将老人征地征田所得 4.7 万元全部拿走,外出打工 3 年却杳无音讯。后孙子也外出打工后,老人孤苦伶仃,生活艰难。最让老人难过的是自己没有送终的棺材。因儿子去世时没有棺材,在儿媳妇承诺以后给老人买的前提下,老人将自己的棺材给儿子用。据了解,黔东南地区的民族老人很重视自己能有个归老的棺木,但一个棺材需要3000~4000元,这对于老人来说简直是个天文数字。谈到此处,老人便伤心地失声痛哭,甚是悲惨①。

二、丧葬文化渊源

丧葬即包括丧与葬两个方面的内容,丧是亲人去世后相关的治丧仪式,葬是对死者的埋葬及其方法。孔子说:"视死如生,视亡如存。"意思便是要人们对待死者要像对待生者一样,对待亡者要像对待活着时一样。丧不仅指离开,也指死亡之后一系列对待死者的态度和相关的文化,包括最初的祈求死者复生,按照人们的习惯对死者进行各种有序的安葬仪式等②。在今天看来,所有的丧葬习俗大多与信仰有着密切的联系。事实上,丧葬文化的形成,也包括丧葬习俗的不断创造。在古代的丧葬史上,始终存在着两种截然不同的丧葬观,即厚葬观和薄葬观。从数千年漫长的中国历史看,厚葬在丧葬民俗中基本上占据着主导的地位。虽然早在先秦时墨家学派就有"节葬"主张,后代也有为数不多的帝王倡导过薄葬,但终未能在中国的丧葬文化中形成主流。老百姓的丧葬规模与排场尽管不可能与帝王贵族相比,但习惯上也要为家中的老人早早准备好寿衣与寿材。厚葬风气的产生与盛行,其渊源主要有两个方面:其一是灵魂不灭观念和对祖先的崇拜;其二是儒家及封建统治者提倡的重伦理的孝道观念的影响。

(一)灵魂不灭观

灵魂一般被认为是人类生活之要素,能主宰人类之知觉与活动。灵魂不仅是一种宗教现象,也是一种十分复杂而又古老的文化现象。据近代考古学家、人类学家之研究,推测距今二万五千年至五万年前之人类,已具有灵魂之观念,或人死后灵魂继续生活之观念。然大抵而言,原始人所具有的简单古朴之灵魂观念,往往含有强烈的物质性质,直至宗教、哲学渐次发达之后,人类之灵魂观始趋向非物质化之"精神统一体"。例如,某些宗教、哲学相信灵魂可以独存于肉体死亡以后,进而视之为不朽的精神实体③。灵魂不灭观在数千年的绵延中,一直影响着丧葬习俗。

---

① 唐莎莎.黔东南州农村留守老人生活现状及思考[C]//杨军昌,蒉继志.人口·社会·法制研究(2009年卷).北京:知识产权出版社,2010.
② 陈淑君,陈华文.民间丧葬习俗[M].北京:中国社会出版社,2006:4.
③ 精神实体,即承认灵魂存在,虽为许多宗教、哲学、社会学所主张,然论及其特质、本源、究极,则有极大之分野。有主张其与精神或心意等同义者,如灵魂生活(soul-life)一语,殆与精神生活、心意生活等义没有分别。而主张灵魂说(Soul Theory)者,若自其所说之身、心关系而言,则立足于二元论;若自精神之体、用关系而言,则立足于实体论。近世哲学出现的现象论、现实论、唯物论等学说,则大抵反对灵魂存在而否定其为实有。

其主体认为人死但灵魂不灭,仍能祸福子孙后代,干预人间事务。灵魂不灭观最早反映是祖灵崇拜,是鬼魂信仰和氏族、家庭观念结合的产物,认为祖灵是庇护自己子孙后代的灵魂,具有祸福本氏族的神秘力量[①]。

由灵魂不灭派生出的鬼魂观念是人类最古老的观念之一。它产生于远古时代,源于原始人对自身二重化即肉体生活和精神生活、现实生活和来世生活分离的认识。他们认为,人具有灵魂和肉体,人死后,肉体归于尘土,灵魂则变为鬼魂,到另一个世界"(阴间"、"冥界")去过另一种永恒的生活。既然有鬼和鬼的世界,对待鬼的原则自然就是事死如生。因此,中国的丧葬文化既重视尸体的安葬,又特别重视对"灵魂"的各种安排。于是,要讲究葬前私人的待遇如饭含、沐浴、更衣、入殓、停丧等;要请和尚、道士为死者的灵魂超度、引路;要讲究棺木的质地、葬法及安葬之地的风水;要为死者准备好阴间里一切要用的东西;家里出了天灾人祸或小病小灾,要请巫婆神汉与鬼魂对话,满足鬼魂的要求以祈求得活人的安康。事死如生的第二个意义是在整个死亡安排中,无不贯穿着明尊卑、别亲疏、序人伦的道德要求,即一切悉如生前,要区分社会等级、家族家庭长幼。等等安排,可用"生,事之以礼;死,葬之以礼"以概括。

水族祭祖

(二)祖先崇拜观

祖先崇拜,或敬祖,指一种宗教习惯,是在母系氏族社会向父系氏族社会的发展过程中,由图腾崇拜过渡而来,即在亲缘意识中萌生、衍化出对本族始祖先人的敬拜思想。祖先崇拜是中国封建社会的宗教传统中尤为突出的人文崇拜。与古代社会生产力不发达状况相适应,中国古代社会在价值形态上是崇古尊老,在文化上是长老文化,在伦理情感上自然是祖先崇拜。老人和长辈是生产经验和日常生活伦理知识的传授者,在传统社会中,历来受到晚辈及后代的敬畏和尊从。在祖先崇拜中,人们试图在自然生命和道德生命两方面都实现超越。子子孙孙无穷尽使祖先的自然生命在现世社会中实现永生;德行和功绩存留后世,并被传播、效法和宣扬,这也使祖先的道德生命获得了不朽。而在具体的崇拜行为中,往往不重视抽象的崇拜,而是重偶像、重直观,更多地把自己的感情寄托在某种实物上。因此,在殡

---

① 王计生.事死如生:殡葬伦理与中国文化[M].上海:百家出版社,2002.

葬上对死者的遗体、遗物尤为看重。没有了遗体,一只帽子、一身衣服都可造个纪念的坟墓,是为"衣冠冢"。同样,一块碑、一座坟、一块灵牌、一座祖庙,在人们眼中都具有极强烈的象征意义,并赋予它们一种特殊的魔法力量,视其为家庭(家族)的一部分。因而,长辈、祖先的坟墓建筑不能不讲究,风水不能不讲究。尤其是祖坟,它被视为先人的化身、象征和延伸。人们常会祭祀、奠念祖先(如清明节扫墓等),给祖先烧纸钱。其他还有如改善先人的"生活环境",如修坟、迁坟等。对祖先的感情愈深,寄予的期望愈深,这些直观物就愈壮丽、显赫。

在贵州少数民族的民间文学《苗族古歌》、《仰阿莎》、《珠郎娘美》、《阿蓉》等中,无不凸显着对祖先的尊崇和追思;芦笙舞、木鼓舞、铜鼓舞、猴鼓舞、铃铛舞、迁徙舞、板凳舞等舞蹈的表演和展示,又无一不蕴含着对祖先德行和品格的缅怀;鼓藏节、萨玛节、端节、水鼓节、哥蒙哈冲、社节、摆古等节日是相沿成习而又隆重盛大的祭祖敬祖活动系列。祖先崇拜对于走过漫长而又艰辛岁月的贵州各少数民族而言,蕴含着对祖先的无限感激和民族生存与发展壮大的期冀与追求,正如《苗族史诗·溯河西迁》中所说:"爸妈聚在展该坪,集中起来又祭祖,祭那高陶老祖先,要祭才昌盛,不祭要贫穷。""不让妈妈气味丢失,不许爸爸名声遗忘,小辈才拿筒来敲,后代才拿鼓来击,敲筒来祭祖先,击鼓来念先人。"①

(三)孝道文化观

所谓孝道文化,就是关于关爱父母长辈、尊老敬老的一种文化传统。孝道是中国古代社会的基本道德规范,一般指社会要求子女对父母应尽的义务,包括尊敬、关爱、赡养老人,为父母长辈养老送终等。丧葬活动一般都是晚辈为长辈或后生为长者举行,伦理孝道自然渗透其间,表现出为尽孝心的礼仪文化,如孝子(女)晚辈不辞劳苦为死者"买水""沐浴",拜请亲戚朋友前来治丧帮丧,破费钱财为死者祭供、举丧或使自己痛苦让亡灵少受磨难以及服孝戴孝的种种礼规等,都是各民族伦理孝道文化的外在表现。我国是一个重伦理讲道德的国度,特别是汉民族,在周朝礼制和朱儒礼学的影响下,从古到今几千年,礼尚沿行不衰。在丧葬活动中,由于有了灵魂转世,阴阳对应的观念和尽忠尽孝之说,在丧葬礼式上有着更多的讲究,如服孝,即有"五服"②之制,对死者亲戚的孝服与居丧期有着明确细致的规定。是时人们都要以此执行,甚至身务繁忙者也不例外,体现着严格的伦理规范制度和孝悌精神。贵州少数民族受此影响,在服孝上也逐渐开始讲究起来,再加上灵魂不死观念和惧鬼敬神思想,在葬礼执行中也是尽心尽职,服孝守丧。

---

① 贵州世居民族研究中心.贵州世居民族研究[M].贵阳:贵州民族出版社,2005:269.
② "五服"制度:是中国礼治中为死去的亲属服丧的制度。它规定,血缘关系亲疏不同的亲属间,服丧的服制不同,据此把亲属分为五等,由亲至疏依次是:斩衰、齐衰、大功、小功、缌麻。

贵州少数民族的丧葬伦理孝道文化除表现在敬神敬鬼、服侍尸魂、守孝服丧等方面外,还表现在对晚辈及家人的示训、教诲上。对参加丧葬礼仪的人来说,丧葬过程中的种种活动本身就是一种伦理孝道的实践教育,其一言一行,一举一动都无疑是其现身的演示材料,对旁观者来说,也会从中得到启发。因而治丧之人往往借题发挥,传授孝道。如布依族进葬时有

忠孝牌坊

灵柩停歇,念祭文,孝子要叩头跪拜;下葬后孝子爬棺时,寨邻亲友往其背兜抛掷泥块之俗。若孝子不孝,抬柩人就故意在路途耽搁,写念祭文时故意加长拖慢,邻友扔泥块猛击孝子背部以训孝子及他人。此外,在丧葬礼仪活动中,许多民族还通过唱丧歌或诵训词述说孝道,谕诫生者,如水族的丧葬诘、土家族的孝歌、白族的祭文等都有颂扬先辈守道、评说家人家风的内容。这从另一角度反映了该地区或该民族伦理道德文化的内涵。

第二节 贵州少数民族的丧葬类别

纵观中国传统丧葬礼仪,最基本的特征便是事死如生,供奉死者灵魂如同死者一样。丧葬程序中的各种礼仪,如给尸体沐浴、更换新衣,好让死者灵魂去灵魂聚集处见祖先;招魂仪式,是人们企图唤回灵魂使死者复生;在民间,老年人并不忌讳在自己身体健康时制作寿衣寿鞋,常以此自慰,平安地等待死神的召唤;饭含是为了满足死者的生理需要,让其到另一个世界去仍像和在人世一样生活;设魂帛、置灵座,认为死者灵魂为本家族中潜在的成员并替他找到位置是必然的事情;服丧期的祭祀活动,则示意着死者虽然肉体已消失,但灵魂仍与生者有着互动关系,他享受后裔的祭祀、香火,又暗中监督、关照着生者。传统的丧葬仪式与其说是死亡的礼仪,不如说是生命的仪式更为贴切,因为人们认为,死亡并不是有与无、存在与寂灭的分界,而是从一种生命形式向另一生命形式的过渡。丧葬仪式中诸多生的象征物与行为都表现出循环往复、不息不灭的生命意义,它将死亡的恐惧掩盖起来,使个体在人格精神上得以安慰。这种生命意义继而融化到传统的社会意识中去,成为社会群体延续和发展的文化动力。

从古至今，人类在殡葬方式上除个别少数民族、佛教等是实行的单一的丧葬方式外，汉族和大部分少数民族普遍实行的是火葬和土葬相结合的墓葬方式。不论是官方还是民间，大家之所以选择这种方式，而且恒古不变，主要是受入土为安思想和传统习俗的影响。贵州由于自然地理的复杂性、民族的多样性，各地各民族所实行的丧葬习俗自然也各具特色，差别甚大，形成了贵州民族丰富多彩的丧葬文化类别。

据《贵州民族民俗概览》记载，贵州少数民族丧葬类别，归纳起来大体有：弃葬、树葬、悬棺葬、岩洞葬、岩墓葬、火葬、瓮棺葬、土葬、洗骨葬、石板葬等十余种。其中，土葬是各民族通行的丧葬形式。这里，重点就其中具有悠久历史、影响较大、特色突出的如下类别作简要的介绍：

（一）树葬

树葬是一种非常古老的葬法，它的主要形式是把死者置于深山或野外的大树上，任其风化。后来，有的稍作改进，将死者陈放于专门制作的棚架上。由于置放尸体后任其风化，故树葬也称"风葬"、"天葬"、"挂葬"、"木葬"、"空葬"或"悬空葬"。根据文献记载和民族调查资料，贵州黔东南的部分苗族和侗族，以及黔西北一带的部分彝族，历史上曾有树葬习俗。明郭子章《黔记》就有"在陈蒙烂土为黑苗……缉木叶以为上衣，短裙，也曰短裙苗……人死不葬，以藤蔓束之树间而已"的事实记载。据现代民族调查资料，剑河县摆久乡的苗族，人死以后则用杉树皮裹其尸，再用藤蔓捆绑，送到树林深处安置后即告完成，这种葬俗直到解放以后才逐渐消失。在黔东南部分侗族社区，目前还保留着将死亡的未满月婴儿置于撮箕挂在树上以回归自然的"婴儿挂葬"之俗。树葬是原始生活在葬俗上的遗存，树葬的目的可能是幻想通过具有神性的树而使死者的灵魂升入天国。

这里有必要对"最后一个枪手部落"岜沙苗族独特、玄妙、神秘的葬俗——"岜沙树葬"予以特别记述。

岜沙死者停止呼吸后，家人鸣枪报丧。家族与亲朋循声而至帮忙。死者的安葬事宜由死者家族的长者主持，商议安葬死者事宜要到寨门外的古树下进行，据说这样才不打扰死者的灵魂。死者如系正常死亡，尸停屋内。如果是上午死亡，当天就要入土下葬；午后死亡者，次日早上安葬。岜沙苗族不像其他民族生前事先备有棺材，而是在人死后，派人直接到林中砍伐一棵大树，制作棺材，在墓穴挖好后安放其中。与此同时，由3～5名中青年将穿上新衣服的死者遗体从脚后跟、膝关节、臀部、胸部、头部用5道竹篾绑在一根禾晾杆上（死者如系女性则用糯米草捆绑），然后由2名青壮年抬着前往，由鬼师开路，抬往墓地，并安置于棺材内。死者入棺后，盖上一段青布，再盖上棺材盖。死者如果是成年男子，还要将其生前的猎枪随葬于其身侧。相继鬼师烧纸焚香、超度亡灵早日与祖先团聚。事毕后，众人即掩土填穴,不磊坟,不立碑,填平后在上栽一棵树。

如果人死时不在屋内而在他处,岜沙人称死得"不干净"。遗体只能停放在村口的古树下并用树枝遮盖,不得进寨,而且必须当日安葬。安葬完毕后,须取一盆清水由鬼师放药念咒语,凡参加葬礼的人均须在盆中洗手净秽(洗去阴气),还要在返村的路上烧一堆火,所有人都要从火上跨过,才能返家,意为火能阻挡鬼魂,使人鬼分离。

岜沙丧葬礼仪须在12时辰内办结。具体操办均由男人分工进行,女人不能插手帮忙,但需在旁边等待,也要同去墓地,直到安葬完毕后与死者告别。

岜沙葬俗,不在逝者坟前立碑,但一定要在坟上种一棵树。他们认为,逝者的灵魂,从此便进入新栽的树上了。他们还认为,让遗体来培育树木成长,借助树木来实现生命的循环,是人生最理想的归宿。著名学者余秋雨在岜沙亲临其境后悟出"人即树"的生命哲理。他感慨说:"在岜沙,不管是中年还是老年,不管是你活着还是死了,你的生命永远都是绿色的,你的生命永远在保持着他成长的势头,这非常了不得。所以,如果说汉族的墓地,经常给人家感到一种悲哀和凄凉的话,那么我们在岜沙感觉到的却是欣欣向荣的绿色的生命,我们现在活着的人的生命和已经死去了的生命都一起在这个山头上欣欣向荣。""只要山河在,只要大树在,他们的生命就在,他们用非常简单的生活方式,过着一种非常长久的一个生命历程。"认为"在全世界各种各样的葬礼仪式中,我确实想不出还有另外的一种安葬方法比这种安葬方法更贴近自然、和自然界有更亲切的交往。"他相信,中外的旅行者看到这样一种葬礼后,一定会感到震撼。"比如西方的葬礼,比如汉族式的葬礼,又比如天葬,每种葬礼都有千百年历史的流承,我们很难说这个不好或这个好。但我在岜沙看到的是丧葬方式,却是最贴近生命的乐观主义,而且它最让人感觉到诗意,感觉到在吟唱一首生命的赞歌。"[1]另一题名为《岜沙树葬让韩国专家叹服——中国最先进的殡葬文明》的文章写到:"每一个岜沙人在出生后,他的父母都会为他种一棵树,寓意他生命的开始,此后树在一个又一个春夏秋冬中成长,也伴随这个人在人生的酸甜苦辣中历练和成长,直到人的一生走到尽头、生命结束的一刻,寨子中的人会把伴随死者成长的这棵树砍来做成棺材,在为死者鸣枪之后,把死者放进棺材入土,之后在埋葬他的地方种一棵树,表示他的生命以另一种形式得到了再生和延续。"[2]这一十分简朴奇特,与周边村寨相去甚远而又沿袭千年的丧葬孤岛文化现象,今天已是遐迩闻名。

---

[1] 余秋雨.山河在,他们的生命就在[N].金黔在线,2007-07-24.
[2] 王文光.岜沙树葬让韩国专家叹服——中国最先进的殡葬文明[N].贵州都市报,2009-12-05.

(二) 悬棺葬

这是贵州古代苗、仡佬等族的一种特有葬俗,在今松桃、岑巩、石阡等县仍可见到悬棺的遗迹。相关史籍、方志多有记载。悬棺葬一般是选择在江河沿岸的悬崖峭壁间处的天然洞穴、岩缝处置棺而葬,或人工于岩壁上凿成壁龛,或凿出水平的一排小洞,插入横木,将棺乘之于横木之上。悬棺葬的葬具主要有船形棺、仿歇山顶房屋形棺及棱形棺3种,其中船形棺较多。这是因实行悬棺葬俗的民族皆系生活于湍急的江河流域,终生与险山恶水相伴之故。悬棺的所有葬具均用整木剐成,有的加盖,如仿歇山顶房屋形棺,其盖即是一歇山式屋顶。

据唐张族(改)在《朝野佥载》中叙述:"五溪蛮,父母死,于村外阁其尸,三年而葬。""于临江高山半肋,凿龛而葬之。自山上悬索下柩,弥高者以为至孝,即终身不复祀祭。"这段描述具体说明"五溪蛮"老人死后要陈尸3年才葬的事实。显然葬的是骨骸,即指考古学上的二次葬,而且是在半山岩壁垒,人丁凿出壁龛,将棺柩从山顶上用绳索悬吊至龛内,且葬得越险则表示越孝,可以终身不用祭祀。

长顺悬棺

贵州悬棺葬的时代,就已清理并做了碳14年代测定的,上限可到西晋,如松桃云落屯仙人岭1号悬棺,经测定为距今1660年±90年,即公元290年前后的西晋时期。岑巩县桐木白岩的2号悬棺,经碳14测定为距今475年±90年,即公元1475年前后,约明代中期偏早①。

(三) 岩洞葬

岩洞葬,或称洞葬,是将死者遗骸置于天然溶洞内的一类特殊葬俗。即人死后,亲人将逝者的遗体装棺入殓后,安葬在村子附近的一个山洞中。流行于黔桂山地。其时代早可至新石器时代晚期,晚至明清,迄今仍有部分民族(如荔波瑶族、平坝苗族)行用此类葬俗。岩洞葬的葬所一般都是有路可通或行船可达的岩洞,主要是利用天然洞穴或悬岩间突出的石台,且空间面积都较大,也有部分是经人为加工的壁龛。岩洞葬均是一穴多棺,绝大多数都为一次葬。贵州实行岩洞葬的民族,根据文献记载有苗族、仡佬、瑶侗人(今之侗族)、龙家(今之布依族)、八番(今之布依

---

① 唐文元.贵州民族丧葬习俗古今谈[J].乌蒙论坛,2004(2).

族)、冉家蛮(今之土家族)等。据不完全统计,贵州目前已在开阳、花溪、平坝、紫云、望谟、长顺、惠水、罗甸、平塘、龙里、贵定、福泉、都匀、独山、荔波、三都、榕江等县市发现岩洞葬遗存超过85处。洞内所置棺木,少则数具,多则千余具,其年代早可至唐宋,部分一直绵延至今,绝大多数为明清时期的遗存,其中以苗族洞葬影响最大。

贵州的苗族洞葬,规模较大、保存较好、内容较丰富的有平坝齐伯乡桃花村棺材洞(有棺木567具,"歪梳苗")、惠水仙人桥(有棺木500余具,"打铁苗")、龙里果里(有棺木约200具,"红簪苗")、高坡甲定与杉坪(甲定有棺木200余具,杉坪有100余具)。棺木的形制,将有船形棺、圆木棺(也称筒形棺)、栓棺、方形棺、梯形棺和普棺等6种。均置于立体"井"型的木架上。其

甲定洞葬

中,经贵州省文物考古资料,平坝棺材洞经时从唐朝中期至今已有一千二百多年的历史,1985年,棺材洞被列入了贵州省级文物保护单位。岩洞葬利用村寨附近的天然洞穴安置死者遗体,不占耕地、不占山林。由于岩洞多在离地数米至数十米的崖壁间,洞厅宽敞、通风,尸体在腐烂过程中,不会污染空气、土壤和水体。这不但具有丰富的文化内涵,也具有极强的视觉冲击力,加之洞葬周边自然风光均较优美,周边苗寨多保存有完好的节庆、服饰、饮食、建筑等传统文化,是贵州进行民族文化遗产宣介、展示并使之产生社会效应的理想场地。

苗族历史悠久,早在五千多年前,中国古代典籍中就有关于苗族祖先的记载,在长期的战乱中,苗族先民由最早生活的黄河流域,被迫长途迁徙。他们越过长江、黄河后,其中有一部分辗转来到贵州境内。定居后,由于苗族的先民们念念不忘故土,死后不是入土为安,而是安葬在山洞之中。洞葬其实被认为只是一种对先人灵柩的暂时存放,期望有朝一日,亲人们能扶柩还乡,叶落归根。

(四)火葬

贵州的彝、苗、布依、侗、水等民族,对非正常死亡者都曾实行过火葬。他们普遍认为凡凶死者(如摔死、杀死、暴死、溺死、妇难产死等),都有恶鬼缠身,只有火化其尸,才能使他(她)的灵魂升天,或曰回到祖宗那里去,否则死者就会成为冤魂野鬼,不仅他(她)们的灵魂永远受苦,还会殃及亲属。

彝族自古就有火葬的习俗,明嘉靖《贵州通志》载:"水西罗罗,死则集人万计,

披甲胄执枪弩,驰马作战斗状,以锦缎毡衣裹之,焚于野而掷散其骸骨。"明郭子章《黔记》也述:"尊长死,则集千人,披甲胄,驰马若战,以锦缎毡衣裹死者焚于野,招魂而葬之,名曰火葬。"在今黔西北的威宁彝族苗族回族自治县境内及赫章的西部海拔两千米以上的山坡或台地上,分布着约两百多座彝族古代彝族的火葬台或火葬场①。

古代贵州的少数民族,除了彝族实行过火葬外,布依族也一度盛行火葬。明《炎徼纪闻·卷四》载:"仲家……葬,以伞盖墓,期年发而火之,祭以枯鱼。"康熙《贵州通志·蛮僚》载:"贵阳、都匀、镇宁、普安……丧,则屠牛招亲友,以大瓮贮酒,执牛角遍饮……习阴阳家言,葬用棺,以伞盖墓上。期年而火之,不上冢。"说明布依族在清代早期以前曾盛行火葬。

(五)石板墓葬

石板墓是水族历史上遗留下来的一种墓葬形式,主要分布在贵州的三都水族自治县、荔波县、榕江县等地。石板墓的主要特点是,于地下挖出竖穴土坑作为墓室,地表用平整的石板建成长方形的仿木构建筑,并有大量的石刻花纹。石板墓的形式大致有双层仿木构建筑、单层仿木构建筑、龛形仿木构建筑三种。其中双层仿木构建筑,即在地下墓坑上盖一长方形石板,使之高于地表5厘米左右,其上用两长两短4块石板拼成长方形的第一层石室,上面再平放石板,往上再拼出稍小于下层的第二层石室,再封顶,最后在平顶上用3块石板拼成"个"字形屋顶,屋顶前后两端用刻有鱼纹的石板鼓档装饰。这种形式的部分墓,其第一层两端(有的只是一端)雕刻有圆形的

三都石板墓

铜鼓封面纹样。有的在上层石室的四面,刻有动物、人物、花草、房屋等浮雕,一些在墓上层的两端刻有"福如东海"、"寿比南山"等吉祥语;有的在墓前建有石碑存志。对这些石板墓,今三都一带的水族都能指出其祖先的区属,并每年举行祭祀。石板墓上的人物造型,其服饰、头饰、银饰等,在现代水族男女中大多能找到依据。

---

① 这些火葬台或火葬场根据使用材料可分两种:一种是用石块砌成圆形或椭圆形石墙,一侧留有缺口,大的直径10~20米,高2米,小的直径3~4米,高1米以下。有的在石墙外切面另砌一段弧形石墙。这类墓有的中空,墙内地面略高于墙外地面,有的墙内则用泥土填平至墙高,形成墓堆;另一种为土筑圆形墙,形式与石墙相同,只是无大型的,一般直径都在10米以下。唐文元在其《贵州民族丧葬习俗古今谈》一文中,考证其为"贵州古代的彝族火葬台或火葬场"。本文因之。

石板墓上的铜鼓纹,完全是仿铜鼓鼓面的纹样所刻,说明墓葬的主人古代是十分钟爱铜鼓的水族。石板墓的年代,根据民族调查资料以及部分碑文推断,其上限可早至明代,下限可至清代晚期。其中,双层仿木构建筑的时代最早,单层仿木构建筑的居中,约在清代以后,龛形的最晚。

由于石板墓的建筑费时、费工,而且耗资较大,不是所有人家都能建造,加之清末以后各民族间交流日渐密切,各种文化相互影响,因此水族石板墓就逐步为简单、快捷、低耗资的土葬所替代。这些珍贵的石板墓就成了今天人们认识、研究和观赏水族古代葬俗和石刻艺术的珍器[①]。

(六)瓮棺葬

瓮棺葬,古代葬俗之一,指古代以瓮、罐一类陶器做葬具的墓葬形式,常用来埋葬幼儿和少年。瓮棺葬出现于新石器时期,至新中国成立前,我国西南边疆的一些少数民族中还保留这种习俗。但在贵州部分县区的布依族中,到目前还保留着瓮棺葬的习俗,而且布依族的瓮棺葬与其他地区古代的瓮棺葬,在思想意识上有着较大的差别,他们无论正常死亡或非正常死亡,无论是小孩或大人,均行瓮棺葬。

贵州布依族瓮棺葬,由于葬具系特制的陶瓮,受容积所限,只能殓其骨骸。因为有一个让尸体皮肉腐烂的过程,才能将尸骨收殓埋葬,所以瓮棺葬多属二次葬。在惠水县摆金的摆金乡、斗底乡、岗渡乡、木底乡等地的瓮棺葬程序主要分两步:停棺寄葬和殓骨落土。人死后,在阴阳先生的超度下,先用木板制成的棺材将尸体装殓,再将棺木抬到山坡上停放,也即"停棺寄葬"。寄葬一般不超过3年。寄葬期满后即"殓骨落土"。殓骨前,先将"散板"启开,向棺内喷洒药水消毒、杀菌、除臭,然后用木棍将尸骨一一夹出,放在炉火上方的竹篱笆内烘干,再将骨骸按脚、腿、手、躯干和头的顺序,依次装入陶瓮(摆金布依族称为"经坛")中,再由阴阳先生经过请神、烧疏、买地等仪式,指挥将"经坛"落土掩埋。

摆金瓮棺葬的对象主要是正常死亡者,即老死或因一般疾病死于家中的,非正常死亡者如"凶死"(指暴力或意外、事故死的)、患浮肿病死、妇女难产死等,与正常死亡有别。非正常死亡者尸体不进行停棺寄葬这道程序,而是立即火化,然后将骨灰装殓入瓮,再将装有骨灰的"经坛"移至山坡寄葬。寄葬的时间长短以及落土的程序与正常死亡基本相同。

(七)停棺待葬

当今侗区,普通实行土葬,讲究"风水龙脉",择吉日吉时,入殓、出殡、入土。但南部方言地区的黎平、榕江、从江一带的侗族,至今仍盛行"停棺待葬"习俗。所

[①] 唐文元.贵州民族丧葬习俗古今谈[J].乌蒙论坛,2004(2).

谓"停棺待葬",指的是鬼师(又称法师、巫师)根据亡者的出生时间和死亡时间来推算安葬时间,如果亡人的生辰八字与死亡的年、月、日相克,在举行正常的葬仪后,将棺木抬上山放于指定的树林中,陈在木架上面,用杉皮或草帘盖好,待推算出与亡人生辰八字相生的吉祥年份,再择日入土,另行安葬。如果是同一年龄中某人早亡,又没有合适的时间安葬,则要等这同一年龄人都死亡后,才择吉日统一入土下葬,也即"同日下葬之俗"。这与李宗昉在《黔记》卷三中关于"楼居黑苗……人死入殓而停之,为期合葬,共仆吉,以百棺同葬,公建祖祠"的记载大致相符。对于横死暴死者,无论男女,均须火化,再入棺入土,或入棺以后,置于荒野,停放三年五载,另择期焚尸、捡骨,重新入殓,择地安埋。

占里侗族停棺待葬

除侗族外,黔东南水族夏秋两季死者也多实行停棺待葬,到秋收以后再择日安葬。其主要原因是夏秋为农忙季节,来帮忙的人少,参加葬礼的亲戚也少,加之丧葬耗资巨大,秋后才有足够的粮食。停棺有室内停棺和野外停棺两种,其中又主要以野外停棺为主。少部分布依族、苗族也有"停棺待葬"之俗,又称"二次葬"。

第三节 贵州少数民族丧葬礼仪

一、丧葬礼仪

丧葬礼俗是人生礼俗的重要组成部分,是人生的终点符号。在中国传统的丧葬礼俗中,人们的基本思想之一,就是"不死其亲",即不把死去的人当成亡人,而把其当成灵魂和肉体仍存在的"活人"[1]。为了表达这种灵魂不灭的思想,便出现了很多繁琐的丧礼程式。这种程式既要让死去的人安宁,也要让活着的人满意,是生者与死者的对话。其所表现出来的一是"孝",二是"敬",即念祖怀亲的情结。通过这些程式规范人们代际之间的联系,以此提供一个社会性的情感纽带,从而促

---

[1] 谢洪欣.《金瓶梅词话》葬前礼俗考察[J].民俗研究,2007(4).

进社会治理[①]。

贵州世居少数民族,由于历史上形成的不同生活环境、生产条件和经济状况,铸就了他们自己艰苦创业、繁衍发展的辉煌历史,在各民族文化相互交流、相互影响的过程中,彼此交流借鉴,在共同文化元素不断增强的过程中,各具特色的民族习俗得以保留传扬。而于丧葬礼仪中,除明显地表现出不同民族的文化特质外,也无不包含着一些共同的文化因子。在此,通过对以下8个民族土葬丧葬礼仪的记述以窥贵州少数民族丧葬礼仪之概貌。

(一)仡佬族丧葬礼仪

贵州的仡佬族当与自己朝夕相处的老人谢世后,活着的人深感哀痛,总要虔诚、隆重地举办丧事,以寄托哀思,从而形成了具有浓厚民族特色的丧事礼仪及墓葬文化。丧事礼仪纷繁复杂。一般有为亡人洗身(老人死后,要在脸、胸、背、脚心等处用帕子擦3下。男剃发,女梳头。洁身时孝子需回避)、换衣(男性穿单数,女性穿双数。头包6尺长的头帕。腰带是按死者的年龄加天、地、日、月和父母各一根棉纱线编织而成)装殓(按死者年龄数用钱纸枕于头下,口中含一块银子。盖棺前,祭师要一碗酒、三张钱纸为死者揩光,为参加丧礼的人喊魂、开路(又叫指路。祭师用一只鸡做指路鸡,并唱指路歌,为死者指明去祖先那里的道路)、跷棺(由祭师带着众孝子围绕棺材唱经祭奠)、择地、安葬、做好事等仪式。仡佬人认为,父母的亡灵有三重意向,一是要去与先祖会聚在另一个世界里,继续过群体生活,其生活方式要与先祖桢同;二是要像在世一样生产、生活;三是会惦记儿孙,不时要回来关照。因此,孝子在为老人举办丧事时,根据亡灵的意向作出相应安排。洗面沐身、梳头(或剃头)、换上新衣裤(或裙)为的是让亡者干干净净、整齐美观、有如过节走亲访友一样去会先祖。

做好事,是仡佬族葬俗中较有特点的仪式,性质类似布依族的砍嘎、彝族的赶戛、苗族的砍牛。视丧家经济状况的好坏,可当时进行,也可安葬以后再择期进行。做好事的内容有清师、交牲、还熟、陪客、送客、安家神等。仡佬族做好事可能有双层含义:一是对死者用更特殊、隆重的礼仪超度其灵魂,以了却生者对其深刻怀念的心情。二是通过做好事,积阴德,求善果。

仡佬族的丧葬,绝大多数都不选"风水",安葬不择"吉期",出殡不丢"买路钱"(纸),不立墓碑,有的在墓后栽一株泡木,有的在墓旁栽松、柏、黄杨作为纪念。此外,被称为"仡佬坟"的古墓地,新中国成立前还时有发现,它的特点,是坟堆与山岗平行(汉族及其他少数民族的坟堆均与山岗形成直角),墓穴用石板或不规则的石片镶砌,前面两块石板形成了一个三角形的顶,较为独特。岩穴墓、石棺、石板、

[①] 李彩萍.丧俗文书与生存者的信仰文化[J].寻根,2010(1).

倒埋是贵州仡佬族的传统葬俗,并"击鼓而歌,男女围尸跳跃"。这些丧葬特点,各地不同程度保存至今。

(二)苗族丧葬礼仪

贵州苗族,除个别地区还实行古老的岩洞葬外,普遍实行棺木土葬。其丧葬仪式,首先要看死者属于善终或横死。属于善终的,特别是上年纪的老人,全寨本着敬宗睦族的传统习惯,都来帮助把丧事办好。死者如系女性刚一落气,其家属不分昼夜,立即派人到母舅家报丧;对舅家来人,更须妥善接待,有的地方还得主动先将死者的几件遗物送给舅家留作纪念。关于处理尸身的细节,首先是在床上洗尸,某些地区洗尸须用河沟里长着牵藤的水草,取其顺流向东的意义,认为死者经用水草洗尸之后,才能回到东方老家。尸身入殓之后,在家停柩一天或三两天。几乎所有地方对死者的子女,以及舅家或女婿,都发放白孝帕,表示至哀。在黔东南一带地区,死者如系中年,由懂得丧歌的妇女,在守灵的深夜哭唱丧歌,直唱到天明。苗族丧歌是成套的歌词,唱出哀恸的心情,会使闻者掉泪。送丧上山之前,须请苗族巫师举行"开路"仪式,为死者指引返回东方老家的道路,用苗语历数沿途各处古地名,并描述跋山涉水的情景,领着亡魂向东方按站赶路,使之到达苗族的老家,与历代祖先会聚在一起。送丧上山时,某些地区也放了"买路钱"(纸钱)。安葬之后,须请巫师为死者招魂送饭,巫师代替死者做出遗嘱,引起家人哭泣哀悼。

送葬路上

苗族丧葬习俗中最典型而有特色的当数"砍牛"习俗。苗族砍牛葬仪主要程序为接魂、开路、砍牛、发丧、过三招。接魂,即把未经砍牛仪式的灵魂接回家中,重新祭葬。接魂仪式分"白丧"(正常死亡)和"红丧"(非正常死亡)两种。接魂通常在半夜一两点钟鸡鸟未叫时进行。对客死外地尸骨埋葬异乡的,接魂要选在寨外的三岔路口进行。接回的魂要放在用芭茅草扎成的草人肚子里(芭茅草代表阴间),以示臆想中的已逝亲人复活了。于是,众亲属把草人搀扶到火塘边,让他与家人作最后一次团聚。当亲属中长者宣布死者"落气"(咽气)时,接魂仪式就算结束。开路,是由巫师在灵堂内诵经作法,护送死者到聚居着本家族列位祖先的阴间世界与祖先团聚,开始新的生活。砍牛,苗族所砍的牛是献给亡灵到阴间世界后"耕田犁地"所用,而不是超度亡灵的一种手段。因此有些地区的苗族砍牛仪式中,要由"波摩"将拴着祭牛绳索的一端交到死者手中或代表亡灵的草人手上。长顺苗族砍牛的同时还要砍马,马是死者灵魂的坐骑,因此祭马背驮献给死者的供物,孝女们要围马哭诉,因为马上也驮着老人的灵魂。发丧,砍牛结束后埋葬死者的一切仪式过程。过三招,这是砍牛丧葬中的最后一个仪式,一般在发丧后当日举行。孝子们经过砍牛丧葬的漫长过程后,斋戒至此已一个月,因此"过三招"又叫"满月",由主丧人家杀猪备酒招待亲朋。过三招是整个砍牛丧葬礼仪的结束。

苗族砍牛葬仪的全过程无不反映苗族对祖先的崇敬、孝道以及自身心灵深处的观念意识,历史悠久。据文献记载,明代就已出现,清代发展到顶峰,有的一次屠牛可达百头,这无疑影响了苗族的生产,后被官方明令禁止,有所收敛。现在苗族虽然还保留砍牛的习俗,但随着社会的发展,生产形式和生产关系的改变,以及教育、文化的提高,苗族的思想意识也在改变,这种世代传承的习俗正在渐行渐少。

(三) 侗族丧葬礼仪

侗族丧葬一般从简从省。家中老人病入膏肓,子女多守在其旁,听其遗嘱和看其绝气,俗称"接气"或"送终"。随后即焚烧纸钱(谓之"落气钱"),放响铁炮或纸炮(称作"落气炮"),意为送死者灵魂升天,到侗族传说中的"高顺俄安"(理想中的极乐世界)去;二是告知邻里寨人,家中有老人去世,希望他们来帮助处理丧事。然后请一位地理先生来测算死者的生卒年、月、日、时,看它们是否相克,如相克,是为犯"凶勾",需宰杀一只大公鸡化解"解勾";如不相克,则为大吉。"解勾"之后或大吉,家人方可大声痛哭。同时派人提着一个灯笼、拿着一把捆着扎孝帕的雨伞、一斤酒、一斤肉到娘舅家报丧。娘家人一看来者手里东西就知道发生了何事,即与该房族长老协商,然后再通知其他亲戚。侗族盛行土葬,大多有共同坟山,也可择地而葬。死者如是女性,需请舅家亲临验尸后方可入棺。

侗族的丧礼也因地区不同而有所区别:边远地区比较简单,只在灵前焚香化纸。奔丧的亲戚也只送些米、酒、菜。丧家则以酒、肉热情款待;但在接近汉族地区的侗族,经济条件较好的人家,则要设置灵堂,置备纸扎的灵房、金山、银山、金童、玉女、纸马等放于灵旁,还要请道士开路、念经、吹"八仙"(唢呐)。其间要杀猪、宰牛、宰羊,款待参加丧礼的亲友寨邻。侗族一般都是于人死亡后近期择吉日出殡埋葬,但在一些边远地区,停棺待葬习俗尚存。此外,侗族凡因天灾人祸暴死或自杀者,无论男女,均施火化,再埋葬骨灰。因地区不同,有的死后就及时焚尸,及时殓骨入土;有的则将尸体先用棺木装殓,置村寨外荒野停棺3年再择吉日火化,最后将骨灰装棺埋葬。

侗族的丧葬习俗,既有其他民族共有的礼仪,如对非正常死亡者的葬仪,开路的程序,停棺待葬的习俗等,也有本民族独特的丧礼习俗,如"打牙"、吃红肉等。侗族施行的对死者打牙习俗,是我国古代打牙习俗的残留,但其又赋有新的含义:

古代打牙是属于成年礼中的一个内容。侗族只对未掉过牙的成年死者实施打牙,而生者已没有这一习俗。因此,打牙就寓意着死者已成年,可以回到阴间祖先的身边了。侗族葬俗中的红肉,是对祖先艰苦创业时代的一种怀念。

(四)布依族丧葬礼仪

布依族,人死亡后,用木棺葬。丧葬仪式的繁简,视其经济力量而定,但一般都要请巫师来开路。停柩期间,丧家一律素食,出丧以后才开荤。

由于布依族自古以来崇拜祖先,他们认为人的灵魂不灭,因此,老人死后,只是灵魂脱离了躯体而已。为了送别和安顿好死去老人的灵魂,使其能庇佑家族后代,就产生了一整套对死者的丧礼、葬仪。砍嘎即是许多布依族地区人民为死去老人举办的一种隆重仪式。

砍嘎的内容和程序有:入殓、开堂(即由布摩在灵堂诵经,以示祭奠活动开始)、立鬼杆(这是砍嘎中的主要内容之一,由死者的孝子以高大粗壮的斑竹——必须高过屋顶)立于房后空地,谓之鬼杆。鬼杆上吊有纸人、纸马、经条、天梯布;经条上书写死者姓名、生卒时间、简历以及经文)、报亡(由布摩念开路经,为亡灵顺鬼杆开辟一条升天的路径)、诵摩经(由布摩领诵,多人帮腔,叙述本民族的历史、道德、伦理、忠孝等)、亲悼(由儿子、媳妇、女儿拜亡灵)、孝奠(由各亲戚献祭品,悼念亡灵)、赶鬼场(又叫砍牛做斋。这是砍嘎葬仪中的高潮,也是砍嘎的核心内容。在鬼场砍牛后,牛头祭奠亡灵,一条腿祭奠鬼杆,其余见者有份)、倒鬼杆(布摩诵摩经用牛腿祭奠鬼杆,引导并嘱咐亡灵顺着"天梯"升天享福。并由女婿将鬼杆放倒落地并同时砍下杆尖,以使灵魂再不能顺天梯返回)、收堂(布摩念收堂经,然后拆除灵堂,结束砍嘎)。接下来的出殡、落土等仪式,则是一般丧葬活动的必须程序。

超度仪式

砍嘎一般要办3天,所进行的仪式繁多,程序复杂,动用的人力、物力和财力也较大。但由于布依人对灵魂的崇拜意识,因此,不论家庭环境如何,也要想方设法为已故老人举办砍嘎仪式。即使当时不能付诸实现,过十年二十年后,也要找机会了此心愿,让已故老人的灵魂得到好的归宿,活着的后代尽到孝而心安理得,以后就可得到祖先的庇佑。新中国成立后进行了简化改革,"砍嘎"少有举行。

（五）彝族丧葬礼仪

贵州彝族,到清代以后彻底改火葬习俗为土葬。因土葬非彝族的传统葬俗,因此,在整个丧葬活动中,既有彝族历史上火葬的遗风,也融进了一些其他民族葬俗的成分。但丧礼葬仪较繁杂,大致程序包括落气、报丧、装殓、停棺待葬（由毕摩推算葬期,如时间较长,就要将棺木抬到择定的墓地,用竹篱笆和树枝围墙搭篷,以挡风雨,等吉日来临,才通知亲友举行安葬仪式）、酬祖（即做道场,是安葬前一次隆重的祭祀仪式）、出殡（次日早饭后,由毕摩念出丧经出殡送葬）、下葬等。贵州彝族中,还有为死后老人做大斋以使其灵魂顺利进入同姓同宗家族祠堂之礼仪。大斋,彝族叫赶嘎,是比酬祖（道场）规模更大的一种祭祀活动,其性质和意义类似苗族的砍牛,布依族的砍嘎。由于赶嘎规模大,耗资较多,不是所有的家庭都能为已故的老人了此心愿,就只能等本祠堂里的某一户人家做赶嘎时,搭在一起做。赶嘎嘎场要用大量树枝和竹子围出城墙,有彝族先民遗留的火葬墓（向天坟）在现代丧葬赶嘎仪式中再现的痕迹。赶嘎仪式中,一般出现两度有歌、舞、乐队和拿着纸人、纸马、灯笼等明器围城祭奠和追跑的情节,这与古代彝族"酋长死,则集千人,披甲胄,驰马若战,以锦缎毡衣裹死者尸焚于野,招魂而葬之"的情景极其相似。说明随着时间的推移,虽然对尸体的具体处理方法变了,但在思想意识上和丧葬习俗上的许多意识形态方面的内涵,仍保留着古代游牧民族的遗风。

新中国成立前赶嘎要做7天7夜或3天3夜,后逐渐减化到1天1夜。

（六）水族丧葬礼仪

水族丧葬也分非正常死亡和正常死亡两种情况,而在丧礼、葬仪上有所区别:正常死亡者,丧葬过程分报丧、入殓、停棺、开控、出殡、埋葬等。其中停棺又叫"假葬",类似"停棺待葬",停棺的时间要根据死者的生卒年、月、日、时辰来推算;开控,是停棺后的隆重丧仪,要在丧家堂屋设灵堂,还要请芦笙队、芒筒队,并在屋外的场院或田坝中竖一根4米高和用白鸡毛裹扎的木杆（水族叫"甘董"）,这是开控的标志。开控的实际意义及内容,与其他民族的开路近似。在水族丧礼中,已嫁出去的女性死亡,必须通知舅家即时验尸,证明死因正常方能入殓。这应该说是舅权意识在丧葬活动中的反映。

对于非正常死亡（水族叫"反面死"）者,尸体不能抬回家。若在家中死的需立即抬出屋外,尸体不沐浴、不梳理,只穿一件白色衣服。并尽快用薄板木匣装殓,抬到山坡停棺待葬,再由水书先生（水族中懂占卜的）择吉日施行火化,把骨灰装殓埋葬,但不能埋入集体的公共墓地,也不杀牲祭奠,只由鬼师（法师）在墓前举行驱鬼仪式,把依附于死者灵魂中的"恶鬼"赶走。

水族葬俗中还有一个特殊的习俗——敲棺。死者经开控之后,如遇家族或亲属中有人得病或死亡,经鬼师推算,若认为是死者鬼魂作祟,就要立即挖坟敞棺,将尸体暴于荒野。敞棺后,其亲属再请鬼师推算吉日,才能将尸体重新装殓,易地安葬,而且不再举行葬礼,也不请酒。水族认为,开棺后若家族和亲属得疾病或死亡,是他的灵魂被关进了死者的棺材内引起的,敞棺就是要放出病者或死者的灵魂,使病者得到康复,已死的灵魂有正当的归宿。显然,敞棺习俗具有浓厚的封建迷信色彩。

(七)瑶族丧葬礼仪

贵州的瑶族,历史上都是实行岩洞葬,随着社会的发展和变革,许多瑶族已改传统的岩洞葬习俗为棺木土葬。但生活在荔波县瑶麓乡的青瑶,一直到今天仍保留着岩洞葬的习俗。

青瑶的丧葬也分天殇、非正常死亡和正常死亡3种,其葬法各不相同。10岁以下的儿童死亡,只能土葬,于平地深埋;因天灾人祸致死的,棺枢只能丢在洞外;凡属正常死亡者,一律按家族所划分的岩洞葬入。一些大的岩洞,则被所使用的家族划分成几个区域,再按家族分区域堆放。同一家族则按归葬的时间先后随意放置。

青瑶的丧葬仪式主要装殓(现做棺材装殓死者,若是老人死,要儿子和媳妇将尸体放入棺内)、砍牛(这是青瑶葬仪中最隆重的仪式,死者必须是老年人,而且家庭比较富裕,有足够的经济实力承担砍牛的费用)、送葬(晚上进行。每人手持一束火把由一人带路,必须从无人走过的荆棘丛中穿行,也不许任何人斩棘劈路。到了岩洞附近,送葬的人就地摆开酒、饭祭奠)、祭奠(经过砍牛仪式的,安葬后的第三天和第七天要去洞中祭奠。没有经过砍牛仪式的,只在第三天于家中祭奠一次即可,整个丧葬仪式全部结束,以后也不再祭祀)等过程。青瑶的岩洞葬习俗,与贵州古代的岩洞葬俗可说是一脉相承,如"以杆击臼"、"椎牛"、"敲铜鼓"等。

瑶族古代是以狩猎经济为主的民族,只是到了近代,才逐渐由狩猎转为农耕,但狩猎活动仍是他们酷爱的活动之一。这种经济特征和生活习俗,在青瑶的丧葬活动中也被充分地表现出来。如死者的左腋下放的一根短木棒(抛棒)的目的,是提供死者到了阴间仍可享受打猎的乐趣;丧葬活动中表演的打猎舞,实际就是以舞来表达对祖先狩猎生活的怀念;送葬只能在无人走过的荆棘中穿行,而且不准斩荆劈路,再现了狩猎民族的生活道路。这些习俗,无一不是瑶族文化事象的生动显现。

(八)回族丧葬礼仪

贵州回族对办丧事,提倡快葬薄葬。一般是早亡午葬,午亡次晨葬,特殊的不超过两三天。而且不用棺材,只用白布("克方")裹尸,掩土而葬。从丧家抬尸到

第八章 贵州民族人口死亡与丧葬文化

墓地则用清真寺公用的抬尸木匣(叫"塔卡"),尸下土坑,匣仍归寺。葬礼时,阿訇率众行"转经"或称"转钱"的仪式,即由丧家筹够死者生前欠做礼拜的罚款,不够时由阿訇与参加葬礼的人们之间转手传递多次,当作凑足,为死者赎罪求福。葬三天后,祭坟,请阿訇到坟上念经,丧主以油香分赠亲友,并对出力的亲友宴谢。

粗略巡视一下现代贵州少数民族的丧葬习俗,可以窥见各民族在丧礼、葬仪的过程中,虽各有其自身的民族特点,但也有许多共同的思想方法和行为模式。如对非正常死亡者的葬仪,都不约而同地将其与正常死亡者严格区别开。对死亡,都认为有一个看不见、摸不着,但又永远与生者息息相关、情感相同的灵魂存在,不管这个灵魂是到与祖宗同聚的阴间,还是超度到天堂。这些既反映了整个人类历史上对生与死、灵魂、宗教、信仰上的共同文化意识,也体现了多民族聚居地区的文化特点。

必须指出的是,在贵州各民族的丧葬习俗中,几乎都有一个比较特殊的、更为隆重的葬礼,如布依族的砍嘎、苗族的砍牛、彝族的赶嘎、瑶族的砍牛、仡佬族的做好事等,这些都是大型的丧葬仪式,整个宗教的人都必须来参加,有的还吸引了邻村邻寨的族外人。布依族砍嘎和苗族砍牛,往往可云集成千上万的亲朋远客。这些大型的葬礼,使本来只是对死者的一种超度、追悼活动,产生出了对生者的诸多文化效应,就像许多民族节日一样。其意义内涵有:首先,大型葬礼是一次宗教的联谊活动,提供了青年男女广交朋友的机会;其次,活动的举行是学习和继承传统文化的重要机会。葬礼的程序、内容和具体组织操作,并非为所有的人都会、都懂。由于贵州的少数民族大多没有文字,也不可能从书本上学到,因此,每次葬礼,可以认为是给年青人上的一堂形象生动、内容具体的民族传统文化课,特别是葬礼上的歌、舞内容和技巧,不是其他场所可以学习得到的。

与丧葬密不可分的还有一种相关的文化形态,就是祭祀。所以,古礼当中,既有丧礼,又有葬礼。但今天,祭祀已经越来越多地融入了丧与葬的过程中,成为丧葬的一种辅助形式。不过,在很多地方,丧葬结束后很长一段时间,人们依然通过祭祀来表达对死去亲人的怀念。

由此观之,贵州各民族的丧葬礼仪各有特点,但也有许多共同的思想观念与行为模式,即死者亲属最关心死者灵魂的归宿,许多丧葬仪式的目的都是为让死者灵魂在另一世界"生活"得很好,而这一切都源自生者对死者生前行为的感激,为情之所至,是"事死如事生,事亡如事有"的具体体现,而最根本的目的还是为了生者的福祉,这一价值取向从属于贵州少数民族乃至中国重现世的人文精神,反映了整个人类历史上对生与死、灵魂、宗教、信仰上的共同文化意识。

二、丧葬礼仪的社会文化功能

通过对上述丧葬仪式的解读可知,贵州各少数民族不但追求生命活得滋润有味、充实快乐,而且同样追求死亡的考究。一代代的生命里,充满着对人性、天地、自然的敬畏和关爱,执著追求着天人合一,蕴涵着对家庭、家族美好未来的祈望,也传承着各民族的历史、宗教、民俗和道德伦理,达到了人文与自然的统一,在完美的丧葬中保持它的生命的神性,追求人性生命的本真。随着社会的发展,人民生活的提高,丧葬文化从内容到形式都在相应地发生变化。了解每一个仪程,并从理论上加以分析,将有助于我们更深入全面地理解死亡文化,也给我们认识文明社会打开了一个窗口。因此,有必要在这里结合上述论述从血缘、地缘和伦理的角度简括丧葬礼仪自身所呈现出的社会文化功能。

第一,密切了亲属关系和社区邻里关系。少数民族葬礼是集体性活动,参加人员都是有血缘关系的亲属亲戚,有地缘关系的社区邻里及有业缘关系的友好同事,对死者的共同哀悼与怀念,加强了不同集团的人们之间的感情联系,从而起到沟通家庭、宗族和社会关系的作用,发挥出社会聚合的功能。

第二,协调家族和社区关系。对丧事办理的隆重程度,对善后事务的处理是否顺利,大家是否齐心协力,直接关系到一个民族家族的荣誉和村寨的名声,这其中传统的心理凝聚力不言而喻。且处于这种环境下,人们的关系比平日更为宽松融洽,更容易就有些问题协调一致,如老人遗眷和子女的赡养抚育、财产继承分配、丧葬费用分担等棘手问题,从而更进一步地密切了以家族为核心的社会关系。

第三,宣扬以孝道为中心的传统伦理。孝道是整个民族丧葬过程中最基本的道德准则和伦理观念,谁违犯了它,就会受到舆论的谴责和贬斥。丧礼从某种意义上来讲,实际上是宣扬传统道德的生动课堂,其中有不少歌颂长辈死者的养育之恩、立家创业之功的丧歌、哭丧诉说,以及劝导晚辈该如何持家、勤劳做人的说教。贵州民族地区即将全面进入老年社会的现实要求,在提倡丧事从简的同时,应正确宣扬孝亲敬老的传统美德。但我们强调的应该是生前的孝敬,而不仅仅是死后的孝敬。

第四,起到民族传统文化教育的作用。贵州各民族的丧葬习俗中几乎都有一个较特殊、隆重的葬礼,如布依族的砍嘎、苗族和瑶族的砍牛、彝族的赶嘎、仡佬族的做好事等,不仅整个村寨的人都来参加,有的还会吸引邻村邻寨的族外人。布依族砍嘎和苗族砍牛,往往可云集成千上万的亲朋远客。这些大型的葬礼,本来只是对死者的一种超度与追悼活动,但是能产生诸多的文化效应:能够为广大青年男女提供广交朋友的机会;是学习和继承传统民族文化的重要机会,可以使人们了解到书本上无法详尽的葬礼程序、内容和具体组织操作,使无文字的民族文化得以传播与继承,特别是葬礼上的歌、舞内容和技巧,无疑是给世人上的一堂堂形象具体的民族传统文化课。

第四节 丧葬文化的流变及趋向

丧葬文化从起源、发展到现在有着一个漫长的演变过程。早在旧石器时代中期,当人们的思维能力渐次发达,产生灵魂观念后,便不再像其他动物那样将其尸身随意丢弃、置之不理,而是开始举行各种形式的殓葬。丧葬的最初,由于物质条件的限制和人类思维的单纯,丧葬只是实行一般的土葬或野葬、天葬、树葬等,文化内涵也仅限于灵魂不死观念和简单的物质文化。随着后来人类物质资料的日益丰厚,思维的不断丰富和发展,在丧葬活动中越来越讲究,逐渐出现了棺椁等随葬品,丧葬内容及各种观念性的事象也被纷纷纳入,特别是进入氏族社会,有了辈分、亲情关系后,伦理孝悌观念及礼仪形式逐渐渗入,丧葬活动就不再像过去那样简单,而是不断创制了许多与孝道有关的民俗文化事项。与此同时,审美观念的逐渐形成,又给其民俗事象赋予了一定的物质艺术外壳。私有财产出现后,丧葬形式特别是墓葬就有了很大的改观,各种宗教观念、孝悌观念、审美观念及礼仪制度、物质表现形式综合一体,丧葬活动规模更加庞大,形式更加复杂,内容更加丰富,丧葬文化的所有大综内容借以形成。

此后的几千年,对汉民族来说,随着周朝礼制的建立和后来封建礼制的影响,丧葬中的礼制形式、孝悌观念有了更进一步的充实和强化。而物质生活水平的提高,使丧葬活动越来越庞大繁琐,文化内容更加丰富。对少数民族来说,由于与汉民族的往来、通婚、杂居等,其丧葬活动受到很大影响,丧葬形式和丧葬内容有了一定的改变,取舍、去留的成分随着历史的推进也越来越多,比如土葬的采用,各种礼物的纳入,许多原始东西被淘汰,形式内容也越来越复杂。从历史观的角度讲,在丧葬活动中,物质文化和精神文化内容越来越进步,但科学的意蕴却有越来越落后之象。直到现在,几千年前的各种观念仍然未变,而铺张浪费的态势却是愈益增强。

传统的丧葬主要是土葬,需要占用大量的土地,棺材要消耗大量的木材,耗费巨大,在局部区域还会污染环境。而现代化对丧葬处理的伦理要求越发强烈,即珍惜土地资源取代"入土为安"、绿化环境替代"坟山林立"、文明举丧,丧事从简取代繁冗折磨人的仪式。因此,改变传统的"丧"和"葬"的形态与习俗,成了现今人们思考和讨论的重要课题。事实上,贵州各少数民族也在进行着丧葬改革的实践,以水族的"二次葬"为例:水族对安葬死者的时间必须请水书先生看日子,根据死者的生辰八字和死期选择安埋的黄道吉日,如果推算出没有近期的日子,则需要等到合适的时日才能下葬,等待的时间数月至数年不等,据说最长的有等十几年。在此过程中,死者的灵柩不能入土,只能放在家里或村寨旁停丧待葬,而且只能浅葬,即用长凳或木棍垫在下面,不让棺木接触地面。现在为了卫生和方便,大部地方把这种葬俗作了改革变通,即先将死者下葬,在棺木的下面垫一根竹条表示与土隔离,到了选定的安葬日子再把竹条抽出来以示入土完成整个丧葬过程;或埋葬后,在坟上留出一个小孔,到了时间再用土把这个孔填上就算完事。这种变革,相较以前,既卫生安全,又减少了浪费。

目前,在汉族的城乡盛行的火化是一种政府主导、民众参与的殡葬改革的组成部分。火化由殡仪馆按科学的方式进行,尸体在高温的电炉中焚化。但焚化后,如何处理,则大致由丧主自行决定。可以寄放在公墓中,也可以埋入殡仪馆出售给个人的公共墓地之中,还可以由丧主带走,埋入其他墓地或抛入江河大海。殡葬改革可以树立健康文明的新风尚,在一定程度上改变农村的卫生习惯,也可以在一定程度上改善农村困难群众的生活和生存状态,还可以促进农村经济的发展。就全国的情况来看,城乡各地实行殡葬改革已经进行了10年左右,确实为改变人们以土葬为唯一葬法树立科学的殡葬观念发挥了积极作用,也为殡葬的社会化进程提供了许多有益的经验,但同时还存在着诸多问题,如建坟、火化、出殡和丧葬送礼习俗所带来的支出及办酒席的支出过高过大,殡葬改革后的仪式较之以前并没有减少,反而有所增加。可见,殡葬改革并没有达到预想的目的,即简化繁杂的仪式,从而减少丧户因为仪式过多而承担的支出。

鉴于此,我们认为,必须对丧葬文化进行控制与改革,以合时代的科学的节拍。所谓控制,就是对文化的有理有致的调节,这种控制包括社会控制和自我控制两个方面。社会控制是指政府或民间社会对丧葬文化的引导、限制和改造,自我控制是指介入丧葬活动的人对丧葬形式的掌握和调节,二者是相辅相成的两个方面:社会控制通过自我控制而起作用,自我控制则借助社会控制而发生变化,二者缺一不可。我国的丧葬文化是我国各地各民族人民几千年的文化积淀,已经形成其自身特有的发展规律,因此,在进行社会控制时一定要掌握好方式方法,即应采取适当的控制手段。一般来说,官方控制要依其规律即尊重民间习惯,采取合理有效、循序渐进的原则,不宜操之过急,也不能以强制手段迫使其改变,而应以教化为主、约束为辅的方法,从科学的角度、现代的观念入手,全方位地施以影响。其次,要从地区或民族自身习惯出发,根据其不同特点,分门别类地加以对待。能接受的,要及时给以调节,不能接受的,要避其锋芒,从侧面进行诱导。对良俗,要给予保留,对恶习,要说服教育其改变。此外,社会控制必须做好服务工作,如树立新风典范,建立宣传引导机构,提供移风易俗的环境条件,探索移风易俗的新路子等,为民俗文

第八章 贵州民族人口死亡与丧葬文化

化的改革开渠引道。民间社会的控制,应积极配合官方行动,组织人员做专门工作,大力宣传科学文明思想,培植良好的社会环境,从多侧面、多角度对人们的丧葬观念丧葬形式施以影响。这种控制虽然没有官方控制的层次高,但较官方控制来说更为贴近,更为直接,更容易被接受,因而也就更为有效。当然,自我控制即对本地本族民风的调节与改变,这是一种比较痛苦的实施过程,做起来难度较大,它就需要社会控制的辅佐帮助和一些社会进步分子(党团员或文化人)的自我制约,自我改造,带头示范。作为社会来说,要努力灌输现代科学知识,培养地区或民族的社会新人,教育他们识别良莠,懂得科学与文明,自我调节其丧葬习俗,对于参与丧葬的每个人,应力据现代科学文化,用文明健康的思想武装自己,且从社会大局出发,在一点一事上力争以简易文明的方式进行,做到自我约束、自我管理、自我改造,进而带动他人共同行习,完成风俗改造之伟业。而在其中,贵州少数民族的一些葬俗如洞葬、树葬中实际蕴含的节约耕地、保护环境、节俭省时等科学合理元素和实效是为民族的智慧性创造,可在其中发挥积极的作用。

第九章 贵州民族人口生态文化

人与自然的关系和人与人的关系是相互联系、相互制约、相互依赖的。其间关系协调发展的理论可追溯到马克思在《1844年经济学哲学手稿》和恩格斯在《自然辩证法》中对人与环境关系的阐释。其主要观点为"人类和自然界是一个有机整体,人是自然界的一部分;人类与自然之间存在着相互作用关系;自然界是人类生存和发展的基础。"[1]建立人类与自然界的和谐共处、协调发展的关系,实现人类与自然关系的全面协调发展,是人类生存与发展的必由之路。

贵州省是一个地处我国西南地区的多民族山地省份,境内重峦叠峰,绵延纵横,岩溶地貌发育非常典型,其中喀斯特(出露)面积达109084平方千米,占全省面积的61.9%,属喀斯特生态极度脆弱区。千百年来,贵州少数民族在社会实践中创造了自己特有的人口生态文化。这些文化在民族地区社会经济发展的进程中产生了重大影响。进入21世纪新时期,顾叙民族传统人口生态文化内容,再看生态环境的逆向转化,必然会使人们在重拾传统人口生态文化精华的基础上,坚定可持续发展理念上的人口生态文化建设的决心、信心和斗志,以促进全社会从物的现代化向人与自然同存共荣的现代化转变。

第一节 相关概念及其关系

一、生态、生态文化、人口生态文化

(一)生态

生态是指生物在一定的自然环境下生存和发展的状态,也指生物的生理特性和生活习性。生态是由多种因素构成的,主要包括气候条件,如光、热、降水和大气等因子;土壤条件——土壤的物理与化学特性,如质地、酸碱度、土壤水和营养元素等;生物条件——地面和土壤中的动植物和微生物;地理条件——地理位置、地势高低、

---

[1] 马克思.1884年经济学哲学手稿[M].北京:人民出版社,1985.恩格斯.北京:自然辩论法[M].北京:人民出版社,1984.

地形起伏、地质历史条件等;人为条件——开垦、采伐、引种、栽培等。地理条件与人为条件,常常通过引起气候、土壤、生物条件的变化,对生物发生影响。在理想的状态下,生态各要素所构成的生态系统在一定的动植物群落及其生态系统自然发展过程中,各种对立因素(相互排斥的生物种和非生物条件)通过相互制约、转化、补偿、交换等作用,能达到一个相对稳定的平衡阶段,亦即我们常说的"生态平衡"。反之,因其他因素,特别是人口的不断增加及其需求而产生的对生态系统的强大干预,而这一干预又超过了生态系统的自我调节能力时,人类自身就面临"生态危机",它像高悬在头上的达摩克利斯之剑,威协到整个人类的生存和命运。工业文明以来,特别是20世纪60年代以来出现的诸如资源短缺、能源匮乏、土地荒漠化、环境污染和大量生物物种趋于灭绝等生态与环境问题的加重,都使人类的生存面临着巨大的挑战。

人类生活在自然生态环境中,自然环境是人类共同的家园,保护自然环境就是保护人类共同的家园,只有人人都加以保护,人人与自然和谐相处,这个家园才能够兴旺发达。

(二)生态文化与人口生态文化

(1)生态文化

对于生态文化的概念,不同的学者有不同的定义:余谋昌认为生态文化是以生态价值观为指导的社会意识形态、人类精神和社会制度,如生态哲学、生态经济学、生态文艺学、生态美学等。从广义理解,生态文化是人类新的生存方式,即人与自然和谐发展的生存方式[1]。王明东认为,生态文化是指人类社会所形成的尊重自然、保护环境的物质技术手段、制度措施、生产生活方式、思想观念和价值体系的总和[2]。任永堂认为人类文化可以划分为原始文化、人本文化和生态文化三种类型:生态文化是以人与自然协调发展为核心的[3]。郭家骥认为,生态文化是一个民族对于生活在其中的自然环境的适应性体系,包括民族文化体系中与自然环境发生互动关系的内容,如宇宙观、生产方式、生活方式、宗教信仰、风俗习惯等[4]。冯骥才把生态文化看作是"人类文明的核心内容"。他说:"人类的生存发展,一边依赖于大自然,取之于大自然,一边敬畏、尊重、欣赏和珍爱大自然,并与之和谐相处。"[5]综合上述观点,笔者认为,生态文化是人们对于置身其中并赖以生存的生态环境以及人与自然相互关系的总体认识和基本观念,包括对有关宇宙、自然生态的

---

[1] 余谋昌.生态文化论[M].石家庄:河北教育出版社,2001.
[2] 王明东.独龙族的生态文化与可持续发展[J].云南民族学院学报,2001(3).
[3] 任永堂.生态文化.现代文化的最佳模式[J].求是刊,1995,(2).
[4] 郭家骥.生态文化与可持续发展[M].北京:中国书籍出版社.2004:8.
[5] 冯骥才.生态文化是人类文明的核心内容[EB/OL].2008.11.25. http://www.cflac.org.cn.

看法和知识以及对自然资源的基本态度。其实质就是一个民族在适应、利用和改造环境及其被环境改造的过程中,在文化与自然互动关系的发展过程中所积累和形成的知识与经验。这些知识与经验蕴涵和表现在这个民族的宇宙观、生产方式、生活方式、社会组织、宗教信仰和风俗习惯等等之中,体现出人类尊重自然、保护自然、与自然和谐相处的内在联系,是人与自然协同发展的文化。

(2) 人口生态文化

结合生态文化的内涵,不难看出,人口生态文化是关于人口与自然关系的文化,两者关系通过人口的数量、质量、结构等要素及人口的出生、死亡、迁移等人口过程与一定的生态环境相互作用建立起来。人口生态文化是人们对人口要素和人口过程与其自身并赖以生存的生态环境关系的总体认识和基本观点,包括社会观念、社会制度和物质形态三个层次。在一定的物质生产条件下,经过长期的社会实践,人们通过能动地调整自身与生态环境的相互关系,逐渐形成和积累了一定的理性认识、价值判断和相应的社会制度、习俗等,从而形成了特定的人口生态文化。人口生态文化与有关人与人关系的社会文化或人文文化相对应,不是探讨和解决人与人之间的关系问题,而是要探讨和解决人口与自然之间的复杂关系。那么,是否有人口及其活动就一定会有生态问题呢?笔者认为,对这个问题不能简单地一概而论。其一,从广泛的和绝对的意义上来说,只要有人口及其活动存在,就必然产生生态和环境问题;其二,从严格的科学意义上来说,只要有人口及其活动存在,又主要是指由于人口生存、发展所需而开展的各项活动危及到自然生态的自我平衡能力,影响到人类自身的生存条件时的自然生态环境的恶化状况。从这个意义上说,只要不因人口数量、质量、结构、分布,尤其是人口数量的增加不对自然生态的自我平衡能力和人类自身的生存发展条件产生显著的、严重的破坏影响或威胁,那么就不能说是产生了生态问题和环境问题。也即是说,生态和环境问题是可以避免的,或者说是可以加以控制的。问题的关键在于我们能否对人口发展与自然环境的关系具有深刻的、科学的认识,并为此而采取正确的切实有效的行动。从这个角度上说,所谓人

古树——自然精灵

口生态文化问题实质上就是人口生态观的问题。

二、人口与生态环境的关系

生态环境和人口密不可分。人口依赖于生态环境而生存,人口的生存、繁衍和发展,对环境起反作用;被人口作用了的生态环境,又会影响人口的再生产。

首先,人口和生态环境是一种相互依存、相互制约的关系。生态环境为人口生存提供必不可少的物质资源,而物质资源的每一个变化,都直接作用于人口本身,影响人口身体内各部器官的代谢,以及人口的寿命、生产、发育、遗传、营养、呼吸乃至记忆力和思维能力的变化。研究表明,人的体型、身高、肤色、器官等都受生态环境的制约,甚至人的社会属性,如道德思想、科学文化素质,也与自然环境有关。

当然,人口作为自然的产物,自身就是大自然的一部分。然而,从大自然走出来的人及其所建构的人类社会,有着与大自然不同的一系列活动,其中之一就是逐渐变成了大自然的统治者,对生态环境产生着反作用,而改变着自然环境。

山水人家

由于人类从生态环境中获取的物质资料种类、数量和范围,取决于人口的数量、生活条件和技术条件,即人类社会发展状况,因此,不同时期人类与生态环境的关系密切程度有一个随经济和生产的发展而不同演变的过程。在人与自然关系的变化过程中,人类的文明也在不断地进步。

纵观人与生态环境关系发展的历史和未来,可以根据人类生产实践的不同水准,划分为四个阶段;即原始时代——生态环境创造了人类;农业时代——人类基本与自然和谐共处;工业时代——人类对自然的征服及自然对人类的报复(大气污染、森林资源减少和覆盖率降低、荒漠化和石漠化在扩展、水资源危机、环境恶化趋势严重、重大公害事件增加等);生态文明时代——人与自然和谐共处。据此,在一定程度上可以这样说:人类是生态系统中的后来者,人类是生态系统的索取者,人类是生态系统的破坏者,人类是生态系统的建设者。

其次,人口和生态环境是一种统一的关系。人口与生态环境的相互作用,构成人类社会,人口与生态环境既相互影响、对立存在,又互为条件共同发展。在某种意义上说,人口与生态环境是主体与客体的关系,主体从客体中得到物质和能量,客体又受到主体的反作用,二者相辅相成。

其一,人口和环境共处于世界的统一体中。世界的统一性在于它的物质性,人口和生态环境都是物质的不同运动形式。人口所特有的思维,也不过是物质的反映和属性而已。人口存在于地球上,地球及其所在物质资源构成了人口的生存与发展环境。作为社会的统一体,既包括人口,也包括人口之外的环境,以及人口与生态环境相互关系和作用而产生的文化,亦即人口生态文化。人口与环境相互依存,相互作用,才使世界上有了人类本身和人类社会。

其二,人口与生态环境在运动和发展过程中,都应统一恪守生态伦理和环境道德观念。生态伦理观认为,生态环境也要维持其自身的生存和发展,有其自身的作用和权利,并对人口和社会产生影响,人口与社会的一切活动都应充分考虑到生态环境的伦理权利。人类作为自然界的一个重要组成部分,既是主人,也是成员。自然界的任何生态系统均处在一种平衡状态,即处在和谐状态,所有毁坏自然界的行为都将导致其平衡的失调,正确的做法应是根据它们具有的生存情况和平衡状态,来行使我们改造自然、利用自然的权利。人口、社会、生存环境是相互联系、相互制约、相互作用的有机统一体。生态伦理观不仅明确强调了自然界的基本权利,而且紧密地与人类联系起来,其伦理的实质正是寻求各方面利益的交叉和平衡,而自然界的伦理权利更多地带有被动性质,缺乏主动的特征。因此,对自然界的伦理观念,要求人类更多地带有自觉的性质和长远的观点,按照生态伦理观的要求,给生态环境以充分的自由权利,并使这种权利得到保障,生态环境就能发挥它的最大功能,给人类的回报也将是丰厚的。因为生态环境对于人类的种种行为具有"知恩图报"和"有仇必报"的特性,这也是一条客观规律。然而当今时代,如果人们只顾眼前利益,与其背道而驰,便会造成生态环境的严重污染和破坏。正反经验告诉我们,在生产和生活中要讲生态文明,要有生态伦理观念,自觉地创造一种人与自然和谐发展的动态平衡状态。

第二节 贵州民族人口生态文化的演进

贵州是一个具有多种生态环境的区域,也是民族文化类型丰富多样的地区。在协调人与自然关系的长期实践中,各民族形成了一系列独特的人口生态文化,并积累了古老的生态智慧和丰富的环境知识。贵州人口生态文化,是各族先民在与特定的自然生态环境长期共存与互动过程中逐渐形成的。在对自然的最初认识中,各族远古先人依靠其丰富的想象力,创造出各式各样的创世史诗和起源神话。在全省诸民族中,至今仍保存并流传着相当完整的、形式多样的关于宇宙形成和人类起源的神话。这些创世史诗和起源神话之丰富发达,在世界民族民间文化史上也是首屈一指的。如彝族的《查姆》、苗族的《因叭造天地》、瑶族的《盘古造天地》、壮族的《古老和盘古》、水族的《开天立地》、仡佬族的《天与地》、土家族的《张古老做天李古老做地》……这些创世史诗和起源神话虽各具鲜明特色,但其中都蕴含着有关协调人与自然关系的古老生态智慧和环境意识,是各民族人口生态文化和环境文化萌生的基本标志。

在人类认识史上,人们最早是对外部自然界发生兴趣的。随着实践范围的扩大,人们逐渐把眼光投向自身,开始探索自身的起源问题。在人类童年时期,先民们对自身来历有着种种"奇思妙想",大致可分为两类:一类认为人是由自然物变成的,另一类则认为人是由神创造的。贵州许多民族的人类起源说属于前一类。如苗族先民在古歌里说"人生于枫木":"最初最初的时候,最古最古的时候,什么地方生出人?""枫香树干上生人。"可见,贵州各族先民的生态观念和生命意识最初发源于他们的创世史诗和起源神话,是在原始神话和自然宗教氛围中萌生的。

人类祖先原本是大自然中的一员,在进入文明社会的很长一段历史时期,人类仍然保持着与自然的

古树崇拜

和谐平衡。随着社会发展,人类活动开始对自然环境产生影响和破坏,以致受到了自然的惩罚。对于大自然带来的灾难,苗族古歌作了生动的描述:地震和滑坡引起的山崩地裂现象,使"天上一天垮六次,地下一夜垮六回",惊得"鸡飞狗跳";气候变化导致严重的旱灾,太阳"晒得地下像火烧,晒得树子变成炭,晒得石头像油膏,晒得泥巴变成水,晒得河水像开水"。由于贵州各少数民族先民没有条件对大自然进行深入的了解,因此,他们虽已模糊认识到自然进程是不以人的意志为转移的,面对自然灾难,人们只能趋利避害,积极应对,但生态环境对他们来说还是一个变幻莫测的整体,他们对自然规律尚无正确的认识。他们的朴素的生态观,只能大致描绘自然和生态的一些表面现象,而不能科学地说明自然的进程、生态的变迁及其对人类生存与发展的影响。

在当代,生态危机成为全球性的问题,这是西方工业文明带来的负面结果。现代大城市已完全是人造生态系统,远离自然,远离绿色。而地处高原地区的贵州,尤其是少数民族地区在当今中国大地上还能寻找贴近大自然的绿色净土。由于历史、生计方式和文化等诸多因素而保留下来的绿色净土,是民族的遗产、国家的遗

产,也是人类的遗产。面临工业文明的挑战,保护绿色净土是一项艰巨的历史使命,这道难题单凭民族生态学是难以承担的,是一项需要多学科能力合作的巨大系统工程。

然而,生态人类学或生态民族学可以在化解这道难题上作出自己的努力。民族生态学揭示,民族传统和现代科学对生态学运动规律的理解有相同之处。随着时间的流逝,通过若干代人的经验和教训所积累的环境知识,会借助语言和文化而世代相传。已经进入现代化的"现代人"应该向还生活在绿色净土中的"自然人"学习,学会如何与自然和谐相处,懂得保护地球家园对人类生存意义的基本道理。印第安人有一句古老的谚语:"只有当最后一棵树被砍倒,最后一条河流被污染,最后一条鱼被捉走的时候,我们才能意识到金钱是不能吃的。"印第安人酋长西雅图在一百多年前曾说过:"如果野兽都死了,人类也将因灵魂孤独而死去。"贵州传统文化中,也蕴藏着人类生态意识和环境知识的富矿,积淀着厚重的生态人类学、民族学、民族哲学和独特的生态智慧,值得人们认真发掘、提炼和吸收。

第三节　贵州民族人口生态文化内涵

贵州省由于地形地貌复杂,气候、植物、动物以及族群、语言、宗教等因之呈现出多样的特征。贵州各民族传统生态文化是从其宗教信仰、民间习俗、生活方式、社会制度、民族关系等方面体现出来的,具有独特的地域特色和民族特色,是各民族文明的重要内容,对协调各民族的相互关系、人与自然的关系,以及保护当地生态环境发挥了积极作用。

一、观念层面的人口生态文化

(一)生态观

(1)宇宙发展最根本的规律是对立统一规律。在《宇宙人文论》等彝族典籍中,像乾坤、哎哺、阴阳、父母、天地、男女、清浊、形影、明晦、昼夜、雷风、水火、大小、上下等都是对立的统一,一方不存在,另一方也不存在。"阴阳两结合,广阔的苍穹,美车连连转。"阴阳互相结合,构成宇宙万物。同时在《宇宙人文论》中,还以"五生十成图"和"十生五成图"以及"八卦方位图"说明宇宙都是由八卦类要素组成的。这也是宇宙系统的整体观。水族的《水书》也认为,宇宙万物有正反、阴阳、福祸、寿夭等相辅相成的两个方面,两个方面在一定的条件下可以相互转化。

(2)万物皆有灵。由于生产力水平低下,古代人还不能对自然万物做出科学解释,于是,对其给予人格化、神秘化,选出许多自然神灵予以崇拜。布依族古歌中

第九章 贵州民族人口生态文化

的"十二个太阳"、"十二个月亮",水族古歌中的人、龙、雷、虎争天下都把自然界的日月风雷视为有灵之物。苗族人民不仅赋予了太阳而且赋予其他自然诸如月亮、星星、山石、花草、树了植物、动物等人一样的灵性。苗族的"万物有灵"还体现在认为周围自然界、动物、植物的关系是一种社会化的个体之间人与人的社会关系,人与自然可以结成良好的社会关系甚至亲密的血缘关系。《苗族史诗》中说,人类的始祖姜央就与自然物雷公、牛、龙、蜈蚣等都是亲兄弟,是蝴蝶妈妈所产的十二个蛋所生。当今苗族社区岜沙,人们热爱自然,亲近树林,崇敬树神,认为每一棵大树都是一个灵魂,是祖先的化身,依然故我地维护着祖先千百年来珍爱、保护森林,维护生态的传统,使社区人口与生态一直处在良性循环中。

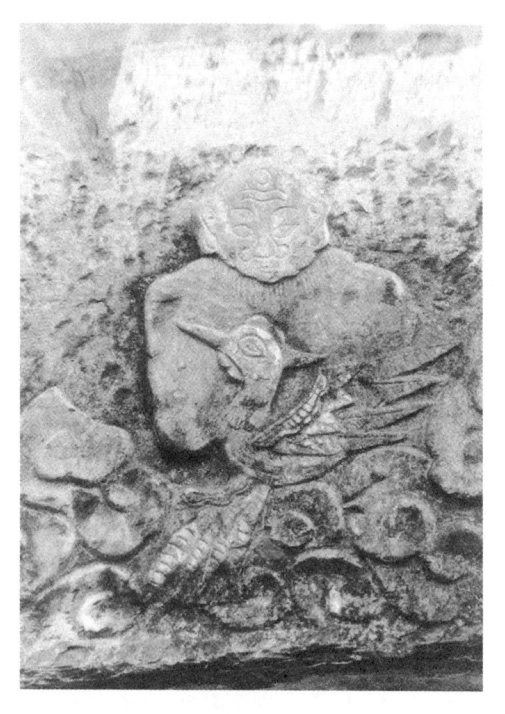

石阡仡佬族人鸟合一石刻

(3)人神兽共祖意识。苗族等民族把本民族原始史诗称为"古歌"。苗族古歌《枫未歌·十二个蛋》中,苗族先民提出了人、神、兽共祖但人高于神、兽的说法。认为龙、蛇、虎、牛、象等以及天上的雷公神和地上的人,都是"同一个早上生",是同一个母亲下的蛋。侗族古歌《人类的起源》也认为,最初的人和动物是兄弟,他们在一起生活,后来人靠自己的智慧,从动物中区分出来。因此,在他们的的价值观中,认为人类是自然界的一部分,人只有保护自然、合理利用自然的义务,没有破坏自然的权利,从来没有征服自然的奢望。

(二)生态伦理

贵州各民族在长期的生产生活中领悟到自然给人以生存,自然给人以发展的真谛,发自内心热爱自然,尊重自然、感恩自然。在众多对自然的伦理关系中,充分表达了对自然的情感和保护自然的责任,主要体现为:

(1)天佑观。即天神佑人类。萨是侗族的保护神。侗族人普遍认为,萨能够使人们逢凶化吉,战时,保佑自己战胜敌人,平时,保佑村寨庆吉平安,牛强马壮,人丁兴旺。《萨之歌》说:"今日吉时引萨进村寨,引着萨老进寨鬼魔进河潭;鬼魔滚进河潭我们引着萨老进村寨,咱们引着萨老进到地方,家家甩掉灾难,让灾难同鬼一样进河潭,潭水旋涡搅着鬼魔随浪顺流而下,本土无根,举目不见,砍去祸根,断了坏根,地方得福,村寨受益,众人得个欢乐,免得招来烦恼。得个满肚甜蜜,年过年往、月来月去,过着这样的日子,心没有什么想,有话也没有什么说的,那才是真正好的心安。""山上岭上得到萨子保佑,田里塘里得到萨子照顾。如今请萨来保佑,保佑牛马与咱同耕种,保佑牛、牛让使,保佑马、马让骑。白天自己出圈去吃草、晚上自己进圈把家回。马长得大,牛养得肥。"萨是侗族的保寨安民之神。

(2)理想观。在人们的理想中,不仅有人间幸福,还有富饶美丽的生态环境。黔东南自古就有"林海"的美称,"周数万公里,皆森林大箐,林木葱茏,其木多松杉。"清水江流域,"自清江以下玉茅坪二万公里,两岩翼云,承日无隙,土无漏阴。""迂回万余里,直上下千级。松气表兹,烟凝雾结。"苗族的迁徙史歌中这样唱到:"……骑马撵猪下山来,飘云飘雾进山去,大家朝五龙抢宝的地方来,众人朝凤凰起舞的地方下山去。神仙赐来泉水潺潺,望不断的绿树荫翳,伸手可以摘月,张嘴可以咬星,……"这种把优美的生态环境作为民族生活理想之所的重要内容,是贵州各民族追求优美生态环境的思想境界,对现代人也是有启迪的。可以看出,贵州自然神灵佑护人类的天佑观和对环境的理想观,基本上囊括了贵州对自然的道德情感。并且贵州个民族从自然赐给人类财富的认识出发,很早就感知到自己保护自然的责任,并将这种生态伦理化为实践的价值标准,代代相传。

二、制度层面的人口生态文化

(一)生态法治

贵州少数民族具有法治传统,在传统习惯法和乡规民约、碑刻中,如苗族的榔规、侗族的侗款等,除了维护社会秩序,调解人与人关系外,有相当多的条款是保护森林、保护水源,保护野生动物的。这部分可称为朴素的、本土的生态保护法。

(1)保护森林。侗款《款条》第13款说:"向来山林森林,各有可得,山冲大梁为界。……莫贪心不足,过界砍树。"清嘉庆二十五年立于黔东南锦屏县九南乡的碑文规定:"一禁大木如盗伐者,罚银三两,招谢在外;一禁周围水口树林一载之后不准砍伐枝丫。如有犯者,罚银五钱。"道光七年,黎平南泉山立的《永远禁石碑》载:"兹有不法山僧,暗约谋买之辈,私行擅伐。合郡绅士,因而禀命干预,除分别惩治外,理合出示晓谕,再行勒石,以垂久远。自后山中凡一草一木,不得妄砍。"贵州榕江高兴地区的"百世流芳"碑载:"一议:不许偷砍柴山,放火烧山,如有不遵,罚钱一千二百文;乱割叶子,罚钱六百文"。《贵州彝志》卷八"祖宗明训"一章里,以习惯法的形式定下规矩:"树木枯了匠人来培植,树很茂盛不用刀伤害。祖宗有明训,祖宗定大法,笔之于书,传诸子孙古如此,而今也如此。"苗族的"议榔"和"理词"也规定:"鼓山林"须到鼓社节按规定砍伐,公共山林和牧地也要根据公约保护和使用;"封山才有树,封河才有鱼。封山育林,不准烧山。哪个乱砍山林,我们要罚他十二两银子;他若不服,要加倍罚到二十四两至三十六两。"

(2)保护水资源。贵州历来水资源缺乏,人们因此倍加珍惜。因为河、湖、泉、塘不仅滋润着动植物,还是人畜饮水唯一来源。侗款中的五层五部讲到塘水和田水,内容是:咱们要遵照祖宗的公约办理。水共一条沟,田共一眼井。上边是上边,下边只能让上边有水下边干,不能让下边有水上边干。如若哪家孩子,偷水截流、破塘埂、毁沟堤,私自开沟过山坳,他私自引水过山梁,害得上边吵、下边闹,这个人拿来手臂粗的木棒,那个人拿起碗大的石头。咱们要让水往低处流,咱们要理往尺上量(喻按规矩办事)。要让他的父亲出来修平田埂,要让他的母亲出来赔礼道歉。严禁偷水截流,破坏水利实施。如有私自引水翻坡,牵水翻坳,在上面的阻下,在下的阻外,要他父赔工,要他母出钱①。

(3)保护土地资源。贵州少数聚居地区多是边远的山区,是典型的喀斯特地形,山高坡陡,土层贫薄,土地对他们来说尤为珍贵。榕江高兴地区碑文中说:"一议众山不许新来人乱挖新土,凡有捍挖,不拘茶子、树木、杂粮平分,不遵革除。"又道:"一议革昆、歇气坳二处山坡、本放牛之地,凡近田边,不许强挖寸土。"著名都匀外套地区的《水族乡禁碑》中又云:"一议我等地方不准毁田伐地,如有敷重、伤者,传齐人众相帮,出钱上致,无许私致和实磕之人,如私和者罚银二两四钱八分。"

贵州少数民族生态保护习惯法,内容丰富,条款具体,便于操作。而且奖罚分明,惩处严厉,量刑适当,违法必究。同时,由于社会执法严格,保护生态环境就成为全民共同遵守的社会良风。如"在几年前,务川县泥高乡竹园村一陈姓村民擅自在本村风水林砍伐了两棵古树,被本村村民按寨规责令他宰杀鸡、羊、猪三牲,请本族补袱(道士)做了三天道场,以此告慰神灵。"②

水族渔图腾崇拜

(二)生态习俗

贵州的苗族、侗族自古以来就爱护树木,珍惜森林,酷爱造林,有把爱林护生视同命根的习俗。每年春季,各地苗族、侗族村民踊跃过"买树秧节",乡场集市上,

---

① 傅安辉.侗族口传经典[M].北京:民族出版社,2012.
② 贵州省社科规划课题.贵州省仡佬族习惯法的现状及其现实意义研究[G].2011验收本.

总是摆着大捆大捆健壮的杉秧果苗。中老年人买苗为子孙造林,未婚青年男女则互换树苗作为恋爱信物。婚后若有人家生孩子,不论是男是女,长辈亲人都要为其种上100株小杉树,18年后孩子长大,杉树成材,即以成年杉树为其操办婚事。当地称此习俗为"种十八年杉"。黔东南清水江流域流传着的一首民谣唱道:"十八杉,十八杉,妹崽生下就栽它,姑娘长到18岁,跟随姑娘到婆家。"苗族、侗族居住的山区,杉林遍野,与此风俗关系极大。生活在黔东南锦屏县清水江一带深山老林里的苗族、侗族同胞,靠山吃山,他们一方面以自然的山林为生;另一方面又为维持、改善自己的生存条件栽培经营着林木,并由此形成一系列的林木买卖租佃关系,自然而然地防止着破坏性的采伐,使生态环境形成了良性循环。他们保存着的大批自清代以来的珍贵林业契约,对研究清代以至民国期间苗族和侗族人民的特殊经济生活状况,及我国生态林业发展史都有着重要意义。

仡佬族敬雀节法事

招龙是黔东南州的台江、雷山、榕江、从江、剑河和凯里等特有的苗族宗教习俗。招龙活动的规模有大小。由家庭举行的小规模招龙活动,没有固定的时间,大规模的招龙活动以自然村寨为单位进行,由寨老选定吉日(寨老也就是仪式活动的主持人)。在招龙活动中人们要植树,并且要"敬树"。尽管从表面上看,招龙仪式是以龙神为关注的焦点,但在很大程度上,树木才是人们关注的对象。有人解释说,龙神来保护树木,然后再由树木保护村寨,所以招龙仪式既具有保护树木的目的,又具有保护生态环境与自然资源的象征和意义。

仡佬"敬雀节"流行于石阡的仡佬族山寨。该节又叫"敬鹰节",源于久远的神鹰对族群的保护与纳福的传说。敬雀节活动的时间,是每年的农历二月初一,大凡仡佬家庭都有在家过此节的习惯。敬雀节以十二生肖为准,每十二年(鸡年)为一大祭,大祭以村寨或同姓家族为单位举行,请上佛家、道家班子或戏班来祭祀娱神。其余年岁为小祭,小祭由各家各户举行。资料显示,早在唐代,仡佬先民就会在每年的古历二月初一对神鹰和祖先举行祭祀活动,以求神鹰和祖先的保佑,并表达对神鹰和祖先的纪念和崇拜。此活动世代相传,形式和内容上均有所创新发展。仡佬族人把对神鹰的敬仰和崇拜演绎为对雀鸟等生灵的保护,以求风调雨顺、丰收吉祥,进而促进了人与自然的和谐发展。

(三)生态禁忌

禁忌是"关于社会行为、信仰活动的某种限制观念和做法的总称"。作为人们的一种消极防范性的信仰行为和手段,禁忌是用来约束限制、规范自己的社会行为和信仰行为的一种方法。保护生态环境就是其中一大内容。

远古时代生产力水平低下,人类对自然处于一种依附或顺从的心理。由于那时人类完全依赖大自然的恩赐而生存,以采集、渔猎为生,因而认为大自然是神圣不可侵犯的,山山水水、花草树木都是有神灵的。贵州许多少数民族都有自己的"神林文化",即在村寨后方或附近有一片被赋予神秘色彩或崇拜对象的树林,这就是神林。这种神林在彝族、苗族、侗族、水族、瑶族等民族文化中都占有重要位置。凡有神林文化的少数民族对神林都十分崇敬,一系列民族节日、祭祀活动和禁忌习俗都与神林有关。在不同民族的文化中,神林有不同的含义,主要有三种:一是安葬祖先的护寨神,二是掌管风调雨顺的神灵或神龙居所或化身,三是自然崇拜的护寨神。在少数民族的文化观念中,神林是圣洁的,人不能在里面打猎和行走,更不允许在其中放养牲畜。人类祖先最早就生活在茂密的森林里,这就很自然地在其心中唤起对森林和树木的崇拜。传说神林是神的"家园",是神圣不可侵犯的,保护神林就可以消灾除难、健康长寿和幸福平安。众多神林的存在,对于保护森林、保护物种、涵养水源、调节气候和美化环境都起着十分积极的作用。这种世代相传的民族文化,不仅使中国大批珍贵的古树得以保存下来,而且也提高了人们爱护自然资源、保护生态环境的意识。

在侗族禁忌中规定"藏木鼓的山上一草一木,都不得攀摘或砍伐。""寨中敬奉的古树和风景树,要以神相待,不准亵渎或砍伐。"彝族禁忌道:"树上有鸟巢者不砍;雷击之木不砍;坟场之树不砍;独木不砍;泥石流中的树木不砍;路遇猴等动物只能驱赶,不能射杀;禁止在放置祖灵的箐洞附近鸣枪行猎,或砍树烧山;禁止上焚场或墓地打猪草,放牧;忌平整地基时,挖出蛇、鼠、青蛙等动物,更忌将其打死。"侗族地区的不少农村禁止小孩在果树上边摘边吃,认为小孩在树上边摘边吃,来年树就不会开花,即使开花结果,也一定收成不好。因为果树神昭示在树上吃果,很易使小孩麻痹而掉到树下,或因洁净与否而导致肠胃疾病的产生。

贵州各民族在长期的生产生活实践中形成的绿色人口生态文化,是保护自然的文化,热爱自然的文化,合理利用自然的文化。在工业化和文化多样性的今天,也是稀缺文化资源,应纳入保护、弘扬之列。

三、物质层面的人口生态文化

如果说,观念层面和制度层面的文化是人口生态文化的精神层面的话,那么,通过人们丰富多样的生产方式和生活方式所体现出来的人口生态文化则是人口生态文化的物质层面。根据我国人口生态文化的物质表现形式,笔者认为,传统的中国人口生态文化大体包含着这样几种类型,即采猎型人口生态文化、农耕型人口生态文化和畜牧型人口生态文化,而在贵州主要是农耕型人口生态文化。

在各种农耕型人口生态文化形态中,刀耕火种农业对自然生态环境的影响最大,由此,刀耕火种农业也被人们认为是一种粗放的破坏自然生态环境的落后生产方式。事实是否完全如此？尹绍亭先生指出,刀耕火种是一种"森林孕育的农耕文化"。刀耕火种农业的良性发展是以森林生态系统平衡和良性循环为前提的,也即是说,只要能够保持刀耕火种地区森林系统的动态平衡,刀耕火种生产方式就不会对自然生态系统造成影响和破坏,否则的话,刀耕火种农业生态系统就会由于森林系统的失衡而崩溃。为此,就必须维持森林系统与农业生产系统之间的动态平衡,在两者之间保持一种平衡机制。在贵州偏远地区的少数民族地区,这种机制在长期的生产实践中发辉着作用,也就是砍伐烧荒被严格限制在一定的范围内,不能任意扩大,对于关系到生态系统良性运行的山箐水源林、山梁隔火林、村寨防风防火林、寨神林、坟林等则进行严格的保护,严禁砍伐。正如尹绍亭先生总结的:"刀耕火种民族一般对村寨的林地实行规划耕种,根据规划顺序逐块砍烧林地,对于抛荒休闲的林地则认真加以保护,尽量避免发生火灾。"①正因为如此,刀耕火种的生产方式并没有使当地自然生态系统崩溃,而是与之保持着一种相生相克的动态平衡关系。

贵州是一个典型的山地传统农耕文化区,在千百年的农业生产实践中,各民族都创造和总结了旨在与生态环境、人口发展相协调的制度性的人口生态文化,并一直为各民族遵循和坚守。兹以侗族为例略加说明：

侗族是一个传统的农业民族,在侗族社会中,有着传承悠久、内容丰富的人口生态文化,对之,著名学者杨庭硕先生曾有一个较为完整的归纳:即一方面是生产生活尽可能与自然生态环境、人口编订保持一致；另一方面是因地制宜地均衡利用自然生态系统所生产出的各种生物产品；再一方面就是对自然资源的领有和使用尽可能保持相对完整,并以合款协议的方式,将这种占有和使用长期保持下去②。在侗族人民的观念中,以山、水、田各有其份为最佳,为了补救村寨自然背景的不足,不少村寨都根据需要建有鼓楼、风雨桥和凉亭等人工建筑,并合理配置林、田、房舍、水域、草地。对河流湍急的村寨,则采取人工分流改道,依据地势构建河、塘、

---

① 尹绍亭.一个充满争议的文化生态体系——云南刀耕火种研究[M].昆明:云南人民出版社,1991:158.
② 杨庭硕.侗族生态智慧与技能漫谈[J].大自然,2004(1):41.

田、寨交错分布的格局,如贵州省黎平县永从乡的九龙、三龙等村寨就是如此,以求得人居环境的理想化。侗族地区水稻种植中的渔鸭结合、人工林中的粮食间作以及林业培育中不低于15%的阔叶林种植所体现出的生态智慧,使侗族地区粮足林茂、稻牧并举、山清水秀,牧歌式的生态田园生活远近闻名。据资料,侗族地区的森林覆盖率达到50%以上,人们恬淡乐观,在劳作与歌舞的气氛中享受着人与自然和谐的情趣,领略着秀美的山水和悠远而来的故事传说,在有序有制的生活环境中创造着文化,享受着智慧的果实。侗乡独特的自然与社会环境,成就了侗乡比例较高的高龄、长寿老人群体,以及具有地域民族特色的养老敬老与长寿文化。

清水江林业契约文书

在2010年贵州首次评出的"七大长寿之乡"中就有从江、玉屏、石阡等侗族人口集中的县榜上有名;2012年6月,石阡县再获"中国长寿之乡"称号。① 这不得不说是与侗族传统人口生态文化中所体现出的生存智慧密切相关。

值得一说的是,侗族是我国南方最大的人工林经营者。侗族地区历史上森林资源丰富,林区储材量大,自清初起就大量利用清水江、亮江、锦江、龙底江等河流疏运木材到湖广,形成远近闻名的木材经济和木商文化。为了使木材贸易、生产得以延续不断,侗族人民自觉地在款约、契约的规范下,有规律地开始人工造林,并总结出结合土壤气候条件特征下的系列人工育林的经验和方法,培育出的"八年杉"、"女儿杉"誉享海外。而在这一个过程中形成了大约30万份关于山林植造、木材买卖、纠纷调解等内容的林业"契约文书"①。大量保存至今的"契约文书"被公认为是我国继故宫博物院的清代文献和安徽"徽州文书"之后的我国第三大珍贵历史文献,有"全世界农民混农林活动活态记忆库"、"世界性生态保护典范"之誉。

---

① 陈玉祥.石阡县被授予"中国长寿之乡"称号[N].贵州日报,2012-06-22.

第四节　贵州民族人口生态文化价值

著名历史学家汤因比曾指出,衰落的特别是那些消亡的人类文明,都直接或间接地与人和自然关系的不协调有关,由于人口膨胀、盲目开垦、过度砍伐森林等造成的对资源的破坏性使用是其中的主要原因。20世纪60年代以来,人类开始寻求新的发展模式。在我国,宏观层面的指导思想也不断发展完善。

我国开始实施西部大开发以来,党和政府明确提出要把生态环境的保护和建设作为一个主要目标和任务来对待,要通过几代人的努力,创造一个山川秀美的西部地区。为此,国家提出了"退耕还林(还草)、封山绿化、以粮代赈、个体承包"的基本政策措施。对不适宜进行粮食生产的陡坡耕地有计划、有步骤地进行退耕还林还草,实行封山绿化、退耕还林还草等生态保护和建设措施。传统物质生产方式必须由粗放型向集约型转变,以最小的资源损耗获取最大的物质产出。

党的十六届三中全会正式提出了科学发展观的重要思想,概括表述为"坚持以人为本,树立全面、协调、可持续的发展观,促进经济社会和人的全面发展",它是科学的、系统的、全面的发展观,是适合中国国情和顺应时代潮流的发展观。科学发展观是通过人与自然之间和人与人之间关系的总协调来促进经济社会的发展的。科学发展观与人口生态文化二者在本质上是一致的,科学发展观为人口生态文化构建提供了理论指导。

党的"十七大"、"十八大"都把"生态文明"作为全面建设小康社会目标的新要求,彰显出中国共产党推进科学发展观、构建社会主义和谐社会的执政新思维。生态文明,是人类遵循人与自然和谐发展规律,推进社会、经济和文化发展所取得的物质与精神成果的总和;是以人与自然、人与人和谐共生、全面发展、持续繁荣为基本宗旨的文化伦理形态。它是对人与自然关系历史的总结和升华,内涵包括三个方面:一是人与自然和谐的文化价值观。树立符合自然生态法则的文化价值需求,把对自然的爱护提升为一种不同于人类中心主义的宇宙情怀和内在精神信念;二是生态系统可持续前提下的生产观。人类的生产劳动要节约和综合利用自然资源,形成生态化的产业体系,物质产品的生产对资源和能源的消耗最少,对环境影响最小,再生循环利用率最高;三是满足自身需要又不损害自然的消费观。人们的追求不再是对物质财富的过度享受,而是一种既满足自身需要又不损害自然,既满足当代人的需要又不损害后代人需要的生活。

在国家宏观政策的指导下,贵州省结合自身实际,提出了"生态立省"的战略,即以可持续发展为核心,以人与自然和谐发展为主线,以提高人民生活质量为根本出发点,以发展经济、保护环境、培育人口生态文化为主要内容,以科技创新、体制创新和管理创新为动力,全面促进经济社会与人口、资源和环境的协调发展。在此背景下,总结和重新认识贵州民族人口生态文化价值,无疑对于贵州在发展道路上实现人口、资源和环境相互协调可持续发展,促进生态文明建设有着不可低估的意义。

贵州民族传统人口生态文化是贵州各少数民族适应和改造特定自然生态环境而创造出来的物质文化和精神文化的总和,其作用与价值表现在以下几个方面:

(一)对人口发展的影响

贵州民族人口生态文化是贵州各少数民族在长期与自然互动中形成的一系列规范和行为模式。在历史上,尤其是农业社会,贵州各少数民族借之得以和谐处理人口与生态环境的各种关系,从而使人口再生产得以进行,人口增长得以实现,人口与资源的关系得以持续,人口与环境的互动得以协调。在一定程度上可以说,人口生态文化既体现出了贵州各民族之于人与自然关系的聪明智慧,又是各民族处理事关生存发展而认识自然、尊重自然、改造自然的规范形态,尽管这些规则、规范在理论上尚不系统且处于不断的变动发展中。之于人口与自然关系的共识看法是,人口的合理增长是统筹人与自然和谐发展的最重要的条件之一,人口素质的提高和人的全面发展是统筹人与自然和谐发展最关键的要求。作为贵州各少数民族在生产生活实践中形成的人口生态文化,在漫长的历史进程和人口生存繁衍中,不仅发挥了其积极的功能,而且在促进人口与可持续发展、促进人口与自然协调方面,也有着不可忽视的积极意义和价值。

(二)对生态环境保护的现实意义

贵州各少数民族人口生态文化以自然保护和自然崇拜为特征,一方面是自发的和朴素的。如用蕴含生态价值取向的宗教戒律、习惯法乃至禁忌习俗来调节或规范自己的行为,大多融会于生活生产实践之中,较少理论的演绎和归纳提炼;另一方面又是普遍的和实用的。它们充分体现在各少数民族社会生活的不同层面,无时不在、无处不起作用。各少数民族通过禁忌、习俗、神话故事等世代相传,节约了人们重新认识世界的费用,有效地约束了人们有损自然的不良行为,长期维持着一种人与自然和谐发展的状态,维护了生态环境的平衡。

作为人与自然的许多正式的制度安排,包括几十年来大规模的工业开采(尤其是森工企业),对短期经济利益的疯狂追求,频繁的政策变化和政治运动,人口的急剧增长等等,使各少数民族传统的生态信念受到冲击,并日趋淡漠,不同程度地失去了其对民众原有的规范和约束功能,造成了民众对生态保护的机会主义行为。尤其是对于年轻人,由实践经验获得的新的意识形态比老年人更快,使传统生态文化的约束力变得弱小起来。所以,不断弘扬各民族传统生态文化,树立人口与自然和谐发展的坚定信念,对贵州民族地区的可持续发展具有重要的意义。

(三)对人和自然协调发展的价值

民族生态伦理观是维护民族地区生态平衡的有效手段。大凡生态环境良好,生物多样性丰富的地区,都是民族生态意识牢牢根植于民族集体的地区。民族生态意识浓厚的地区和时期,生态就能够得到最有效保护。民族生态意识一旦失范,就会造成生态灾难。

在贵州各少数民族的生态伦理观和道德规范中,无论是原始宗教的"万物有灵"观念,还是传统知识中人与自然相互依存的认知,都折射出这样一种生态智慧:即人、自然、动植物是一个相互支持相互依存的生命整体。这种认识实质表现为一种朴素的或者超前的共生意识和敬畏生命思想。现代伦理学的精神是把道德所规范的行为延伸到人同自然关系中,不仅强调人与人和谐相处,而且也强调人同自然的和谐相处。而贵州民族地区早在几千年前就已存在并运转着这种道德规范。无论从哪个角度看,贵州少数民族的传统生态文化都符合现代可持续发展理论目标,而且其深层含义更强调人与自然的和谐。虽然它没有形成系统性的理论,但从建设生态文明社会角度看,它应属传统科学范畴。它以主动的预防建设为特征,而现代生态科学则重在治理建设。可见,现代科学与传统科学并不矛盾,只不过是解决同一问题的途径不同而已。但相比之下,前者要富有远见得多,内涵要丰富得多。

百鸟衣盛装

(四)对民族地区经济社会发展的作用

当代社会,人口生态文化对经济社会发展意义重大。经济社会可持续发展目标的体系既应包括物质财富的极大丰富,又应包含保持良好的生态和优美的环境。而人与自然和谐发展,正是在确保生态系统平衡健康和自然环境良性循环的基础上,实现社会物质财富的持续增长。而其基础就要求采用科学的发展方式,实现人口合理增长,资源永续利用,生态良性循环。贵州民族地区资源禀赋相对贫乏,资源利用效率相对低下的环境实际,使得经济社会的可持续发展面临人口负担沉重,资源约束严重,生态环境容量有限等一系列特殊瓶颈。充分利用民族人口生态文化中的合理、优秀成分,统筹人与自然和谐发展,着力提高人口素质,控制人口数量,追求资源的合理开发、节约使用、永续利用,强调生态平衡和环境健康,正是化解可持续发展特殊瓶颈的有效而基本的措施。

（五）对培养人们的生态文化素质的教化功能

贵州民族生态文化是贵州少数民族在悠久的农业文明中,延续了数千年之久而留下的关于人与自然和谐相处的丰富经验和深刻智慧,在建设生态文明的新的时期,对于培育人们生态文化教养有着重要的意义与价值：

第一,贵州民族人口生态文化生成论的整体思维模式有助于人们形成健全的生态思维。思维方式是一个民族审视、思考、认识和理解他们生存于其中的世界的习惯方法、定式和特定的倾向。中华民族的传统思维是能够形成天人合一思想生存论、内因论和有机论的整体思维模式,贵州各民族也同样如此。这种整体思维模式的特征是把整个宇宙万物看成是由同一根源化生出来的。根据这种思维方式,它能够促进人们把握万物与人类同源同根之统一性,肯定人类具有动物性和生物性。同时,能够促进人们理解人类与非人类生命在生命之网上的复杂关系。人类作为生命,与万物是相互依存的,人不能离开天地万物而独立生存。贵州民族人口生态文化传统以人们直接的生存经验为基础,具体真切地把握了人类生存与自然界的有机联系,深刻地洞悉到了人类只有维持与自然界长期的和谐共生关系,才有可能获得持久健康的生存。这种生态智慧不管是现在还是将来,均是弥足珍贵的生存法宝。

第二,尊重生命价值的生态道德观有利于完善当代生态伦理。在贵州民族人口生态文化中,自然整体的演化不仅被人们看成是一个永恒的生命创造过程,也是一个生命价值的创造过程。所有生命出自一源,生于同根,所以人们应该尊重所有生命,爱护天地万物,道德地对待所有非人类生命及其生存环境。这种生态道德观不仅是一种对认知理性的把握,同时也需要一种关爱生命的情感体验。只有从情感上体验自然,领会自然,热爱自然,才能发自内心地尊重和关爱生命,才能真诚地产生"万物一体"、"民胞物与"的生态关怀,才能对养育人类生命的自然界产生报恩情怀。

高原（落底）牧场

第三,天人合一的生存境界对于人们形成生态生存论的态度,改变物质主义的恶习,促进人们追求健康、文明的精神生活具有强大的推动作用。天人合一是贵州民族人口生态文化传统中一个根本性的主题,是一种有目的地维护人类生存的生态环境的价值理想。通过了解民族人口生态文化中的天人合一的思想和境界,能够深化社会成员对人生价值的认识,丰富自己对生命意义的体验,并促进人们在全球生态危机日益加剧的今天形成必需的生态生存论的态度,重建一种健康、文明、环保的生活方式,为建设生态文明所需要的智慧、道德和精神氛围提供不竭的历史源泉。

第十章 贵州民族人口法律文化

每个民族都有着自己控制和调整本民族人口发展的法律文化,而任何民族有关人口过程方面的法律文化都是在一定的文化土壤中形成并成长起来的,这种文化与该民族所依托的生态地理息息相关,也在形成过程中不断积累、丰富和固化于该民族独特的人口文化内容。民族性和文化性是各民族传统人口法律文化的特性,人口法律文化体现了一定社会、一定民族的人们为了实现人口再生产而创造的特殊社会秩序,并对该社会人口生产和发展进行有目的的调节和控制。有关民族的人口文化大多成长于不同的自然环境和生产生活方式基础上,人口法律文化也是一定民族有关人口习惯的体现和外化,这种习惯支配着人们的生育观念、生育行为和人的生命历程。因此,有关人口生产和发展的法律文化所包含的不仅仅是人们的外部行为,也涉及到人们的心理意识深层和人口可持续发展的理念。对于在云贵高原这个特殊地理单元里于长期的历史演进过程中逐步形成的独特的贵州民族人口法律文化进行研究,无疑具有重要的理论与实践意义。

第一节 人口法律文化的定义与结构

一、人口法律文化的定义

在给人口法律文化定义前,应先对法律文化的定义有所理解。人口法是国家法律体系的组成部分,是与经济法、民法、婚姻家庭法、刑法等相并列而且具有密切联系的法律部门,因而人口法律文化应该是国家整个法律文化的一个子系统。只要法律文化的定义明确,人口法律文化的概念就可迎刃而解。

我国学者在上个世纪80年代开始将法律文化作为一个新的概念和问题进行研究,如孙国华、武树臣、刘学灵、将迅、郑成良、张文显、刘作翔等都先后对法律文化下过定义。限于篇幅,在此不对上述学者所下定义作一一介绍,仅在刘作翔《法律文化理论》一书对法律文化的定义基础上,对人口法律文化定义作粗浅的阐发。

刘作翔认为,法律文化就其本质讲是一种精神财富。这种精神财富就不只表现为法律心理、法律意识、法律思想体系等内隐性的意识形态,它也表现为人类在漫长的进步过程中所创造的法律、法律制度、法律组织机构等外显的制度化形态。因而,笔者认为,法律文化是人类法律实践活动及其成果的总和,是社会上层建筑领域中有关法律、法律意识、法律思想、法律制度和设施等一系列活动及其成果的总和。既然,人口法律文化是整个法律文化的子系统,那么人口法律文化就是:人口法律领域实践活动及其成果的总和,是一个国家中有关人口法律、人口法律意识、人口法律思想以及与人口有关法律制度和设施等一系列的活动及其成果,是一个国家法律文化的子系统。

二、人口法律文化的结构

笔者认为,人口法律文化结构应该包括两大部分:一是有关人口法律文化的意识形态,二是与人口法律意识形态相适应的法律规范、法律制度、组织机构等。

(一)人口法律意识形态

人口法律意识形态由人口法律心理和人口法律思想两大部分组成。人口法律心理是人们在日常生活中对人口法律现象的感性认识,是有关一个民族一定历史时期人口法律意识形态的初级阶段,主要表现为一种有关人口心理的感受和人口心理的反映,以及长期形成的人口生育习惯和与人口过程相关风俗的人口心理文化。在不同文化背景下,各民族将本民族在该民族文明进步过程中所创造的人口法律思想和人口法律价值观加以积累,使某种人口生育等观念在人们心理中凝聚,经过世代相传从而取得较稳定的地位,形成该民族稳定的人口法律心理。

中国封建社会,由于"婚姻——性——生育"三位一体的古老传统及"不孝有三,无后为大"、"传宗接代"等封建思想的影响,妇女成了生育的工具。在这种法律心理的支配下,妇女不能生育便被认为是一种罪恶。与此同时,传统农业社会中的民众关心自己的劳动成果和个人利益,而且家庭经济力量的增长主要依靠劳动人口的增加,这就刺激了多生子女的生育观念;另一方面,劳动人口也是赋税、徭役和兵役的来源,因此,历代统治阶级都通过立法来增殖人口。而这种鼓励人口增殖的立法思想又反过来固化了多子多福、儿孙满堂的生育观念、习俗和有关人口增殖的心理。这种封建的人口增殖法律文化的惯性作用又无疑是我国解放后人口迅速增长和我国20世纪70年代末开始的计划生育工作遭遇很大阻力的重要原因。

如果说人口法律心理是属于人口法律意识形态的感性认识阶段,那么人口法律思想体系则属于法律意识形态中的理性认识阶段,是对人口法律和人口法律现象的理论化、体系化了的各种感性人口法律意识形态的总和。人口法律思想体系一般是以人口法学理论、人口法律学说的形式表现出来,是人口法学家、人口思想家的理性思维的结果。它的萌芽,可上溯至三千多年前的古巴伦的汉穆拉比法典、古罗马法典,以及我国古代的《禹刑》、《汤刑》等等。其中与人口发展相关或直接涉及人口关系和人口行为的法律规范的内容,便是该时期统治阶级关于人口法治和法制思想的集中反映。如我国《禹刑》中就规定了妻家姨妹和侄女从嫁的一夫多妻制婚姻形式等等。

但是,把人口法作为一个特别的法律部门来认识,并把它上升为一个专门的学科领域进行研究,历史还相当短暂。可喜的是自 1790 年美国颁布第一部《人口普查法》之后,各国先后颁布和制定的优生法、人口登记法、移民法等一系列调整某一特定人口关系的人口法律多达数十种之多。这一世界性的人口法制领域的拓展,加快了人口法学研究的进展,促成了现代人口法律文化的形成。

(二)人口法律文化的表现形态

作为人口法律意识形态的外在表现形态,指与人口法律意识形态相适应的人口法律规范、人口法律制度、人口管理组织机构的总和。

首先,人口法律规范是将一个社会中占主导地位的人口法律意识形态用法律的形式反映和表现出来,并由国家强制力保证执行的调整人口关系、协调人口发展、规范人口行为的特殊规则,也就是有关人口的法律文件。在我国,人口法律规范是以《宪法》为依据,由国家和各级政府部门制定的一切有关协调人口关系和组织管理人口活动的法律和法规文件的总称,既包括专门的人口法律,如《人口与计划生育法》,也包括大量散件与其他法律文件的有关条文。具体包括以下几类:(1)《宪法》的有关条文。这是调整人口关系的最高行为准则,也是制定各种人口法律的根本依据。如《宪法》第 25 条规定:"国家推行计划生育,使人口的增长同经济和社会发展计划相适应。"第 26 条规定:"国家保护和改善生活环境和生态环境,防止污染和其他公害。"等等。这些条文是制定人口法律法规条例的根本依据和最高准则。(2)按照《宪法》规定,由国家最高权力机关直接制定的《人口与计划生育法》是调整人口关系的根本大法,是除《宪法》以外所有人口法律规范制定的依据,在调整人口发展与经济关系和自然环境关系中具有最高法律效力和权威,在治理国家人口问题上起着根本准则的作用,是统率其他人口法律规范的总纲。(3)国务院及其所属机构根据宪法和国家有关人口法律的原则而制定和发布的各种关于人口的法律、法令、决定、条例、通知、指示、决议、规章等等。如国务院在 1991 年发布的《关于加强计划生育工作,严格控制人口增长的决定》,中共中央、国务院于 2006 年 12 月 17 日发布的《关于全面加强人口与计划生育工作统筹解决人口问题的决定》等,以及先后发布的人口统计法规、流动人口计划生育管理条例、人口户籍管理办法等等。(4)由省、自治区、直辖市立法机关根据宪法、人口法律和行政法规所规定的原则范围,结合辖区实际情况制定并呈报国家立法机关备案的地方性人口法规。

人口法律规范是各种人口法律制度的规范化表现形式,是人口法律意识形态的集中体现。因此,可是说,没有人口法律规范,也就不可能有人口法律制度、人口法律组织机构。人口法律规范是人口法律制度的前提条件。人口法律制度是人口法律文化外层中的第二层次。

一个国家的人口法律制度,是由该国的一整套人口法律规范所确定的。各国间的不同人口法律制度,体现了各自不同的人口法律文化。目前,我国有关各种人口法律制度主要有:(1)人口生育关系的法律制度。人口再生产是社会再生产的一个重要方面,新一代人口生命的再生产是由不断进行着自己生命再生产的原有人口生育活动来完成的,即因生殖活动而形成的关系和因子女养育活动而形成的关系。生育活动不仅受到经济、政治及其他社会条件直接或间接的影响,受到各种社会规范的约束和调节,而且有着自己特定的社会形式——婚姻家庭形式及其制度。(2)人口数量管理的法律制度。人口数量管理主要指国家对人口数量增加过程进行调节控制的活动,表现为对出生人口及人的生育行为的调节和控制。二战后,人口增长过快给人类发展带来的困难,使世界各国都认识到人口数量过多将对社会产生不利影响,因而采取各种手段,调节和控制人口数量的增长。计划生育法律制度是我国管理人口数量的基本法律制度。(3)人口质量管理法律制度。人口质量管理的法律制度就是指国家对社会组织及个人采取的,可能影响或改善人口质量发展的行为进行调整和管理活动中产生的法律制度。优生、优育、优教是人口质量形成的三大关键环节。就现阶段而言,人口质量管理法律制度基本内容主要包括以下几个方面:优生保健法规、妇幼保健法律法规、义务教育法律法规等等。此外,还有人口区域变动的法律制度、人口协调发展法律制度、人口管理法律制度等。以上各种人口法律制度构成了一个社会人口法律生活的核心内容,成为人口法律运行的主要方式。

人口法律规范、人口法律制度要能在国家的政治生活和社会生活中得到充分实现,就必须有与之相配套的人口法律组织机构实施和落实。例如,实行计划生育,只有依靠专门机关适用计划生育法规的各种规定,才能保证公民切实履行这一义务;有关流动人口管理的、出入境管理的法规等又需要公安机关等专门机关适用;有关收养法规、残疾人保护等法律制度就需要民政部门、残疾人保护部门等机关来适用等等。

第二节 贵州民族传统人口法律文化

一、人口再生产的婚姻家庭法律文化

费孝通先生说过:"婚姻是社会为孩子们确定父母的手段。男女相约共同负担

抚育他们的所生的孩子的责任就是婚姻。"①因此,在任何社会中,人口的生育行为都是在一定的婚姻家庭形式中进行的,婚姻家庭是人类再生产的社会形式。婚姻家庭关系着整个人类社会、国家、民族种族的繁衍,所以,婚姻家庭从它产生之日起就受到社会和自然的制约,尤其是社会制度的制约。自从人类进入文明社会以来,婚姻就一直受到该社会法律制度的制约,"合法"的婚姻才由该社会的法律制度所确认,不"合法"的婚姻则要遭到该民族、该社会的非议。而婚姻对人口再生产有着直接的影响。因此,一个社会的人口法律文化总是通过对该社会婚姻家庭制度的影响制约着该社会的人口再生产。

（一）婚姻制度

婚姻制度前已有述,为避重复,这里择选民族习惯法的相关内容分类以示。

关于恋爱。贵州少数民族青年男女普遍公开进行社交活动,通过"游方"、"玩水"、"踩月亮"、"赶衰"、"行歌坐月"、"挑花坡"、"吃姊妹饭"等活动可自由恋爱,但在其中有着很多的规范制约：

早在公元前441年前后夜郎武益纳时制定的《夜郎君法规》中,就有关于男女婚事的"禁令",其第九条规定"四方的民众,所有的臣民,男女婚姻事,不准许硬逼,男女相慕爱,歌场定终身。男女各双方,相互都愿意。要是谁违纪,以强击欺弱,违反了规章,重者要砍头,轻者就说教。"②涉及恋爱的自由、恋爱的方式以及对强婚强娶的惩处。苗族古理中规定："同宗族,同鼓社的子女是兄妹,不能婚配;亲姨表子女也如同亲兄妹,不准婚配。违反者,罚以'白水牛',祭祖祭社。虽同宗同社,分社以后,可以开亲。"《议榔词》又说："哥哥是哥哥,弟弟是弟弟,姐姐是姐姐,妹妹是妹妹,婶婶是婶婶。各人是各人,伦理不能乱,要有区分才有体统,要有区分才亲切和睦。谁要学鸡狗、学牛马乱来,大家把他揪,拉来杀在石碑脚,教乖十五村,警戒十六寨。"强调同宗、同社的男女不能恋爱婚配。如有此事发生,双方都要收到同姓人家及全寨的责备。该男子要罚黄牛一头;猪肉33斤,牛、猪由全寨各家共分;男女双方要当众认错。③ 同时规定"不能和已出嫁的女子深交,不能同已婚的男人迷恋,否则,夫可以到现场打妻子和与女子深交的男人,女子也可到现场撕扯丈夫和臭骂与丈夫亲密的女子。这种惯制在苗族地区的遵守和执行,使苗族社会男女游方时"井井有条,不及于乱"。④

关于婚姻缔结。民族习惯法中规定较多,其中多强调"二比联姻,接承宗祀,皆

---

① 费孝通.生育制度[M].北京:商务印书馆,1999.
② 王子尧,刘金才.夜郎史传[M].成都:四川民族出版社,1998.
③ 何积全.苗族文化研究[M].贵阳.贵州人民出版社,1999.
④ 吴泽霖,陈国均.贵州苗夷社会研究[M].北京:民族出版社,2004:17.

以媒妁为凭","男不许依势逼婚,女不许登门坐蚕"。① 贵州少数民族恋爱自由,但在其它的婚姻缔结上又多是在自由恋爱基础上的父母同意,媒妁为凭,也有的呈现为父母的包办婚姻(姑舅表婚是为典型代表)。但在订婚后的婚约解除却受着习惯法的规制,如侗族《十二条款约》八款规定:"女嫁先问表哥,不娶再嫁别人。父母有命才订婚,订婚三年才过门。女退婚赔彩礼,男不娶不取分,男女私下约逃奔,切用猪酒去'洗脸',才算正式成婚。"②毁约或离婚,都必须承担一定的经济惩罚。如立于清康熙十一年的高增寨款碑议定:"男女婚姻,男不愿女,女不愿男,出纹银八两八,钱一千七百五十文,禾十二把。"

水族恋爱石刻图

贵州少数民族婚姻的缔结除两情相悦以及对个人的素质、家庭经济、居住地、社会关系、年龄等方面的考量外,在民族传统社会,也存在着不少的其它禁忌。如有的资料提及到:"雷山的'短裙'苗中属虎的与属猪的,属狗的和属鼠的都不能通婚。据解释:虎经常吃猪,狗经常逐鼠,相处在一起必然相克不利。"③八寨苗与仲家苗中女性结婚不可落在双岁上,长裙黑苗中男女同属虎不结婚,八寨朱砂厂黑苗与千河寨的黑苗不通婚,据说是以前两寨中人通婚后,夫妇不和睦,且生育的子女不是有病,就是生下来的孩子要么是聋子,要么是瞎子,所以老人们吩咐以后两寨之间不许通婚。炉山舟溪寨的杨姓不得与对山新寨的潘姓通婚,据说是以前潘杨两家宣誓彼此不得通婚,如有犯者即绝子绝孙④。榕江一带的侗族,通婚上还讲究"根骨",即"知根知底"。所谓"骨根正",是指祖上没有非作而留下话柄,或血统上没有外来因素或疾病等。这里,人们还排斥与三种人结婚:一种叫"蛇种"。传言此种人有蛇追随其踪迹,该人一生需要毒害另一个人,否则自衰败灭,永世不昌。另一种叫"笨耍棍",是鬼神奶奶的种。该种

---

① 从江庆云《乡例碑》.清咸丰岁次庚申闰三月二十七日刻立.
② 张子刚.从江古今乡规民约.从江历代告示实录[M].北京:中国科技出版社,2012.
③ 贵州省编辑组.苗族社会历史调查(三)[M].贵州民族出版社,1987:103.
④ 吴泽霖,陈国均.贵州苗夷社会研究[M].北京:民族出版社,2004.

人附有"鬼魂",随其所思而其魂乃袭于人。逢者肠绞肚痛,捧腹叫喊。甚至鸡禽遇之,亦可遭到其害。最后一种叫"笨耍疙",即疙种之奶奶。这种人与前者相同,中后全身发痒,皮起疙瘩坐卧不安。人称此三种人传女不传男,且长得高大美貌。知者不娶,故常外嫁他乡,有的则终身不嫁①。同时,对于外来户,侗族人一般也不嫁娶。人们认为此种外来人身世不清楚,怕"骨根"不好,对子孙不利。苗寨中历来都有关于"放蛊"的说法。所谓放蛊,是指苗寨中妇女暗地用毒药杀人的一种方法,凡是会放蛊的妇女都是"眼角发红、脸上生着异样的毛,或额角格外地有光"②,因此有些苗寨将人分为"放蛊"和"不放蛊"两类,将一部分人被划分到"放蛊"类,使其在寨中遭到不平等的待遇。如果有人与此女通婚便会被打入"放蛊"一类,同时也要受到严惩。"根骨"、"放蛊"之于婚姻的影响是民族社会中的迷信观念作祟的结果,既缺乏科学依据,又不利于民族社会的秩序和谐,应予摒弃。

关于离婚。贵州少数民族在强调婚姻稳定的同时,也对婚姻难以为继者有宽允的规制。离婚是指按习惯法用明媒正娶的形式结婚的夫妻,因为一定的原因,婚姻感情破裂并通过理老、款师、寨老和有关证人公开解除婚姻关系。离婚的程序是在举行离婚形式之前,约定时间、地点。由断理人主持,双方派人参加,离婚双方各陈理由,众议是非曲直,最后以习惯法发条判定离婚,解除婚约。以威宁苗族离婚个案以示其貌该县男女婚后,如果不仅婆媳不和,而且夫妻关系恶化已达水火不容,或经理老(断理长者)按习惯法调解无效,那么就作离婚处理。处理前,由双方先找出公认的理老五至七人,请他们确定断理的时间、地点,双方参加断理的人员,商议断理条件和断理须注意的事项等等。断理时,理老先划出各方所坐界限,并把铧口、竹子等习惯用的实物摆在断理场正中,然后宣布有关事项。接着提出断理原因,再由双方主断人员介绍情况,当众提问和答辩,随行人员可作补充,再经理老依据事实,找出问题根源,提出处理意见,明确责任所在。不服者可以反驳。此时理老要按照习惯法引经据典,一一解释。只要多数服从,哪怕有少数抵逆,就可以约定案,落实事由责任,按习惯法规定:属男方责任的男方赔七至九头牲畜(牛或羊)给女方;属女方责任的,女方赔七至九套新衣服给男方,限期兑现。挂起铧口,破开竹筒,并在竹片上刻数量不等刀痕。若以后谁翻悔,则命谁钻过铧口眼孔,或复原竹筒无缝,否则,维持原判。另外,若不如数兑现,或逾期兑现,加倍严处。取铧口、竹筒等实物到执法现场的目的就是说:"不得翻悔"。显示出习惯法处理离婚的权威和效力。③

---

① 张民. 榕江县三宝侗族婚姻调查[J]贵州省民族研究学会,1986.
② 吴泽霖,陈国均. 贵州苗夷社会研究[M]. 北京:民族出版社,2004.
③ 徐晓光. 苗族习惯法的遗留传承及其现代转型研究[M]. 贵阳:贵州人民出版社,2005:38-39.

从习惯法文献资料看,少数民族之于离婚的判决,均根据有理无理情由作相应的经济或物质处罚(上述个案即有所含)。前述的《乡例碑》就规定:男女嫌怨,"二比不谐,听从改嫁,男女照例罚银三两五钱";又"室妻不守妇道,所犯之条,休逐钱贰拾两,住及三年,无功除此之外,洒扫工资每年一两,衣服从今革除。"立于清道光十四年的从江公纳《禁条碑记》款三规定:男女成婚后,"或三五日,男若悔亲,括女银一两六钱,饭一笠,鱼一个;女若悔亲,括男银二两四钱,男之聘金多寡,加倍退还";"至三五载之后,璋琅有耳,女若悔亲,括男财礼银七两;男若悔亲,括退女银七两,土禾十二把,聘金概不准退。"对少数民族离婚判决上的经济或物质处罚,在一定程度上有利于民族社会婚姻家庭的稳定。

当然在婚姻制度中,尚有转房、抢婚、重婚等问题。因有关内容前已述及,这里仅就重婚作简要叙述。重婚是封建婚姻的重要特征,而在贵州民族传统社会,重婚现象不是多见,社会舆论对重婚者也多有贬斥。如苗族《理歌》说:"多娶妻的,犯了'拉留'、'抗公'的榔约,要杀牛来赔榔规,杀猪来祭榔约。"由于在贵州少数民族中"姑舅表婚"制时间长、范围广,纳妾重婚必然为舅权所不容,践行者必然遭舅家的"冲家"而不得安宁。重婚不仅习惯法不予认可,而且是被认为在做缺德的事情。当然,解放前的贵州民族社会中,重婚现象也有存在,且为一夫多妻现象。其后因有:一是基于家族的"大计",对婚后不育者,允许男子休妻或娶小;二是有的大户人家,以宿命为理由,认为只有娶小纳妾才能保全资财与平安;三是个别行为不端,品性不良者强行续娶。

对于婚姻法律文化的讨论,绝不能忽视贵州少数民族的"破姓开亲"和在清代中期后开展的"姑舅表婚"婚俗改革。

破姓开亲。是针对"同姓不婚"而言,指禁止具有血缘关系的群体(一般为同姓)内部的婚姻关系。贵州侗、水、壮等民族内部,长期实行的是"同宗不娶,异姓开亲"制和姑舅表婚制。亦即人们的通婚圈被规定在一两个固定的父系氏族集团群体之间。但随着历史的推移,特别是受汉文化的影响,人们逐渐认识到同一个姓氏并不完全代表一个血缘,而时间的久远,也使人们的亲缘关系渐行渐疏,特别是随着人口的发展,居住地区的扩大,"同姓不婚"造成了当婚男女的婚配困难。侗族《九十九公合款》载:"我们总论姓氏结婚。三十天路程找女子,七十天路程寻郎婿,带肉肉生蛆,包饭饭变馊。"[①] 此外,导致了舅霸姑表、彩礼盛行等后果。为了免除年轻人需到很远地方寻找配偶的困难,革除时弊,清雍正八年(1730年),黔东南州的黎平、榕江、从江和广西三江、龙胜以及湖南通道等县,共90寨的寨老召开议款会议,制定合款,破姓开亲。正如《九十九公合款》曰:"我们立款立约,主要是婚

---

① 贵州侗学会.侗学研究[M].贵阳:贵州民族出版社,1998:150.

姻破姓破旧俗。"从此,"青年路远可不出嫁,老人路长可不结亲;从今以后,规矩分明,同寨同姓可开亲。隔匹山做礼性,隔条河可结亲;寨头讨寨脚不犯罪,寨脚讨寨头不罚银;男喜哪处娶哪处,女爱嫁哪门嫁哪门。"破姓开亲不是近亲结婚,强调的界限是"同族出五服,过五辈",由此"村头娶姑辈并不碍事理,村脚娶晚辈也不算犯俗规。"[1]这些规定解除了通婚圈的限制,提出同姓同宗不同辈分年龄相当者可以结婚。就侗族而言,与破姓开亲相伴随的就是氏族鼓楼的建立。在历史上,侗族村寨多为一族一姓。破姓开亲之后,为表示和划分村寨内部的婚姻族团,一族一姓的大寨,划分为几个婚姻族团就要相应建立几个鼓楼。如黎平县肇兴大寨,几乎全是陆姓,破姓开亲之后,以"仁、义、礼、智、信"五字分别作为五个婚姻族团的名称,并兴建五座鼓楼,以标明村内有五个可以互相通婚的群体,即"斗"。

除侗族外,在水族、壮族、布依族等民族内部,也行破姓开亲。如水族社会中的潘、韦二姓,历史上行异姓开亲。后人口繁衍渐增,男女婚配失调,同姓各支代表开会,"杀白水牛"祭祖,"倒栽杉树","破姓开亲",故今潘、韦二姓内部开亲习以为常。

由于民族、或民族某支系的生境不同,又由于"同宗不婚"文化在民族社会的深厚影响,"同宗不婚"至今在不少贵州民族地方还有遗存。比如三都等地的陆姓、杨姓、蒙姓、石姓都在本姓内部禁止通婚。

"姑舅表婚"婚俗改革。"姑舅表婚"制在贵州民族地区有丰厚的历史背景与社会土壤,其中在黔东南一带盛行尤烈。黔东南州过去有"还娘头"的婚俗,以碑刻记载资料为示,剑河小广"永定风规"碑载:"或(姑)家有女,舅氏强媒,尚嫁他人,勒索重聘,饱伊鱼腹,则婚可成。"随着时间的推移,舅家索要"舅爷钱"的数量越来越大,黎平彦洞、瑶白"定俗"碑载:"康熙时,舅仪要银九两,申扣纹银二两八以下;嘉庆时,用色银,舅仪钱要银十一两,扣纹银;光绪时,用宝银,舅仪勒要纹银数十金",而总和甲二寨"舅公要郎家礼银二十余金"。婚家因舅公礼"势必告贷,告贷不成,势必售产,穷发益穷,富者益富,祖遗薄产尽归于人"。"姑舅表婚"中,因姑家女必嫁舅家儿,致使"周礼不成,六仪未备,或大十

款 碑

---

[1] 黄才贵.侗族社会历史的重大变革[C]//贵州省侗学会.侗学研究.贵州民族出版社,1991.

岁、二十岁不登",年龄差异大的婚姻多有不睦;倘女对舅家儿"有不喜之心,不由媒说,随同后生私走,或去日久未回,舅父要女匹配,或揞数十金,或以拐案呈控,或将屋宇折毁"。舅家强要姑家之女不仅剥夺了女性婚姻的自由权,而且造成了娘家养女"出室受穷",郎家"富者售尽家业得以为室,贫者绝灭香烟不得为家"而"舅公反富"的后果,既加剧了社会的贫富分化,又对正常的婚姻秩序造成了诸多危害。于是,一些民族地区的村寨头人便酝酿、发起了旨在除"还娘头"、"舅公礼"的婚俗改革。

清康熙年间,地方头人倡导"联名具禀于黄堂",取得官府的批示,通过召开合款会议,制定款约,并制成文字或碑刻,这些碑刻主要有:锦屏四里塘"禁勒碑"(乾隆)、四里塘"千秋不朽"碑(嘉庆)、边沙"八议"碑(道光)、瑶白"定俗垂后"碑(光绪)、彦洞"定俗垂后"碑(光绪)、启蒙"因时制宜"碑(道光),剑河小广"永定风规"碑(嘉庆),以及雷山永乐"婚嫁财礼"碑(民国)等,都以碑刻形式将改革内容铭刻于碑上。改革的中心精神是"凡姑亲舅霸,舅噢财礼,捐阻婚姻一切陋习,从今永远革除。"具体改革内容主要有:其一,青年男女自由恋爱,"年纪班辈相当,爱亲结亲";其二,禁止舅氏强要姑女。"从改以后,由父母主政,舅氏不得专权","姑表结亲,不得混赖","若不得子女同意,父母绝无迫强阻滞野蛮之行为"。但也规定,如姑家女与舅家男两厢情愿且年龄相当,可"还娘头";其三,二是严格限制聘金和"舅公礼"。根据女家经济条件给付聘金,如小广碑定为"九百六十文",永乐碑定为"七两一钱",彦洞碑依贫富"分上、中、下三等,只准三两起五两止"。聘金"女家全受"。舅家只许礼银八钱或只受酒肉。严禁规定数额之外再行勒索;其四,在婚姻缔结形式上,规定在自由恋爱基础上决定结婚的人家,"问亲必欲请媒,有庚书斯为实据。若无庚书,即为赖婚,如违治罪"。四是规定婚姻中对嫌贫爱富,弃丑贪花,无媒证而强夺生人妻者、"拆毁、拐带、强夺、有妻子弃妻子再娶者","罚钱三十两冲公"或"送官治罪";其五,提倡婚姻简化,反对铺张浪费。如启蒙碑"(婚礼)一切从简无华。""送亲礼物,只许糍粑一槽,其酒肉多寡听其自便。""送陪亲婆礼,只许酒肉,不得又送糍粑。""采纳之后,禁止节礼,日后行亲节礼,只许馈赠一年。""生男育女之家,只许嫡亲送礼,不许搭礼。"

清代贵州少数民族的婚俗改革,为少数民族村寨头自觉发起,是贵州少数民族内部的一次自觉社会改革,其积极的社会意义十分明显:"姑舅表婚"陋习的革除,减轻了彩礼对女性的束缚,为青年男女实现婚配自由创造了前提,加速了婚姻形态向现代转型;婚姻财礼、聘金的减少和规制,使"男大当婚,女大当嫁"有了实现的可能;"舅权"的削弱有利于社会的平等与稳定;通婚圈的扩大有助于增进民族内的交流、交往与团结,也有利于人口素质的提高。虽然其改革存在不彻底性,改革的内容充斥着"父母主政"、"媒妁之言"、男尊女卑等封建色彩,但在这里,应主要看到其体现出的革除陋习、建构新风尚的意识和行动,认可其显现着的文化自觉、文化自新的时代情怀,肯定其符合国家法律指明的方向和时代潮流的进步趋向。

(二)家庭制度

婚姻是实现两性结合从而达到种族繁衍的目的,因而通过婚姻缔结起来的家庭生活也就揭开了人口生育活动的序幕。费孝通认为,男女相约共同负担抚育他们所生孩子的责任就是婚姻,婚姻关系和两性关系并没有绝对的联系,婚姻之外的两性关系之所以受限制是因为要维持和保障对儿女的长期抚育作用。因此,通过婚姻建立起来的家庭生活最初不是为别的,只是生和育,即生育和养育。婚姻家庭的建立既是为了繁衍后代,同样也是为了抚育后代。[①] 家庭自古以来都是人的社会化的重要场所。由于人生命的脆弱性,从出生到能够自立生活,需要很长的一段时间。在这期间,弱小的生命需要有人给予抚养,给予安全,给予教育,使其以后能够获得独立生存的能力。因此,通过婚姻建立起来的家庭关系对人口的再生产有着密不可分的联系。

首先是夫妻关系,在贵州传统民族社会中,大都实行一夫一妻制度。在家庭中,男性家长通常权利最大。但从传统上看,贵州少数民族妇女在家庭中似乎是经济地位的重心,她们体格较汉族妇女都强健,比起男子要优异得多。例如,在苗族的习俗里,通常女子年龄也比男子大一点,男女结婚被称作"娶当家"。在"女当家"的使命下,她们主持家务,兼及耕种,同时,老幼的抚养,孩子的教育,一概由她们负责,此外还有应酬亲朋,计划充实家计等责。

贵州少数民族妇女的生活总是离不开劳动,她们的经营能力常常超过男子,但在家中的享受却远远低于男子:在家庭中没有重大事务的发言权,没有对家庭财产的支配和继承权,不能主持甚至参加一些大的宗教活动,没有参加村寨重大事项的讨论权利。但她们却认为这是符合祖宗规矩的。此外,对他们的言谈举止还有种种禁忌加以约束。如水族人重男轻女非常严重,对妇女非常苛刻:一不准死在娘家,二不准在娘家生小孩,三不准月子内到别家去玩,四不准改嫁的妇女再回原夫村寨去。如果违反了,就认为对家人不吉利。因此,在水族社会,不论是否一夫一妻制,妻子的地位都是很低的,家中财产和重大事情都掌握在丈夫手中,男的是一家之主,妻子处于从属和被支配的地位,总是逆来顺受,不敢多言多语。布依族中,妇女在社会上和家庭中的地位同样低于男子,家庭成员的分工是男耕女织,男子担任田间的犁耕打耙等重活,参加社会活动,掌管家中财政大权;妇女主要操持家务、养育子女和从事田间管理,无权参加社交活动,也无权决定家中事务。

其次是父母与子女关系。父母与子女关系又称为亲子关系,是夫妻人口行为

---

① 费孝通.生育制度[M].北京:北京大学出版社,2006.

导致的一种新的人口生产关系。父母与子女在家庭中的关系主要体现为父母对子女的抚养与管教以及子女对父母的赡养等等。在贵州民族地区,家长的职责一般是男性家长,对外代表全家参加社会和家族活动,处理各项对外事务,对内管理全家的生产与生活,对家庭财产和子女的婚姻有支配权或决定权。例如,即使男女青年通过"游方"、"赶表"公开自由恋爱,但也得征得父母同意方可成婚,如果父母不同意,相爱男女也难在一起。除此之外,在贵州民族地区寡妇改嫁带去的子女也能受到平等待遇,并没有过多的歧视。如布依族的寡妇改嫁不但可以把与前夫生的孩子带到后来的丈夫家里一起生活,同时带来的孩子还可以享有一定的财产继承权。另外,在布依族家庭中如果父母年迈,大哥大嫂则要主管全家的财产,承担抚养未成年的弟弟妹妹,包括为弟弟娶妻、妹出嫁等在内的责任。即便是弟妹成家了,分了家,凡遇大小事务,都要征得大哥的同意,才能办理。因此,在布依族社会中形成了"风吹吹大坡,有事找大哥"和"长兄如父,长嫂如母"的传统习惯。侗族中,如果父母去世得早,长兄或长姐对待弟妹有抚养的责任,直到各自成年独立生活为止。弟弟成年后虽然兄弟分居,但遇到婚丧喜庆,或者起房盖屋,仍有互相帮助的义务。除在劳动力上支援以外,在经济上也要给予适当支援,否则将会受到当地舆论的谴责,甚至引起兄弟之间不团结。

款师进款

此外,贵州各少数民族都十分尊敬自己的父母,历来有尊敬老人、重视老人的习俗与风尚。在传统的社会管理体制中,"寨老"、"款首"等社会职位一般由德高望重的老人担任,因而,在各种场合,都有对待年长者的特殊礼仪。比如,布依族,家中有长辈时,要求年青人不能跷脚;酒席上如果座上是老人,应请老人吃珍贵的鸡头。在生活中,如果子女对父母不孝,不仅会受到习惯法的惩罚,而且会被族人鄙视。不孝者还可能受到天罚,即被雷公劈死。大方县彝族有这样的习惯法:对族中无子女的老人,近亲都有生前赡养,死后安葬的义务;对族中不孝敬父母不赡养老人者,首先由族内长老对其批评教育,如果还不改正,族人有权将他孤立、冷落,甚至开除族籍。前述的《十二条款约》之七款则为"治不孝",强调"老人的话要听,父母之言要信,儿不能打骂父母,媳不得虐待老人。父母在,儿子养,父母死,儿子葬。谁不孝顺,任意虐待,不遭天公雷劈,也绝子后代。按情记罚,不许宽贷。"黔西南苗族的习惯法规定:老人过世以后,在守灵的当晚,儿子、儿媳要面对亲戚房族陈述自己如何对待老人的行为。那些不尽孝道的年轻人会在这时候遭到众人谴责而威信扫地[①]。

在贵州各少数民族中,孩子长大结婚后或父母死亡后有分家之俗。分家时时,必须先留父母的"养老田"、"养老牛"、"养老树"后,才可进行财产分割。与分家立户相联系的财产继承与分割在民族地区较为复杂。一般多实行男子财产继承制,家庭财产由儿子平均分配;有的女儿也可分到一定的份额。在一些多儿子的家庭中,又多实行财产幼子继承制,因为有"不落夫家"的习俗,很多丈夫怀疑第一个儿子不是自己的,因而通常愿意跟幼子住在一起养老。

布依族如果父母只有一个孩子,孩子结婚后仍与父母共同生活。如果有两个以上的孩子的家庭,孩子婚后大多要与父母分居。分家后,父母一般跟随幼子住在一起生活。而父母的"养老田",则由兄弟轮流耕种、收割。父母去世之后,这份"养老田"可转为"上坟田";或由兄弟平均分配。到"清明"上坟时候,再由兄弟们凑出钱粮供扫墓之用。如果哪家子孙忽略了这一点,就会被当地人认为"大逆不道"。与此同时,田地杂物,长子与幼子平分,但幼子有优先继承权。兄弟分家后,父母的衣食起居,几个兄弟必须共同给付。一般女儿不能不能参与财产分割。

在侗族社会中,分家时,家庭财产基本由男子继承,田地、房屋、耕畜大多按子均分,也有的富裕家庭人家先给父母和长子留下"养老田"和"长子田",而后再进行平均分配。女儿也有部分财产继承权,即父母陪嫁给她的"姑娘田"以及银饰和平时自积的"私房",如布匹之类。

水族家庭中,一般由祖父母、父母、孙子女子女三、四代成员构成。一旦父母死后,家中财产就由儿子继承。财产要通过寨老协商,平均分给诸子。有的父母,生前就主持分家,分家选择多"父母跟幺儿",因而在平均分配的原则上,要先指定较好的田或房屋分给幼子;父母由幼子赡养、安葬;女儿没有财产继承权,但有姑娘田。姑娘田一般是一至二丘,交由哥哥或弟弟耕种。归谁种,姑娘就跟谁住,并由谁负责姑娘婚时的嫁妆置办。

为维护家庭的稳定,民族习惯法对拐骗人妻的处罚是很重的。如果某男拐走他人的老婆,在处罚之前,通常是被拐家的全寨人去拐骗人妻的男人家,将其肉、粮吃光后,再行习惯法惩罚之事。都柳江一带的民族习惯法规定:强占别人妻女的,罚银24两,外加挑肉提酒谢罪。立于光绪十八年的黎平新塘《永世芳规》议定对拐人妻的"拐夫罚银24两,前夫听去,现规后夫,全退又赔猪肉七十二斤,鱼十五斤,酒二十四斤,并房族猪肉四百斤。"《十二条款约》申训"拐骗人妻,私通人妇,抓得住,拿的双,打伤勿论,打死勿言。"能秋地区栽岩立法规定:玩弄他人妻女而且拐走

[①] 何积全.苗族文化研究[M].贵阳:贵州人民出版社,1999:293.

的,罚肉50斤。寨坪、加冕习惯法裁定:与人通奸,罚六十六个银毫,不改下次罚时增加一倍一百三十二个银毫;拐占他人妻者,退回原夫结婚时的礼品,给一亩二分田,另付六十六个银毫。"①实际惩处的事例有如从江县摆勒寨的一个男人把已与加泥寨的一名男子订了婚的姑娘拐走,加泥寨的人便到这一男人家,宰杀了他家的猪,吃光了他家的肉、粮,然后依据当地习惯法罚银两百两了事②。

二、人口数量法律文化

贵州民族众多,各地区、各民族政治、经济、文化发展的不平衡和地理环境的特殊限制,使人口分布在省内并非均匀,由人口数量所决定的人口密度在民族地区也差异较大。自然,这与民族社会中传宗接代、养儿防老、多子多福等生育观念在民族习惯法里的渗透对人口数量有重大影响有关。由于相关内容前已有述,在此仅对如下问题进行论述。

(一) 宗法制度的家族本位观

虽然贵州各民族都是以大杂居、小聚居的社会环境生活在贵州这片土地上,但由于地理环境的制约,山地多,平地少,土地承载负荷有限。因此,人们居住分散,一般是以同一家族为单位,聚族而居。一个村寨几十户或几户人家,形成相互依存的血缘集团。

历史上,由于贵州各民族的关系在较长时期不太融洽,少数民族又受汉族歧视,于是要求家族内部必须团结并且扩大本族内部的人口生产。只有在本族人口众多和团结的基础上才能有力量共同对付来自外族的侵扰,这一切都使得家族关系十分牢固,并使中国传统的宗法意识得到了最大限度的发展,因而对血缘关系非常重视,形成了"非我族类,其必异类"的宗法制度和观念。

宗族祭祀

《夜郎君法规》第十二条规定:"凡属君境内,所有的男子,都可娶三妻。由于战争多,如今的人间,女多男子少,便作此规定。各地的民众,更多男儿者,奖大牛一头,奖田土三块。"该规明令为赢得争霸战争的胜利鼓励男娶三妻、奖励多生男

---

① 张子刚.从江古今乡规民约·从江历代告示实录[M].北京:中国科技出版社,2012.
② 徐晓光.苗族习惯法的遗留传承及其现代转型研究[M].贵阳:贵州人民出版社,2005:9.

儿,是贵州历史上奖生育、促繁衍的最早民族习惯法。之于宗法制度的家族本位观对人口的影响,仅以彝族、水族为例以示其端。

在彝族社会,家支是彝族特有的宗族组织形态。它由原始氏族蜕变而来,在阶级社会中演变成以父系血缘为纽带的牢固的家族联合体。"家支"包括"家"和由家依宗法原则繁衍而成的"家族"即"支"这两个方面,其中"家"是源,"支"是流。在彝语中,"支"称为"夏",本意是树枝。"家支"被形象地比喻为由树干节外生枝而逐渐发展起来的茂密大树。但"分支"不断组成新的家庭,均以父系为标准;有儿子的家庭才能最终实现分支。儿子分出去各自组成一房人,即意味新的一支开始。因此,家支是以血缘关系为纽带,以财产的嫡长子继承为基础而组织起来的若干亲族集团。在家支中,同一男性祖所繁衍的子孙组成"家",男性祖先的各个儿子自成一"房","房"的增殖和扩大就形成"家"下的"支"。每传至若干代(一般是九或十一代),则举行分宗仪式。各"支"可形成新的"家",其下各房又发展为"支",以后"支"又发展为"家","家"又分出新"支"。"家""支"演变,循环不已①。因而,在这种宗法制度观念的影响下,延续本族血缘和增加家族人口,扩大家族势力对抗外来的侵扰无疑增加了对人口生产的内在需求。

贵州水族多为一个宗族一个村寨或相邻的几个村寨组成一个宗族。宗族间多实行同宗不婚,男婚女嫁,强调父系的延续,香火的承接,父系血缘在水族社会一直处于支配地位。水族家庭中,只有生养了儿子,才认为是对家族尽了责任,从而才能在族谱中留下自己的位置。没有儿子(也可能有女儿),则被认为是不孝。多生儿子,人丁兴旺,被看成是家族兴盛的标志。人们常以家族的庞大、子孙的众多而自豪。因而,人口自身的生产,在水族宗族体系之下,成了家庭的延续和兴旺的核心,以致一些家庭以重人丁而安贫困,以重生男而轻养女而生育为目的。尽管解放后,水族社会实现了历史的进步跨越,但宗族观念之于人口发展在数量与性别上仍有刚性的影响。

(二)物质层面对人口数量的影响

从物质层面分析,笔者认为经济发展水平的高低对人口数量也有着决定的影响。一般来说,经济发展的高低与人口出生率的高低呈反向变化。由于历史等原因,贵州各少数民族多分布在自然环境和人文环境较差的广大山区,交通、通讯等基础建设落后,经济发展仍未脱离传统的农业生产,对劳动力的需求极大。与此同时,解放前,医疗卫生条件极差,人口出生率高,死亡率也高,人口成活率低。绝大部分民族人口长年食宿在高山荒岭的村寨中,生活环境艰苦,卫生条件恶劣,经常受到疟疾、麻风、天花、伤寒等传染病的侵袭。每逢夏秋,发病率往往达百分之七八

---

① 邹渊.贵州彝族习惯法概略[J].贵州民族学院学报:哲学社会科学版,2000:增刊.

十,死亡率相当惊人。此外,封建统治者都实行对少数民族残酷镇压的政策。由汉至清的两千多年间,世代居住贵州的少数民族先民由于不堪忍受压迫,曾先后举行了无数次暴动。而历代统治者的血腥镇压,无疑是造成贵州民族人口的下降的另一个重要原因。而对于一个落后的农业社会来说,劳动力的缺失无疑会对该社会发展造成极大威胁,因而,贵州各民族历来都对人口的生产有着刚性需求。增冲《遗德万古》碑的立因及内容就是这一历史背景的产物。该碑立于清光绪二十二年六月二十日。立碑的背景是自康熙五十年(1711年)以降,从江增冲一带兵燹不断,人口到光绪年间时已从原来的"四百人烟,只剩少半",以致"屋荒少人坐,田荒寡人耕,塚荒无人修,败绝难言。"立碑目的在于"新议设立三条五规,节遗下日后子孙发达事。"主要内容是"无嗣而结(接)子,无男而招婿","寡女三年后要改嫁"。对于"多生男女,全欲务宜收养",以求"子而发孙,代代茂茂"。除此而外,在贵州少数民族中,之于家族本位观的人口数量法律文化可谓随处可见,如立于民国19年(1920年)的岜扒《方古章程》款碑之第十五条曰:"本乡人民无论贫富,无子结(接)后,立规章仍结本房侄子到家管理。"解放后,国家对民族地区实行放宽的生育政策,并改善了各族人民的医疗卫生条件,在一定时期极大地促进了贵州各民族人口的发展。虽然目前贵州民族人口经历了三十来年的计划生育洗礼,人们的生育观念也有很大的变化,但由于民族地区耕地大多在山坡上,对劳动力的需求强度大,因而,仍然对人口的生产尤其是男性有着强烈的偏好,这在人口发展上的体现就是生育水平高,出生性别比高,相应地人口增长速度也较快。

黔东南州从江县占里侗寨可以说是一个例外。笔者在《贵州民族自治地区的人口与可持续发展问题研究》一书中记述:"占里初建寨时,为防备子女间对土地、财产的纠纷之患,父母生前就对兄弟5人拥有的财产、耕地、山林等作了平均分配。随着岁月的流矢和人口的增多,兄弟5人变成了5个相互通婚的集团,侗语称之为'兜'。""在财产关系上,5个兜各自的财产均层层分配至最小的单位'然'。'然'多则地少,'然'少则地多。而表现在一个具体的家庭中,子女的多少决定着财产分割的份额,多生则田土少,少生则田土多。""因此占里自清代中期起就在其款约、古歌中规定和传播着'七百占里是只船,多添人丁必打翻','家养崽多家贫困,树结果多树银翻'等"。同时占里在习惯法中规定"占里是一条

侗寨占里

船,人多了要翻船,人口要节制","人口可有增加,土地可有限定。多生一男,没有田产,讨不到媳妇;多育一女,没有嫁妆,找不到丈夫"[①]等条规。占里正因寨训款约的规定和坚守,其人口增长长期维持着恒定的状态。

三、人口质量法律文化

人口质量与人的先天遗传、孕育和后天的抚育、教育密不可分。实践证明,世界各少数民族都有着自己独特的人口规范调节与影响着人口质量的各个环节,但贵州各少数民族在历史上并没有自己系统、科学的有关人口质量的优生学、优育学和优教学。在人口法律文化方面表现在对人口自然素质的重视往往是从禁忌的角度来设置的,几乎都具有神秘的色彩。如性禁忌、禁止近亲婚姻或处死或遗弃有严重残疾的婴儿等,这在一定程度上提高了人口的自然素质。另外,贵州许多少数民族都有"同姓不婚"、"同宗不婚"的习俗,并以宗教惩罚来强化这一习俗的规范。但不少民族却有姑舅表婚的习俗,这种近亲结婚无疑对人口的质量又有着严重的负面影响。

(一)孕育期间的习俗和禁忌

人类的诞生首先是从母体的孕育开始。但贵州许多少数民族同样没有系统、科学的孕育知识,他们的孕育知识则是通过习俗和禁忌表现出来的。因而作为民间法源的习俗和一些禁忌实际调整着本民族的优生法律关系。

从习俗上来说,不少民族认为,怀孕期间的妇女不能懒,要脚勤手快,要做些重活,这样孩子才好生,才生得快。因而,怀孕期间的妇女从不以弱不禁风的形象来表现身份的特殊,他们希望通过自己的行为能感染腹中胎儿,使其能够顺产,长大以后能够热爱劳动。如果哪位孕妇因有身孕而脱离生产,就会为人所不齿,遭人讥笑。这种孕育观的产生,与贵州民族长期积累的生育经验有关,也与他们生产状况和生活水平有关。从优生学角度来说,怀孕期间适当的活动可以锻炼孕妇的身体、耐力,可以加快血液循环,促进代谢功能、气体交换,保持头脑清醒和各种器官的正常功能,使胎儿能正常发育及顺利分娩。但过度的劳动则会导致负面影响,如过分劳动会使产妇食欲不振、消化不良甚至导致流产。

从禁忌上来说,站在科学角度而言,相当部分的禁忌纯熟荒谬之言、无稽之谈,但也有些是从胎儿健康和孕妇安产方面来设置的。人们认为,婴儿健康与否很大程度上要依靠母亲和父亲的行为以及与外面接触的事物,这种外部感应的思想、行为、饮食、环境影响生育过程、影响胎儿性格及长相等意识在贵州少数民族社会中非常明显,所以出现了许多针对孕妇和丈夫的禁忌。例如,在瑶族中,在同一地点

[①] 杨军昌.贵州民族自治地区的人口与可持续发展问题研究[M].贵阳:贵州人民出版社,2003.

进行劳动的人群中如果有孕妇,必须让这对夫妇先开工后,其他人才能开始劳动,否则在劳动中会出现刀斧砍伤人的事件。又如,在彝族中,妇女在怀孕期间不能跨栓畜的绳子,否则会导致难产或早产;不能参加婚礼,因之可能会导致新娘不能生育;禁止吃母猪肉、公羊肉,吃了会使胎儿痴呆、畸形;不能吃双生瓜果,怕生下来的是双胞胎,因为贵州大多少数民族都认为双胞胎是不吉祥的东西。

这些禁忌有些能对孕妇的身心起到间接的保护作用,但更多的是无稽之谈。一般来说,民族社会中,几乎没有现代科学理念的胎教之说的,但社会对孕妇的某些禁忌,实际上与胎教之说也有着异曲同工的作用。例如,有的民族,怀孕妇女不能摸死人棺材,究其思想根源乃是鬼神观念在作祟,不过,让孕妇避免接触这种悲伤的情景,于母亲、胎儿的身心健康还是有益的。

(二)产后的母婴保健

科学上称从胎儿降生到母体生殖器完全恢复这段期间叫产褥期,一般大约6~8周左右。这期间,产妇必须要休息好,否则容易染上疾病。而新生儿生理机能发育尚未完善,如果护理不当,同样容易得病,严重者甚至死亡。可以说,新生儿期是人类生存中的关键阶段。

许多贵州少数民族妇女在产后一段时间都有"坐月子"的习俗,但时间长短、活动、饮食等都要受到一定的习俗规约。例如苗族认为产妇是不干净的人,严禁走村串寨,违反者要受到习惯法的处罚;家有产妇门前要插标记,暗示外人不能入内,如果不慎入屋,出门时要把脚洗干净,否则会把产妇奶水踩干;产妇分娩三天内不能洗衣服,吃的蛋壳不能乱丢,只能由他人代为收拾;产妇满月,需族人请吃一顿饭后,才能抱小孩出门;产妇未满月前,不许坐在他人门槛上,如违此规,必须用两只鸡或两只鸭赔给所到人家并道歉。

与此同时,在长期的生育实践中,各民族也总结了一些有利于产妇身体健康的医学常识。例如,在贵州织金一带的苗族妇女常用三角枫、九里光、追风伞、臭草等药材煎水净身;天柱等地的侗族、苗族妇女则在生育后用老虎麻、枇杷叶、之东草及四方藤煎水洗浴等。据说这些草药对产妇的伤口可以起到消炎止痛的作用,并有促进子宫恢复的功效。

对新生儿而言,各民族同样有着自己的习俗和禁忌来保护其健康成长。侗族妇女生完小孩后,一般忌生人入户。他们认为,在这个时候外人来到家中会带来不干净的东西,因而通常在门口放置一些东西如草标或橙子叶表示家有产妇,外人谢绝入户;同时,出于趋利或抱着对孩子未来的希望,人们又希望有一些"有福之人"到来,给新生儿带来"福分"。从江的侗族人家如果生了男孩一般是在门上挂禾草,生女儿则挂青布条。如果有外人不慎闯入,妇女一般是不受欢迎的,而如果该人是有儿又有女、有吃有穿或公职者,往往可受到热情款待,希望此人给新生儿带来"福气"。有的侗族地区,三天内,新生儿的父亲不能随意到别人家去,甚至不能从别人家屋檐下行走,否则会带来不吉。此外,为了保证新生儿有足够的奶水,有些苗族地区在产妇的卧室门口撒上一条白色的灶灰线,以防止奶水外流。还有的地方的人家,为防止孕妇把奶水带走,就到居住在产妇家上方的孕妇家中稍稍抓一点米、面或盐带回做给产妇吃,这样奶水就流回来了。

以上做法在客观上确实对产妇和新生儿的健康起到了一定保护作用。因为在产褥期,产妇和婴儿都非常虚弱,极易感染疾病,而外人的进入则容易带来病菌,不利于产妇和新生儿的身体健康。

(三)社会化教育

从社会学角度来说,人从出生到成年要通过不同形式的学习来吸收社会的规范模式和社会中人们的行为方式,同时在与他人的接触中让自己获取在自己生存的社会环境中的生活资格。这一学习的阶段,通常称为社会化过程,俗称教育。同样,贵州少数民族都有着自己独特的教育方式,这些教育方式、教育内容无不在民族的法律文化中体现出来。20世纪50年代以前,贵州少数民族对下一代的教育,无论方式还是内容完全是延续千百年来的传统模式,在社会化过程中的每一个人都在遵循着长辈传承下来的思维方式、生活方式、生产方式,其内容主要包括社会规范的教育、农业技能的传授和社会参与能力的培养等。

民族地区的社会规范教育内容,多体现在习惯法的法条之中。这里仅摘录《从江古今乡规民约·从江历代告示实录》中的几则为示:"议内勾外引,偷鸡摸狗,伙同抢劫,为非作歹者,退脏物外,罚银一两四钱,严重众议。"(康熙十一年)"盗田禾、田鱼,挖墙撬壁,并盗仓禾,罚七两,牛一只,若本人财力不力,问叔伯兄弟完此盗项"、"无故依势辱骂,经中理讲理屈,罚钱一两二钱"。(道光十四年)"议族中有事,有力者出力,能言者出言,其有用费,我族分担。须大帮小补,贫者不帮为不法不帮,有不帮者罚银二两三""议族中子弟务宜醇谨老成,安分守己。倘为非礼之事,不孝不悌及吹烟、赌钱,不听约束,请族中父老惩治重责。"(道光十八年)"议临终埋葬、修斋、设祭、举哀、戴孝分所当为,至宰家繁华,不过掩生人之耳目,徒靡费银钱,今舍从轻,诸亲吊丧答礼二斤。"(咸丰十年)"二十九(联寨名)之间要讲文明礼貌、道德、和气,态度要和谐。要有福同享,说话要和气,永远团结友爱,患难相扶。"(嘉庆十二年)。从上摘可知,贵州民族社会规范教育的内容十分宽泛,将之列入法款的历史已较悠久。之于教育的目的,则明定为"约束人心,使贤愚皆纳身于执物","以惩刁风,以安良善,成仁里之俗,礼义之乡","以和宗族而睦乡里,以义制心",达"士食旧德,农服先畴,工而居市,商也贸易,人各安于本份,户户讲义而行仁"。①

对儿童的社会规范教育主要是通过在本民族举行的一些宗教祭祀活动、丧葬、婚嫁习俗以及孩子们参加的各种节日庆典等社会活动来施行的。同时,通过对社会规范违反者给予惩罚,让孩子们知道哪些行为该做,哪些行为不该做,让孩子们在心理层面形成原始的正义观念,并以此来引导自己的行为。

例如,在雷山县某一苗族村寨中发生偷盗行为,如果偷盗数目过大,影响也大,但又找不到偷盗者时,便会公开举行议榔会议。而议榔会议通常选在有一块石头的地方举行。因为这里人们一般都认为石头有超自然的力量。在议榔会议中祭石以后,大家要对石头发誓,谁要是违反誓言,就会遭到惩罚。同时,还要邀请一位无子女的人来主持。会议开始后,主持人说:"如果以后谁违犯誓言,就象我一样绝后。"然后杀鸡,把血滴在酒里,让村民去喝鸡血酒,同时边喝边发誓,说如果以后偷摸如何如何。如果谁不喝证明心理有鬼。之后杀猪分肉,家家有份,要求家长教育子女不要做坏事。发誓之后,人们都害怕遭到诅咒,此后村里因之偷盗行为日渐减少。② 在贵州少数民族地区,对违反社会规范的惩处,往往是在公开场合进行,一方面可以警告和处罚违法者,同时对在场的孩子也起到了一定的教育作用。孩子们通过参与事情的经过在受到教育的同时,也学会了本民族的生活经验,了解了本民族的行为规范,并以此来规范自己的言行举止。社会传统文化的传承在此过程中也得以逐渐实现。

农业技能的传授和社会参与能力培养的教育是贵州许多少数民族社会化的主要方式。贵州民族地区多为山地和农村,最基本的生活方式就是农耕。浓厚的农业文明色彩造就了人们按照性别进行劳动分工。父母根据孩子们性别的不同,对男孩和女孩从小灌输不同的技能和知识,到了孩子举行成年礼的时候,基本掌握了自己民族传统的农业生产技能。

四、人口协调法律文化

人口协调是指对组成人口的各人口群体间的相互关系以及个人发展过程进行协调的活动③。人口协调是根据各人口群体在社会生活中的实际状况和特殊需要,通过提供特殊保障,以及为个人发展过程中的基本社会需要提供保障来实现的。用法律协调人口,同样也是一个社会所需要的。自古以来贵州各民族同样有着人口协调的文化氛围,并在世代相传中有着良好的协调人口发展的法文化。

---

① 张子刚.从江古今乡规民约·从江历代告示实录[M].北京:中国科技出版社,2012.
② 周相卿.黔东南雷山县三村苗族习惯法研究[M].贵阳:贵州人民出版社,2007.
③ 陈明立.人口法学[M].成都:四川人民出版社,1993.

(一)人与人之间的协调

立于清道光十八年的从江加约《百忍遗风》碑彰显了人与人关系的内涵为"父与父言慈,子与子言孝,兄与兄言恭,而且无事则缓急相周,有事则急难相恤。庶几亲其而亲者,无失其为亲。"该碑为该地张氏家族族规碑,规条中强调"族中有事务宜同心合力相帮","族中有事务与众人商议,或入宗祠,或到官,务宜同心","族中有事,有力出力,贫者不帮为不法不帮。"①该碑的内容,展现了在贵州少数民族中,人安本分,团结协作、互助互爱的道德标准。一家有事,众邻相帮的传统良风。

在苗寨,如果有人因病祸不能按时完成播收任务时,寨人会相互邀约予以。如遇水灾、火灾等灾难时,其宗族、村寨便自发捐物献粮,助其度过难关、重建家园。凡遇红、白喜事,人们便自觉资助不计报酬。苗族的《祝福歌》一开始就对这种协作意识有了直接的表达:前天我已祝福了,昨天我又祝福了,要富大家富,要好大家好,同样一样富,好比过秤称,不让这边低,不让那头高,不让这边哭,不让那边笑,恰如一对千里马,跑到天边无输赢,大家都吃不完,大家都饮不尽,恰如土中谷,雀鸟啄不尽②。

布依族有谚语云:"帮苦济贫,天下太平","富不要忘贫,饱不要忘饥。"对鳏寡孤独、老弱病残和丧失劳动力者,房族和寨内群众均乐于捐资、捐物或轮流抚养,并已形成制度化,即"有房归房,无房归族,无族归众"。即便是外乡人死于本村范围内,大家也会捐资,将死者安葬,不让其抛尸于野。布依谚语又云:"一家有事百家愁,大家困扰来分忧。"平常人一旦遇有天灾人祸,人们都会自然而然地伸出援助之手,且都不计报酬,也没有报酬。

在抚育孤儿,赡养老人等社会救助方面,贵州民族社会中,都有约定俗成的规定:鳏寡老人和孤儿,由本房本支亲属负责,如果出现老人挨冻受饿、孤儿流离失所等现象,就会受到舆论的指责和寨老的干涉。

笔者认为贵州少数民族这种团结互助、济贫救难的优良传统,互相关心、互相爱护、互相帮助的美德处在农业文明的社会来说,无疑有着原始的社会保障机制作用,并稳定了社会人口的发展。对在中国社会主义市场经济下,社会保障制度还不够完善的今天,这种包含互相关心、互相爱护、互相帮助美德以及协调人口之间关系的"原始"法文化,无疑是社会主义社会保障体系的有益补充,有利于社会稳定与和谐。

(二)人与社会群体的协调

由于长期处于恶劣的地理环境中,贵州各少数民族的社会生产力十分低下,而要使族群发展,就必须依靠集体的力量才能战胜各种客观世界中的困难,集体主义

---

① 张子刚.从江古今乡规民约·从江历代告示实录[M].北京:中国科技出版社,2012.
② 黔东南州民委.苗族民间文学资料:第一集[M].1984.

道德观便在贵州各民族中形成和发展起来,并经过数千百年的沉淀,融汇在各民族的生产、文化、和传统文化之中。贵州各民族的各种故事和山歌、习俗无不体现着个人与社会群体的关系,无不赞美个人服从集体的美德。

"邀会"是土家族团结互助集体主义精神的体现。在土家村寨中,许多情况下都有邀会。打猎有"梅山"会,在祭祀了梅山神之后,就"围山打猎,见者有分",实际上这是原始社会氏族公社集体劳动、平均分配的遗俗。在侗族地区,对桥梁、道路、渡船等修建活动,大家都乐于帮忙。每到冬天,村寨便组织群众铲除山涧道路两旁的杂草,以便于路人通行。此外,在寨头村尾一般建有凉亭,安置木凳,供路人乘凉休息。布依族同样重视个体与群体的协调、和谐和统一。在布依族社会中,个体具有很高的制约和控制的品格,必要时甚至为群体做出牺牲,体现着团结、友爱、互助的集体主义思想。

由于贵州各民族是大杂居、小聚居的分布特点,这为各民族的接触、交往、相处、相互学习提供了条件。在历史上,贵州各族人民在共同开发自己家园、建设自己家园的过程中,形成了一些共同的生产习俗,也形成了共同的道德情操和法文化观念,这些特点体现在各族人民生活的方方面面,为避重复,于此不表。

五、人与自然协调法律文化

贵州少数民族千百年来就有人与自然协调的法律文化,并渗透于各民族的伦理、道德、习惯以及生活的方方面面。

(一)意识层面对大自然的敬仰

由于长期处于农业社会,加上生产力的落后,贵州各少数民族难以对自然现象做出比较科学的解释,同时在神鬼思想的作用下,贵州大多数民族自古都认为天地万物都有灵性,对一些自然界的东西非常敬畏,并由此产生了各种图腾崇拜。在布依族的山歌里有"十二个太阳"、"十二个月亮"。在水族的山歌里唱到人、龙、虎、雷相互争夺天下,自然界的风、雷、日、月都充满了神秘。苗族认为,地上的花草、树木、石头,甚至野兽都有灵性;苗族古歌里唱到:人、神、兽是一个祖先,龙、蛇、牛、虎等和地上的人,天上的雷公是一个母亲生的,并且是在一天生的。因此,很多少数民族都认为某些树木是不能砍伐的、有些石头是不能开采的,否则会败坏自己村寨的风水,影响族群的发展。朴素的自然宗教观的信仰下、对自然界的崇拜下,贵州各少数民族思想里孕育着对自然万物的敬畏之情,并由此促成了对自然生态保护意识的产生。

此外,在贵州少数民族的理想中,不仅有幸福的人间天堂,还有美丽的生态环境。贵州少数民族聚居的黔东南自古就有"林海"的美称:"周数万公里,皆森林大箐,林木葱茏,其木多松杉。"清水江流域"自清江以下玉茅坪二万公里,两岩翼云,承日无隙,土无漏阴。""迂回万余里,直上下千级。松气表兹,烟凝雾结。"苗族的迁徙史歌中唱到："……骑马撵猪下山来，飘云飘雾进山去，大家朝五龙抢宝的地方来，众人朝凤凰起舞的地方下山去。神仙赐来泉水潺潺，望不断的绿树荫翳，伸手可以摘月，张嘴可以咬星，……。"

这种把优美的生态环境作为民族生活理想之所的重要内容，是贵州少数民族追求优美生态环境的理想境界。可以看出，贵州少数民族对自然和谐的理想也包括了他们对自然的道德情感，他们很早就感知到自己保护自然的责任，并将这种生态意识内化为自己的实践价值标准，并代代相传。

（二）制度层面的自然保护

正是由于贵州少数民族的观念中有着良好、朴素的自然保护意识，人与自然协调的观念，因而在各民族的法文化中，无不体现着各民族对自然界的保护，对人与自然和谐的追求与向往。

侗族习惯法非常重视保护山林，有些侗款反复强调林地界限的神圣不可侵犯性，禁止任何人跨越地界进入其它家族或村寨的林区，甚至本家族成员进入林区都要受到款约的规范。侗款还规定：要遵照祖宗的公约办理。水共一条沟，田共一眼井。上边是上边，下边只能让上边有水下边干，不能让下边有水上边干。如果哪家孩子，偷水截流、破塘埂、毁沟堤害得上边吵、下边闹，就要让他的父亲出来修平田埂，并让他母亲出来道歉。如有私自引水翻坡、牵水翻坳，在上面的阻下，在上面的阻外，要他父亲赔工，母亲赔钱。此外，在侗族习俗中，一直有植树造林的良好传统风俗习惯，例如在贵州天柱、锦屏等县的许多侗寨，有这样一个传统：孩子一出生，其家人就替他（她）栽种一百棵杉树，孩子成人后，这些杉树已成材，并可作为儿女嫁娶的费用。在有些村寨，母亲还专为女儿栽种"嫁妆林"，名叫"十八杉"，又称为"姑娘林"。贵州其他少数民族至今还继承了在寨旁、井边义务种树的传统，这种行为，被称为"积阴德"而深受赞许。在传统的民族社会中，林地和粮区都有较明确的区分，农田和林地不会交错，这有利于防火。正是有了这些良好的习俗，侗族人工营林方式才比较成功，侗族所在地区才能成为有名的产林区。在提倡保护生态资源、走可持续发展之路的今天，侗族的传统习惯法、风俗习惯、营林方式，都是值得借鉴和学习的。

苗族的《议榔词》中到："榔规西来了，榔规来到了，榔到了刚榔，来到了加发，烧坡遇到风，玩狗雷声

受贯制规定而立的还愿桅杆

响,烧完山岭上的树干,死完山谷里的树根,地方不依,寨子不满。金尼榔来议榔,罗栋赛来议榔。封河才有鱼,封坳才生草,封山才生树……议榔寨子才亲善和睦。"这一段词意思是说,有人放火烧荒,破坏了山林,通过议榔、封河、封坳、封山,达到保护自然环境的目的。这种保护生态的措施,今天看起来也是必要和科学的,有些做法甚至比今天还好。比如:苗族习惯法规定的封河在当今城市里是想做也做不到。河流是一个生态系统,人们过度捕捞、垂钓,小虾、小鱼都不放过,河里的螺、蚌类生物也难以幸免,这必然会减少生物的多样性,导致一些珍贵鱼类的灭绝。由于河水中生物多样性减少,河水的自净能力减弱,使得河草疯长,水质下降。由此可见,苗族的封河习惯法,理应成为我们治理环境的法宝之一。另外,民族地区保存的护林石碑(大多立于清朝)显示,贵州各民族保护林木的意识较强,方法较多。比如,镇宁县有一护林碑文规定:村寨附近如果有人砍伐林木,则"集村众而申讨之,议决一致,期以十年,自培自植,勿剪勿败。"①黎平南泉山的《永远禁石碑》写到:"兹有不法山僧,暗约谋买之辈,私行擅伐。合郡绅士,因而禀命干预,除分别惩治外,理合出示晓谕,再行勒石,以垂久远。自后山中一草一木,不得妄砍。"都匀外套地区的《水族乡禁牌》载:"一议我等地方不准毁田伐地,如有敷重、伤者,传齐人众相帮,出钱上致,无许私致和实礃之人,如私和者罚银二两四钱八分。"《西南异族志·卷八》载:"树木枯了匠人来培植,树很茂盛不用刀伤。祖宗有明训,祖宗定大法,笔之于书,传诸子孙,古如此,而今也如此。"②上述制度层面对自然的保护,无疑有着重要的现实借鉴意义和价值。

第三节 贵州民族现代人口法律文化

贵州少数民族人口法律文化是在贵州独特的社会环境与地理环境中产生和发展的,是各族人民历史、文化、价值观念的集中表现,具有朴素、原始的特点。这些特点随着20世纪50年代的社会主义改造以及80年代国家计划生育政策的全面实行,各民族人口法律文化也发生着深刻的变迁,传统的人口法律文化逐渐走向了现代化。

一、贵州民族人口与计划生育当代政策和法律法规

(一)我国民族人口政策与法律法规回顾

中华人民共和国成立后,党和国家不仅十分关心和重视少数民族的政治、经

---

① 胡鬻.镇宁县志:卷2[M].1947,石印本.
② 杨军昌.贵州民族人口生态文化试论[M]//贵州省民族文化学会.民族文化复兴与区域发展历史性跨越.北京:作家出版社,2007.

济、文化等方面的发展,同时也十分关心和重视少数民族人口与发展问题。我国少数民族人口发展与汉族人口发展存在着较大的差异,各少数民族之间人口发展也不平衡。党和国家在不同时期、不同发展阶段针对少数民族人口实际状况,制定了具体的少数民族人口政策。这些政策的贯彻实施,促进了民族人口的健康发展和民族地区社会经济的进步。

除《宪法》外,我国在解放后既有专门关于人口问题的法律法规,又在它法律法规中体现了不少关于人口问题的部分或条文。包括人口生育政策、人口婚姻、人口家庭、夫妻关系、亲子关系、人口数量、人口流动、计划生育、人口质量管理、优生优育优教、妇幼卫生保健、义务教育、公民道德教育与继续教育、人口结构、老年人权益保障、人口发展、人口管理、计划生育奖励扶助、人口经济社会资源环境协调发展和可持续发展等方面的法律规范,涉及到的法律法规有《婚姻法》、《人口与计划生育法》、《母婴保健法》、《未成年人保护法》、《收养法》、《继承法》、《妇女权益保障法》、《老年人权益保障法》、《残疾人保障法》、《义务教育法》、《教育法》、《民族区域自治法》、《公务员法》、《关于加强少数民族人口与计划生育工作的意见》、《散居少数民族权益保障条例》、《中国妇女发展纲要(2001—2010)》、《中国 21 世纪人口与发展》、《婚姻登记条例》、《农村五保供养工作条例》、《流动人口计划生育管理办法》、《流动人口计划生育和服务工作若干规定》、《扶持人口较少民族发展规划(2005—2010)》、《扶持人口较少民族发展规划(2011—2015)》、《计划生育技术服务管理条例》、《关于加强婚姻管理制止早婚早育的意见》以及《森林法》、《环境保护法》、《安全生产法》、《水法》等等。这些法律法规既是全国关于人口发展的共同规范,更是贵州各族人民在人口与计划生育等方面共同遵守和执行的准绳,也是当代贵州民族人口法律文化建设的法律与政策指导。具体就我国民族人口政策与法律法规的制定来讲,大致经历了如下历程:

(1)解放后至 20 世纪 70 年代初:鼓励少数民族人口发展政策

新中国成立前,由于历代反动统治阶级的剥削和压迫,绝大多数少数民族为了生存和发展,被迫聚族而居,大都生活在边疆、草原、沙漠或深山峡谷之中,自然条件恶劣,生产方式落后,一些民族还停留在原始社会、奴隶社会阶段,人民生活极端贫困,人口发展缓慢。解放后,党和国家针对少数民族人口状况,及时提出了发展少数民族人口的人口政策,鼓励生育,使少数民族人口数量有一个较快的发展,以适应少数民族地区经济建设的需要。这些政策,既表现在当时党和国家领导人的讲话中,又体现在有关的文件、决定上。1951 年 10 月 18 日,毛泽东主席在接见西藏致敬团时说:"西藏地方大,人口少,人口需要发展。"1957 年 10 月 9 日,又在《做革命的促进派》一文中指出:"计划生育也来个 10 年规划,少数民族地区不要去推广。"同年 10 月的中共八届三中全会上,又明确要求"人口要节育,要三年试点宣传,三年推广,四年普及推行。在少数民族地区不要推行,山区人口少的地方也不推广。"根据毛泽东主席发展少数民族人口的思想,1953年6月,中央民族事务委员会第三次(扩大)会议通过的《关于内蒙古自治区、绥远、青海、新疆等若干牧区牧业生产的基本总结》正式制定了对少数民族地区"贯彻'人畜两旺'的方针"。这个方针是国家对少数民族实行鼓励生育最早提出的总方针、总政策。

20世纪50年代中期,我国国民经济得到了恢复和发展,人民生活水平逐步提高,人口发展速度较快,给国民经济发展造成了困难,中央制定了在全国提倡节制生育、控制人口增长。但对少数民族仍然实行鼓励人口增长政策。这突出表现在1960年4月12日第二届全国人民代表大会通过的《1956年至1967年全国农业发展纲要》上。《纲要》第29条明确规定:"除了少数民族地区以外,在一切人口稠密的地方,宣传节制生育,提倡有计划地生育子女,使家庭避免过重的负担,使子女受到较好的教育,并得到充分就业的机会。"这一政策的实施,使我国少数民族地区人口得到了很大的发展。1964年全国第二次人口普查时,大陆少数民族人口总量达4000万人,比1953年"一普"时净增了725万人,年递增率为11.4%,所有少数民族人口消除了负增长状况,促成了我国少数民族从20世纪60年代中期开始的第一次人口生育高峰期的到来。

(2)20世纪70年代初至80年代初:宣传提倡计划生育政策

20世纪70年代后,计划生育已成为我国的一项基本国策。少数民族地区经过解放后鼓励生育的政策的实施,人口增长普遍快于汉族。鉴于少数民族地区之间、少数民族之间人口发展不平衡,需要在人口发展较快的地区和民族中,在一定的时期内开展计划生育的宣传教育,适当控制人口增长。1971年国务院批转的卫生部、军管会、商业部、燃料部《关于做好计划生育工作的报告》中指出:"人类在生育上完全无政府主义是不行的,也要有计划生育……除人口稀少的少数民族地区和其他地区外,都要加强对这项工作的领导,深入开展宣传教育,使晚婚和计划生育变成城乡广大群众的自觉行动。"这个文件是国家对少数民族地区人口政策具有转轨性质的文件。除"人口稀少"的少数民族地区不实行计划生育的政策,与五六十年代提出的计划生育"除了少数民族地区以外"、"少数民族地区除外"等提法有着重大区别。整个70年代,对少数民族地区实行计划生育宣传的政策,使少数民族群众普遍认识到实行计划生育、控制人口增长是各民族的共同任务,是加快发展民族地区经济、提高少数民族人民群众生活水平的重要措施。

(3)20世纪80年代至今:实行比汉族"适当放宽"的计划生育政策

1982年第三次人口普查时,我国少数民族人口从1964年的3992万增加到1982年的6723万,增加了2731万,增长比例为68.4%。少数民族总人口占全国人口的比例,由5.8%上升为6.7%。1982年,全国少数民族中,人口超过100万的已有 15 个,超过 10 万的有 13 个。而全国人口已达到 101541 万人,比 1964 年增加了 31042 万,增长比例为 45.24%。针对全国严峻的人口发展形势,1980 年 9 月,国务院认为,在今后 20~30 年内,必须在人口问题上采取一个坚决的措施:就是除了在人口稀少的少数民族地区以外,要普遍提倡一对夫妇只生育一个孩子,必须把人口增长率尽快控制住。同月 25 日,出台的《中共中

节庆中的喜悦

央关于控制我国人口增长问题致全体共产党员共青团员的公开信》号召"每对夫妇只生育一个孩子……对于少数民族,按照政策规定,也可以放宽一些。"中共中央、国务院为了进一步落实少数民族地区实行计划生育的人口政策,1982 年 2 月发出了《进一步做好计划生育工作的指示》,明确"对于少数民族,也要提倡计划生育。在要求上可适当放宽一些。具体规定,由民族自治地区和有关省、自治区根据实际情况制定,报上一级人大常委或人民政府批准后执行"。同年 12 月,全国人大批准的《中华人民共和国国民经济发展和社会发展第六个五年计划》进一步明确规定:"少数民族聚居地区,也要实行计划生育,并根据各地区的经济、自然条件和人口状况,制定计划生育规划。"至此,中央对少数民族地区实行计划生育的人口政策,从原则至具体生育政策全面形成。据之,各省、自治区、直辖市和有关民族自治地方,根据本地区少数民族的实际情况,先后制定了具体的少数民族人口政策。

2001 年 12 月 29 日通过、2002 年 9 月 1 日起实行的《中华人民共和国人口与计划生育法》,首次以国家法律的形式确立了计划生育基本国策的地位,将具有中国特色综合治理人口问题的成功经验上升为国家的法律制度,把国家推行计划生育的基本方针、政策、制度、措施用法律形式固定下来,为进一步做好人口与计划生育工作,综合治理人口问题,为地方人口与计划生育立法提供了法律依据。它的颁布对于加快人口与计划生育法制建设,全面提高人口与计划生育工作的管理、服务水平,促进人口与经济社会协调发展和可持续发展产生着重大而深远的影响。其中,第 3 章第 18 条规定:"少数民族也要实行计划生育,具体办法由省、自治区、直辖市人民代表大会或者其常务委员会规定。"第 2 章第 15 条规定:"各级人民政府应当对贫困地区、少数民族地区开展人口与计划生育工作给予重点扶持"。第一次用法的形式明确了少数民族也要实行计划生育,并要求各级政府对少数民族地区的人口与计生工作给予重点扶持,既体现了人口国策之于民族人口的原则性和灵

活性,又体现出了党和政府对民族地区、民族人口的关怀和厚爱。《人口与计划生育法》与各地据之而制定的《人口与计划生育条例》,无疑将开创民族地区人口与计划生育工作崭新的局面。

(二)贵州关于民族地区人口与计划生育的法律法规

1. 贵州省计划生育试行条例与修订条例

在上述法律法规和政策的指导下,贵州结合地情实际,围绕人口与计划生育基本国策,充分利用立法资源和政策优势,在人口法律文化建设中迈出了前所未有的坚实步伐,制定和实行了具有地域特色、民族特色、时代特色的关于人口发展问题的法规和法规性文件,为贵州民族人口问题走上依法治理轨道,实现人口和谐发展奠定了坚实的基础,促进了民族人口与计生工作的顺利和有效开展。具体法规与相关内容有:

1987年7月16日,贵州省第八届人大常委会颁布、施行了《贵州省计划生育试行条例》,在这贵州省第一个关于计划生育的法规性文件中,体现着贵州少数民族的生育政策。《条例》第5条规定:"提倡和鼓励晚婚、晚育,按《婚姻法》规定的婚龄推迟三年以上结婚的为晚婚,妇女晚婚后或年满24周岁后生育第一个孩子的为晚育。"第6条规定:"提倡和推行一对夫妻只生育一个孩子,严禁计划外生育。"第7条规定:"夫妻双方或一方是国家工作人员、企事业单位职工、城镇居民,符合下列情况之一的,允许生育第二个孩子;……(3)夫妻双方均为少数民族的。"第8条规定:"夫妻双方是农民,符合第7条各款规定之一或有下列情况之一的,允许生育第二个孩子:……(2)夫妻一方是少数民族的;……"第9条规定:"夫妻双方都是少数民族的农民,两个孩子中有一个为非遗传性残疾,不能成为正常劳动力的,允许再生育一个孩子。"第10条规定"符合第7条、第8条、第9条规定条件的夫妻,经本人申请,县级计划生育委员会批准,生育间隔四年以上,方可安排生育。"

1998年7月24日,贵州省第九届人民代表大会常务委员会第三次会议通过,7月27日公布施行的《贵州省计划生育条例》在"推行和鼓励一对夫妻只生育一个子女"的前提下,在《试行条例》的基础上,进一步完善了民族人口政策。第13条规定:"提倡和鼓励晚婚、晚育。晚婚指按法定婚龄推迟三年以上的初婚;晚育指已婚妇女24周岁以上或晚婚后怀孕生育第一个子女。"第16条规定:"夫妻双方是农民,除适用第15条规定外,符合下列条件之一的,可以生育第二个子女:……(2)夫妻双方或一方是少数民族的。"第17条规定"夫妻双方都是少数民族的农民,两个子女中有一个为非遗传性残疾,不能成长为正常劳动力的,可以再生育一个子女。"第19条规定"符合本条例第15条、第16条、第17条的规定,要求再生育的,须经县级人民政府计划生育行政主管部门审核批准,生育间隔必须四年以上;女方30周岁以上生育第一个子女的,不受间隔限制。"

该《条例》与《试行条例》相比,保留了原2、3项内容,撤消了夫妻双方是少数民族的国家工作人员、企事业单位职工、城镇居民"允许生育第二个孩子"的政策。

2002年9月29日,贵州省第九届人民代表大会常务委员会第三十一次会议审议、通过了修订的《贵州省计划生育条例》。新《条例》是在1998年《条例》的基础上,以国家《人口与计划生育法》的有关条款为依据并参照有关法律法规,结合贵州实际修订而成的此次《条例》修订的宗旨之一是"为了实现人口与经济、社会、资源环境的协调发展"。在民族人口政策上涉及的主要条款有:第28条规定:"提倡和鼓励晚婚、晚育。晚婚指按照法定婚龄推迟3年以上的初婚;晚育指已婚妇女24周岁以上或者晚婚后怀孕生育第一个子女。推行和鼓励一对夫妻只生育一个子女。"在生育子女上,第31条第2款规定:夫妻双方是农民,"夫妻双方或者一方是少数民族的",可以生育第二个子女;第32条规定:"夫妻双方都是少数民族的农民,两个孩子有一个非遗传性残疾,不能成长为正常劳动力的,可以申请再生育一个子女。"在生育二孩的条件上,新《条例》与1998年《条例》相比强调了"申请"这一环节,突出了管理的程序与计划性。所不同的是,与以往《条例》相比,新《条例》规定了有关职能部门在人口与计划生育工作中的职责和义务,其第24条强调了民族宗教部门在其中所应负的重任,要求"对实行计划生育的少数民族贫困家庭给予重点扶持"。这无疑对民族地区的人口与计划生育工作向前推进、迈向新台阶有着积极的意义。

在新的时期,"为了统筹解决人口问题,实现人口与经济、社会、资源、环境的协调和可持续发展,维护公民的合法权益,促进家庭幸福、民族繁荣与社会进步",2009年9月25日,贵州省第十一届人民代表大会常务委员会第十次会议又审议、通过修订的《贵州省人口与计划生育条例》。《条列》第4条要求在实行计划生育基本国策中,要"坚持宣传教育为主、避孕为主、经常工作为主,辅之以必要的行政、经济措施;坚持与发展经济相结合、与帮助群众勤劳致富相结合、与建设文明幸福家庭相结合,着重抓好与新阶段扶贫开发相结合。"第6条强调:"各级人民政府及其工作人员在推行计划生育工作中应当严格依法行政,文明执法,不得侵犯公民的合法权益。"第28条规定:"民族宗教事务部门应当配合人口和计划生育等行政部门开展人口与计划生育宣传教育,引导少数民族实行计划生育,对实行计划生育的少数民族贫困家庭给予重点扶持。"第32条重申"提倡和鼓励晚婚、晚育。晚婚指按照法定婚龄推迟3年以上的初婚;晚育指已婚妇女24周岁以上或者晚婚后怀孕生育第一个子女。推行和鼓励一对夫妻只生育一个子女。"在政策生育上,第35条规定:"夫妻双方是农民,除适用第34条规定外,符合下列条件之一的,可以申请生育第二个子女:(1)第一个孩子是女孩的;(2)夫妻双方或者一方是少数民族的;……。"第36条规定:"夫妻双方都是少数民族的农民,两个子女中有一个为非遗传性残疾,不能成长为正常劳动力的,可以申请再生育一个子女。"在社会保障上,第56条规定:"各级人民政府应当建立健全计划生育利益导向机制,扶持帮助计划生育家庭全面发展。"在第57~59条中,规定"各级人民政府对农村中的独生子女家庭、生育两个女孩并已落实绝育措施的家庭和其他实行计划生育的贫困家庭,在扶贫项目、资金、信息、技术等方面予以照顾",要对这些家庭"逐步推行养老保险制度及提供其他社会保障";"县级人民政府在实施新型农村合作医疗中,应当为农村独生子女户、二女绝育户的父母及其未成年子女缴纳需要由个人缴纳的合作医疗费。"该《条例》是贵州近四十年来人口与计划生育工作实践的结晶,是指导贵州人口与计划生育工作继往开来、与时俱进,实现跨越式发展的重要保障。

2. 民族自治州、县人口与计生法规概略

1984年5月31日,第六届全国人口代表大会第二次会议通过、同年10月1日起施行的《中华人民共和国民族区域自治法》第44条规定:"民族自治地方的自治机关根据法律规定,结合本地方的实际情况,制定实行计划生育的办法。"2001年2月28日第九届全国人民代表大会常务委员会第二十次会议通过的《中华人民共和国民族区域自治法》(修订),除保留1984年《自治法》44款内容外,强调"民族自治地方实行计划生育和优生优育,提高各民族人口素质"。在民族区域自治法的指引下,贵州民族地区相继制定了切合本地区实际的人口与计生法规。

《黔南布依族苗族自治州自治条例》(1987年1月1日施行)第69条规定:"自治州的各级国家机关推行计划生育,有计划地控制人口增长,提高各民族人口的素质,少数民族的计划生育,执行国家对少数民族计划生育适当放宽的政策。"

《黔东南苗族侗族自治州自治条例》(1988年1月1日起施行)第55条规定:"计划生育是我国的基本国策。自治州内各民族公民都实行计划生育,控制人口自然增长率。"

《黔西南布依族苗族自治州自治条例》(1988年5月1日起施行)第55条规定:"自治州的自治机关坚持实行计划生育的基本国策,提倡晚婚晚育和优生优育,严格控制人口自然增长率,提高人口素质。""自治州的自治机关执行有关少数民族计划生育政策和法规的规定。"在贵州11个自治县的《自治条例》中都将人口与计划生育工作列入了重要的条款。如《威宁彝族回族苗族自治县自治条例》(1992年11月11日起施行)

欢快的儿童

第 61 条规定:"自治县的自治机关加强对计划生育工作的领导,依法管理,落实人口与计划生育目标管理责任制,提倡晚婚晚育,优生优育,控制人口数量,提高人口素质,使人口的增长同经济和社会发展相适应。"

除自治条例外,贵州民族自治州、县的自治机关和民族事务等职能部门,根据《宪法》第 115 条民族自治地方的自治机关"同时依照宪法、民族区域自治法和其他法律规定的权限行使自治权,根据本地方实际情况贯彻执行国家的法律、政策"和第 136 条、《民族区域自治法》第 19 条、《婚姻法》第 36 条以及其他法律的有关规定,依照当地民族的政治、经济、文化的特点,结合各自的实际情况,积极制定了有关人口问题的变通规定。

1983 年 3 月 26 日,紫云自治县第七届人民代表大会第四次会议通过、同年 7 月 20 日贵州省人大常委会第二次会议批准施行的《紫云苗族布依族自治县执行＜中华人民共和国婚姻法＞变通规定》,共 11 条,不分章,这是贵州民族自治地方制定施行的第一个变通规定。1985 年 4 月 23 日,贵州省第六届人民代表大会常委会第二十次会议于 1984 年 8 月 17 日通过的《松桃苗族自治县执行(中华人民共和国婚姻法)变通规定》,共 16 条。1985 年 7 月 9 日、1985 年 12 月 l8 日,贵州省第六届人大常委会第十三次会议、第十六次会议分别批准全文共 10 条的《黔南布依族苗族自治州执行(中华人民共和国婚姻法＞变通规定(试行)》、共 18 条的《镇宁布依族苗族自治县执行(中华人民共和国婚姻法)变通规定》。这些变通规定,从内容上看,主要从以下几个方面对《婚姻法》作了变通或补充:

一是结婚年龄。均规定男不早于 20 周岁,女不早于 18 周岁。比《婚姻法》规定的男女结婚年龄提前两周岁;二是三代以内旁系血亲,有的把"禁止"变通为"准行"、"提倡",有的缩小范围,只禁止三代以内旁系血亲的姨表、姑表之间结婚;三是适用范围限于当地男女一方或双方是少数民族的婚姻家庭关系;四是结合当地少数民族婚姻家庭的具体情况,作了一些具体的规定。如订婚不具有法律上的约束力;不同民族男女双方自愿结婚的,任何人不得歧视和干涉;保护女孩和生女孩的母亲;禁止遗弃女婴和其他残害女婴的行为;女儿有招夫上门的权利等等。

需要说明的是,上述变通条例或自治条例,有的如黔南、松桃变通规定,现已废止(失效),有的已作修订或正在进行修订。但它们的制定与实施,对于转变各族人民群众的生育观念,降低少数民族人口发展速度,促进民族地区经济社会发展,提高少数民族人民群众的物质文化生活水平等发挥了极为重要的作用。

二、当代传统民族人口法律文化失调的文化因素分析

不可否认,解放后国家制定和颁发的关于民族人口的系列政策与法律法规的广泛宣传贯彻与切实有力的施行,对于民族人口数量的稳定增长,人口质量的跨越

式提高,人口结构与分布的合理、优化以及人口与资源环境的协调和谐等产生了积极的重大作用。民族人口政策与法律法规越来越深入人心,民族地区的人口法律文化的当代建构愈益得到高度重视并产生了系列经验与成果。

作为以《人口与计划生育法》和各省《人口与计划生育条例》为代表的当代人口法律法规,都是以政府名义制定的,政府在法的施行当中起着主导地位和决定作用。但当代人口法律法规的实施,却不是孤立的,与其他社会文化现象有着各种各样的千丝万缕的联系,例如传统的婚姻观念、家庭观念、宗教信仰以及生态环境等。它在实施上是自上而下进行的,与各民族传统人口法文化无论在形式还是在内容上都存在着诸多不同。不少贵州少数民族在传统人口法律文化、人口思想意识上的表现是一种非理性的行为,并已内化为自己的生存需要,而国家的人口法是一种理性行为,其中很多理念必然与传统民族人口法文化有着相悖的一面,在实施中必然会受到传统法文化的博弈与挑战。实际情况也是如此。例如,2010年10月笔者在黔西南州的婚姻调查资料显示,少数民族青年中有近三分之一认为婚姻的成立不需要以办理结婚证为标志,重视的是婚姻仪式的举行,认为只要遵照当地认可的结婚仪式,只要履行了长辈们认可的结婚礼节,婚姻就标志成立。相反,即使领取了结婚证而没有举行仪式的婚姻则被视为不"合法"。又如,在贵州的一些民族社会中,子嗣观念严重。女方婚后未能生育男孩或无生育能力,不管原妻是否同意,男方讨小老婆被认为是天经地义的,有的妻子还主动给丈夫介绍,促成纳妾。这种纳妾的行为在国家刑法中是犯罪,即重婚罪。可在民族社会中,却认为这是自己家里的事情,外人无权干涉,如果给予刑法处罚,还被认为是国家法的"不公正"。再如,我国《刑法》把不满14周岁的女子视为幼女,而将与其发生性关系的行为视为犯罪。而早婚的婚姻习俗一直在贵州少数民族中存在。女孩到了14岁左右时便被视为成年人并为其举行成年礼,此后便可参加正常的社会交往活动,可以谈情说爱,选择意中人,其间的性行为或婚姻缔结都为习惯法所允许。

对于现代人口法律文化在实践中受到传统法文化的诸如上述所列博弈与挑战现象,不应简单地完全归结为民族社会发展落后、民族人口素质不高、民族人口现代法制意识不强等因素,而应理性地从文化的深层视角予以分析。只有理性而又客观地思考和判断,才能从中找到两者之间价值同一的成分与诉求,并使之成为现代民族人口法律文化建构与作用发挥的协调力与推动力。

就人口文化而言,每个民族的人口文化都有其价值,每个民族的人口法律文化也都以其独特的一面调整着人口关系,指导着该民族的人口发展。因为每个民族的人口法律文化的形成是与该民族的社会发展状况、社会生活需要相适应的,离开这一特定的社会环境,它就显得没有多少价值,但这也并不等于说明每个民族的人口法律文化就是进步的。事实上,贵州少数民族人口法律文化的一些内容非但不能促使其人口健康繁衍,反而会危害人口的发展,影响人与自然、人与经济社会发展的和谐。虽然20世纪80年代后国家人口法逐渐在向贵州少数民族地区渗透,使民族人口传统法律文化发生了系列变迁,使人口的再生产出现了新的生机和活力。但我们应该看到,贵州民族地区调节人口关系的一些传统法律文化是千百年沉淀下来的,不可能在短时间里消失,在相当长的时间仍然会继续存在,并且对人们的生产、生活施以影响。同时,国家法律文化也不可能完全顺利地切入到传统的文化机制中,它们与旧有的法律文化还需要有磨合、博弈的过程,两种法律文化的碰撞、矛盾仍然难以避免。具体来讲,当代人口法律文化的实施,抑或实现民族人口法律文化现代化的主要困难,主要来自以下几个方面:

首先,贵州民族地区的人口法律文化有其自己的地域特点。斯图尔德说过:"相应的环境特征由文化决定,较简单的文化比发达的文化更直接地受环境制约。"生态环境有强大的制约作用。千百年来靠山吃山的贵州各民族不能不直接面对恶劣的自然环境,生产方式和生存方式受着大山的制约,在这种山地文化里,孕育和发展的独特的人口法律文化,自然衍生出了不同于周边环境的人口生产方式、人口生育模式和人口生育观念。俗话所说的"百里不同风,千里不同俗","入境问禁,入国问俗,入门问讳",都表明了各种文化的巨大差异性。法律文化的地域性会形成地区和群体的自我封闭,对外来者或外来文化产生一种排斥的态度。虽然这种排外态度并不一定要采取激烈的对抗方式,但在心理上会形成一种不信任感,这在一定程度上增加了计划生育工作的复杂性和推进向现代化人口法律文化的转变困难。

其次,贵州民族人口法律文化的起源、延续和宗旨都是和民族群体的繁衍密切相关的。独特的人口法律文化反映了该民族对人口关系的共识和一致,这也是任何法律文化的共有特征。法律文化的群体共识性实际上体现了一种社会群体对自己民族的保护意识。这种意识是通过社会群体中每个人的自我控制实现的,外来者只有接受了该地区的社会规范,才能进入这个群体,而不遵从这个社会规范的人都会被群体视为外人。国家人口法律文化在某些方面同样也面对这种状况。同样,在群体内,本地法律文化也成为衡量外来法律文化是否正义的标准尺度。即使国家推行的计划生育有利于群体的人口生产和发展,也会在一定阶段因异风异俗而受到冷遇。因此,法律文化的群体共识性强化了传统文化的生命力,势必减弱新文化的感染力,并形成现代人口法律文化在民族地区推行的阻力。

再次,一个民族对自己本民族人口生产总结出来的法律文化不是一代人两代人所能建立的,而是经历了几十代甚至上百代人的艰辛努力。在贵州民族社会具有浓烈崇拜祖先的文化氛围中,作为该社会群体之一员,谁都不敢轻意地违背或改变既定的社会规范。因为不遵从自己的社会规范,实际上就是否认历史,否认整个群体和自己的民族。这种"忤逆"的罪名是任何想留在该民族社会中的人所担当不起的。正是由于这些特点,当国家在其他汉族地区早就实行计划生育的时候,而贵州民族地区人口法文化在向现代化变迁中呈现出明显的时间滞后性。

从上面的分析来看,实现现代人口法律文化的转变不仅仅要转变生育观念,也要移风易俗,要在贵州少数民族地区建立符合国家计划生育法律的现代人口法律文化,首先,应加强对民族地区各民族传统人口法文化的研究。只有这样,才能从源头上弄清传统人口生产模式的成因,为建立现代新型人口法文化作铺垫。鲁迅曾说过这样一句话:"倘不深入民众的大层中,于他们的风俗习惯,加以研究、解剖分别好坏,立存废的标准,而于存于废,都慎选施行的办法,则无论怎样的改革,都将被习惯的岩石所压碎,或者只在表面上浮游一些时。"①这些都有赖于人口学、民族学以及民族法学方面的学者与专家的共同努力。其次,改变一个民族千百年人口生产方式及其影响人口关系的传统法律文化是一件不容易的事情,但这件工作做好了,将会推动其他工作的开展,特别是有利于建立新的生育观念和形塑新的人口行为,从而起到主观解决人口问题起不到的作用;再次,虽然贵州许多少数民族的人口法律文化从大体上来说是传统的,但在某些方面中也有很多积极因素。因此,在推广计划生育政策时,要吸取、采取一些使民族民众容易接受的方法,特别是要努力挖掘民族人口法律文化中积极的因素,使之与国家的人口法有机地结合在一起,实现人口法文化的现代化转变。

总之,民族人口法律文化和其他民间法一样是根植于民族的习惯、风俗之中,产生于本民族人口种族繁衍的基本需要,从各民族的生产、生活发展而来,并紧密地围绕着自己民族人口生产的婚姻家庭制度、日常事务、最基本的人际关系和基本的人口再生产运行,它通过口耳、行为、心里进行传播和传承,它的执行和其他民间法一样,靠的是一种情感、良心的心理认同和价值利益取向的共同性以及社会舆论,而不是国家的强制力,因而能在民族地区很好地被遵守。

因此,对于许多贵州少数民族来说,以往文化的认同感、依赖感和归属感都深深印入他们的心理之中,且自己的传统社会也形成了一套与之相适应的文化机制,舍弃自己民族的传统文化不但会致来社会生存的压力,也会带来个人心理上的失衡。在一个既定的社会、文化空间里,当昔日的传统文化在短时间里从其社会生活的常态中消失时,心灵上所受到的打击和震撼是难以用言语表达的。因此,如果在民族地区不顾当地民情,过分强制推行国家人口法律文化势必造成许多民族的抵触情绪,进而影响民族团结和民族地区的发展繁荣。

---

① 鲁迅.二心集[M].北京:人民文学出版社,1973.

三、新时期贵州民族人口法律文化建设

民族人口法律文化建设是我国法制建设的一个重要组成部分。从全局来看，民族人口法律文化建设应当以国家人口大法——《人口与计划生育法》和民族人口政策、法律法规作为依据和指导。然而，由于历史原因，贵州民族地区的民族特点和经济、文化的发展水平与发达地区相比有着较大的差距，因而，民族人口法律文化建设在理论和实践上都面临一系列的特殊问题。

首先，贵州民族地区在人口法制建设中有着一个非常显著的特点，即人口法文化和其他法文化一样仍然存在着"二元性"：一方面，各民族在其历史发展中，基于独特的自然环境、政治经济、生育文化意识等所形成的独特的社会人口控制机制，是少数民族在千百年中自身人口历史发展的产物；另一方面，贵州民族人口在发展过程中，由于国家人口法律文化从外部引入而建立起来的人口社会控制机制，不是贵州少数民族地区人口文化发展自生的结果，而是在国家人口法律文化的促进推动下产生的。尽管这种新的人口法律文化在民族地区的推进会中断其传统的人口法律文化的自然发展，产生跳跃式的跨越，然而，跨越之后，其社会人口生活的深层和表层无疑都会留下该民族人口法律文化的痕迹，并且这种痕迹在某些方面仍然支配着人们的人口生育心理和人口生产方式，成为社会人口控制的现实机制之一。因此，国家人口法制在民族地区的建设是以充分认识民族地区人口法律文化结构的二元性为前提的。

其次，民族人口法律文化建设面临着十分复杂的社会问题，而这些复杂的社会问题在国家人口法制推行的汉族地区是很少存在的。例如，在生产力落后的民族地区社会养老模式根本就不健全，民族地区基本依靠家庭养老，而国家人口法中限制人口多生政策的推行势必造成家庭养老的个人负担加重，因此，如何协调好家庭养老与少生政策的矛盾，如何协调不同民族之间的人口政策，如何协调落后民族地区的女性流向发达地区、选择性生育而造成性别比失调问题，如何协调人口的增加带来毁林开荒；如何处理民族地区人口与周边地区人口的关系，如何解决民族传统文化与法制现代化的冲突关系以及传统的生育观如何与现代新型生育文化接轨等问题，都是民族人口法律文化建设中面临和要解决的复杂而特殊的问题。究其原因，这些问题的存在还是由于民族地区经济发展不平衡所带来的。由于各民族在社会发展中存在着实际差异，法律文化建设的难易程度及其内容都会不同。而且，各民族之间的差异将长期存在于我们的社会之中，只要这种差异存在，民族人口法律文化建设所面临的复杂社会问题就一直会存在下去。

再次，民族自治地区自治立法的不完善是民族人口法律文化建设中的现实问题。《民族区域自治法》是调整我国民族关系的基本法，它是针对广大民族地

区的一般情况所作的原则性的规定,不可能详细、具体,不可能把每个民族自治地方存在的特殊情况,以及解决问题的具体措施规定进去,若没有自治地方的自治条例和单行法规,在遇到具体问题时,人们往往无所适从,无章可循。何况,少数民族分布的地域十分辽阔,各民族的政治经济、民族传统、社会的发展很不一致、不平衡,各项工作不可能实行统一的步骤和方法。只有依赖民族自治条例和单行条例的制定和实施,才能使民族区域自治法的原则性条款变成为具体的、活生生的适应地方民族特色而又行得通、用得上的法律。但目前,贵州民族地区立法中单行条例较少,针对人口方面的单行条例则更是不多,处于亟待完善和加强的境况。

因此,贵州民族人口法律文化未来的发展不是简单地移植现代国家人口法律文化,也不是国家人口法律文化与贵州民族人口法律文化的机械拼凑,而是在现代化背景下,于人口发展过程中,立足于民族传统文化的基础,并从现实生活中吸取激情,不断地选择、融化、重组、整合国家先进人口法律文化的特征而实现新的法律文化突变。其未来走向应是:首先,民族人口法律文化必定是以适应现代化生产的人口再生产为基础,能够满足民族地区广大群众经济生活需要的民族文化价值体系。它必然包含着适应现代化人口生产的需要,合理地、积极地适应人口与社会、自然、经济发展的有利因子,必定在新的人口法律文化中得以保存,并赋予新的内涵,同时具有强烈的民族特性;其次,民族人口法律文化必定是与和谐社会的共创,与其他现代优秀人口法律文化、先进的国家法律文化、迎合现代化生产全面协调发展的法律文化。这种人口法律文化不仅要解决民族社会现代化生产中人口发展与经济、自然、社会发展中的种种矛盾,更要解决民族群众精神领域的人口问题,如建立新型的生育观念,树立正确的人口意识、人口价值观念等。由此,仅对现阶段的建设路径做以下简要讨论:

首先,民族人口立法工作应紧密结合新时期"构建和谐社会"的要求,在立法内容中强调人口自身发展和谐、人口与资源环境和谐、性别平等和谐、人口与经济社会的协调发展。只有这样,才能使民族人口法律文化建设充分体现新时期构建和谐的主题要求。

其次,整合各少数民族传统人口法律文化资源,促进少数民族传统人口法律文化完成向现代人口法制的转型。民族地区有着丰富的传统人口法律文化资源,其往往以传统禁忌、习惯法、村规民约等为表现形式,在维持人口社会秩序,传递本民族优良传统人口文化等方面起着十分重要的作用。其中的村规民约有效地兼容了村民自治的乡土性与现代性,能实现民族传统法文化与现代法文化的有机结合。

再次,通过各种形式对国家人口法和现代生育文化的宣传,提高民族地区群众计划生育意识、转变落后的生育观念。对民族人口法律文化中有益的部分要大力提倡,对落后的方面要通过各种舆论形式予以摒弃。

最后,注重在民族自治条例和单行条例的制定、完善和实施中,充分体现控制人口数量、提高人口质量、调整人口结构、合理人口分布等一系列繁荣民族人口发展的内容。这对加速民族地区人口现代化进程,促进民族经济社会发展等将产生重大意义和影响。

第十一章 贵州民族人口文化的时代变迁

文化发展是一条历史长河。贵州民族人口文化是贵州各少数民族在历史的长河中,人口与发展实践经验沉淀、凝聚与传承的结果。与贵州民族社会生产力发展相适应,它具有朴素、神秘、交融、多元等特点,并随着时间的推移在保存固有特质下贯注着时代的印迹而发生着或弱或强的变迁。而这种变迁尤其随着20世纪50年代的社会改革和80年代以后国家计划生育政策的全面实施以及市场经济的逐步建立和西部大开发进程的加快而显得十分突出,正在与现代化、全球化带来的各种观念文化发生着剧烈的碰撞,并在碰撞中走向创新和发展。

第一节 贵州民族人口文化的时代变迁

一、贵州民族人口文化变迁的原因

文化是不断变迁的,属于其范畴的人口文化也是如此。文化变迁指的是文化在发展进程中,由于文化特质、文化因素上量的渐变以及由此引起的文化结构、文化模式的质的变化,其变迁的过程和规律主要是从量变到质变、从自发到自觉、从物质层面到精神层面,是一个克服文化惰性的过程。

一般来说,文化变迁是多个方面综合作用的结果,概括起来主要有以下四个方面:首先是社会生产方式的变革。这是引起文化变迁的根本原因,社会生产方式的变革必然要求社会政治关系发生变化使之相适应,并带来文化上的变迁,特别是意识形态领域中的革命。其次是文化自身的矛盾冲突引发的文化分化。马克思主义哲学认为,事物的发展是内外因共同作用的结果,文化变迁也是如此,其自身的矛盾冲突和分化也会引起文化的变迁。而且文化自身的矛盾和冲突有存在和发展的相对独立性,使得文化的发展和变迁带有独具的特点。三是地理环境的变化。社会文化虽由人们的智慧和实践所创造,但也是社会和自然在实践基础上相结合、相统一的结果。因此,社会文化也要受到地理环境条件的影响,具有自然的特征,染上自然的色彩。气候条件的变化、自然资源条件的限制都会造成人们生活方式的变革,相应地引起文化特质和文化模式的变化。此外,一个社会、一个国家、一个民族、一个群体文化的变迁,还要受到外来文化传播的影响。即是说,外来文化的传播必然引起该群体原有文化和外来文化的冲突,导致文化的变迁。具体到当代来说,即是任何文化都要面对"现代化"和"全球化"的挑战。在这种背景下,任何文化都会受到外来文化和本国正在发生的"现代化"种种现象的冲击,并因之而发生各种形式的变迁,甚至是剧烈的变迁。

如果我们将西方的现代化看作是一种类型的现代化,将广大非西方国家的现代化看作是第二种类型的现代化,那么,非西方国家中又处在"文化边缘"的少数民族的现代化可以看作是第三种类型的现代化[①]。这一划分的直接依据是少数民族所面临的来自自身以外的双重压力,即来自西方模式的全球性现代化压力和来自其他民族主流文化的现代化压力。对于人口不多、文化相对脆弱、简单的一些少数民族来说,这些压力对其社会文化的消极力量是相当巨大的。同时,我们也应该看到,"全球现代性"背景下的社会转型是一种社会结构的革命性变迁,既包括社会的基本价值、社会生活方式等显性结构的改变,也包括社会文化心理、道德价值信仰等隐性结构的改变,这一转型过程需要内部动力与外部压力的共同作用,如果这两种力量具有较高的契合性,那么其合力作用将表现为社会转型的有序与平稳;反之,就会出现社会转型的失序和散失方向[②]。如果联系历史现实来看,贵州民族地区的现代性转型中,外部压力(国家引导)要远远大于其内部动力(自然发展)的作用,尤其是改革开放以来,随着主体社会发生的变化,贵州民族地区的文化转型与文化变迁也相应地不完全以国家意识为主导动力,变迁因素也日益多元化。这里,我们可以认为,如果说在20世纪50年代至80年代贵州民族人口文化的变迁动力的主要因素为国家意识的话,事实上在80年代中后期以来其多元化的因素共同作用表现得尤为突出,同时又因贵州民族地区社会经济发展程度不一,文化多样性特征突出,以及国家人口与计划生育政策"区别对待"的实际,也使人口文化变迁的动力因素具有交错复杂的特点。但从本质上看,贵州民族人口文化变迁,不管它来自于哪方面的原因,都必须通过贵州各民族文化内部的自身分化、冲突来完成,只因其上述原因而变迁的模式不尽相同而已。

二、贵州民族人口文化变迁的模式

文化变迁的模式从速度上讲,有"急剧变迁"、"渐进变迁"之别;从变迁的范围看,有局部变迁与全局变迁之辩;从变迁的结果上看有"直接变迁"、"交错变迁"、"消减变迁"、"发展变迁"之分;从变迁的原因上看有自然变迁、资源变迁、计划变

[①] 纳日碧力戈.现代背景下的族群建构[M].昆明:云南教育出版社,2000:271.
[②] 万俊人."现代性"与"中国知识"[J].学术月刊,2001(3).

迁、引导变迁、强制变迁之异。由于贵州民族人口文化内容异常丰富，新中国成立后各地各民族社会经济状况不尽划一，人口再生产的模式和转变存在着差异，加上各种政策、文化等的交汇作用和影响，人口文化尽管始终处在或快或慢的变迁中，但变迁的影响因素存在着差别，变迁的模式在各个时期又不尽一致，因此，很难在整体上对之作出一个笼统性的高度概括。我们仅在此结合新中国成立后有关贵州民族人口发展的各方面因素综合分析，从文化变迁引发原因的视角出发，认为贵州民族人口文化变迁总体上具有国家形态主导下的"引导型变迁"的模式特征。同时，在不同时期、不同民族的"引导型变迁"中，也不同程度、不同范围地存在着"强制变迁"、"自愿变迁"。而其中的"计划变迁"由于国家意识在其中的决定地位，因此也可列于"引导型变迁"之中。

"引导型变迁"主要是由于国家意志、国家力量的介入而引发的人口文化变迁。在这一特定意义上，贵州民族人口文化变迁带有一定的被动性。从现代化的视角来看，社会经济的现代化必然伴随着人的现代化。即是说，作为生产关系首要因素（也是社会组成的首要因素）的人口的发展与社会经济的现代化相互作用、相互影响，在一定程度上可以说，正是社会经济的发展、现代化进程的加快推动着人口现代化理念的形成及探索、实践。而事实上，伴随着社会经济现代化的人口现代化可看作是一个理性设计的方案和目标，从这一角度出发，贵州至今还没有一个自我设计的完整的人口"现代化方案"。再从人口现代化的目标来看，贵州经济社会发展程度并未能够实现或完成人口类型或人口变量自传统向现代的演进、转化的变革过程，即使贵州在21世纪初在整体上（一些民族尚未完全转变）实现了人口再生产类型的转变，即从传统的高出生、高死亡、高增长转变为现代的低出生、低死亡、低增长类型，但这仅仅体现了人口现代化生育数量特征的转变，并不能说明人口现代化核心的人口素质现代化（包括人口身体素质现代化、教育科学技术素质现代化和思想道德素质现代化）、人口现代化重要内容的人口结构现代化（包括人口年龄结构、人口城乡结构、人口产业结构等现代化）的转变和实现。现实的基本情况是，现代化、全球化背景下的国家力量的介入以及其他发达地区的影响是引发贵州社会转型和变迁的主要因素。这种基于外部压力的变迁，事实上已给贵州少数民族社会带来了不少包括人口在内的社会与文化问题，因此，只有明确贵州社会与文化（当然包括民族人口文化）的这一"引导型变迁"模式，进一步了解贵州民族人口变迁与发展的现实处境时，才能够准确地对一些相关问题作具体的定位分析。

从新中国成立后的历史来看，1949年中华人民共和国成立后，随即于20世纪50年代在少数民族地区进行民主改革。这次改革是一场推翻旧制度的政治变革，也是多民族的贵州一次重大的社会变迁。在这一次变革中，中国共产党领导贵州各族人民在同汉族发展水平基本同步的羌、白、回、彝、苗、水、布依、蒙古、满等族地区或部分地区实行了土地改革,消灭了封建剥削制度,使瑶族和部分苗、侗、布依等族实现了从有着浓厚原始公社制残余的社会形态向社会主义社会的直接过渡。通过社会改革,贵州建立了以公有制为基础的社会主义制度,克服了以前阻碍生产发展和人口再生产的种种因素,为各民族发展生产、走向现代化提供了先决条件。同时,各地各民族

人口政策宣传碑

地区经济的发展,卫生医疗条件的逐步改善、福利待遇的逐步提高、民族平等、团结、民族区域自治及各民族共同发展繁荣政策的制定和实行等,为民族人口发展提供了前所未有的基础和条件,贵州传统民族人口文化也因之而受到前所未有的洗礼。其主要表现为:一是在多种因素尤其是对少数民族"适当放宽"的生育政策作用和日益凸显的国家普惠政策实施效果的影响下,多子多福、养儿防老等主流传统观念有所淡化或扬弃;二是由于人口综合素质尤其是科学文化素质整体的提高,人口发展之于家庭幸福、社会进步、民族共同发展繁荣、人和自然和谐的联系关系认识在不断增强;三是在"未富先老"的老年化状况下,政府和社会高度重视人口结构变动尤其是老年化进程加快的各种影响,制定并施行了系列政策和措施,推动积极老年化、健康老年化的逐渐形成,促使人们对传统老年文化现代建构的"自觉"思考。从总体上讲,解放以来,尤其是改革开放以来,贵州各民族人口文化与包括国家文化在内的外来文化发生着激烈的碰撞,变迁迅速。

如果以改革开放前后为界将国家形态对贵州各民族人口文化变迁在主体导向上进行分段而分别看成是政治主导、经济主导的话,毫不疑问,改革开放前国家意识形态及其政治导向几乎完全左右着各民族的人口文化变迁,其中少数民族在自己的文化变迁上更是基本上失去了自主能力,各个民族的价值观念、思维方式、社会规范因之均发生了结构性改革,这一阶段,我们也可视之为"强制性变迁"。这从新中国成立后,特别是20世纪80年代初起贵州实行的汉族与少数民族人口政策之别就可明显看出。改革开放后,党和国家基于国家意识形态经济导向而制定的路线、方针、政策,成为影响区域文化和民族文化变迁的主导因素,但已不是单一的因素。或者说,国家意识强制下的区域文化、民族文化变迁给少数民族带来了强烈的文化"挫折感",并在"挫折感"的作用下,在20世纪末引发了贵州各地特别是民族文化的抢救和保护浪潮。即是说,在"直接过渡"或"引导型变迁"而产生的对文化自信的"挫折"在逐渐转化为对自己文化的"自觉"。"文化自觉只是指生活在

一定文化中的人对其文化有'自知之明'……是为了加强对文化转型的自主能力,取得适应新环境、新时代文化选择的自主地位。"[①]文化自觉是人们对文化的自我觉悟,对自己、是对社会、对自然的明智思考和言行。它意味着思想的苏醒,人文的再复兴,是对文化的主动性思考,是思想的深化。之于各少数民族来讲,"珍视本民族千百年来创造的传统文化,并使它与现代发展相适应,从而使自己的现代化具有优良的民族文化特点,可谓一种新的民族觉醒。"[②]而在经济欠发达地区和民族地区"文化自觉"的过程中,更需要国家的大力支持,社会各界的广泛关注,专家学者的上下求索。

纵观解放以来我国人口政策的产生与变化,没有任何一个阶段不显示出国家意识决定和引导的人口文化变迁。在"人多力量大"的观念影响下,不可避免地存在民族繁荣的标志就是人口增长的片面意识。不管是在解放初期的放开生育政策,还是在国家提倡和实行计划生育"基本国策"之早期,也即20世纪80年代前的"在少数民族中不提倡计划生育",仅"对子女多、间隔密、有节育要求的夫妇"给予指导的阶段,"人众"二字始终是政府意识和"人口文化"的主题词,由此对后来计划生育政策的全面推行,在少数民族中提倡和"也要实行计划生育"的实践产生了较为严重的影响。而后续政策的执行,以及相继计划生育政策的执行到国家新型人口文化的升华,更使人口文化处在不断的碰撞和变迁之中,人口文化也因之而变得更加多元并总体朝着安全、和谐的方向发展。而在其中,人口文化仍然充分体现出了"引导型变迁"的特质,这种特质的人口文化的自觉变迁又无不表现在人口文化的各个方面。

为了能较为具体地了解贵州民族人口文化变迁与建设的现状,兹选取如下实地调查个案以观其一斑。

——新农村建设带动人口文化建设——芦猫塘村。贵州省清镇市红枫湖镇芦猫塘苗族村是一个以布依族、苗族为主的少数民族村。2010年12月,全村有274户950人,其中少数民族人口805人,占总人口的84.7%。自建村以来,由于受传统思想观念和自然条件等方面的制约,经济社会发展相对滞后,违法生育的情况比较突出,计生工作十分被动。经过政府引导下的以"新农村建设带动人口文化建设"行动的实施,人口文化建设呈现了崭新变化,人口计生工作一跃而成贵州典型。其实施人口文化建设的主要做法可作如下归纳:一是将人口文化建设融入新农村建设。在婚育新风进万家的基础上,芦猫塘村创新宣传载体,丰富活动内容,吸引群众参与,传播婚育新风。2008年以来,结合新农村建设特点,投入十余万元在村

---

① 费孝通.反思·对话·文化自觉[J].北京大学学报,1997(3).
② 杜玉亭.传统与发展——云南少数民族现代化研究之二[J].中国社会科学出版社,1990.

第十一章 贵州民族人口文化的时代变迁

驻地建立了生育文化园、生育文化雕塑和以关爱女孩和婚育习俗为主要内容的生育文化墙,在墙壁上张贴以"婚育新风、尊老爱幼、邻里和睦"等为主要内容的系列宣传画;二是组织新型的人口文化活动。修建了展示《中国人口报》、《人口与家庭》、《贵州人口墙报》等报刊的宣传栏,让群众及时了解计生政策、生殖健康等知识。并经常组织群众利用

芦猫塘人口文化长廊

民族节日、各种计生纪念日开展丰富多彩的文化活动。三是建计生幸福林。为了树立文明进步的婚育新风,表彰自觉实行计划生育的家庭,该村给实行计划生育政策的计生户栽种树木,并挂牌管护。通过上述活动的开展,芦猫塘村村民的生育观念、人口行为发生了实质性的改变,一跃而成贵州著名的民族人口文化建设先进村。

——对优良传统习俗文化的张扬促进人口文化建设——大岩村。大岩村是黔南州龙里县边远偏僻的布依族聚居山寨,长期以来,这里的民族风情浓郁,世世代代有着爱树如命的习俗,但随着交通的发展和人口的不断增加,伐木敛财、毁林开荒的现象时有发生,人口行为固守着传统的多子多福、儿孙满堂观念而使人口计划生育工作开展艰难。为改变这一状况,该村自2000年起,结合当地民族风情,广泛开展树婚育新风、创文明计生户活动:一是利用"六月六"布依族歌会,以歌谣形式宣传优生优育知识,号召青年破传统陋习,树婚育新风,建文明幸福家庭。这一活动的开展,使一些青年男女冲破封闭式婚姻陋习同外地民族相互通婚,并户户与所在镇计生办签订了"计划生育诚信协议书"。二是结合布依族有爱树如命和房前屋后种树的习俗,倡导和坚持少生孩、多种树、护好树活动。从1996年开展这项活动以来,该村无一例计划外生育,有的还放弃二孩生育指标终身只生一个孩子。三是结合布依族比较稳定的婚姻家庭习俗,开展创建文明幸福家庭活动,"少生孩子,多挣票子","建和谐家庭,创文明村寨"蔚然成风。四是在充分搞好生态保护的同时,利用民间根雕制作工艺与根雕文化,发展根雕产业,重点扶持计生两女户、独女户从事根雕业致富。目前,该村根雕产品已销往云南、陕西、广东、上海等多个省市,甚至还远销到国外,年收入近百万,已成为黔南州和贵州省的"根雕艺术之乡"。大岩村通过继承并发展原有的民族习俗并使之服务于人口发展现实需要,从而实现了改变经济落后面貌、实现人口观念与行为转变的目的。2004年初,全村人口由7年前的876人减少到868人,全村218户人家中,计生文明户就有198户,

占全村总户数的90.83%。到2010年,全村家庭仅增1户,人口仅增1人,成为远近闻名的文明村寨和人口文化示范村寨。

——以"人口文化节"为平台推动特色人口文化建设——普定县。普定县位于贵州省西部,总面积1079.93平方公里,总人口47万,辖五镇六乡,世居着苗、布依、仡佬、彝、汉等民族。该县文化底蕴浓厚,村村有地戏,寨寨有花灯。针对多子多福、传宗接代等传统人口观念浓烈、男性生育偏好刚性因而制约着人口问题综合治理、统筹解决的实际,该县在人口和计划生育工作中,树立了"文化为魂,婚育观念为根"的理念,把建设具有鲜明时代特色的人口文化作为人口计生工作的首位工程,不断探寻传播具有时代特色的人口文化的新机制、新模式,将人口文化融入到地方传统文化之中,推动先进人口文化建设。主要内容有:一是重视人口文化建设保障体系。在《普定》杂志、普定电视台开办"人口文化"专栏、节目;依托《当代贵州》网络事业部,创建《普定人口网》;建立县级人口文化一条街,11个乡级人口文化大院,33个村级人口文化大院(长廊);在县、乡、村组建100支人口文化宣传队;成立普定县人口文化文艺作品创作小组,每年召开普定县人口文化作品创作座谈会,促进人口文化建设向纵深发展。二是倡导婚育新风,探索人口文化建设新形式。自2008年起,每年举办"黔中人口文化节",具体有以"人口、环境、家园"为主题的千名儿童书画表演赛,以"关爱女孩,构建和谐社会"为主题的演讲比赛,发放年度计划生育奖励扶助、特别扶助、生产扶助、人口计生成才奖"四项"奖励金等。三是依托传统文化,加大新型人口文化宣传力度。例如2009年8月7日至13日,普定县举办了以"科学发展、人口和谐"为主题的"贵州·普定第二届黔中人口文化节",主要内容有文艺演出暨"人口文化进校园","关注老年健康、共绘美丽夕阳"义诊,"阳光女孩"才艺展演,送"生殖健康进百村千户","人口·环境·和谐"书画摄影展,"六奖同发"(六奖:即计划生育奖励扶助金、特别扶助金、生产扶助金、少生快富奖励金、人口计生"成才奖"、计划生育建房补助金)等。系列活动展现了浓厚的民族风情、场面热烈,影响突出。"黔中人口文化节"而今已成了贵州人口文化建设的著名品牌。

从上述实例中可以看出,在贵州民族人口文化的变迁过程中,仍然充分体现出了"引导型变迁"的特质,并体现出贵州各民族对人口文化的"文化自觉"以及在此基础上的相应行为变迁,而这种自觉的变迁实际表现在民族人口文化现状的各个方面。这里再以"黎平现象"为例加以说明。

所谓"黎平现象",①就是指该县部分享有"政策内二孩生育(即指一部分夫妻根据《中华人民共和国人口与计划生育法》和《贵州省人口与计划生育条例》的规定,具有生育第二个孩子的资格)"的家庭推迟、放弃二孩生育的突出现象。截至2006年12月31日,该县农村推迟、放弃"政策内二孩生育"的家庭共计8001户,而且推迟、放弃的速度呈快速增

天伦之乐

加之势。黎平地处黔、湘、桂三省(区)的交界处,少数民族人口与农业人口分别占全县51万人口总数的84%和90.73%,是一个典型的老、少、边、穷贫困县。新中国成立后,在国家民族人口文化大背景下,该县人口增长迅速。1950年为19.31万人,1987年上升至39.2万人,净增了103%。2007年,总人口51.7万人,人均耕地0.63亩,比1987年人均0.83亩下降了24%左右,比1950年减少了近两倍。在人口与计划生育执行过程中,同样经历了"天下第一难事"的过程,而在进入21世纪以后,由于人口与计划生育工作思想教育与利益向导的结合,特别是农村计生户养老保障奖励扶助制度的建立和实施,群众的生育观念一度发生了深刻的变化。2006年与1975年相比,人口出生率从38.45‰下降到14.3‰,自然增长率从24.79‰下降到8‰。该年全县有826对适婚青年主动推迟结婚,1022对婚后推迟了生育子女的时间,595对夫妇申请办理了独生子女父母光荣证;7406对夫妇分别以书面或口头承诺推迟或放弃政策内的二孩生育指标,是为"8001"黎平现象。分析这种现象产生的原因,大致有五个方面:一是计生户养老保障扶助制度的建立和逐步完善,减少了他们"老无所养"的后顾之忧;二是家庭还不富裕,增加子女数就等于增加经济压力,会导致生活水平的下降;三是生活理念发生变化,多生一个孩子会增加一个拖累,造成更多的不自由;四是多生一个孩子或政策内生育间隔期太长,培养孩子所需要的精力和财力就会分散和延长;五是不少家庭孩子多并非福祉,且家庭养老也没有保障。不难看出,在这"南部侗族"聚居的黎平,人们的生育观念、养老观念、发展观念、人口生态观念、和谐观念等在发生着剧烈的变化,而这

---

① "黎平现象"的媒体报道主要见于2007年8月31日贵州人口网登发的肖鸿专稿《探索民族地区统筹解决人口问题的新思路—曾祥权黎平调研纪实》,同年10月15日,黔东南日报发表的黎济生、韩鸿周、廖乙勋的《震振贵州的黎平现象—黎平人口与计生"8001"现象的大冲击波纪实》和2008年8月7日《贵州日报—金黔在线》登载的徐静、丁凤鸣撰文的《对农村放弃"政策内二孩生育"现象的思考》等。

种变化又无疑与我国改革开放政策、市场经济体制的逐渐建立,尤其是国家近四年来在进一步加强人口与计划生育工作,统筹解决人口问题所采取的一系列宣传教育、奖励扶助、养老保险有着根本的联系。从中也可看出,该县民族群众之于人口生育选择上的文化自觉。

三、贵州民族人口文化变迁中值得注意的问题

在现代化、全球化背景下,由国家形态和行政力量作用下的贵州民族地区的人口文化变迁在总体上朝着人口现代化的方向前进的同时,人口文化的变迁也存在着多元性、非均衡性、不协调性等问题。这些问题产生的原因非常复杂,对先进人口文化、人口安全产生的影响严重,已成了国家、社会和各族人民共同关心而不能忽视的问题。其中,最为典型的是由于重男轻女、社会性别不平等而带来的民族地区出生性别比失调以及由此产生的相关影响,"未富先老"的老龄化进程对传统养老文化的挑战,人口流迁文化中的就业、就学、就医等方面的身份、权益平等问题以及人口外流与"三农问题"的关系作用等。在此,就出生性别比失调和因人口流迁而带来的老年化问题作较为具体的分析。

出生性别比在102～107期间一直被国际社会公认为通常理论值,即每出生100名女婴所对应的男婴数为102～107之间,其他值则被视为异常。从人口普查资料对比来看,贵州出生性别比已从2000年"五普"时的108.87上升至2005年1%抽样调查时的127.65,2010年"六普"时仍然高达122。尽管2010年比2005年回落了5个百分点,但贵州仍是全国出生人口性别比偏高问题较为严重的省区之一。可以说,出生性别比失调已成为贵州人口数量、素质、人口贫困等问题尚未完全解决之际出现的又一不可忽视的人口问题。

人口文化宣传牌

这里我们以计生数据看2000年来的贵州出生人口性别比变化状况。见表1。表中显示,第一,2000年"五普"时贵州出生人口性别比108.87,"十五"期间的2001～2005年分别为110.83、113.68、113.50、114.17、114.15。"十一五"时期的2006～2010年分别为115.98、117.70、117.24、115.98、111.8。可以看出,贵州出生人口性别比从2000年离开正常值域后,呈显出高位失调徘徊的态势。第二,无论是全省,还是各市州地的情况,均是孩次越高,出生人口性别比越高,表明生育的孩

次越高,生男愿望越强。比如黔南州 2001 年、2010 年一至三孩的出生性别比分别为 103.62、128.48、175.66、97.7、134.8、217.5,一孩与三孩分别相差 72.04、119.8。

表 1　贵州省市州地 2001~2010 年度出生性别比情况表

单位		全省	贵阳	六盘水	遵义	安顺	铜仁	黔西南	毕节	黔东南	黔南
2001年度	合计	110.8	111.7	112.25	110.78	105.75	113.66	110.3	101.58	124.53	114.74
	一孩	94.56	105.13	87.54	99.03	86.37	104.56	95.57	76.16	106.75	103.62
	二孩	138.86	137.29	166	136.24	144.52	121.94	130.39	148.54	149.16	128.48
	多孩	158.99	151.7	182.28	196.14	171.29	150.46	151.29	133.77	258.63	175.66
2002年度	合计	113.68	108.73	117.13	113.6	110.33	117.05	105.34	110.61	127.24	113.97
	一孩	96.66	103.96	89.65	100.23	89.17	105.06	93.89	81.87	108.08	102.85
	二孩	144.78	127.29	181.19	141	153.81	129.55	120.66	171.58	155.99	129.02
	多孩	164.5	138.79	216.61	207.5	175	154.5	117.56	146.62	215.09	201.04
2003年度	合计	113.5	111.59	122.55	115.5	108.92	118.46	107.9	101.62	124.43	116.91
	一孩	97.57	106.16	97.33	103.4	102.5	105.92	93.99	76.96	104.18	101.05
	二孩	140.92	129.48	183.69	136.54	118.36	130.88	129.81	150.37	155.44	144.2
	多孩	175.78	147.04	178.11	194.66	118.36	167.13	116.67	154.72	245.82	233.99
2004年度	合计	114.17	111.22	127.1	120.6	121.16	114.57	106.2	100.31	123.45	113.4
	一孩	98.13	105.2	104.24	104.09	97.77	103.96	91.48	79.57	104.18	101.73
	二孩	1446.26	131.7	192.17	158.45	184.34	129.37	127.05	153.39	152.5	134.73
	多孩	169.08	157.65	236.88	193.6	175	118.29	133.75	155	253.55	221.23
2005年度	合计	114.15	111.03	124.7	122.28	119.17	115.73	107.57	99.73	118.73	114.48
	一孩	97.74	103.65	104.66	104.77	99.9	104.06	87.2	79.93	101.47	102.4
	二孩	149.32	137.96	182.58	164.08	165.33	130.57	135.98	173.43	145.24	136.68
	多孩	206.34	206.93	220	219.58	199.43	172.36	196.29	143.59	268.1	240
2006年度	合计	115.98	110.70	125.68	120.98	123.64	116.13	110.17	111.23	116.31	114.29
	一孩	99.75	105.32	109.55	103.92	104.35	105.90	92.25	82.81	101.54	103.37
	二孩	149.09	132.52	164.66	159.97	171.54	131.22	138.16	183.10	140.24	134.16
	多孩	211.53	102.44	233.12	208.88	225.00	156.78	191.48	238.19	244.64	236.93

273

续表

单位		全省	贵阳	六盘水	遵义	安顺	铜仁	黔西南	毕节	黔东南	黔南
2007年度	合计	117.70	110.01	128.77	120.71	124.41	125.14	115.09	108.49	114.12	123.85
	一孩	102.22	104.94	109.15	106.81	105.60	108.44	97.66	88.78	100.87	108.27
	二孩	150.60	129.17	176.81	156.14	173.23	146.80	139.84	159.59	136.29	157.08
	多孩	192.45	154.65	210.77	184.24	195.45	192.38	196.99	178.05	215.06	222.92
2008年度	合计	117.24	107.38	128.06	118.72	121.63	120.99	119.33	113.55	113.42	118.69
	一孩	102.12	100.29	110.30	105.21	105.47	106.34	103.31	95.38	96.60	102.90
	二孩	148.91	132.75	168.72	153.58	158.62	138.05	142.40	162.48	142.80	151.73
	多孩	194.06	177.17	196.76	207.37	156.18	177.32	199.11	200.89	230.43	198.53
2009年度	合计	115.98	107.08	122.87	117.97	122.31	123.45	117.15	110.67	113.93	115.66
	一孩	101.84	99.26	108.13	106.88	107.29	106.79	102.84	94.83	97.59	99.65
	二孩	138.27	127.63	155.03	138.04	150.98	135.90	141.84	132.95	136.04	139.03
	多孩	202.46	182.56	182.63	220.18	163.64	232.88	221.58	181.62	249.15	192.34
2010年度	合计	111.8	106.1	117.1	112.3	112.4	112.9	114.1	110.4	111.0	112.9
	一孩	98.4	98.7	101.1	102.8	98.8	98.0	102.1	93.8	95.0	97.7
	二孩	134.9	123.9	152.7	130.5	138.6	130.4	136.5	140.7	134.0	134.8
	多孩	182.8	194.4	159.3	180.6	147.9	198.6	185.3	167.3	219.8	217.5

数据来源:贵州省人口计生委统计年度报表

  贵州省人口计生委协调督查处 2006 年分别对遵义市余庆县、黔东南州天柱县、黔南州独山县的出生人口性别比进行了调查,情况如下:余庆县少数民族仅占总人口的 7.36%。2001～2005 年,全县出生人口性别比分别为 113.4、114.8、110.0、105.3、107.8。其中,汉族分别为 111.9、112.5、107.9、103.3、106.9,少数民族分别为 132.1、144.9、137.6、143.4、122.6。独山县布依、苗、侗、水等少数民族占全县总人口的 74.81%,2001～2005 年,全县出生人口性别比分别为 134.3、126.6、123.8、121.4、119.3。其中,汉族分别为 119.7、127.9、118.2、112.6、115.2,少数民族为 136.1、126.3、124.5、123.7、120.8。天柱县苗、侗等少数民族占总人口 98.52% 散居的汉族人口较少,2001～2005 年,该县少数民族出生人口性别比分别是 144.8、138.9、139.3、133.1 和 136.2。这些数据显示,无论是少数民族散居的余庆,还是少数民族小聚居大杂居的独山,以及少数民族聚居的天柱县,少数民族出生人口性别比普遍高于汉族,而且少数民族人口比重越高,出生性别比越高。

我们再来看人口普查的出生人口性别比数据。"五普"时贵州省总体平均出生性别比开始超过107上限达到108.87,基本处于正常状态,但下辖9个地区情况不一,其中三个自治州已有2个全面失衡:黔东南州125.23,黔南州115.65。2005年1%抽样时,全省仅毕节地区(106.28)处于正常值域,其余8个地区严重偏离,其中,黔东南州为143.37,黔西南州为121.99,黔南州为124.62。到"六普"时,全省出生人口性别比虽比2005年回落5个百分点,但9个地区已全部失衡,除贵阳市(119.02)在120以下外,其余地区全部在重度失衡以上(见图9),其中黔东南州为138.54,黔西南州为135.03,黔南州为128.48。

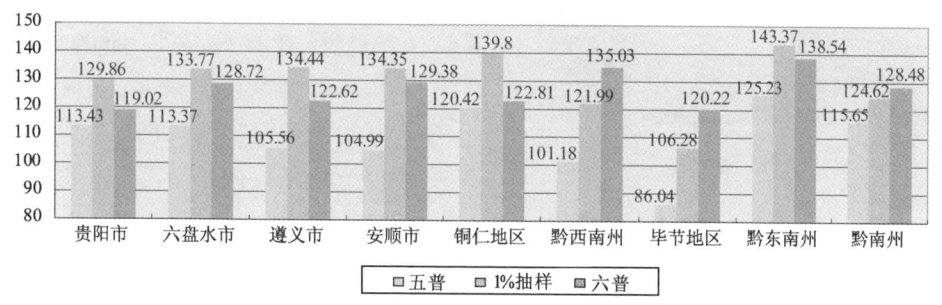

贵州省五普、1%抽样、六普出生性别比

地区	五普	1%抽样	六普
贵阳市	113.43	129.86	119.02
六盘水市	113.37	133.77	128.72
遵义市	105.56	134.44	122.62
安顺市	104.99	134.35	120.42
铜仁地区	101.18	139.8	122.81
黔西南州	121.99	135.03	
毕节地区	86.04	106.28	120.22
黔东南州	125.23	143.37	138.54
黔南州	115.65	124.62	128.48

图9 贵州省五普、1%抽样、六普出生性别比柱状图

出生性别比严重失衡,无疑将给整个国家和社会带来不可估量的严重后果,将其称为未来社会安定的一枚隐型炸弹也毫不为过。贵州民族地区出生人口性别比偏高已经或可能产生的后果表现在婚姻挤压现象问题凸显,影响婚姻家庭的稳定,影响人口安全、经济发展与社会和谐等方面。

婚姻挤压是指婚龄男性人口或女性人口无法找到配偶的一种婚配困难现象。在一个生育率和年龄结构相对稳定的人口中,每年出生人口及由其决定的各低年龄人口数量将形成一个稳定值,若在此条件下,每年出生人口的性别比持续偏高,在各年龄人口相继进入婚配年龄时,将造成婚配性别比失衡问题,导致大量适婚男性不能成婚,即所谓"婚姻挤压"。以黔东南为例:"五普"时,全州0~4岁组性别比127.15,男比女多40342人;5~9岁组性别比为122.17,男比女多37049人;10~14岁组性别比为114.97,男比女多30534人;15~19岁性别比为131.76,男比女多44020人[1]。0~19岁组的男性,分别于2003~2022年进入法定婚龄,加上该

---

[1] 贵州省"五普办".黔东南苗族侗族自治州2000年人口普查资料汇编[M].2002.11.

州多年来外出打工青年婚配女性"嫁出多娶进少"的现实,以及愈演愈烈的"婚姻梯度效应"和婚姻市场的"劫贫济富"现象,使得黔东南州婚姻挤压现象在未来 20 年左右无疑十分严重,因之而带来的社会问题可能会更为复杂。

事实上,由于多年出生性别比失调而带来的婚姻性别挤压后果已在局部地区开始显现,并且这种问题所反映出来的已经不仅仅是人口学视角关注的问题,更是一些社会结构等社会学领域的问题,如一些农村贫困地区出现的所谓"光棍村"现象:贵州某县一水族行政村,2004 年 3 月在全村 471 人中,年满 23 周岁的未婚"光棍汉"就有 51 人①。此外,某县一称为牌坊的民族村寨,全村 2249 人,仅"光棍汉"就有 282 人,其中 30 岁以上的光棍俯拾皆是,40 岁以上的有 60 多个,而与之对应的是同村未婚女青年仅 60 人左右,且都外出务工②。

新闻图片

出生性别比失衡问题关系到千家万户,关系到人类社会的长久发展,关系到资源和环境的协调、可持续发展。事实证明,出生性别比长期而高位的失衡出现的累积效应正在显现。贵州民族地区应在新的时期紧紧抓住新时期全面加强人口和计划生育工作统筹解决人口问题的大好机遇,在指导思想、管理机制、手段机制、保障监督机制、失调后果预防与化解机制等方面采取科学而又务实的有力措施,扭转出生人口性别比或高位徘徊、或继续攀升的势头,使之逐渐实现自然平衡。

人口老龄化是关系到社会生产和经济发展的重大问题之一。进入 21 世纪以来,世界各发达国家都已经迈入了老龄化社会,少数发达国家已经处于深度老化社会,相当一部分发展中国家也已经或即将迈入老龄化社会。我国在 2000 年左右已开始进入老龄化国家的行列,贵州在八九十年代曾因人口年龄结构比全国年轻 10 年而处于最年轻的省份之一,也于 2005 年提前进入老龄化社会。西方发达国家老龄化基本是和经济发展程度同步的,即国家经济实力和社会富裕程度"边富边老",如果说我国是在"未富先老"的情况下进入老年型社会的话,作为"欠开发、欠发达"的贵州"未富先老"现象则更加突出。人口老龄化出现,一方面是由于经济总量迅速增加和医疗卫生水平普遍提高,人口出生率和死亡率长时期处于世代更

---

① 贵州省 2004 年人口理论课题组.贵州省实施"关爱女孩行动"的调查分析(验收本),2005.
② 何海宁.贵州牌坊村:282 条光棍汉的心灵史[N].南方周末,2007 - 08 - 16.

替之下,人口平均寿命延长,老年人口绝对数量增多;另一方面是大量劳动年龄人口外出,导致青少年和青壮年人口比重下降,老年人口比重相对上升。而对贵州来讲,人口的流迁是造成老龄化比率上升较快的主要原因。

2005年全国1%人口抽样调查资料显示,贵州人口年龄结构类型已从成年型晚期转变为老年型人口年龄类型,比预计的2010年提前6年进入老龄社会。在2001~2005年短短5年时间里,贵州人口少年儿童系数由2000年的32.68%下降到2005年的28.35%,下降4.32个百分点;2000年贵州65岁及以上老龄人口占全省总人口的比重为5.97%,与1990年的4.61相比,10年间上升1.36个百分点;2005年,65岁及以上老龄人口占全省总人口的比重为8.21%,5年间上升2.3个百分点;2000年第五次人口普查,贵州人口老化系数居全国第24位,比全国低1.13个百分点;2005年1%人口抽样调查表明,贵州人口老化系数反超全国0.25个百分点;2010年"六普"时,全省65岁及以上人口占总人口比例为8.71%,比"五普"多2.74个百分点,其中,城镇为7.17%,农村为9.49%,农村老年化程度比城镇严重(表9)。

表9 贵州民族地区人口老龄化进程及差异表

	1982		1990		2000		2010	
	60岁及以上	65岁及以上	60岁及以上	65岁及以上	60岁及以上	65岁及以上	60岁及以上	65岁及以上
贵州	6.86	4.66	7.07	4.61	9.38	5.97	12.84	8.71
黔东南州	—	4.41	6.48	4.26	10.12	6.21	14.67	9.98
黔南州	—	4.76	7.13	4.67	9.67	6.14	14.03	9.53
黔西南州	—	4.82	7.42	4.81	8.87	5.75	11.50	7.96

资料来源,根据1982、1990、2000、2010年人口普查资料数据计算而得。

从民族地区来看,老年化的进程与全省一样速度较快,其中,黔东南州、黔南州均分别高过全省水平1.27、0.8个百分点,是全省老龄化程度严重区域。

老龄人口占总人口的比重(老年比)是人口老龄化的重要指标,分子是老龄人口总数,分母是常住半年以上总人口。从计算的角度来说,无论是分子数量变动还是分母变动均会对计算结果产生影响。其中,分子(老龄人口总量)变动的因素基本上属于人口年龄变动的自然影响,而以常住人口总量为分母计算的老龄人口比重开始受到人口机械变动的影响。可以说,贵州老龄人口进程的影响因素主要是由于农村大量青壮年劳务外出而带来的"分母影响",导致了人口老龄化进程的加快和城乡老龄化程度的严重倒置。

自20世纪90年代以来,随着严格的城乡二元户籍管理制度的改革,受行政体制和劳动力市场规律的双重影响,贵州人口大量流出到外省务工经商。2000年第五次人口普查表明,贵州总流动人口472万人,其中流往省外的223.89万人。据2005年1%人口抽样调查资料计算,2005年,贵州流动人口总量已达927.48万人,占贵州2005年年末常住半年以上人口(包括未落户口的人)和流往省外半年以上人口总量的21.27%,其中630万人流往省外,占14.45%;农村流动人口841.32万人,占全部流动人口的90.71%,其中劳动力人口占82%。概括而言,两成人口在流动,一成半人口流出省外,流动人口九成来自农村。在流往省外的人口中,0~14岁、60岁以上这一老一小两个群体人口占流往省外人口的比重为6.85%,15~34岁为84.22%,15~59岁为93.15%。"六普"资料显示,2010年,贵州净流出人口710万人,占户籍人口(4189.0万人)总数的16.95%,为2000年流出人口的3.17倍。流出人口中,99.09%是60岁以下年龄人口。大量中青年劳动力向省外流动,加剧了贵州常住人口老龄化的程度。

事实上,贵州老龄化加剧还包括经济、社会各方面的原因,但从人口文化的视角来看,传统文化中所形成的根植于土地的农业文化正在消退,而市场经济作用下现代主流文化对农业文化的影响或者说替代正在发生,地域之间经济社会的联系不断加强的同时,为文化变迁创造了客观的条件,尤其在贵州少数民地区,传统封闭的生活方式被打破的同时,本土文化不可避免地受到了外来文化(尤其是城市文化)的冲击,经济好转带来生活上的改变更是促使这种文化领域的变迁向着纵深发展。在这种情况下,一方面,少数民族地区青年一代受主流文化的影响较强,在试图进入城市的同时一定程度上丢掉了民族传统文化价值观的约束,他们尽可能多地想变为"城里人";另一方面,民族老人由于生产过程中劳动力的整体弱化以及对传统文化的保守思想等必然选择留在农村,越来越多的农村"留守老人"开始出现。并且,老一代之于家庭和对子代的影响力都随着家庭权利、地位的弱化而大大削弱,即是说,在这个文化变迁的过程中,老一代人只能作为文化变迁的"见证人"而非"主持人",从这层意义上讲,少数民族地区这种政府力量(或者强制变迁)之外的来自经济原因的文化变迁来得更深刻,并将随着现代化的发展和城市化的深入而更加持久。因此,如何在这个过程中保住民族文化中的优秀成分,更将是人口文化研究值得关注的问题,也是民族自身和社会的担忧所在。

第二节 贵州民族人口文化的建设实践及其反思

一、建设实践与作用

毛泽东在《新民主主义论》中讲到:"新的政治力量、新的经济力量、新的文化力量,都是中国的革命力量。"党的"十六大"报告指出:"当今世界,文化与经济和政治相互交融,在综合国力竞争中的地位和作用越来越突出。文化的力量深深地熔铸在民族的生命力、创造力和凝聚力之中。"从这个意义上可以说,文化力即是人类创造的文化凝结在人类活动中而产生的一种力量。

众所周知,一种文化的生成和发展,既有其内部的动因,也有外部的推动作用,是一种社会矛盾运动。文化力作为文化的一种内在力量,是文化作用的合理显现,甚至也可以说是文化的内核。从文化自身而言,无论这种力量是消极的还是积极的,都对文化的发展起着较大的内驱和调适作用,能够不断调整文化的发展方向、发展轨迹,并产生一种内在的驱动力。当然,一般而言,消极的文化产生消极的文化力,积极的文化产生积极的文化力,这在古今中外的文化发展史中已得到了证实。进一步说,就是消极文化力也会驱动着某种消极的文化不断走向极端,直至衰退甚至灭绝;而积极的文化力则不断驱动积极的文化不断自我完善、走向进步、创新发展。此外,文化力会化为文化发展主体——个体人或族群的主观意识,推动文化的建设和发展,并使文化积极发挥其功能作用。

中国人口和计划生育的实践表明,"文化力"对人口文化建设、发展起到了推动和促进作用,而产生于社会主义初级阶段的人口文化,诸如政策文化——"控制人口数量,提高人口素质",法律文化——计划生育法、母婴保健法、妇女权益保障法、婚姻法、义务教育法、各省区市人口与计划生育条例等,生育文化——优生优育、少生优生、男女都是继承人等,行为文化——"关爱女孩行动"、"少生快富工程"、"婚育新风进万家"、"出生缺陷干预"、"奖励扶助"、"计划生育优质服务"、"计划生育养老保障"、"人口文化大院"等的宣传、教育、普及和实施,对人口和计划生育事业、对促进人的全面发展、实现以人为本、统筹解决人口问题发挥了推动力、导向力、凝聚力和鼓舞力的作用。

进入21世纪后,贵州民族人口文化建设实践工作在加强社会主义文化"软实力"建设背景下不断推进,主要表现为:一是全面启动实施民族人口文化建设工作。贵州省人口计生委和民族自治州、自治县相继投入资金开展了贵州少数民族婚育习俗浮雕、人口文化园和大型宣传电子屏、城区性文化展室和农村人口文化大院、城区人口文化景观、人口文化节等民族人口文化建设工作。尤其在民族地区农村开展的婚育新风进万家活动和"三新"(新农村、新农家、新农民)"四个一"(一条婚育新风宣传长廊,一个固定的人口文化活动场所,一支婚育新风文艺宣传队、一个人口计生"三新"文化书屋)等人口文化创建活动成效突出,深得民心。而贵州省人口和计生委、中共贵州省委宣传部、省文明办等部门在2009年联合出台的《关于在全省大力推进人口文化建设工作的指导意见》又为民族人口文化的全面开展发挥了引领和促进作用。二是婚育新风进万家活动示范县创建。2008年贵州省

高考奖扶

人口和计生委、中共贵州省委宣传部、省文明办等12个部门和社会团体联合制发了《关于2008－2010年继续深入开展婚育新风进万家活动的意见》,推进婚育新风进万家示范工程。该活动与倡导乡风文明、开展社会公德、家庭美德教育,与构建文明村镇、和谐村镇、和谐社区等紧密结合,开展了一系列人口文化建设工作:①创建婚育新风一条街、长廊、院落、广场及制作大型公益广告牌;②开展有奖问答,组建文化宣传队"三下乡、送温暖",举办猜谜、对歌、知识竞赛、演讲比赛;③举行独生子女才艺表演,举办人口计生文化作品创作表演大赛;④制作发放宣传品,利用国家的、民族的、民俗的各种节日,长期进行多种形式的人口文化宣传。通过上述等措施宣传晚婚晚育、少生优生、男女平等的新观念、新风尚,引导群众树立科学、文明,进步的婚育观,效果明显。贵州民族地区在活动中创建或打造的民族民歌唱计生、"三新"创建、"关爱女孩——扶助自强女孩"等有效载体和特色品牌在全省人口文化建设工作中起到了示范与榜样的效应。三是民族文化建设内容和平台不断丰富和创新。不仅注重工作措施的落实,而且注重内容的丰富和特色的呈现,具体有如"计生志愿者行动"、"性健康知识进校园"、"少生快富"工程、评选"十佳自强女孩"、创建"留守儿童乐园"以及"五个一百"、"六进家"、"123"等特色内容的文化建设实践等。为适应内容不断丰富、形式不断创新的民族人口文化建设需要,贵州省人口和计生委等部门也不断拓展了人口文化的媒体宣传渠道和加强宣传网络阵地建设,不仅省"两报一网一站一基地"的功能得到充分发挥,而且市、县、乡、村的宣教网络及其队伍也逐步建立健全,规范化、人性化、温馨化、图文并茂的宣传栏(墙)、宣传画、宣传标语在民族地区各地随处可见。内容和宣传平台的丰富与加强,使民族人口文化建设有着良好的土壤和环境。四是民族人口理论和人口文化实践研究取得了新的成果。自2007年

人口文化调研小组告别村民

起,贵州省人口和计生委、省教育厅、省老龄委、贵州大学等单位开展了《贵州农村少数民族地区放弃政策内二孩生育现象研究》、《贵州边远贫困民族地区农村男性婚姻挤压问题研究》、《贵州民族地区留守老人生活质量调查》、《贵州民族地区长寿人口实证调研》、《贵州老年人口问题研究》、《贵州民族人口发展问题研究》、《民族非物质文化遗产与民族人口发展》、《走向人文计生——贵州人口与计划生育的历史与转型》等人口理论和应用课题研究工作,出版了《贵州省人口理论研究文集》、《贵州老年人口研究》、《区域人口与社会发展问题研究》、《人口·社会·法制研究》(2007、2008、2009、2010、2011、2012年卷)、《西南民族地区出生人口性别比失调问题研究》等专著和文集。这些课题研究与成果,在一定程度上,推动了民族人口文化的建设的进程。

贵州民族人口文化建设实践而产生的"文化力"作用,可作如下简要归纳:

一是"养儿防老"、"养儿防病"的观念有较大改变。"养儿防老"、"养儿防病"观念是贵州大多数民族根深蒂固的传统意识,是制约贵州民族地区人口与计划生育工作、统筹解决人口问题的观念"瓶颈"。民族人口文化的建设实践,解除了民族地区农村独生子女户和双女结扎户的后顾之忧,在那些奖励扶助力度大的地方,群众的反应更为热烈。如丹寨县有66%的人认为女孩与男孩在养老方面没有差别或没有明显差别。[①]

二是女孩户的发展弱化了人们对男孩经济效用的期待。关爱女孩行动、奖励扶助、计划生育"三结合"使少数民族纯女户经济上有了较大的发展,奖励扶助和优先优惠政策提高了女孩及其家庭的生存、发展能力,贫困救助使那些生活困难的纯女户迅速脱离困境,走上了自我发展的道路。纯女户的变化,对那些传统思想浓厚的村民产生了很大的震动,他们对男孩经济效用的期待有所弱化。

三是群众生育观正在由重视孩子数量向重视孩子质量变化。首先,计划生育奖励扶助措施的落实,不仅使民族地区农村部分计划生育家庭在经济上得到了实惠,社会上有了地位,生活上有了保障,而且也使他们的生育观念发生了很大变化,很多群众正在由重视孩子数量转向重视孩子质量。其次,计划生育优质技术服务、妇幼保健服务的开展,不仅提高了出生人口素质和妇女身体素质,提升了妇女地位,防堵了性别选择的漏洞,而且,婴儿身体素质的提高,也在一定程度上降低了父母对孩子数量的期望。

四是群众对女孩的价值持积极正面的评价。"婚育新风进万家"、"关爱女孩行动"所倡导的新型生育文化的传播,奖励扶助各项措施的落实,使人们对女孩价值的看法有了较大的改观,"女儿也是传后人"、"生男生女都一样"、"关爱女儿就

[①] 杨军昌.西南民族地区出生性别比失调问题研究[M].北京:民族出版社,2010.

是关注民族的未来"等观念深入人心。

不仅如此,人口文化的功能价值还表现在人口的综合素质特别是科学文化素质得到了前所未有的提高,人口与资源、环境协调发展和可持续发展的观念得到进一步增强,社会公共事业得到进一步发展,社会性别主流化程度得到进一步提升。尤其是"轻量重质"的观念在民族社会中已占据主导地位。与之观念相应的人口行为既表现为村寨社区的自觉落实,更表现为每一个家庭的积极实践。在民族社会生活中,不仅有相应的文化宣传、制度安排,而且在各种民俗事象中也有类型多样的表现。如开业庆贺的牌匾、婚寿活动中的锦族都有人口文化的反映,且都集中在人口综合素质的提高上。如望谟县蔗香有一庆贺匾,展示在田野中的一小男孩,在烈日下吃力地挑着一挑稻草,配有"打工太辛苦了,老子二回一定好好读书……"的文图画景就具有教育的针对性和对青少年的励志性。

庆贺匾牌

二、问题反思

文化与文明是两个不同的概念,其显著区别就是文明是基于文化综合内容基础上的科学的、合理的、积极的东西,摒弃了文化中不合理和落后的成分。根植于传统人口文化基础之上的社会主义人口文化的建设和完善,不可避免地受到传统文化"堕距"特性的影响以及社会经济发展状况的制约而有一个逐渐走向系统、完善的过程。从新中国成立后的人口文化建设来看,我国的人口文化建设大致经历了新中国成立到20世纪70年代末再到十一届三中全会以来的两个阶段。第一个阶段可谓人口文化产生和缓慢发展阶段。这一阶段,我国人口再生产类型由旧中国的高出生、高死亡、低增长的状态转变为高出生、低死亡、高增长状态,人口增长迅速,人口素质虽有所提高,但仍不能满足社会主义建设的需要,人口结构的各个方面都发生着较大的变化,而人口文化则处于曲折缓慢的状态。比如人口数量文化,20世纪50年代末由于人口高出生、高增长状况而形成的"节制生育"的文化到20世纪50年代后期就遭到了批判和否定,随着20世纪60年代初的又一次人口增长高峰而又重新获得认可。但在1966年开始的10年动乱中,处于形成时期的低生育文化又遭否定。随后,随着人口生育的无政府状态,人口急剧增长。20世纪70年代以后在全国推行计划生育,又再次对低生育文化予以肯定。这种人口文的曲折发展历程是为我国政治经济曲折发展所致。第二阶段是社会主义人口文化发展、繁荣阶段,从党的十一届三中全会以后冲破人口禁区开始至今。其标志有以下几点:一是在三中全会解放思想、实事求是方针指导下,1979 年为马寅初《新人口论》彻底平反,为社会主义人口文化建设开辟道路;二是在全国深入持久地开展了人口与计划生育工作,并取得了举世瞩目的成就,全国少生 4 亿多人,有效地缓解了人口对资源、环境的压力,有力地促进了经济发展和社会进步;三是从 1978 年至今,召开了十余次全国人口科学大会,对新中国成立以来的人口发展进行了全方位的总结,进一步发展了马克思主义人口理论,同时促进了人口学学科体系的建设和人才培养工作;四是 1993 年 7 月专门成立了"中国人口文化促进会",相继各种人口文化理论的研究和相关活动的开展把人口文化建设推向了新的高潮;五是《人口与计划生育法》及其相随而来的相关政策法规以及地方性法规的颁布和实施,使人口文化实现了从国策到国法新型人口文化的升华,人口文化进入了以人为本、统筹解决人口问题的新时期。

在肯定人口文化建设取得巨大成就的同时,面对新阶段人口问题及其社会主义事业发展目标的要求,本着客观、科学的态度,站在发展和战略的高度反思历史,不难发现我国人口文化建设、人口与计划生育工作中还面临着很多艰巨的任务和亟需解决的问题。在此,仅结合贵州民族地区情况作如下几个方面的讨论:

一是关于生育观念的转变问题。新型生育观念在 20 世纪 70 年代起就在西南民族地区宣传、教育、实践,尤其是相应的奖励扶助措施开展以来,人们的生育观念确实发生了很大的转变,为新型生育观念向纵深推进奠定了良好的群众基础。但由于多方面原因的影响,"多子多福"、"重男轻女"、"养儿防老"等传统生育文化在一些少数民族中依然根深蒂固,其现实反映就是出生性别比的不断攀升、规模的不断扩大和治理效果的微弱,进而引发的累积效应使新型生育文化面临严峻的挑战。

二是在生育行为上,早婚早育现象尚未根本改变。根据我国法律规定,未达到法定婚龄(男满 22 周岁,女满 20 周岁)结婚为早婚,发生生育行为的为早育。虽然贵州民族地区在法定年龄结婚宣传上作了大量工作,也对国家《婚姻法》的婚龄作了降低 2 岁左右的变通,但由于民族地区早婚早育文化的根深蒂固和传统生育行为的影响,在绝大多数青年依法定年龄结婚的同时,一些地方早婚早育现象仍较严重。如天柱县 2009 年至 2011 年 6 月底全县农村早婚 1835 对,早婚比例占 20.08%。2012 年,望谟县早婚比例也在 20% 以上。早婚早育现象挑战着社会管理、法律尊严、社会稳定,影响着青少年的身心健康。这一现象的彻底根除,无疑是新时期人口文化建设的重要使命之一。

三是由于家庭的核心化趋势不断加深和人口的流动,使传统的"孝文化"逐渐淡化,养老文化正在退化,家庭养老模式面临着严重的冲击。不少民族地区农村"留守老人"生活条件艰苦,心理慰藉缺失,同时又负担沉重,医疗保障条件差,处境悲凉。而且,很多地方在这个社会转型期忽视了传统养老文化的弘扬和新型养老文化的建构,政府和社会力量的介入微薄,这与新时期所提倡的"健康老龄化"、"积极老龄化"社会建设存在着差距。

四是对人口生态文化建设方面对贵州各民族自有的传统文化精华重视不够、借鉴不力,使内涵丰富的民族传统人口生态文化未能发挥应有的作用。同时,之于生态环境问题突出、人均资源日减的矛盾的分析多限于人口数量的增减和开发的作用,而于其他问题,如"适当放宽"民族人口生育政策与人口的相对过快增长而产生的人地矛盾等未作过多的分析和思考。

五是在民族人口流迁文化中多注意人口流动的推拉因素及其流动的经济、社会效应,而于流动人口流出的能力培养以及在流动过程中的就业、就医及其生活状况重视不够。虽然其中也注意了诸如流动人口的语言、习俗及子女就学等问题的讨论,但多属于学者的行为而缺少社会的关注。其中,之于人口流动而对本土文化、对农业发展和农村公益事业建设、对婚姻市场以及返乡农民工的就业培训等问题的影响,在一些地方还未纳入政府的视野和决策的议程。如何化消极因素为积极因素,建构有序而又和谐的人口流迁文化,确实尚有很多工作要做。

六是人口教育文化上存在的薄弱环节值得认真关注。据有关研究表明,在中国31个省市区的人类发展指数排序中,由高到低处于第三类地区(发展指数在0.66以下)的有11个省,其中贵州为0.5659,仅高于西藏(0.4931);而残疾患病率[①]高于6.45%以上的全国有13个省市区,贵州就属于其中之列,其中少数民族地区又呈严重之态[②]。教育文化素质偏低的人口及其成因对策、残疾人的生存与发展、权益保障问题有待于理论研究和实务实践进一步加强。此外,尚存于一些地区、一些民族中的"贫困文化"、"惰性文化"也应纳入人们的研究与工作视野。

七是在人口文化建设上过多的听命而动,内容划一,形式雷同。虽然其中也利用多种形式,如"人口文化大院"建设、"社区文化广场"、"民族民歌唱计生"等,但多未结合社区传统文化、民族风俗习惯、民族生存环境以因势利导,传统文化中的优秀成分在其中不仅未受到足够的重视和运用,相反还在趋同的形式中面临被淹没的威胁。事实上,地方的、民族的、喜闻乐见的形式、内容结合于当代人口文化建

---

① 患病率(Prevalence Rate)也称现患率,是指某特定时间内调查人口中,某种疾病和残疾新旧病例所占比例。患病率可以按观察时间不同分为期间患病率和时点患病率,一般情况下时点患病率比较常用。时点患病率=某一时点特定人群中某病新旧病例数/该时点人口数(被调查、观察人数)×K,K=100%,1000/千,或者10000/万。

② 丁杰,武继磊.我国区域残疾现患率与人类发展指数相关性研究[J].人口与发展,2008(5).

设的工程上,不仅会丰富内容和形式,而且会收到积极的效果,其中的关键必须是要有"心"、"力"的同时投入。

八是民族人口法律文化还有待于进一步完善。民族人口法律文化在贵州可谓源远流长,在长期的社会生产实践中,贵州各民族形成的各自的系列规范对民族的生存、繁衍、发展起着重大作用,但因为历史的局限所存在的不科学、不合理的成分必然与现代化产生矛盾与冲突和多维碰撞。现代法是在继承习惯法基础上的时代发展和升华,其中的规范人口发展的法律,包括地方性法律如何吸纳习惯法中的合理成分,发挥其积极功能,人们对此关注不多,重视不够。况且,现代法律法规在制定和实践中还存在着缺失、不当、不力之况,因此,必须高度重视,加强研究民族人口法律文化在人口问题统筹解决、依法治理中的潜在作用和功能发挥。

我国是一个人口大国,历史与现实的交织,特别是新中国成立后人口快速增长与社会经济、资源环境之间的矛盾不断加剧,使得人口问题更加复杂化,而对其观念上反映的文化无疑更加多元。贵州又因是我国多民族聚居区、民族人口汇聚区、贫困人口集中连片区、经济社会发展严重不平衡区,使得人口文化更是异彩纷呈,在新时期的人口文化建设中,对它的审视也显得仁者见仁,智者见智。但总体来讲,贵州民族人口文化建设关系着贵州人口与社会经济资源环境的协调发展和可持续发展,关系着人和自然的协调和民族的共同发展繁荣。它的建设,既有内容上的继承和发展,又要有制度和机制的创新,更要有国家和社会的支持、关心以及贵州各族人民在文化上的行动自觉。

第十二章　贵州民族人口文化的发展思索

马克思说:"人们自己创造自己的历史,但是他们并不是随心所欲地创造,并不是在他们自己选定的条件下创造,而是在直接碰到的、既定的、从过去承继下来的条件下创造。"①文化有它的深度,有它的广度,有它的过去,有它的未来,"我们文化的发展不能离开它的历史,也就是它的传统,传统不能让它死","如果我们在向前发展的道路上摒弃了许多优秀的文化传统,把它们作为一种落后的东西加以剔除,使许多民族和国家在失去其文化自信心的同时,也失去了其文化上的原动力。那么人类的文化的未来发展就将受到种种局限,并将失去了许多新的可能性。"因此,必须"要好好地利用这些已有的、我们先人们为我们创造的、珍贵的人文资源,让它们变成我们丰富的生活资源,我们宽广的精神追求。"②贵州民族人口文化具有鲜明的历史性、民族性,经历了从原始社会人口文化、农业社会人口文化、工业社会人口文化的演变过程。在经济社会和科技等逐渐走向现代化的今天,贵州民族人口文化也必然向着现代化的方向发展,必然随着时代的发展产生着自我扬弃、自我创新、自我发展的文化努力,科学的、理性的、以人为本的、和谐协调的价值意识和观念必然渗透于当代贵州民族人口文化的沃土之中,并对现代社会的贵州民族人口行为产生积极的影响。

第一节　贵州民族人口文化特点与当前人口文化建设实践困境

一、贵州民族人口文化特点

讨论贵州人口文化,必须要首先看到作为其重要主体的民族人口文化部分,这种民族人口文化本身就是独具特色的人口文化。不同民族在自己民族的繁衍发展中,创造、总结、沉淀、发展了一支属于本民族的人口文化,表现为民族生育习俗甚

---

① 马克思.路易·波拿巴的雾月十八月[M]//马克思恩格斯全集:第八卷.北京:人民出版社,1961.
② 方李莉.费孝通晚年思想录——文化的传统与创造[M].长沙:岳麓书社,2005:50,79,100.

至一切与人口过程有关的规范的或者不规范的、文字的或者口头的、制度的或者非制度的文化元素和文化现象。黑格尔说:"差异产生美的和谐"。正是由于贵州各民族独特的人口文化的条条溪流,汇成了贵州民族人口文化这条涛涛江河,从古而今始终浸润着人口的再生产,协调着人口变动与资源环境的互动平衡,当然也凸显出了各民族在贵州特定生境中争取种的延续和人丁的兴旺中积累起来的文化与智慧的光芒。

贵州民族人口文化,从不同角度出发,可以归纳出很多特点。但若把贵州民族文化看作一个整体,无论从动态还是从静态来看,都存在着相同的共性因素,渗透于社会生活的各个方面,是贵州民族地区人们思想中恒定的东西,在人口变动的各种关系中表现得十分明显。

(一) 原生性

贵州民族人口文化由先民流传至今,历史久远,在人口生态法则下延续了数千年。民族创世史诗和创世神话反映出少数民族的自然哲学观,是少数民族传统文化中最本源的部分。在远古时代,生产力水平十分低下,人们无法解释所看到的自然现象,在他们看来,自然有种神秘的力量,万物由自然所赐,万事由自然定夺。他们把对自然的敬畏与猜想记录下来,形成史诗和神话传说,讴歌自然的恩德,表达人类的感激,这就形成了史诗和神话传说。这些传说结合生活经验形成习惯习俗,沉淀成人们思维和情感的基础。这种带有民族特征的原生性文化影响着世世代代的人。

(二) 民族性

任何文化都是由某一具体民族创造的,各个民族行为所体现的价值取向,根植于这个民族的生存感受与生存经验。贵州民族文化有明显的地域性:由于空间环境的局限,人们生活的范围相对狭小,人与自然、人与人、人与社会、人自身内部的关系都表现得非常密切。正如庞朴说:"在文化发生学里面,有另外一种理论,认为文化是多源的。认为不同的生活方式,造成不同的风俗习惯,形成不同的心理状态,产生不同的物质文明。"[1]人口文化的民族性就是一个民族创造出的文化具有与其他民族文化相区别的特色和个性,它体现在各民族生活生产的各个层面,依附于集体而存在,代表着这个民族的特征,具有一种特有的独立意志,渗透到一代又一代人的血脉中。

(三) 山地性

在人类还未有民族之前,人群之间的区别主要是生存环境的区别,不同的环境

---

[1] 庞朴. 文化的民族性与时代性[M]. 北京:中国和平出版社,1988:46

带来了不同的生活方式和思维观念。生态环境是民族性格形成的基础,不同的地理气候造就不同的民俗风情。贵州是少数民族居住相对集中的区域,地形地貌崎岖不平,与外界沟通又受山川阻隔,经济社会发展相对缓慢,因交通不便,缺乏与外界的广泛联系,没有更多地吸收先进的科学文化,文化形态与自然环境的交互影响,共同作用于各少数民族,成为统一的心理特征。山地性同时体现在少数民族对生活方式的选择上,正是在适应和利用"山地"这一特色的基础上创造了人与自然协调共生的生态伦理观念,并化为一种独具特色的生活态度。贵州拥有丰富的动植物资源,少数民族保持着一种与自然环境相互影响、协调发展的传统生活方式,他们根据山地的特点,表现出对建筑结构和对饮食选择的相似性。比如,许多民族都"依山傍水"而居,以避免潮湿的干栏式建筑,并根据山地的不同气候构建"稻－林－渔－鸭"生态体系等等。这样不仅解决了生态环境问题,还解决了食源问题,反映了人们与资源环境共荣共生的和谐,包含着爱护动植物、保护森林生态平衡的生态意识,成为协调人与大自然关系的典范。

(四) 宗教性

"我国西部的民族传统文化,实质上是一种宗教性文化占统治性地位的传统文化。"① 贵州少数民族的传统文化几乎处处能体现出宗教性,宗教对于人口行为有着允许或禁止、赞扬或谴责等价值功能。贵州各民族先民在对生命缘何而起的追问中绘出自己的神话故事,形成了他们对天地万物的认知和态度,并在其中孕育了人口与资源环境协调发展的思想,反映着贵州地区少数民族与生态的主客体关系。在他们的思想中,人是从自然界演变而来的,没有大自然,就没有人类。大自然是人类最亲密的伙伴,人与天地万物同源,人与天地万物的地位是平等的。佛教道教的传入,更是增添了少数民族文化的宗教色彩,"万物有灵"使他们对砍伐、杀生产生了敬畏和愧疚。这样宗教信仰便在无形中提高了人口素质,形成人对自然的自主保护意识,很大程度上为人口与生态环境协调发展做出了贡献。

菩萨崇拜

---

① 肖万源,张克武.中国少数民族哲学·宗教·儒学[M].北京:当代中国出版社,1995:303.

(五)制度性

贵州少数民族中传承着许多制度化的人口文化内容,集中表现在人口再生产过程的各个环节当中,诸如成人、婚姻家庭、祭祀、社交等礼仪,求子、怀孕、产后等规制,养育教育、养老敬老、死亡丧葬等规范、程序等等。这些制度性规范用习惯法的形式,或用家族规范的形式固定下来,用以处理人口过程中出现的各种需要用集体意识裁决的问题,抑或是保障某种人口生产模式的完整和有效。也正是由于制度性人口文化的形成及其作用的发挥,贵州各民族的历史文化、生计方式、族系继嗣、社会组织、习俗风尚等有了生存和传承的土壤与根基。此外,贵州民族人口文化的不少内容还存在于民众的日常生活中,并被内化为某种生活方式、生活理想或选择,包括婚姻对象的选择、家庭组成、家庭规模、子女性别的选择等,虽表现为非制度性的形式,但其影响深刻,最不易改变。一般情况下,制度性的人口文化与口头性的人口文化是互为补充的,也是同时存在的,没有单纯的制度文化所能涵盖的人口生产过程,也没有仅仅靠口头的人口文化传承就能规范的人口再生产过程。

(六)创新性

贵州民族人口传统文化是贵州各民族自古以来形形色色的人口文化现象的总和,是在西南民族传统社会生活中形成和传承的,大凡包括婚嫁、生育、教养、流迁、死亡、丧葬、家庭家族、礼仪规制、行为习俗等等,是历史上得到的、经过选择并能够传到今天的东西,其丰富而又复杂,恒久而又不失变化。作为每个民族的"固有文化",其在现实中以不同的形态展现出来——或在历史上曾经存在过但已消失只有记忆(如葬俗之"悬棺葬"),或在历史中已经存在、现实中有所保留,虽不再完整但残余影响仍然较深(如婚礼中的"回车马神"、养育中的"寄拜"、"架桥"),或存在于历史又完整保存于现实。但任何一个民族的文化并不总是永恒凝固、一成不变的,而是不断发展变化的。在此过程中,随着经济的发展,时代的前进,民族"文化自觉"意识的增强,同时又由于民族文化是一种必然在代际间传递的财富,使得民族人口文化的变迁与发展也势所必然。实际上任何一成不变的文化传递是不可能的,也是没有生命力的,同样,民族人口文化在传承的过程中,这种文化的创新在每一代中都会发生,这就保证了每一时期的人口文化都能适应特定阶段人口发展的需要,不至于因为文化上的冲突而导致其失去对人口生产的引领,新的时期就是民族人口文化创新发展的必然趋势与动力。

二、当前贵州民族人口文化建设实践困境

在当前贵州民族人口文化建设中,事实上没有一个系统的人口文化建设理论准备与建设的过程。许多地方都有像芦猫塘村个案那样的做法,将人口文化建设

植入到新农村建设和乡村经济发展事业中去,或者说把现有建设项目附贴上人口文化的标签,但都未评估人口文化与这些活动的主次关系和地位。此外,像前述普定县那样将人口文化建设通过许多富有新意的创新方法加以实践,或是有如提倡推广和完善人口文化大院、人口学校、人口文化知识长廊、宣传栏等阵地建设;或是人口文化、老有所为、巾帼建功等文化节日与"关爱女孩行动"、"幸福母亲"等活动开展,都可认为是人口文化建设的创新实践,都属于人口文化建设的创新实践。同时由于复杂的地情环境和丰富而又复杂的文化沉淀,人们对于固有观念与相沿成习的风俗的认同与坚守,以及人口文化建设理论又未及时到位以发挥方向的引领,加之机制建设与人口工作重点的局限,人口文化建设作为一项专门的事业在贵州民族地区尚未形成制度性的实践,不管从计生工作还是文化工作的角度,多数将人口文化建设附加在相关的主导或计划性项目之中。这样做虽然在实践方面客观上有利于人口文化工作的开展,但是人口文化建设的主题和规模也因此而大打折扣,影响力和感染力与工作预期存在较大距离。这种人口文化建设实践模式,可认为是众多主体(主题)文化建设项目(活动)附着建设而人口文化鲜明特征难以突显的单向性模式。其中所反映出的问题,不仅在芦猫塘村和普定县的人口文化建设中存在,而且很多民族地区都存在忽略人口文化的内容和地位这一前提性问题。这样一来,人口文化始终难以形成深入人心的局面,更难以成为一种普遍为民众自觉接受和内化的观念,无疑需要在新的时期通过改革优化而实现创新发展。

在当前的贵州民族人口文化建设中,同时存在着一系列困境关系处理问题。比如,在传统人口文化内容与新型人口文化内容交叉上,如何取舍?于广大的民族社会,历史原因、地理原因、社会原因、政治原因等共同作用下,形成了许多别有特色的民族人口文化,包括婚姻文化、家族文化、村落文化、养育文化、养老文化、丧葬文化、休闲文化、流迁文化等等,这些文化中一些本身就是现在我们所提倡的新型人口文化的内容,但一些则是当今人口文化价值观所要摒弃的东西,因为这些糟粕性内容会影响和谐人口的实现。在实践中,一方面由于新型人口文化本身还处在一个成熟期。如果认为新的人口文化大致包括适度人口、少生优生、男女平权、流迁有度、老有所养、死有善终、代际和谐、人口资源环境协调,以人为本实现人的全面发展,这样的景象已成事实趋势,但蔚然成风和全面实现还需要付出很多的努力,还需跋涉艰辛的路程。而且,新型或先进的标准和内容规定,在取向一定的前提下,尚有很大程度上的灵活性和变动性,民族人口文化到底开展什么内容,有什么要求,要达到什么标准,实现什么效果都还在探索之中。那么,如何在民族传统人口文化的基础上建立更先进、更新型的人口文化,这种取舍必须考虑民族社会生活的实际和文化环境状况。又如,民族人口文化建设与计划生育工作实践手段抵触,如何平衡?2000~2010年,全国少数民族人口年均增幅0.67%,是全国平均增长水平的 1.17 倍。而集中居住于贵州的少数民族中,人口增幅几乎全部高于汉族,满、侗、瑶、水、毛南、仡佬等族性别比偏高异常。民族人口文化建设的一个直接目的,就是用先进的人口文化作用于民族人口自身发展,实现民族人口生产和再生产的软性控制。然而,计划生育工作是一种对人口生产的硬性控制,其执行过程中的任何阻力和困难都被直线下降的人口出生率等指标的辉煌掩盖。民族人口文化建设则是一种需要被内化为自主意识的软性控制。就当前看来,相对于全国平均水平来讲,在严峻的生育形势还未彻底解除的情况下,仅仅依靠文化层面的力量规范人口的数量发展和性别比平衡,风险必然存在。那么,如何在这两者之间找到一个符合贵州民族人口发展实际情况的制衡点,十分关键。再如,民族人口文化建设与民族地区新农村建设同等重要,如何结合？党的十六大以来,社会主义新农村建设的各项工程在民族地区陆续开展,当前已经在许多地区取得了历史性的成就,农村地区的新农村建设正处在关键时期。民族人口文化建设是党的十七大以来国家高度重视的全国性文化建设工程的重要内容,因此,二者在这个特殊的历史时期不期而遇,偏废任何一项,都是不利于人民群众的长远利益和根本利益的,如何将这两者合理、有序地结合起来,这是贵州民族人口文化建设实践工作中必须妥善处理的问题之一。

还应该看到,在贵州民族地区这样一个特殊的人口文化生境中,传统文化和民族特有的人口文化都是新时期新型人口文化建设的重要内容和基础。民族传统人口文化需要新型人口文化的涤荡和风尚引领,但新型人口文化建设不能是单一的、强制的灌输和覆盖,更不能伤害民族群众的感情和民族情结,而是建立在民族当前人口文化基础之上的文化理性开新,需要积极考虑人口文化的融合、吸收、借鉴、演变、改进等有利于人口文化建设的可能方式,以期建立起一种能联系人口文化各个层面的立体的观念体系,使之既符合现代人口与和谐人口发展的要求,又不违背和否定民族人口文化中蕴含的文化智慧。

此外,政府和人口文化领域专家学者对民族人口文化的关注与研究,是推动民族人口文化理论建设快速发展的必然路径,也是当前贵州民族人口文化建设中最为薄弱的环节。仅靠一些在原则性的笼统性的政策要求下仓促生成的地方性人口文化建设工作文件或报告是不够的,真正符合实际的人口文化建设科学理论,还需要专家学者、政府特殊项目的专门工作者以及相互之间的共同研究来推动。一个地方人口文化建设的成功,就是为另一个地方的成功提供借鉴,创造可能,也是最终形成贵州民族地区普遍性人口文化建设的新局面和持久性的人口文化理论的重要动力源。

第二节　贵州民族人口文化发展方向及其意义价值

文化是推动社会发展的重要的基础性因素,文化通过它特有的方式影响、推动着社会的发展和变迁。文化变迁和文化重构始终是文化经历着的必然路径。就民族文化而言,不同的民族都有自己民族文化的出发点,都要根据自己的文化传统来进行文化的创造,亦即文化的自觉和自新,从而实现民族文化的自我发展和自我表现。具有浓烈本土文化和传统文化特性的贵州民族人口文化在新的一体化经济的冲击下,在多元文化的交织与碰撞中,必然与时俱进地在传统的基础上进行创造性的发展,实现创造性的转变。而其发展的方向就是民族和谐人口文化。这里,首先对和谐与和谐文化作一理论上的阐述。

一、贵州民族人口文化发展方向——和谐人口文化

(一)和谐与和谐文化

辩证唯物主义和谐观的基本观点认为,和谐是对立事物之间在一定的条件下,具体、动态、相对、辩证的统一,是不同事物之间相同相成、相辅相成、相反相成、互助合作、互利互惠、互促互补、共同发展的关系,是指对自然和人类社会变化、发展规律的认识,是人们所追求的美好事物和处事的价值观、方法论。而美好的社会理想、美好的社会状态,即"形成全体人民各尽其能、各得其所而又和谐相处的社会",是人们追求和向往的和谐社会。

和谐文化是以和谐的内涵为理论基础的文化体系,是当今世界最先进的思想文化,是创建和谐社会与创建和谐世界的前提条件。只有在和谐文化的引导下,才能创造出和谐的政治与和谐的经济,只有用和谐文化培养出来的人,才能自觉地去创建和谐社会与和谐世界。和谐文化的形成,是一定的社会主体对历史的、现实的和未来的社会生活的认同和向往。从以人为本的科学发展观的理念出发,社会主义和谐文化关注人与自我、人与人、人与社会、人与自然之间的和谐相处。从表现形式上看,和谐文化既有思想观念形态方面的内容,又有制度规范形态方面的内容。就思想观念而言,和谐文化体现着人们对和谐社会的认知以及对社会和谐目标的追求;就制度规范而言,和谐文化体现着人们在和谐观念引导下建立的一系列调整利益关系、化解社会矛盾的制度设计和机制规范。

纵观历史,和谐社会建设是一个历史性的文化命题。中华民族是一个拥有数千年历史的文明古国,长期的历史积淀已形成了一种代代相传并富有民族特色的和谐思想,成为维系我们这个民族的精神纽带,也成为人们日常生活的行为准则。

早在先秦时期,就有了"和"的观念,在之后的各个历史时期,"贵和"、"和谐"成为主流的社会理念。可以说,"和谐"深深融入我国传统社会生活的各个方面,贯穿于人们对人与自然、人与社会、人与人之间以及民族、国家之间关系的认识中,成为我国传统文化的主要特征之一。在儒家学说中,"和"的思想占据了重要地位。在孔子看来,"和"是天下之达道,只有"和"才能够让万物生长繁育、人们各就其位。当然,"和"并不是一味追求一致,而是求同存异,正所谓"君子和而不同,小人同而不和"。孔子毕生都在倡导"和"的思想,积极宣扬"礼之用,和为贵"、"均无贫,和无寡"等思想,强调"和"不仅是处理人与人之间关系的基本准则,而且是调解人们之间利益冲突的处事方式和治国之术。此后,儒家学派的其他代表人物继续遵循了这一理念,并将其发扬光大。比较有代表性的如荀子"和则一,一则多力,多力则强,强则胜物",强调只有和谐才能产生战无不胜的力量;孟子的"天时不如地利,地利不如人和"所阐述的也是类似的道理;董仲舒更是提出凡物必有合等观点。可以说,和谐的理念一直贯穿于儒家思想之中,并没有因为时间的改变而消失。和谐不仅是儒家的重要观点,在我国传统文化的其他思想流派中也有诸多论述。老子强调"万物负阴而抱阳,冲气以为和",提出万事万物都包含阴和阳两个方面,而且两个方面相互融合构成"和",这是宇宙万物的本质及其生存的基础;管子强调"畜之以道则民和;养之以德则民合,和合故能习",倡导以道德的培养促进人与人之间关系的和谐,以和谐对抗分裂,保护自己和他人;墨子则将和谐作为处理人与人、人与社会关系的基本原理,将家庭不和、离散之心视为天下不安定的原因,即所谓"离散不能相和合";佛教中也有不少"和"的思想,如"诸法因缘和合生"等。和谐也是马克思主义的重要价值取向,马克思主义认为,人之所以为人,是因为劳动。通过劳动,人们不仅能够满足基本生存需要,更重要的是能够达到一种身心和谐的境界,找到生活的目标和追求,找到生活的重心和价值。这种目标和价值能够引导人们以积极的态度生活,实现身心全面发展,并使文明得以延续和发展。因此,马克思主义始终倡导独立的劳动意识,强调通过劳动达到社会财富的最大化,以及最大限度地满足人的各种需要,从而建立平等、自由、和谐的社会秩序[①]。

人口文化活动

---

① 田阡.建设和谐文化[J].人民日报,2012-05-31.

胡锦涛同志2005年2月19日在省部级主要领导干部"提高构建社会主义和谐社会能力"专题研讨班上的重要讲话中指出:"我们所要建设的社会主义和谐社会,应该是民主法治、公平正义、诚信友爱、充满活力、安定有序、人与自然和谐相处的社会。"①这一论述包括三个层次的内容:一是体现社会主义本质,就是社会主义和谐社会的理论与实践要围绕促进人的自由全面发展来展开;二是实现人、社会、自然及其相互关系和谐,包括人自身和谐、人际关系和谐、人与社会关系和谐、人与自然和谐;三是现代社会,即不是在自然经济基础上、封建专制制度下,用封建道德伦理维系的所谓安定有序的社会,而是在社会主义市场经济基础上、社会主义民主政治制度下,用社会主义和谐文化维系的现代社会。这就是说,我们所要构建的社会主义和谐社会,是在经济、政治、社会、文化不断发展基础上实现的全面和谐,具有基础性、普遍性、可持续性。中共十六届六中全会通过的《决定》把"讲话"六个方面作为构建和谐社会的总要求,这个总要求可理解为社会主义和谐社会是体现社会主义本质的、实现人、社会、自然及其相互关系和谐的现代社会。建设和谐社会,既需要雄厚的物质基础、可靠的政治保证,也需要良好的文化条件。

一个国家、一个社会,没有文化,就等于没有灵魂,就会失去凝聚力和生命力。在各种思想文化有吸纳又有排斥,有融合又有斗争,有渗透又有抵御,呈现出前所未有的相互交织、相互激荡之势的当代,传统文化与外来文化、先进文化与落后文化、主流文化与亚文化、雅文化与俗文化等之间都构成一定的文化张力,无不蕴涵着时代特有的文化矛盾和文化特征。构建社会主义和谐社会,必须大力推进和谐文化建设,培育和发展和谐文化。

党的"十七大"报告指出:"当今时代,文化越来越成为民族凝聚力和创造力的重要源泉,越来越成为综合国力竞争的重要因素,丰富精神文化生活越来越成为我国人民的热切愿望。要坚持社会主义先进文化前进方向,兴起社会主义文化建设新高潮,激发全民族文化创造活力,提高国家文化软实力,使人民基本文化权益得到更好的保障,使社会文化生活更加丰富多彩,使人民精神风貌更加昂扬向上。"并强调在"推动社会主义文化大发展大繁荣"中,要"建设社会主义核心价值体系,增强社会主义意识形态的吸引力和凝聚力",要"建设和谐文化,培养文明风尚","弘扬中华文化,建设中华民族共有精神家园",并在其中"推进文化创新,增强文化发展活力。"②胡锦涛强调:"和谐文化既是和谐社会的重要特征,也是实现社会和谐

---

① 胡锦涛.中共中央举办的省部级主要领导干部提高构建社会主义和谐社会能力专题研讨班开班式上的讲话[R].新华网北京2月19日电.
② 胡锦涛.高举中国特色社会主义伟大旗帜,为夺取全面建设小康社会新胜利而奋斗——在中国共产党第十七次全国代表大会上的报告[S].2007年10月15日,新华社北京10月24日电.

的精神动力。建设和谐文化,是构建社会主义和谐社会的重要任务,也是构建社会主义和谐社会的重要条件。"①和谐文化是和谐社会的重要特征,也是实现社会和谐不可或缺的力量。和谐文化建设的内涵既包括了社会主义理想,又包括了和谐社会和小康社会的奋斗目标,体现着取向、规范与导向的功能。没有文化上的和谐,没有先进文化的积极引领,社会的和谐就没有思想根基和文化源泉。无论是经济社会的协调发展、人与自然的和谐相处,还是人与人的团结和睦,乃至人自身的心理和谐,都离不开和谐文化的支撑。没有和谐文化,就没有社会和谐的思想根基,也不可能有建设和谐社会的实践追求。

美国著名政治学专家塞缪尔·亨廷顿根据冷战后文明内部以及文明之间发生的局部冲突,在其《文明的冲突与世界秩序的重建》一书中得出结论:"20世纪80年代末,随着共产主义世界的崩溃,冷战的国际体系成为历史。在后冷战的世界中,人民之间最重要的区别不是意识形态的、政治的或经济的,而是文化的区别。"而冷战后,世界格局的决定因素表现为七大或八大文明,即中华文明、日本文明、印度文明、伊斯兰文明、西方文明、东正教文明、拉美文明,还有可能存在的非洲文明。冷战后的世界,冲突的基本根源不再是意识形态,而是文化方面的差异,主宰全球的将是"文明的冲突"。"在这个新世界中,区域政治是种族的政治,全球政治是文明的政治。文明的冲突取代了超级大国的竞争。""我所期望的是,我唤起人们对文明冲突的危险性的注意,将有助于促进整个世界上文明的对话。"②亨廷顿"文明冲突论"的观点,尽管是站在美国文化优越的角度思考国际政治与文化的关系,带有许多的偏见和不实之词,但它让我们认清了文化举足轻重的地位,也从反面给中国和谐社会建设予以提示,即和谐文化建设在中国将有着重要的现实意义和理论意义,无论是研究历史,还是预测未来,都应把文化或文明作为一个重要的精神性的因素予以高度重视,认真建设。和谐文化既是和谐社会的重要特征,也是实现社会和谐的文化源泉和精神动力。

《中国现代化报告2006——社会现代化研究》中的一个重要结论是:"广义社会现代化的三个基本动力是:社会推力、社会拉力(文化变迁、政治发展和全球化等形成的社会拉力)、社会压力,三种力不仅直接作用于社会现代化,而且通过相互作用,间接作用于社会现代化。知识创新和制度创新是社会现代化的主要动力源泉。"③这一结论也充分说明了文化对于社会发展的重要作用。和谐文化建设就是

---

① 胡锦涛.在中国文联第八次全国代表大会上的讲话(2006-11-10)[C]//十六大以来重要文献选编(下).北京:中央文献出版社,2008:753.
② (美)塞缪尔·亨廷顿.文明的冲突与世界秩序的重建[M].北京:新华出版社,2010.
③ 中国现代化战略研究课题组,中国科学院中国现代化研究中心.中国现代化报告2006——社会现代化研究综述[M].北京:北京大学出版社,2006.

适合我们国情的一项重大创新。

(二)和谐人口文化

一般认为,和谐人口是指人口与经济社会发展相协调、与资源环境可持续、与政治进程相一致、与社会发展相适应的的状态,即人口发展处于规模适度、素质优良、结构合理、代际和谐、层际包容、人自身全面发展的状态。和谐人口文化是以崇尚和谐、追求和谐为思想内核和价值取向,以倡导和谐人口理念,培育和谐人口精神,营造和谐人口氛围为主要内容的人口文化,是和谐文化的重要组成部分,体现着和谐文化的精神与价值追求。和谐社会建设呼唤和谐人口文化建设,和谐社会需要和谐人口文化的关怀和引领。和谐的人口再生产进程,和谐的人口要素及其关系,和谐的人口与经济社会发展状态,和谐的人口与资源环境协调可持续图景,和谐的人口与计划生育工作环境建构,都需要和谐的人口文化功能的作用与促进。和谐人口文化是当代先进人口文化的内核和实质,是新时期人口文化建设和发展的方向,是和谐社会建设的重要组成部分。正是在此意义上,我们认为,贵州民族人口文化发展的方向是和谐人口文化的建立,和谐人口文化是贵州民族人口文化建设和发展的根本目标。

2007年12月7日,国家人口计生委在宁波召开的"第三阶段全国婚育新风进万家经验交流会"上,明确提出要在科学发展观的指导下,在建设和谐社会进程中,要"大力推进和谐人口文化建设"。2012年1月17日国家人口计生委出台的《关于加强人口文化建设的意见》进一步强调加强人口文化建设的重要性和紧迫性,要求在推进社会主义现代化建设的进程中,要"通过文化的先导作用,促进人口自身数量、素质、结构、分布等各要素的协调发展,促进人口与经济、社会、资源、环境的协调和可持续发展,促进人的全面发展、家庭和谐幸福和社会和谐发展。"

基于上述和谐、和谐社会、和谐文化与和谐人口概念及其关系的论述,不难看出,和谐人口文化包含以下几层含义:

一是人口自身发展和谐文化。从人口内生变量来看,人口自身发展包括生育率、死亡率、自然增长率等方面的变动,而其中一个变量的非正常变动,都会引起人口总体或局部的巨大改变,都会对人口发展带来严重的

人口文化宣传墙

后果。比如人口膨胀或锐减,人口年龄结构断层,性别结构失调导致的婚姻挤压,随人口过度减少的民族文化基因流失等。为此,人类在人口再生产过程中要用和谐的观念指导自己的行为,使人口自身的发展始终处于和谐状态之中。例如,和谐生育文化不仅倡导晚婚晚育、优生优育、少生优生、生男生女都一样、避孕节育,而且倡导孕前的知情选择,增加孕前理性思考,前移生育重心,做到有备而生、计划而生,从而实现和谐生育、生育安全。

二是人口与资源环境和谐、可持续的文化。人口学家克拉克洪(Clycle Kluckhohn)认为:"文化时时处处在控制着我们的生活,不管我们是否意识到这一点,我们从生到死,都不断受到文化的压力,迫使我们遵守某些行为范型。"[①]人与自然和谐,人口与资源环境协调、可持续发展,是当今世界共同遵守的文化规范。资源是有限的,且绝大多数是不可再生的。环境是一定的,良好的生态系统的形成是一个长时间的过程。一部人类发展史,就是人类和资源环境相互作用的历史,资源与环境质量对人口的数量、素质、分布以及人类的发展未来等产生着重要的影响,因此,作为欠发达的贵州民族地区在建设现代化过程中尤其要注重人口与资源环境和谐文化的建设。

三是性别和谐、男女平等的文化。性别和谐、男女平等是社会和谐的基础,引领着家庭和谐、代际和谐和社会和谐。但长期以来,民族社会中重男轻女、男尊女卑的人口性别文化影响着社会性别主流文化,影响着社会发展的进程。科学发展观指导下的人口文化要求建立以人为本、全面健康、协调的社会关系,构建贵州民族和谐人口文化的必然要求是必须去除重男轻女、养儿防老等陈旧的文化,建立全方位男女平等的新文化。事实上,由于贵州民族地区经济发展较为落后,民族地区间的发展也不平衡,经济结构和城乡二元结构存在着实际的差别,使得许多封建落后文化与糟粕

性别文化宣传牌

思想长期存在,并可能长期影响性别和谐、平等的文化建设,这是贵州民族和谐人口文化建设中必须认真面对的现实。

四是与社会经济发展相适应、相协调的人口文化。人口的变动与发展同经济增长和社会进步存在着密切的互动关系:良性的、适度的人口变动会推动经济增长

[①] 伊恩·罗伯逊.社会学[M].黄育馥译.北京:商务印书馆,1990:99.

和社会进步;普及教育,加大卫生保健和基础设施的投资力度,控制传染性疾病,全面提高人口素质和生活水平,消除贫困,构建社会安全网,健全社会保障制度,无疑会带动人口的良性发展;倒退的甚至逆转的人类发展势必带来经济社会倒退,继而会导致人类发展的进一步恶化。因此,贵州民族地区必然的选择就是构建人口与社会、经济和谐、协调发展的文化,以引导人口变动与发展进入可持续的良性循环。

五是与国家政治进程和法律法规协调、和谐的文化。自古以来,人口发展与国家政治关系密切,一个国家的人口总量、人口构成、人口分布特别是包括政治素质在内的人口综合素质对一个国家的政治进程有着十分重大的影响。社会的发展、民主政治建设的推进,要求在人口发展方面与国家政治进程相一致,以使不同阶层人口的政治意识得到沟通,政治参与得到实现,并以此促进国家的民主政治建设。未来的社会,必是一个依法治国的社会,也是一个法律、法规逐渐健全的社会,更是一个法律面前人人平等的社会,这就要求人们的各种人口行为的判断和确立,必须符合社会经济和谐发展、可持续发展的要求,并依法规范自己的行为。为了实现人口与社会、经济的可持续发展,就必须构建以国家人口法为准绳的人口法律文化,只有在符合法律要求的人口文化影响下,各种人口行为才能符合社会经济以及政治进程发展的要求,才能够自觉纠正和处理人口过程中的一些偏差和问题,才能使人口发展与国家形态的各个方面相协调。

二、意义价值

构建社会主义和谐社会,人口问题是关键。良好的人口环境是保证经济快速发展、社会全面进步和人民安居乐业的基本前提,也是建设小康社会、实现社会和谐的重要基础。我们倡导和建设的民族和谐人口文化,是具有中国特色的社会主义文化的重要组成部分之一,是全面加强贵州民族地区人口与计划生育工作,统筹解决人口问题,实现和谐人口的支撑力和驱动力,是民族地区社会文明、社会和谐的成因和标志,是民族生命力、创造力和凝聚力的基因和酵体。毫无疑问,民族和谐人口文化也是中国特色社会主义社会的本质属性和内在要求。[①] 建设贵州民族和谐人口文化,其意义主要有:

建设民族和谐人口文化是提升贵州民族文化软实力的支撑力。上世纪80年代,美国哈佛大学著名教授约瑟夫·奈提出了"软实力"的概念。按照约瑟夫·奈的说法,一个国家的核心竞争力除经济、科技、军事等"硬实力"之外,还包括文化意识形态、制度安排、外交实力等"软实力",而文化软实力是其核心。联合国科教文组织提出,发展可以最终以文化概念来定义,文化繁荣是发展的最高目标。贵州

---

① 张敏才.建设和谐人口文化为统筹解决人口问题服务[J].人口研究,2008(1).

民族和谐人口文化建设,是民族和谐文化的重要组成部分,是实现民族社会和谐的重要文化源泉。建设贵州民族和谐人口文化,按照和谐人口文化的理念,培育人口计生和谐精神,营造人口计生和谐氛围,无疑会在贵州民族地区增强社会主义文化的生命力和吸引力,促进民族文化软实力的提升。

建设民族和谐人口文化是实现民族文化自身和谐的促进力。任何一个国家和民族的人口文化发展,都是在既有文化传统基础上进行传承、借鉴、变革和创新的。当前,贵州民族地区与全国一样,正处在一个思想大活跃、观念大碰撞、文化大交融的时代,社会生活多样、多元、多变的特征日益突显,先进人口文化、健康人口文化、落后人口文化和腐朽人口文化同时并存,正确思想和错误思想、主流意识和非主流意识形态相互交织、相互影响、相互激荡。因此,民族和谐人口文化的建设,有利于贵州各少数民族对丰厚的传统人口文化进行梳理,深入发掘,取其精华,去其糟粕,并将优秀的传统人口文化发扬光大。同时,积极吸取、借鉴国内外人口文化的优长,海纳百川,择善而用,从而促进民族人口文化自身建设更具实践特色、民族特色、开放特色和时代特色。

建设民族和谐人口文化是贵州民族社会以人为本、关心民众、服务民众、共创事业的凝聚力。贵州民族地区较长时间以来,严格执行着计划生育基本国策,靠国情、国策教育人,靠舍小家保国家的文化理念

乌蒙山区的人口文化宣传碑

凝聚人。在当前稳定低生育水平的新时期,贵州民族地区创新了生育文化、婚育新风等人口文化内容,并以这些人口文化建设的新内容来凝聚人心。当然,不可否定,与人口发展有关的新情况、新问题在贵州民族地区也在不断涌现,如青少年早恋问题、未婚同居和生育问题、独生子女素质教育问题、计划生育老年人口保障问题、男女平等问题、生殖健康问题、夫妻和谐及健康的生活方式问题、性病艾滋病问题等等。因此,在贵州民族地区,必须建设民族和谐人口文化,坚持以人为本,实行人文关怀、人性关怀、人情关怀,将关心国家利益与关心民族群众个人利益相结合,关心民族各类人群的切身利益,在新的起点上,建立起科学、文明、进步的民族婚恋文化、婚姻文化、少生优生文化、优育优教文化、孝道文化、邻里友好文化、夫妻和谐文化、生殖健康文化、健康科学的生活方式文化、男女平等文化、关爱女孩文化、计生家庭的优先优惠文化等大人口文化,以此凝聚人心,共同促进民族社会向前发展。

建设民族和谐人口文化是贵州民族地区全面加强人口计生工作和实现和谐计生、和谐人口的统筹力。不可否认，贵州民族地区人口计生工作取得了举世瞩目的伟大成就，但也必须清醒地认识到，21世纪贵州民族地区将迎来人口总量、劳动年龄人口和老年人口高峰，人口惯性增长依然强劲，人口素质总体不高，出生人口性别比居高不下，流动迁移人口持续增加，贫困人口结构比例大，促进人口与经济社会资源环境和谐发展的任务十分艰巨。在统筹解决人口问题的过程中，贵州民族地区人口和计划生育工作仍然存在深层矛盾和突出问题，更加需要注重人文关怀和心理疏导，民族和谐人口文化在其中无疑具有引领和统筹的作用。

建设民族和谐人口文化是贵州民族地区人口文化建设中突出矛盾和问题化解的推动力。当前贵州民族地区人口文化建设同经济社会发展和人民日益增长的精神文化需求还存在着突出矛盾和问题，主要有：重男轻女、多子多福等传统人口文化观念在一些民族人口中仍然根深蒂固，用和谐人口文化引领婚育观念和行为的任务十分迫切；一些地方和单位对人口文化建设重要性和必要性认识不足，人口文化在推动民族人口素质提高中的作用亟待加强；有影响的人口文化精品力作不多，文化产品创作生产引导力度需要加大；人口文化基本公共服务体系不健全，城乡、区域之间发展不平衡；人口文化产业规模不大、结构不合理，束缚人口文化发展的体制机制问题尚未根本解决；人口文化理论研究和实践探索亟待加强，队伍能力尚需提高。民族和谐人口文化建设，有助于上述矛盾和问题化解和消除。

建设民族和谐人口文化，有助于贵州民族地区转变发展观念，创新发展模式，提高发展质量，正确处理经济发展与人口、资源、环境的关系，在经济社会向前发展中以一种友好的、可持续的发展方式来面对千百年来各民族赖以生存的自然环境，坚守人与自然和谐的地方性经验和生存智慧，还将有助于增强贵州民族地区"既要金山银山，更要绿水青山"的生态文明意识，走资源节约型、环境友好型的发展之路，实现文明发展、和谐发展、科学发展。

总之，民族和谐人口文化建设是新时期贵州民族地区和谐文化建设的重要组成部分，是新时期民族人口文化建设目标和实质，是促进贵州民族社会和谐的重要基础，是促进贵州民族地区全面发展的推动力，是促进贵州各民族共同发展繁荣的软实力。

第三节　贵州民族和谐人口文化建设的路径与动力

一、和谐人口文化建设的指导思想与基本原则

贵州民族和谐人口文化建设既是长期战略任务,也是紧迫的现实课题。必须立足于我国社会主义初级阶段这一最大实际,科学把握社会转型期思想意识发展变化的新特点,以培育和谐精神、梳理和谐理念为根本,建设社会主义核心价值体系,突出工作重点,创新工作方法,加强教育与法律规范建设工作,发挥人民群众在人口文化建设中的主体作用,以开拓创新的精神推动和谐人口文化建设。

贵州民族和谐人口文化建设的指导思想与基本原则应高举中国特色社会主义伟大旗帜,以马克思列宁主义、毛泽东思想、邓小平理论和"三个代表"重要思想为指导,深入贯彻落实科学发展观,坚持社会主义先进文化前进方向,紧紧围绕经济社会发展实际和人口与计生工作大局,以科学发展为主题,以改革创新为动力,发展民族的科学的大众的人口文化,培养各民族高度的人口文化自觉和人口文化自信,提高民族社会文化素养和文明素质,为实现贵州民族地区人口均衡发展和人的全面发展提供思想保证、精神动力、舆论支持和良好文化条件。

贵州民族和谐人口文化建设应坚持如下原则,即"三个坚持":一是坚持社会主义先进文化前进方向,用社会主义核心价值体系引领民族和谐人口文化建设,在民族社会倡导科学、文明、进步的婚育观念和健康文明的生活方式;二是坚持以人为本,满足各民族大众日益增长的精神文化生活需求,发挥各民族人民在人口文化建设中的主体作用,促进贵州民族地区人的全面发展与家庭和谐幸福;三是坚持在民族和谐人口文化建设中,把社会效益放在首位,社会效益和经济效益有机统一,遵循文化发展规律,适应社会主义市场经济发展要求,推动贵州民族地区人口文化事业和人口文化产业全面协调可持续发展。

贵州民族和谐人口文化建设的指导思想与基本原则的坚持,是能否在和谐人口文化建设中,正确把握文化多样性与主导性、民族性与现代性、理想性与现实性的辩证统一问题,正确处理个体与整体、理想与现实、治理与预防以及人口文化与生育文化、婚育文化、新型生育文化及和谐文化的关系,是在民族和谐人口文化建设中,既能自始至终坚持以社会主义核心价值体系的一元主导,又能在其中做到继承发扬、开放借鉴、批判鉴别、开拓创新。只有在把握好上述指导思想,贵州民族和谐人口文化建设才不会迷失方向,也才能够在建设中正确把握规律,明确目标,统一认识,协调行动,收到实效。

二、和谐人口文化建设的路径与动力

(一)和谐人口文化重在建设

任何一种文化形态的生成与发展,都是一个逐步积累的过程,不可能通过急风暴雨式的"文化运动"来实现。建设贵州民族和谐人口文化,要以培育和谐人口精神,树立和谐人口理念为目标,而这一目标实现的关键则在于文化的重在建设。当前,贵州民族和谐人口文化建设正处于一个重要的战略机遇期,面临着巨大的发展空间,必须坚持重在建设的理念,培育和谐精神,营造和谐氛围,增强建设的凝聚力和向心力。在建设中,要清醒地认识到和谐人口文化建设是一个持续推进的过程,必须坚持不懈地努力,积少成多,聚沙成塔,汇聚成和谐人口文化的时代潮流,从而促进社会主义文化软实力的增强。

在贵州民族和谐人口文化建设中,必须立足于我国社会主义初级阶段这一最大实际,科学把握社会转型期思想意识发展变化的新特点,以培育和谐精神、梳理和谐理念为根本,突出工作重点,创新工作方法,加强教育与法律规范建设工作,发挥各民族群众在人口文化建设中的主体作用,以开拓创新的精神推动和谐人口文化建设。

和谐人口文化是实现社会和谐的文化源泉,也是全体人民团结进步的重要精神支柱之一。贵州民族和谐人口文化建设,要以社会主义核心价值体系为引领,要坚持多样性与主导性的统一,民族性和现代性的统一,理想性和现实性的统一。要在坚持以社会主义核心价值体系为主导的前提下,注意贯通古今,吸收传统文化中的精华和实质,融合中外,借鉴西方文化中的思想精髓和优秀成果,并在其中开拓创新,同时要处理好个体与整体、理想与现实、治理与预防等之间的关系,努力建成一元主导、多元辅补、汇通古今、兼融中西的具有先进性与广泛性相统一的和谐人口文化。

人口文化墙报

在贵州民族和谐人口文化建设过程中,要注意重点的突出和方法的创新。当前就建设的重点来讲,要紧紧围绕贵州民族地区稳定低生育率,统筹解决人口问题而展开,积极做到塑造新风貌与婚育新风进万家相结合,健全新保障与人口计划生育利益导向机制相结合,培养新农民与提高人口素质相结合,建设新城乡与统筹人口问题的解决相结合,完善法律法规与人口发展与管理法制化相结合。同时,积极拓展和大力推进婚育新风进万家活动、关爱女孩行动、生育关怀行动、幸福工程、创建幸福家庭活动、阳光计生行动等实践活动,大力弘扬"计划生育、优生优育、男女平等、敬老养老、生殖健康、家庭幸福"等为主要内容的新型家庭人口文化建设,提高全社会文明素质,以实现低生育水平的稳定,人口素质的提高,人口结构的优化,人口分布的合理,人口安全的保障。

在建设过程中,要紧密结合贵州民族地区实际,认真做好以下几个方面的工作:一是加强人口新闻舆论工作,牢牢把握正确舆论导向。加大正面宣传力度,建立健全人口舆情监测、预警和应对的长效工作机制,及时回应社会关切;二是加强人口文化阵地建设。整合资源,动员社会各方面力量,进一步加强人口文化园、人口家庭服务中心、人口文化大院、新家庭文化屋、人口文化网等人口文化传播阵地建设,推动具有地域特色、民族特色的优秀人口文化作品的传播;三是繁荣人口文化作品创作生产,加大人口文化作品的开发力度,推出系列思想性、艺术性、观赏性相统一,体现民族特色,群众喜闻乐见的文图音像宣传品、出版物、文艺作品以及适合互联网、手机、现代远程传播等新媒体的人口文化精品佳作,进一步提升人口文化的社会影响力。

人民群众是物质文明的创造者,也是精神文明的创造者,是历史的主人,也是文化的主人。要坚持发挥贵州各民族人民群众在和谐人口文化建设中的主体作用,形成政府、社团和民间组织牵线搭桥,企业和各界人士大力支持,人民群众积极参与,共同创建民族和谐人口文化的格局。尤其在广大农村,更要采取切实有力的措施,调动各民族人民群众投身和谐人口文化建设的积极性,支持开展其乐于参与、便于参与的人口文化活动,并为其提供必要条件,调动其文化创造潜能。同时,还要充分发挥文化能人、文化艺人传承发展民族民间文化方面的作用,共同促进和谐人口文化建设。

(二)坚定事业化、产业化、体制化发展之路

在贵州民族和谐人口文化建设过程中,要坚持把发展公益性人口文化事业作为保障人民文化权益的主要途径,做到"以公共财政为支撑,以全人口为服务对象,针对生命周期不同阶段人群的特点,以人口文化活动中心、人口家庭服务中心、新家庭文化屋等为载体,开展人口文化公益服务。"[1]要求在民族和谐人口文化建设中,既要注重物质方面基本公共服务的均等化,也要注重文化方面基本公共服务的均等化;既要发展以市场为导向的经营性文化产业,更要发展以服务人民大众为主旨的公益性人口文化事业,特别是农村公益性人口文化事业,把"送文化"变成"种

---

[1] 国家人口和计生委.关于加强人口文化建设的意见[S].2012-01-17.

文化",在广大农村播撒先进文化种子并精心培养,使其生根开花。在城市,要把流动人口纳入城市人口文化基本公共服务体系,积极开展面向流动人口的服务和倡导。在建设中,要采取因地制宜、百花齐放、不拘一格的方式,如人口文化大院、人口文化广场、人口文化沙龙、人口文化书屋等发展人口文化,促进人口文化和谐。

不仅如此,在贵州民族和谐人口文化事业建设的同时,要高度重视文化产业的发展。发展人口文化产业是社会主义市场经济条件下满足人的全面发展需求的重要途径,反映着文化经济潜能的挖掘与开发,也影响着文化体制改革的进程,是文化生产力发展的不竭动力。文化产业的兴起与出现,使得文化不再只是一种文化活动,同时也是一种经济活动。"文化产业和文化事业是文化建设之双翼。文化事业的发展,同样蕴含着文化生产力的建设和发展。"[①]近年来,包括人口文化产业在内的文化产业发展的各方都来自于经济领域,文化产业对于经济发展的作用也正在日益凸显。文化产业直接地提出了文化生产关系要适应文化生产力发展要求的问题,也成为解放和发展文化生产力最直接、最有效的途径。文化产业的出现,开发了文化的商品价值,也开发了一个新的生产领域和经济领域,作为新的经济高地,社会资本也表现出进入文化产业的积极性。对于贵州民族地区而言,文化产业的发展有着自身的独特的规律,即一方面要注重与区域其他经济产业在各方面出现的交叉与叠合现象,遵循一般经济规律;另一方面,还要从文化发展的角度遵循文化发展规律。贵州民族和谐人口文化产业发展有着广阔的领域,如人口与生态产业、人口与健康产业、人口与长寿产业、人口与民族民间技艺产业等,有着良好的发展前景。

在注重文化事业、文化产业发展的同时,不能忽视与民族和谐人口相关的文化体制的建设与创新问题。人类数百年的发展史表明,文化作为社会的上层建筑,它的发展和繁荣,既需要一定的经济基础,需要发挥文化工作者的积极性、创造性,进行不懈的文化积累和文化创新,同时也需要与之相适应的文化政策和文化体制作保证。文化体制主要指一个国家或地区依据自身文化发展的实际,为了更好地实现文化发展战略而制定的刚性体系,它是文化价值的外化,包括决策、管理、评判、监督等各环节,而且每个环节都有相应的政策、法规、制度等具体性管理运作机制。它潜在地表明一个国家或地区对待文化的根本态度、基本要求和基本领导方式,是文化建设和发展所需遵循的根本纲领。无疑,文化体制的发展、完善及运作是关系到国家和民族文化兴衰的重大战略问题。贵州民族和谐人口文化建设,包括和谐人口文化事业化、产业化,都需要与之相适应的文化体制作保障。同时文化体制也需要不断创新、变革来顺应民族和谐人口文化的建设。在民族和谐人口文化建设

---

① 丹增.文化力与文化生产力:文化经济发展的立足点[J].创造,2007(5).

的新时期,要站在全局、大体、战略的高度审视评价现行文化体制,包括人口文化体制建设的状况,并在此基础上开拓可能的体制空间,使民族和谐人口文化建设有更宽松的制度环境,并在建设中弘扬民族精神,走自己民族的道路,同时顺应全球化的时代主流,在文化体制的具体措施中遵循国际惯例,积极吸纳其中先进的成分,使文化体制不断完善,与时俱进,充分发挥其在贵州民族和谐人口文化建设中的应有功能。

(三)科学处理和谐人口文化与其他文化的关系

费孝通先生曾告诫说,在文化建设中,"我们要在认识和发展自己文化的同时,还要考虑到如何处理自己的文化和其他不同文化相处的问题。"[①]和谐人口文化建设是社会主义文化建设的重要组成部分,其他文化的建设对和谐人口文化有着重要的作用和意义。从彼此联系与相关关系来看,首先,经济文化是和谐人口文化建设的前提。经济文化是人民在发展生产力过程中形成的一系列思想、观念、制度和习俗,是生产力和思想观念相结合的产物,是经济建设健康发展的源泉和结晶。经济文化对人口文化有直接的影响,如长期以来,在贵州民族地区,出现了"越穷越生,越生越穷"的恶性循环,极大地阻碍了人口文化的建设,其经济文化根源有如传宗接代观念、重男轻女思想、早婚早恋文化以及多子多福观念等。发达的经济文化有利于人口观念的与时俱进、开拓创新。只有坚持以经济建设为中心,不断增强综合国力,才能更好地解决和谐人口文化建设中的矛盾和问题。而在这方面,对于经济欠发达的贵州民族地区来讲,意义显得更加突出和深远。其次,政治文化建设为和谐人口文化建设指明了方向。政治文化建设在现代化、全球化进程加快的环境下,其实质就是政治文明建设,其核心内容是民主发展的积极成果。人口文化建设离不开政治文化建设,政治文化建设规定和制约着人口文化建设的根本方向,关系到人的思想政治素质的提高,关系到人的积极性、创造性的发展。为了使人口文化保持正确的政治方向,就必须向全体人民开展马列主义、毛泽东思想、邓小平理论、"三个代表"和科学发展观的教育,开展社会主义核心价值体系的建设,使人民群众在此基础上把握正确的价值观、人生观、世界观,增强发展意识、和谐意识和使命感。只有这样,和谐人口文化才能得以健康发展。再次,道德文化建设是和谐人口文化建设的环境。中共中央颁发的《公民道德建设实施纲要》明确指出,要在全社会大力倡导"爱国守法、明礼诚信、团结友善、勤俭自强、敬业奉献"的基本道德规范,努力提高公民的道德素质,促进人的全面发展。这一基本道德规范包含了中华民族的传统美德和党的优良传统作风,又借鉴了世界各国道德建设的成功经验和先进文明成果,具有鲜明的时代特色。和谐人口文化建设要以道德文化建设为标

---

① 方李莉.费孝通晚年思想录——文化的传统与创造[M].长沙:岳麓书社,2005:85.

准和要求,在其中大力倡导以尊老爱幼、男女平等、夫妻和睦、婚育新风、勤俭持家、邻里团结为主要内容的家庭美德,以文明礼貌、助人为乐、爱护公物、保护环境、遵纪守法为主要内容的社会公德,不断提高人们的思想道德素质,从而促进社会和谐、人口和谐。最后,科技文化建设是人口文化建设的先导。科学文化建设是经济建设的基础,也是人口文化建设的先导。江泽民曾就提高全民科学文化素质、加强科技文化建设问题强调指出:"应当在全党全社会大力弘扬科学精神,普及科学知识,树立科学观念,倡导科学方法,弘扬科学精神,更加自觉地学习科学知识,树立科学观念,掌握科学方法。"①因此,必须大力加强科学教育和科学普及工作,努力传播科学知识、科学精神、科学思想、科学方法,提高公众的科学素养,引导群众形成健康文明的生活方式,增强自觉抵制各种愚昧、迷信和歪理邪说的能力。人口的生产既是社会现象,又有深刻的科学道理,要通过普及人口和计划生育科学知识和政策法规,在广大人民群众中进一步树立科学、文明、进步的生育观念,增强人民的生殖保健意识和自我保健能力,促进人的全面发展和家庭文明幸福,为稳定低生育水平、统筹解决人口问题提供良好的文化环境。

(四)大力加强文化人才的造就培养

现代化、全球化的各种竞争归根到底是人才的竞争。"人才资源是第一资源","人才优势是最大的优势"。"得人者昌,用人者兴,育人者运"。"文化建设最重要的是抓方向,抓队伍建设。"②发展文化产业,人才是关键。文化人才是文化建设、文化发展核心的竞争力。贵州民族和谐人口文化建设要求扎扎实实抓好文化人才工作,造就文化人才。

所谓人才,是指在一定的社会条件下,能以其创造性劳动,对社会发展、人类进步做出某种贡献的人。2003年12月19日,党中央、国务院召开的全国人才工作会议指出"人才存在于人民之中,只有具有一定的知识或技能,能够进行创造性劳动,为推进社会主义物质文明、政治文明、精神文明建设,在建设中国特色社会主义事业中做出积极贡献,都是党和国家需要的人才。"文化建设,包括文化事业、文化产业等,是知识经济的重要组成部分。文化不仅需要积淀,还需要振兴,更需要创新。作为知识经济形态的文化建设,需要有继承创新意识,开拓进取意识的传统文化、当代文化理论与实践的研究人才,需要善于文化策划、包装、推介服务等市场运作的职业经纪人才,需要具有世界眼光、精通经营管理的优秀文化产业的管理者和文化企业家人才,需要文化创新人才、文化规划人才、网络科技人才,需要一支规模宏

---

① 《十六大报告辅导读本》[M].北京:人民出版社,2002.
② 江泽民.努力开创社会主义精神文明建设的新局面(1996-10-10)[C]//江泽民文选:第一卷.北京:人民出版社,2006.

大、结构合理、素质较高的文化人才队伍。总之,文化人才是文化建设可持续发展最重要的资本,解放和发展文化生产力必须有文化人才作为支撑。

相对于其他地区来讲,贵州民族地区文化人才存在着较为突出的问题,这些问题主要有人才队伍总量不足、有影响的拔尖人才紧缺、人才老化较为严重、人才分布不均衡和策划人才与复合型人才严重匮乏等。贵州民族和谐人口文化建设需要能力强和素质高的文化队伍为之努力。时代的要求,现实存在的问题,迫切需要采取积极有力的措施加快文化人才队伍建设,造就文化人才队伍。在此,我们认为,首先是要更新人才观念,完善人才政策,营造有利于优秀人才脱颖而出的良好环境;其次是要制定好人才建设规划,培养和建设文化建设的领导与骨干队伍,文化建设的专业人才队伍,市场型、复合型的实战本领人才队伍以及理论研究、教育教学的人才队伍等;再次是构建新型的文化建设运作机制和用人机制,充分发挥人才的作用,做到人尽其才、才有所用;再其次是制定适合于文化人才的人事管理制度,探索文化人才的行业管理办法,促进文化人才合理流动;最后是要加大培养文化人才的培养力度,建立人才培养基金,健全人才培养体系,把学校教育和社会教育有机结合起来,使文化建设人才辈出。总之,要在文化人才上用好现有人才培养后备人才,吸引外来人才。

(五)继承和发扬中国传统文化中的和谐理念

任何文化都有其深度与广度,有过去与未来。传统文化是我们的根和魂,社会发展迅速,我们越不能丢掉传统。费孝通先生曾强调,在现代化建设中:"我们要好好地利用这些已有的、我们先人们为我们创造的、珍贵的人文资源,让它们变成我们丰富的生活资源,我们宽广的精神追求。"[1]胡锦涛同志指出,在推进社会主义文化强国建设中,"要全面认识祖国传统文化,取其精华,去其糟粕,使之与当代社会相适应、与现代文明相协调,保持民族性,体现时代性。"[2]文化建设是一个国家或民族以其固有的文化传统为基础而进行的文化传承、变革与创新。我国有着优秀的"和合"文化传统,经过数千年的积淀和发展,已经深深地融入中华民族的血脉之中,成为中华文明的基本特性和重要价值取向。在人与自然的关系上,我国传统文化强调天人合一,重视尊重规律、休养生息;在人与人的关系上,强调以和为贵,重视家庭和睦、融洽相处;在国家与国家的关系上,强调协和万邦,重视睦邻友好、互利互惠。这些宝贵的精神财富至今仍然得到人民群众的广泛认同,仍然是衡量人们道德素质的重要尺度,为我们今天建设和谐文化提供了丰富而厚重的思想

---

[1] 方李莉.费孝通晚年思想录——文化的传统与创造[M].长沙:岳麓书社,2005:100.
[2] 胡锦涛.高举社会主义伟大旗帜,为夺取全面建设小康社会新胜利而奋斗(2007-10-15)[R]//十七大以来重要文献选编(上).北京:中央文献出版社,2009:27.

资源。

在继承和发扬我国传统优秀文化过程中,要高度重视贵州民族传统人口文化中科学、合理、和谐成分的发掘、整理、继承和弘扬,它是贵州民族和谐人口文化建设中最有民族性、最有地方性,也最具有历史性、多元性和生命力的资源基础与财富。实际上,费孝通先生于此早有提示和告诫:"分布在云贵高原一带的高原文化,这一类文化由于地处偏僻,所以比较原始,有些地方甚至还保留了人类最早的采集、渔猎文化,这些文化类型在一些发达国家也许是早已绝迹了的,但它们在我国西部的某些地方还在继续保存,我们不要小看它们,这是一笔属于全人类的宝贵财富。所以,我们要珍惜它,不能随意地破坏它。"[①]贵州民族和谐人口文化建设必须从传统文化中去汲取营养,找到自信,达到自觉,走向自新。

当然,我们在强调继承和发扬传统文化中的和谐理念的同时,也要积极学习、借鉴其他国家及其民族的优秀文化成果与文化建设经验。文化在人类社会整个发展过程中,不同的国家及其民族都有各自独特性的优良文化存在,每个国家与民族的文化都有各自的优点长处,这也使世界文化具有了多姿多彩的内容。各国文化能为人类所传承说明它们的基本内核往往是相容相通的,无论是东方文化还是西方文化,在其发展上,都有它们各自的独到之处,对于追求发展和谐的内容方面,各国文化都有自己所坚持的特点,都对人类的发展进步作出了相应贡献的,应该彼此包容、相互尊重,增加学习、交流和借鉴。建设贵州民族和谐人口文化,离不开交流与对话,应以博大的胸怀和宽阔的眼界,博采众家之所长。只有在学习中借鉴,在冲击碰撞之下升华,才能更好地促进贵州民族和谐人口文化的建设和发展繁荣。

当前,贵州民族和谐人口文化建设发展正处在一个重要的战略机遇期,面临着巨大的发展空间。我们强调重在建设,就是要把和谐人口文化作为一个持续推进的过程,通过不懈的努力,积少成多,汇聚成和谐人口文化的时代潮流。联合国世界文化与发展委员会在《文化多样性与人类全面发展》的报告中指出:"文化赋予人类存在的意义,它本身就是人类发展的目的。"正是在这个意义上,使得我们必须清楚文化本身与人口发展之间的深刻联系,亦即人类自身发展的同时,客观上也发展了文化。或者说,人口繁衍与民族文化始终是连在一起的。在贵州民族地区,民族文化在民族生产生活中的历史进程中始终发挥着重大的作用,是各民族生存、繁衍、壮大的内生动力源和推进器,犹如一个民族的人口延续一样重要。可以说,贵州民族和谐人口文化的建设和实现,必定有助于社会主义文化的大发展、大繁荣,有助于统筹解决贵州民族人口发展中存在的新情况与新问题,有助于贵州民族地区人口与资源、环境、经济和社会的协调发展和可持续发展。

---

① 方李莉.费孝通晚年思想录——文化的传统与创造[M].长沙:岳麓书社,2005:90.

参考文献

[1] 马克思恩格斯全集[M].北京:人民出版社,1995.

[2] 恩格斯.家庭、私有制和国家的起源[M].北京:人民出版社,1972.

[3] 马克思.1884年经济学哲学手稿[M].北京:人民出版社,1985.

[4] 恩格斯.自然辩论法[M].北京:人民出版社,1984.

[5] 毛泽东选集[M].北京:人民出版社,1991.

[6] 十六大报告辅导读本[M]. 北京:人民出版社,2002.11.

[7] 胡锦涛.高举中国特色社会主义伟大旗帜,为夺取全面建设小康社会新胜利而奋斗[R].2007,10,15.

[8] 王怀超.坚持和发展中国特色社会主义——深入学习贯彻党的十八大精神[M].北京:中共中央党校出版社,2012.

[9] 中共中央宣传部,中共中央文献研究室.论文化建设-重要论述摘编[M].北京:学习出版社,中央文献出版社,2012.

[10] 国际人口科学联盟.人口学词典[M].北京:商务印书馆,1992.

[11] 辞海编辑委员会.辞海[M].上海:上海辞书出版社[M].1999年版缩印本.

[12] 中国大百科全书·民族卷[M].北京:中国社会科学出版社,1986.

[13] 摩尔根.古代社会[M].北京:商务印书馆,1977.

[14] 塞缪尔·亨廷顿.文明的冲突与世界秩序的重建[M].北京:新华出版社,2010.

[15] 克鲁洪.文化与个人[M].高佳等译.杭州:浙江人民出版社,1986.

[16] 马林诺夫斯基.文化论[M].费孝通等译.北京:中国民间文艺出版社,1987.

[17] 泰勒原始文化[M].顾晓明译.杭州:浙江人民出版社,1987.

[18] 伊恩.罗伯逊.社会学[M].黄育馥译.北京:商务印书馆,1990.

[19] 施密特.原始宗教与神话[M].上海:上海人民出版社,1987.

[20] 国家人口和计划生育委员会.中国人口和计划生育史[M].北京:中国人口出版社,2007.

[21] 陈序经.文化学概观[M].北京:中国人民大学出版社,2005.

[22] 刘作翔.法律文化理论[M].北京:商务印书馆,2001.

[23] 司马云杰.社会文化学[M].济南:山东大学出版社,1987.

[24] 李竞能.人口理论新编[M].北京:中国人口出版社,2001.

[25] 田雪原.人口文化通论[M].北京:中国人口出版社,2004.

[26] 宋兆麟.民间性巫术[M].北京:团结出版社,2005.

[27] 廖明君.生殖崇拜的文化解读[M].广西人民出版社,2006.

[28] 李中清.婚姻家庭与人口行为[M].北京:北京大学出版社,2000.

[29] 林耀华.民族学通论[M].北京:中央民族大学出版社,1997.

[30] 陈淑君,陈华文.民间丧葬习俗[M].北京:中国社会出版社,2006.

[31] 王计生.事死如生:殡葬伦理与中国文化[M].北京:百家出版社,2002.

[32] 余谋昌.生态文化论[M].河北教育出版社,2001.

[33] 郭家骥.生态文化与可持续发展[M].北京:中国书籍出版社,2004.

[34] 费孝通.生育制度[M].北京:北京大学出版社,2006.

[35] 方李莉.费孝通晚年思想录——文化的传统与创造[M].长沙:岳麓书社,2005.

[36] 王学义.人口现代化研究.北京:中国人口出版社,2006.

[37] 王桂新.中国人口迁移与城市化研究[M].北京:中国人口出版社,2006.

[38] 杨筑慧.中国西南民族生育文化研究[M].北京:中央民族大学出版社,2006.

[39] 杨昳,李克建,肖琼.中国西南少数民族文化要略[M].成都:四川人民出版社,2011.

[40] 何光渝,何昕.原初智慧的年轮——西南少数民族原始宗教信仰与神话的文化阐释[M].贵阳:贵州人民出版社,2010.

[41] 郎玉平,刘毅.西南少数民族民俗风情要略[M].成都:四川人民出版社,2011.

[42] 廖国强,何明,袁国友著.中国少数民族生态文化研究[M].昆明:云南大学出版社,2005.

[43] 陈长平,陈胜利.中国少数民族生育文化[M].北京:中国人口出版社,2004.

[44] 杨知勇.西南民族生死观[M].昆明:云南教育出版社,2001.

[45] 史继忠.西南民族社会形态与经济文化类型[M].昆明:云南教育出版社,1997.

[46] 黄才贵.独特的社会经纬——贵州制度文化[M].贵阳:贵州教育出版社,2000.

［47］杨军昌.贵州民族自治地区的人口与可持续发展问题研究［M］.贵阳:贵州人民出版社,2003.

［48］杨军昌.西南民族地区出生人口性别比失调问题研究［M］.北京:民族出版社,2010.

［49］杨军昌.区域人口与社会发展［M］.北京:知识产权出版社,2009.

［50］罗洪洋.侗族习惯法律研究［M］.贵阳:贵州人民出版社,2002.

［51］贵州省民委,贵州省民研所.贵州"六山六水"民族调查资料选编［M］.贵阳:贵州民族出版社,2008.

［52］李平凡,颜勇.贵州世居民族迁徙史［M］.贵阳:贵州人民出版社,2011

［53］张晓.西江苗族妇女口述史研究［M］.贵阳:贵州人民出版社,1997.

［54］侯绍庄,史继志,翁家烈.贵州古代民族关系史［M］.贵阳:贵州民族出版社,1991.

［55］伍新福.苗族文化史［M］.成都:四川人民出版社,2000.

［56］吴泽霖,陈国均.贵州苗夷社会研究［M］.北京:民族出版社,2004.

［57］周相卿.苗族习惯法研究［M］.贵阳:贵州人民出版,2006.

［58］冯祖贻.侗族文化研究［M］.贵阳:贵州人民出版社,1999.

［59］贵州侗学会.侗学研究［M］.贵阳:贵州民族出版社,1998.

［60］贵州省侗族社会历史编辑组.侗族社会历史调查［M］.贵阳:贵州民族出版社,1988.

［61］全国政协暨湖南、贵州、广西、湖北政协文史资料委员会.侗族百年实录［M］.北京:中国文献出版社,2000.

［62］徐祖祥.瑶族文化史［M］.昆明:云南民族出版社,2001.

［63］周素莲.瑶乡风情［M］.贵阳:贵州民族出版社,2002.

［64］刘之侠,石国义.水族文化研究［M］.贵阳:贵州人民出版社,1999.

［65］陈天俊等.仡佬族文化研究［M］.贵阳:贵州人民出版社,1999.

［66］杜文铎,吴慧媛,周载章,徐宏慧点校.黔南识略. 黔南职方纪略［M］.贵阳:贵州人民出版社,1999.

［67］贵州省地方志编纂委员会.贵州省志. 地理志［M］.贵阳:贵州人民出版社,1988.

［68］贵州省地方志编纂委员会.贵州省志. 文物志［M］.贵阳:贵州人民出版社,2003.

［69］贵州省第五次人口普查办公室.贵州省2000年人口普查资料［M］.北京:中国统计出版社, 2002.

［70］贵州省第五次人口普查办公室.贵州省2010年人口普查资料［M］.北

京:中国统计出版社,2012.

[71] 贵州省2004年人口理论课题.贵州省实施"关爱女孩行动"的调查分析(验收本)[R].2005.

[72] 贵州省民族研究所.月亮山地区民族调查[G].1983

[73] 李光耀.文化是中国最大的发展力量[J].企业家天地(长沙),2007.

[74] 费孝通.反思. 对话. 文化自觉[J].北京大学学报,1997(3).

[75] 张敏才.建设和谐人口文化为统筹解决人口问题服务[J].人口研究,2008(1).

[76] 丹增.文化力与文化生产力:文化经济发展的立足点[J].创造,2007(5).

[77] 张汝伦.文化研究三议[J].复旦大学学报,1986(3).

[78] 袁国友.中国少数民族生态文化的创新、转换与发展[J]..云南社会科学,2007(1).

[79] 宋兆麟.生育巫术对艺术的点染[J].文博,1990(4).

[80] 余飘.关于人口文化概念的辨析[M]//中国人口文化促进会.人口文化论.大象出版社,1996.

[81] 李建新.对人口文化的理论内涵和人口文化学体系的理解与讨论[M]//人口文化论集编辑委员会.人口文化论集.中国人口出版社,1999.

[82] 曹景椿.试论计划生育与人口文化[M]//人口文化论集编委会.人口文化论集.中国人口出版社,1999.

[83] 路遇.论人口文化[M]//人口文化论集编辑委员会.人口文化论集.中国人口出版社,1999.

[84] 田雪原.关于人口文化[M]//中国人口文化促进会.人口文化论.大象出版社,1996.

[85] 杨魁孚.关于有中国特色社会主义人口文化的粗浅思考//中国人口文化促进会.人口文化论.大象出版社,1996.

[86] 王崧兴.中国的家制度与现代化[M]//乔健主编.中国家庭及其变迁.香港中文大学出版社,1991.

[87] 邢启顺,麻勇斌.黔东北苗族传统文化约束力在森林管理中的嬗变[M]//何丕坤.乡土知识的实践与发掘.云南民族出版社,2004.

[88] 吴正彪.乡土知识中的"自然中心主义":岜沙苗族的生态伦理观[M]//孙振玉.人类生存与生态环境.黑龙江人民出版社,2005.

[89] 张文.教育人类学视野中的西南少数民族生殖崇拜[J].西南大学学报(社科版),2007(2).

[90]顾建国.苗族"芒蒿"的文化审美意识[J].民族艺术,1993(2).

[91]杨军昌.侗寨占里长期实行计划生育的绩效与启示[J].中国人口科学,2001(4).

[92]杨军昌.贵州农村特困人口移民搬迁及扶贫开发[J].人口与经济,2003(4).

[93]杨军昌.布依族生态博物馆——镇山的人口与可持续发展[J].中国人口资源环境,2003/SI.

[94]杨军昌.简评纳雍县志对人口资源环境的记述[J].中国地方志,2001(1).

[95]杨军昌.岜沙苗族社区的环境与人文[J].贵州文史丛刊,2001(2).

[96]杨军昌.综合治理出生性别比失调的法治因素论析[J].贵州社会科学,2007(10).

[97]杨军昌.黔东南苗族、侗族自治州出生性别比失调问题研究[J].妇女研究论丛,2008(4).

[98]杨军昌.文化、人口文化与民族人口文化研究刍论[J].西北人口,2008(6).

[99]杨军昌.贵州少数民族地区高龄人口状况与生活质量保障体系建设——基于黔东7个民族县的实证资料分析[J].中国人口科学,2010/S1.

[100]杨军昌.贵州民族地区高龄人口与长寿文化——基于黔东七个民族县的实证资料分析[J].中央民族大学学报,2011(2).

[101]杨军昌.西南山地民族人口生态文化及其价值[J].民族问题研究,2012(4).

[102]安永新.封建教育制度在贵州的形成和发展[J].贵州文史丛刊,1998(4).

[103]涂途."人口文化"面面观[J].陕西师范大学学报(社会科学版),2005(5).

[104]傅安辉.西南民族地区放蛊传说透视[J]..黔东南民族师范高等专科学校学报,2005(2).

[105]苍铭.西南边疆历史上人口迁移特点及成因分析[J].中央民族大学学报(社科版),2002(5).

[106]马军.论彝族文化习俗中的生态经济观[J].生态经济,2001(8).

[107]翁家烈.清代贵州民族关系的变化[J].贵州文史丛刊,1989(1).

[108]杨甫旺.彝族石崇拜与生殖文化探讨.民族艺术研究,1997(8).

[109]刘郁.巫术心理治疗的意义场域同构——以侗族、彝族的巫术为个案

[M]//杨军昌,蒴继志.人口·社会·法制研究(2005年卷).

[110]郑姝霞.贵州明清时期人口迁移研究[M]//杨军昌,蒴继志.人口·社会·法制研究(2005卷).

[111]徐则平.试论民族文化认同的"软实力"价值[J].思想战线,2008(6).

[112]联合国教科文组织.文化政策促进发展行动计划[R].http://news.sina.com.cn/2004-10-12.

[113]文新宇.苗族婚姻礼俗及其与婚姻法的冲突——贵州省黔东南州雷山县上朗德村苗族婚姻状况调查[J].中国西部经济法律网,2004-3-30.

[114]何海宁.贵州牌坊村:282条光棍汉的心灵史[N].南方周末,2007-8-16.

[115]冯骥才.生态文化是人类文明的核心内容[J].http://www.cflac.org.cn.2008-11-25.